ArchiCAD
passo a passo

João Gaspar
Natália Turri Lorenzo

1ª Edição
ProBooks

São Paulo
2014

Gaspar, João e Lorenzo, Natália
ArchiCAD passo a passo/ João Alberto da Motta Gaspar e Natália Turri Lorenzo - São Paulo : ProBooks, 2014.
307 p. : il. . 24,5 cm

ISBN 978-85-61453-26-8

1. Computação Gráfica 2. ArchiCAD I. Título.

CDD 006.0000

Índice para catálogo sistemático:
1. ArchiCAD : Computação Gráfica : Programas : Processamento de Dados 006.0000

ArchiCAD
passo a passo

João Gaspar
Natália Turri Lorenzo

http://www.livroarchicad.com.br
telefone (11) 3814 8145

João Gaspar agradece
ao seu Gaspar, dona Maria, Malu, à Marina, ao Gabriel e a toda a minha família
ao Alexandre e a todos os que participam ou já participaram da editora ProBooks
a todos os meus amigos

Natália Turri Lorenzo agradece
aos meus pais, Ricardo e Vanilde; a minha irmã, Marcela e ao Júlio, por me apoiar em tudo sempre
ao João e o Alexandre, pela oportunidade e conhecimentos compartilhados
a todos os instrutores da TI Lab, pela amizade e troca de experiências

ArchiCAD passo a passo

texto
João Gaspar

Natália Turri Lorenzo

capa
Alexandre Villares e Leonardo Reitano

colaboração
Astrid Belo

Beatriz Pinheiro

Hingrid Silveira

Ian Matsumoto

Karyna Kiryazi

Marco Braga

Nashalyn Casagrande

Sobre os autores

João Gaspar
João Gaspar é arquiteto formado pela FAU-USP em 1999. Um dos fundadores da Rede AEC Pro, João já ministrou várias palestras sobre o uso de computação para arquitetura em várias faculdades no estado de São Paulo. Em 2006, fez parte do quadro de professores da Escola da Cidade, faculdade de arquitetura e urbanismo localizada no centro de São Paulo.

Em 2008, pela editora ProBooks, publicou seu primeiro livro, o Google SketchUp Pro 6 passo a passo, recentemente atualizado para a versão 2013 do programa e já traduzido para o inglês e espanhol. Também lançou, em 2012, o Vectorworks passo a passo e, em 2013, o livro SketchUp para design de móveis.

Natália Turri Lorenzo
Natália Turri Lorenzo é arquiteta e urbanista formada pela FAU-USP em 2011. É instrutora no centro de treinamento TI Lab, desde 2009, em São Paulo, para os cursos ArchiCAD, SketchUp, Revit, Vectorworks, Artlantis, Photoshop e Illustrator. Desde 2013 atua na coordenação da escola e na seleção de novos instrutores. Na ProBooks Editora, participa da criação e do desenvolvimento de cursos e materiais didáticos.

Entre 2011 e 2013 trabalhou no Spadoni Arquitetos Associados, atuando em todas as etapas de desenvolvimento de projetos e maquetes eletrônicas. Com a equipe do escritório, participou de vários concursos de projeto arquitetônico, como o do Porto Olímpico para olimpíada Rio 2016, premiado em terceiro lugar; nas propostas para os SESC Franca e Osasco, ficaram na segunda colocação.

Prefácio

É do conhecimento geral que a GRAPHISOFT inventou o conceito BIM aplicado à arquitetura, com a criação do ArchiCAD, o primeiro software BIM para arquitetos, embora na altura o nome usado era *Virtual Building* – Construção Virtual.

O que nem toda a gente sabe é que esse evento se deu em 1984, e por isso comemoramos mais de 30 anos de vida do ArchiCAD. Como seria de esperar, um software que se encontra no mercado há 3 décadas, nas mãos de centenas de milhares de usuários, com milhões de projetos produzidos no mundo inteiro, goza de uma maturidade e complexidade invulgar. No entanto, a interface manteve-se totalmente amigável e intuitiva, tornando o seu aprendizado e uso fácil e prazeroso.

Por se tratar de um software BIM especificamente dirigido para arquitetos, revela-se uma ferramenta com um elevado nível de eficácia, garantindo um substancial aumento de produtividade dos seus usuários. De fato, a passagem da produção de projeto baseada na elaboração de desenhos desconexos para a criação de um modelo único, de onde são extraídos todas as pranchas, planilhas e quantitativos necessários para uma obra, foi um conceito revolucionário há 30 anos como continua a ser hoje. Também no Brasil, e há mais de 20 anos, milhares de usuários têm se beneficiado do uso do ArchiCAD.

Desde a versão 16 o ArchiCAD também é produzido em português do Brasil, com idioma e conteúdos adaptados ao mercado nacional. Desse modo, torna-se muito mais fácil a sua adoção por parte dos iniciantes.

Pessoalmente comecei a utilizar o ArchiCAD ainda em 1999, versão 6. Na altura fiz o percurso que muitos usuários fazem: aprendi a trabalhar com o software por conta própria, ajudado por amigos. Depois de mais de 15 anos de uso, e após ter treinado milhares de usuários, acredito hoje que o melhor método para aprender uma ferramenta BIM complexa é através de muita prática, mas fazer um treinamento adequado no momento certo acelera e estrutura o aprendizado, evitando erros e vícios que se revelam muito negativos mais à frente.

O presente livro, fruto de um intensivo trabalho dos arquitetos João Gaspar, Natália Turri Lorenzo e a sua equipe, apresenta na minha opinião todos os elementos necessários para apoiar esse aprendizado inicial, num formato simples e didático, que facilita e conduz os iniciados neste mundo fantástico da Construção Virtual.

Boas modelagens!

São Paulo, 17 de maio de 2014

Arquiteto Miguel Krippahl

Country Manager Brasil GRAPHISOFT

Introdução

ArchiCAD é um software CAD/BIM completo, que atende perfeitamente às demandas de projeto de estudantes, profissionais e escritórios de arquitetura de todos os tamanhos.

O programa, desenvolvido pela Graphisoft, é pioneiro no conceito **Edifício Virtual** (*Virtual Building*), em que toda a documentação de projeto (plantas, elevações, perspectivas, tabelas) tem origem no modelo 3D, também chamado de edifício virtual.

Com o livro ArchiCAD passo a passo você vai aprender a modelar e documentar um edifício inteiro, passando por todas as etapas: desde como configurar um documento, como desenhar pisos, paredes, vigas e pilares com medidas exatas, gerar cortes e elevações automaticamente, criar detalhes, tabelas de quantificação de objetos, visualizar um projeto em 3D e criar pranchas de documentação do projeto. Ou seja, ao fim do livro você terá aprendido tudo o que é necessário para o desenvolvimento de um projeto completo no ArchiCAD.

Nota dos autores

O processo de desenvolvimento de um livro a respeito de um software é lento e minucioso. Para escrever este material, nós, com o auxílio de toda a equipe da ProBooks, levamos cerca de 2 anos, desde os rascunhos iniciais até a finalização. Como todos sabem, o ArchiCAD recebe atualizações todos os anos, e assim, ao mesmo tempo em que escrevíamos o livro, a versão 17 foi lançada; no momento do fechamento da publicação, a versão 18 havia acabado de ser anunciada.

Todo o material deste livro foi escrito com base na versão 16, e decidimos manter o lançamento, mesmo sabendo que ele não cobre as mudanças mais recentes. Sabemos que existe uma grande quantidade de usuários que utilizam as versões mais antigas e vão aproveitar bastante o que produzimos. Quem está usando, ou tem curiosidade em conhecer as mudanças nas versões 17 e 18, temos uma boa notícia: estamos criando o conteúdo atualizado e vamos deixar a nova publicação (apenas com as mudanças) disponível para download gratuito no *http://www.livroarchicad.com.br*, assim que estiver pronta. Assim, vamos conseguir atender à demanda dos usuários do ArchiCAD de todas as versões existentes até o momento da publicação deste livro.

como usar este livro

Os capítulos deste livro foram estruturados para proporcionar um aprendizado de alta qualidade. Acreditamos que todas as informações podem ser encontradas rapidamente, tanto em uma primeira leitura quanto em uma consulta posterior. Para facilitar o entendimento e a localização das informações, acompanhe as descrições a seguir.

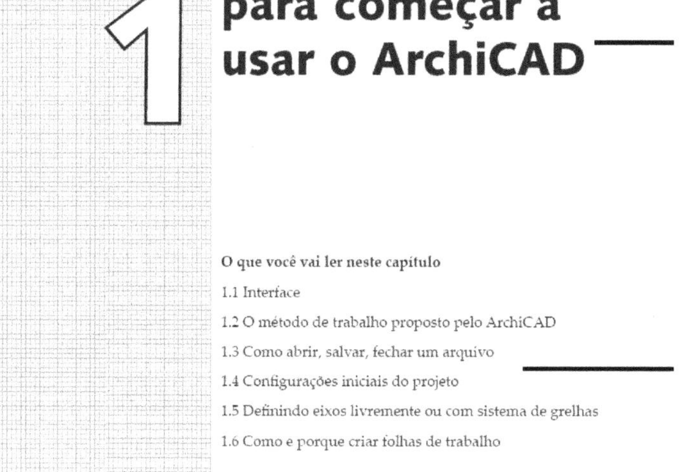

1
para começar a usar o ArchiCAD
O que você vai ler neste capítulo
1.1 Interface
1.2 O método de trabalho proposto pelo ArchiCAD
1.3 Como abrir, salvar, fechar um arquivo
1.4 Configurações iniciais do projeto
1.5 Definindo eixos livremente ou com sistema de grelhas
1.6 Como e porque criar folhas de trabalho

início de um capítulo

Este é o título do capítulo.

Esta é a lista dos tópicos a serem abordados no capítulo. Esses tópicos estarão sempre na parte superior das páginas para facilitar a sua localização.

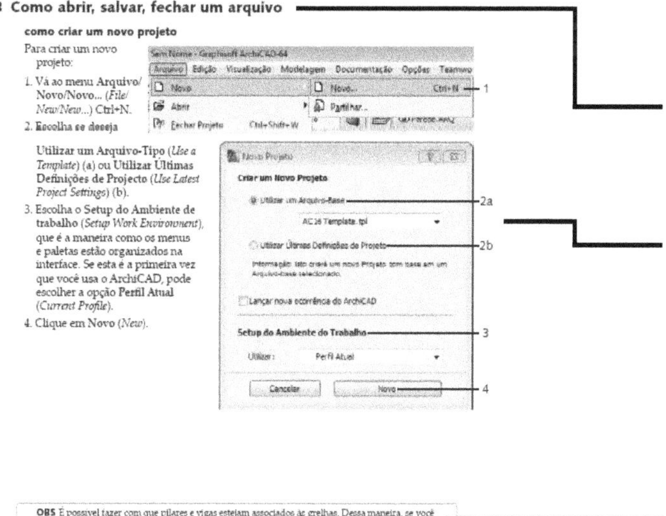

tópicos e procedimentos

Este é o título do tópico. Logo depois dele vem um pequeno texto que ilustra o que será discutido adiante.

Cada tópico é composto por uma série de procedimentos. Cada procedimento indica como realizar uma operação e quase sempre é acompanhado por imagens das telas do programa.

Quando necessário, alguns procedimentos exibirão também observações que chamam a atenção para variações no procedimento e outras dicas importantes.

Destaques deste capítulo

como criar um novo projeto (pág 21)

Para criar um novo arquivo: Vá ao menu **Arquivo/Novo/Novo...** (*File/New/New...*) Ctrl N. Escolha se deseja **Utilizar um Arquivo-Tipo** (*Use a Template*) ou **Utilizar Últimas Definições de Projeto** (*Use Latest Project Settings*). Escolha o **Setup do Ambiente de trabalho** (*Setup Work Environment*), que é a maneira como os menus e paletas estão organizados na interface. Clique em **Novo** (*New*).

Para abrir um novo arquivo: Vá ao menu **Arquivo/Abrir/Abrir...** (*File/Open/Open...*) Ctrl+O, indicando na sequência o nome do arquivo a ser aberto.

para fechar um documento e encerrar o programa (pág 23)

Vá ao menu **Arquivo/Sair** (*File/Exit*) Ctrl+Q.

como definir as unidades de trabalho (pág 24)

Vá ao menu **Opções/Preferências do Projeto/Unidades de Trabalho** (*Options/Project Preferences/Working Units*). Indique as unidades desejadas para cada item. Dê **OK**.

para salvar um projeto (pág 22)

Vá ao menu **Arquivo/Salvar** (*File/Save*) Ctrl+S. Para salvar o documento com outro nome e/ou colocá-lo em outro local do computador, vá ao menu **Arquivo/Salvar Como...** (*File/Save as...*) Ctrl+Shift+S.

como definir a escala de visualização do modelo (pág 25)

Na barra de visualização, clique no botão **Escala Atual** (*Current Scale*).

Na janela que se abre, digite o valor da escala que quer usar e em seguida clique em OK.

destaques do capítulo

No fim de cada capítulo é mostrado um resumo do que foi exposto, com pequenos textos que se referem à explicação principal, para consulta rápida.

OBS Este livro foi escrito a partir da versão **16** para PC do ArchiCAD. Na plataforma Macintosh, algumas ferramentas e menus podem estar apresentados de uma forma um pouco diferente. Se você usa as versões **17** ou **18**, poderá fazer o download gratuito do complemento deste livro em *http://www.livroarchicad.com.br*. Saiba mais lendo a **Nota dos autores**, na página **8**.

como usar o material disponível no site

A editora ProBooks (*www.probooks.com.br*) criou um site exclusivo para este livro, com um fórum para a comunicação entre os leitores, além de um arquivo para que você acompanhe as explicações do item **1.2 O método de trabalho proposto pelo ArchiCAD**, na página **18**. Para aproveitar o material disponível no site:

1. Vá ao endereço *http://www.livroarchicad.com.br*.

2. Preencha o formulário com seu nome e e-mail.

3. Clique neste link para ter acesso ao fórum de discussão.

4. O arquivo que contém o edifício virtual citado no item **1.2** está disponível em formato .zip. Você pode fazer o download desse arquivo clicando diretamente em seu link.

5. É recomendável, mas não obrigatório, que você crie uma pasta para salvar seu arquivo. Não se esqueça de descompactar o arquivo .zip, usando o WinZip ou o próprio descompactador do Windows, antes de começar a trabalhar. Se estiver usando um Mac, use um programa como o Stuffit Expander para descompactar o exercício.

Se alguma orientação acima não estiver de acordo com o que está publicado em nosso site no momento da compra deste livro, por favor entre em contato pelo e-mail *livro@livroarchicad.com.br*, que lhe daremos uma nova indicação de como ter acesso ao material.

onde obter ajuda

A seguir, apresentamos algumas indicações de sites e outras publicações que podem ajudar a melhorar os seus conhecimentos sobre o programa:

1. Para mais informações sobre o uso do ArchiCAD, visite o site *http://www.graphisoft.com/archicad.*
2. Portal da Graphisoft, com diversos tutoriais sobre o uso do ArchiCAD. Muito bem organizado, mas até o momento somente em inglês: *http://helpcenter.graphisoft.com.*
3. Fórum da Graphisoft sobre o ArchiCAD, direcionado a dúvidas técnicas ou mais específicas sobre o programa: *http://www.archicadwiki.com.*
4. Blog com diversas dicas importantes para usuários de todos os níveis no ArchiCAD, escrito pelo arquiteto Miguel Krippahl, Country Manager da Graphisoft Brasil e especialista no uso do programa: *http://architruques.blogspot.com.br.*
5. O maior fórum de usuários de ArchiCAD do Brasil na internet está no site *https://www.facebook.com/groups/archicad.br.*
6. Acompanhe o blog desenvolvido por nossa equipe, o *http://www.dicasdesketchup.getpro.com.br.*
7. Para ver os tutoriais em vídeo criados pela Graphisoft, vá ao link *http://www.graphisoft.com/learning/training_materials/training_series.html.* Os vídeos são em inglês, mas alguns deles contam com legendas em português, traduzidas pela ProBooks Editora.

sumário

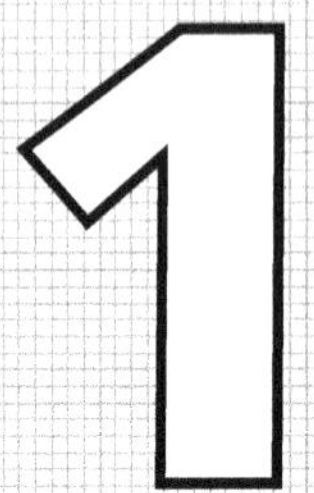

para começar a usar o ArchiCAD

O que você vai ler neste capítulo

1.1 Interface

1.2 O método de trabalho proposto pelo ArchiCAD

1.3 Como abrir, salvar e fechar um arquivo

1.4 Configurações iniciais do projeto

1.5 Definindo eixos livremente ou com sistema de grelhas

1.6 Como e porque criar folhas de trabalho

1.1 Interface

Observe na figura abaixo as principais características da interface do programa. A imagem a seguir foi capturada de um ArchiCAD para Windows. Na versão para Mac, a posição de algumas janelas e menus pode variar.

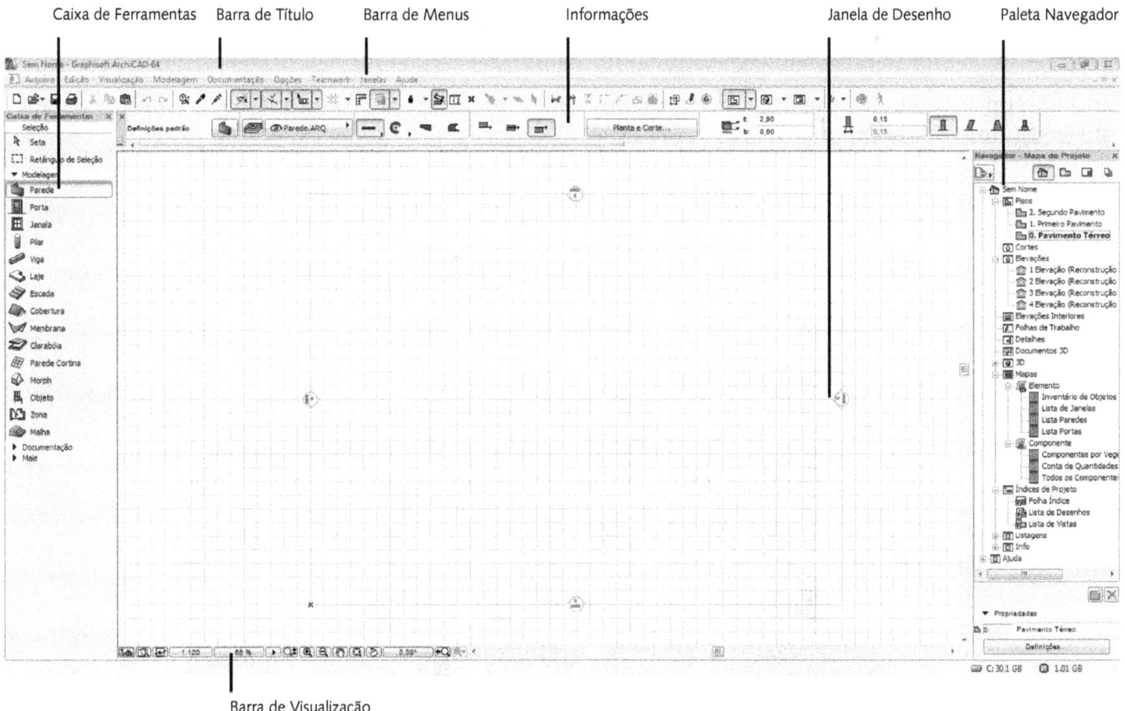

1.2 O método de trabalho proposto pelo ArchiCAD

O ArchiCAD é um dos mais antigos programas de CAD que existem; começou a ser desenvolvido na Hungria, em 1984, pela Graphisoft (que hoje é uma subsidiária da empresa alemã Nemetschek).

O software é pioneiro em um conceito chamado *Virtual Building*, que parte do princípio em que a edificação deve ser inteira modelada em 3D, para que a partir deste modelo (ou edifício virtual) sejam obtidas as vistas de documentação. Essa ideia, introduzida no ano de 1987, é parte das primeiras experiências daquilo que seria chamado mais à frente de sistema de trabalho em BIM (*Building Information Modeling*).

Sendo assim, esquematicamente, você pode imaginar que o ArchiCAD trabalha, em linhas gerais, com o seguinte método:

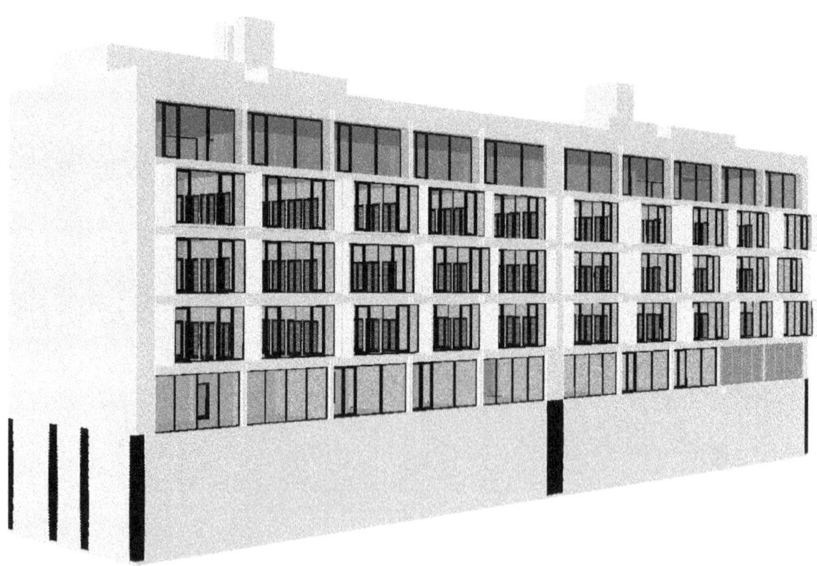

1. **Edifício Virtual**: É onde tudo começa. Na área do programa reservada para a construção do seu edifício, chamada de **Mapa de Projeto** (*Project Map*), você vai importar ou modelar um terreno, criar os andares, desenhar os elementos construtivos, como pilares, paredes, lajes e vigas, inserir escadas e outros objetos, enfim, vai desenvolver todo o projeto.

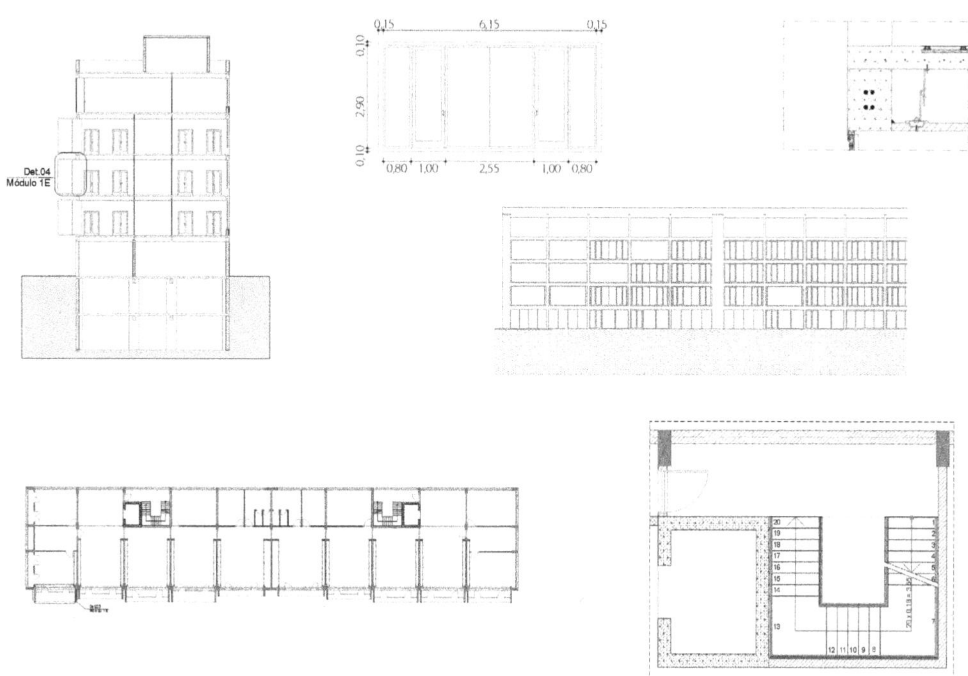

2. **Vistas**: Durante o processo de criação do edifício (e depois também) você vai precisar extrair dele diversas vistas; serão plantas de piso, de forro, plantas estruturais, cortes, elevações, perspectivas, detalhes, enfim, todo o tipo de desenho, que poderá ser utilizado para a aprovação por parte do cliente, a aprovação em prefeitura, ao desenvolvimento do projeto executivo, entre outros tipos de "clientes" do seu edifício. O ArchiCAD dá à essa seção do programa o nome de **Mapa de Vistas** (*View Map*).

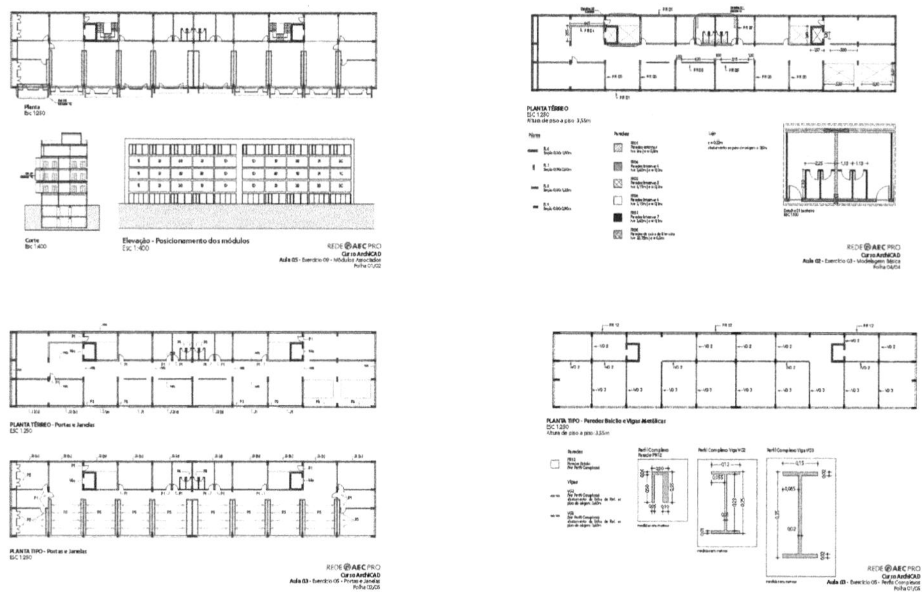

3. **Pranchas**: Na terceira seção do programa, chamada de **Livro de Leiautes** (*Layout Book*), é onde são organizadas as diversas vistas em pranchas. Você vai poder escolher folhas de tamanhos diferentes, com carimbos diferentes, orientados para quem vai receber cada tipo de prancha.

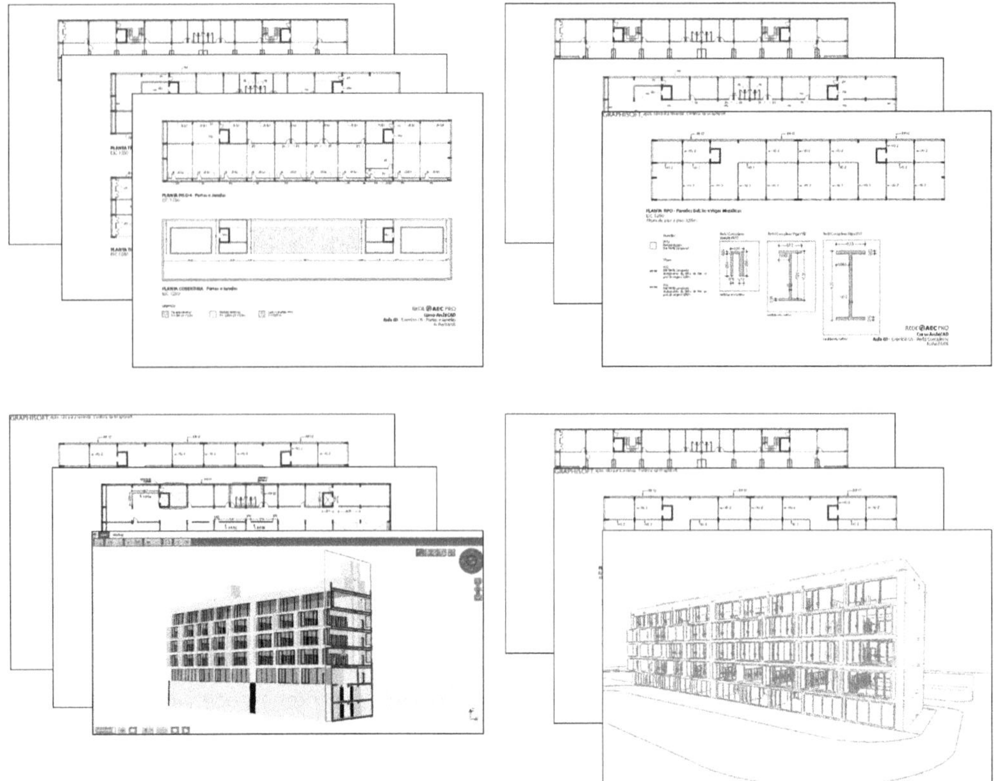

4. **Emissão de pranchas**: Nesta seção, chamada de **Conjuntos de Publicador** (*Publisher Sets*) você vai fazer o controle de emissão de pranchas (e se quiser, de vistas também). Você vai criar conjuntos de pranchas e/ou vistas para cada tipo de cliente do projeto. Pode ser um conjunto simples de imagens .JPG (a partir de vistas) para prestar informações ao cliente, pode ser um conjunto de pranchas que devem ser exportadas em .PDF para a aprovação legal ou, por exemplo, um conjunto de pranchas e vistas em .DWG para prestadores de serviços complementares. Pode, ainda, ser um conjunto de arquivos em .IFC para um colaborador que esteja modelando sua parte em algum outro software BIM.

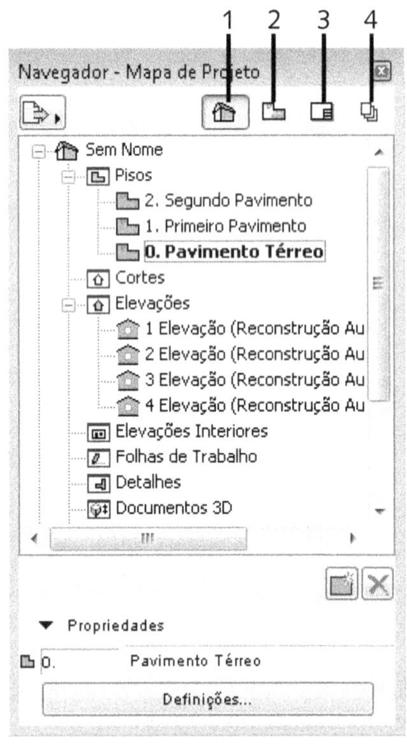

Você pode ter acesso a todas essas seções de trabalho do ArchiCAD, comentadas acima, por uma paleta chamada **Navegador** (*Navigator*), da maneira como aparece aqui ao lado.

Durante o aprendizado dos comandos e ferramentas do ArchiCAD comentados aqui, você irá perceber que eles estão sempre se referindo a uma das quatro seções de desenvolvimento de trabalho do programa. Se quiser ter uma prévia de como esse sistema funciona, vá à área de downloads do site *http://www.livroarchicad.com.br* e baixe o arquivo Casa_Azuma.pln.

1.3 Como abrir, salvar e fechar um arquivo

como criar um novo projeto

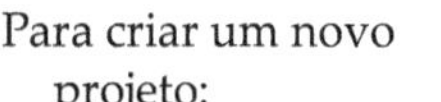

Para criar um novo projeto:

1. Vá ao menu **Arquivo/ Novo/Novo...** (*File/ New/New...*) Ctrl+N.
2. Escolha se deseja **Utilizar um Arquivo-Base** (*Use a Template*) (**a**) ou **Utilizar Últimas Definições de Projecto** (*Use Latest Project Settings*) (**b**).
3. Escolha o **Setup do Ambiente de trabalho** (*Setup Work Environment*), que é a maneira como os menus e paletas estão organizados na interface. Se esta é a primeira vez que você usa o ArchiCAD, pode escolher a opção **Perfil Atual** (*Current Profile*).
4. Clique em **Novo** (*New*).

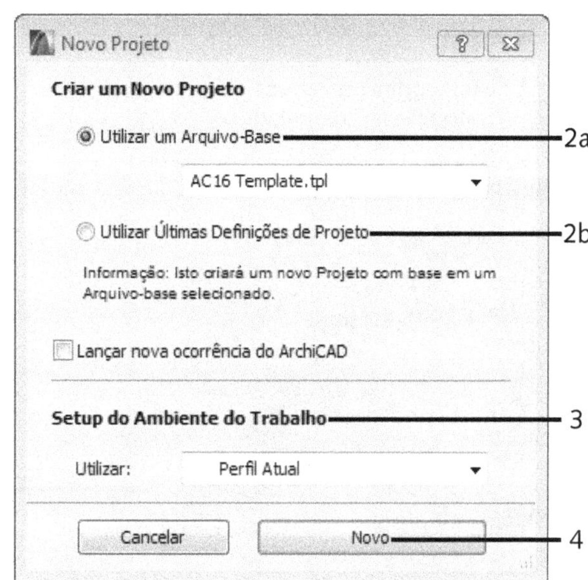

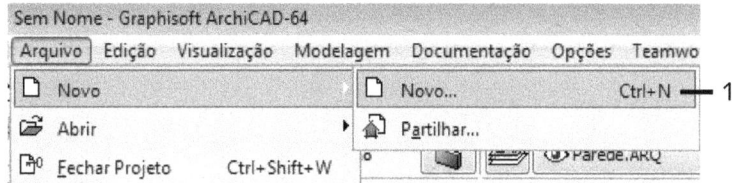

para abrir um projeto

1. Vá ao menu **Arquivo/Abrir/Abrir**... (*File/Open/Open...*) Ctrl+O, indicando na sequência o nome do arquivo a ser aberto.

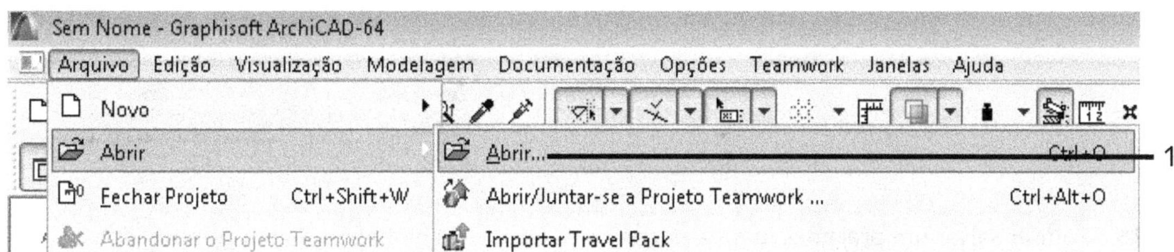

para salvar um projeto

1. Vá ao menu **Arquivo/Salvar** (*File/Save*) Ctrl+S.

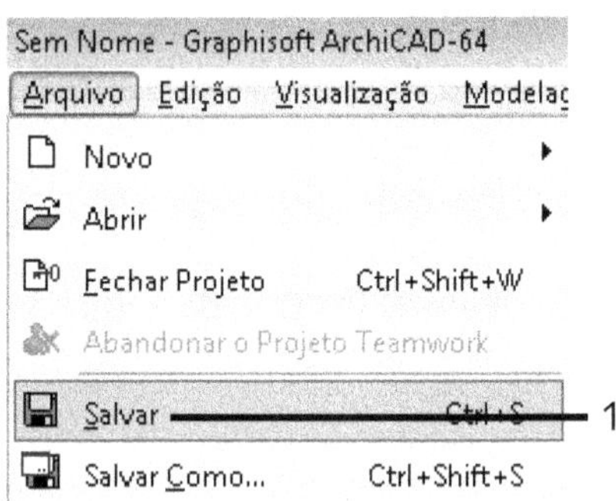

2. Se for a primeira vez que o arquivo será salvo, o ArchiCAD pede o nome do arquivo e a sua localização no computador.

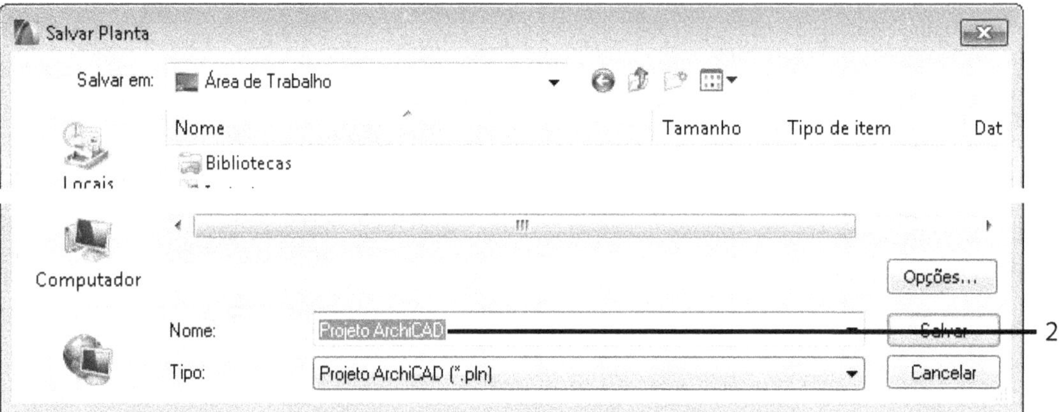

3. Se não for a primeira vez, o arquivo é gravado com o mesmo nome com que foi criado e no mesmo lugar.
4. Para salvar o documento com outro nome e/ou colocá-lo em outro local do computador, vá ao menu **Arquivo/Salvar Como...** (*File/Save as...*) Ctrl+Shift+S.

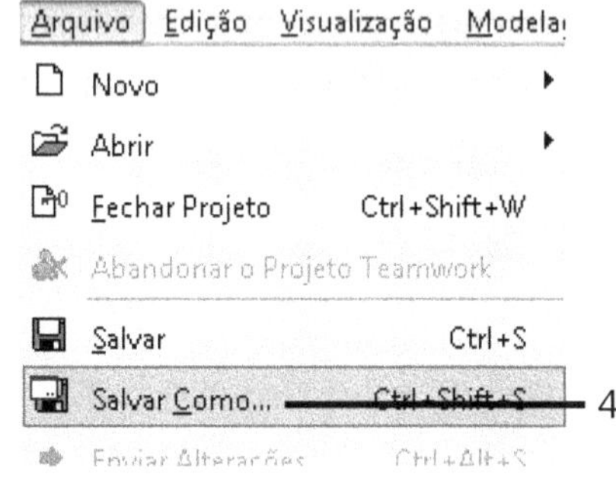

OBS Se quiser salvar um projeto e, junto a ele, todos os objetos de biblioteca do seu computador (para que você possa levar tudo isso para outra máquina que não tenha as mesmas bibliotecas), use o menu **Arquivo/Salvar Como...** (*File/Save as...*) e escolha a opção de arquivo do ArchiCAD chamada de Archive (.pla).

para fechar um documento e encerrar o programa

1. Vá ao menu **Arquivo/Sair** (*File/Exit*) Ctrl+Q. Caso o arquivo não tenha sido salvo, o ArchiCAD perguntará se quer salvá-lo. O programa nunca fechará seu arquivo sem salvá-lo (a não ser que seja a sua intenção).

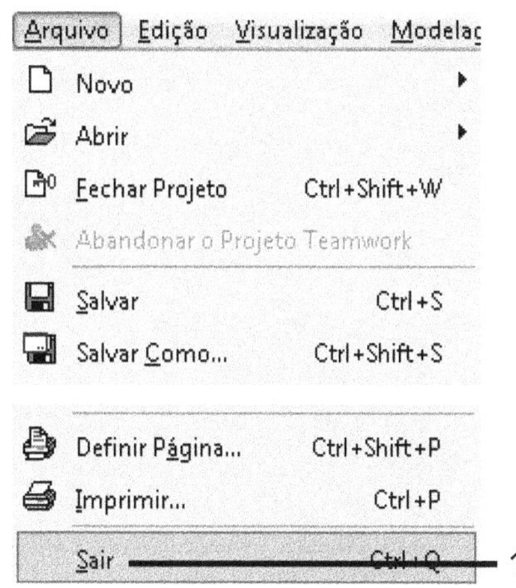

1.4 Configurações iniciais do projeto

como definir as unidades de trabalho

1. Vá ao menu **Opções/Preferências do Projeto/Unidades de Trabalho** (*Options/Project Preferences/ Working Units...*).

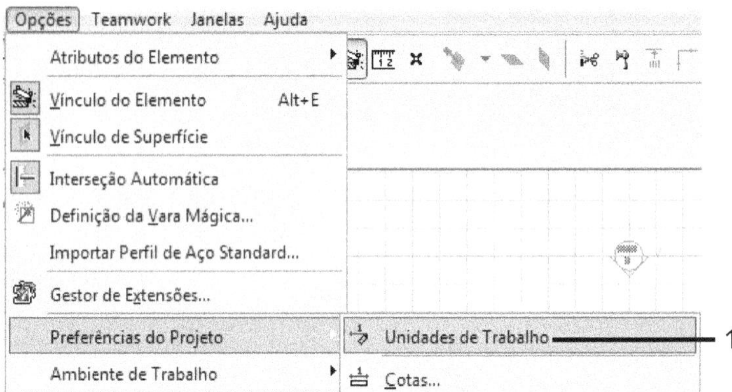

2. Indique a **Unidade do Modelo** (*Model Unit*) (**a**) e quantas casas **Decimais** (*Decimals*) (**b**) você vai usar para construir o seu projeto.
3. Determine a **Unidade do Leiaute** (*Layout Unit*) (**a**) e quantas casas **Decimais** (*Decimals*) (**b**) você vai usar na configuração dos leiautes, que são as pranchas de documentação do projeto.

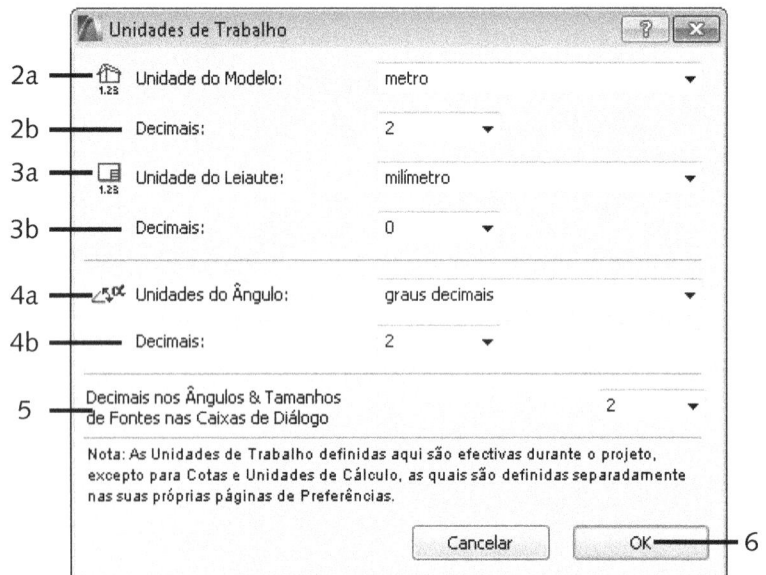

Unidades de Trabalho
2a Unidade do Modelo: metro
2b Decimais: 2
3a Unidade do Leiaute: milímetro
3b Decimais: 0
4a Unidades do Ângulo: graus decimais
4b Decimais: 2
5 Decimais nos Ângulos & Tamanhos de Fontes nas Caixas de Diálogo 2
Nota: As Unidades de Trabalho definidas aqui são efectivas durante o projeto, excepto para Cotas e Unidades de Cálculo, as quais são definidas separadamente nas suas próprias páginas de Preferências.
Cancelar
OK 6

4. Escolha quais as **Unidades do Ângulo** (*Angle Unit*) (**a**) e casas **Decimais** (*Decimals*) (**b**) serão usadas para medir ângulos entre objetos.
5. Defina o número de casas **Decimais nos Ângulos & Tamanhos de Fontes nas Caixas de Diálogo** (*Angle & Font Size Decimals in Dialog Boxes*).
6. Clique em **OK** para confirmar.

como definir a escala de visualização do modelo

1. Na barra de visualização (parte inferior da janela principal), clique no botão **Escala Atual** (*Current Scale*).

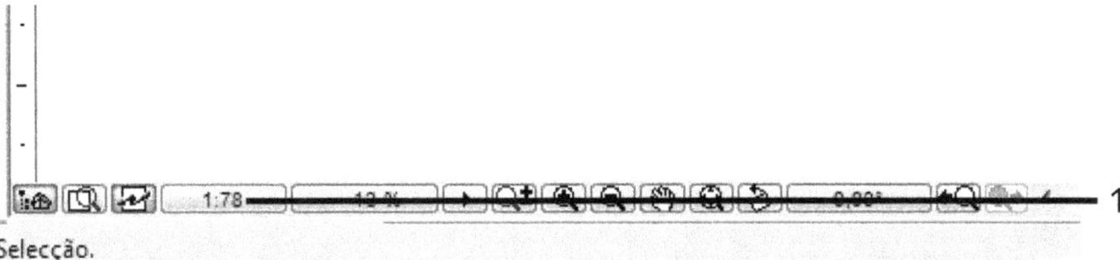

2. Na janela que se abre, digite o valor da escala que quer usar (**a**), e em seguida clique em **OK** (**b**).

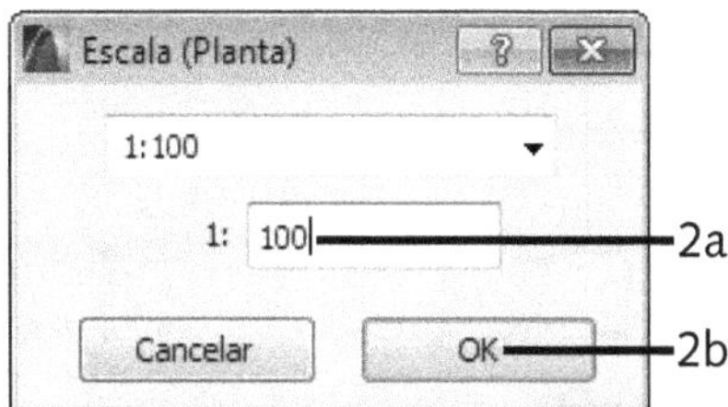

OBS Existem muitos objetos no ArchiCAD que são sensíveis à escala. Isso quer dizer que eles são mostrados com mais ou menos detalhes de acordo com a escala escolhida naquele momento.

para definir a localização do projeto

1. Vá ao menu **Opções/Preferências do Projeto/Localização Projeto**... (*Options/Project Preferences/ Project Location...*).

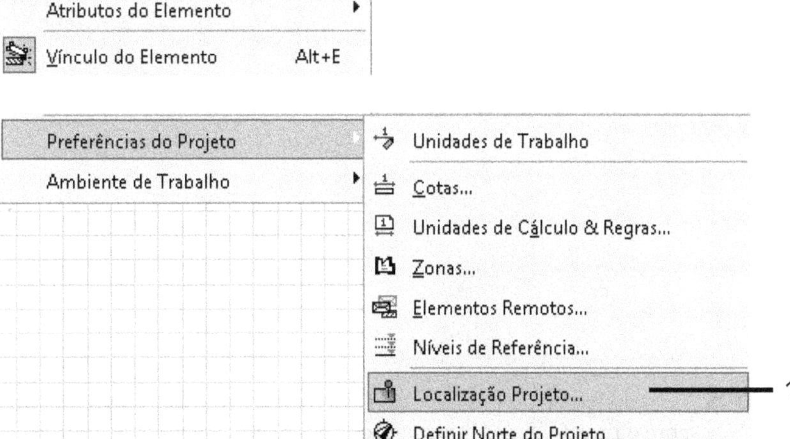

2. Na janela que se abre, configure as opções a seguir:
   a. **Nome do Projeto** (*Project Name*);
   b. **Endereço do Terreno** (*Site Address*);
   c. **Latitude**, **Longitude** e **Cidades** (*Latitude, Longitude* e *Cities*): Você pode colocar as coordenadas geográficas do projeto ou então pegar os valores de uma das cidades listadas;
   d. **Altitude**: Digite aqui a altitude do projeto. O valor inserido aqui vai aparecer também na janela de controle de níveis de referência;
   e. **Zona Horária** (*Time Zone*): Para a zona horária de Brasília, digite o valor -3 em **h** e 00 em **min**;
   f. **Norte do Projeto** (*Project North*).
3. Clique em **OK** depois de configurar a localização do projeto.

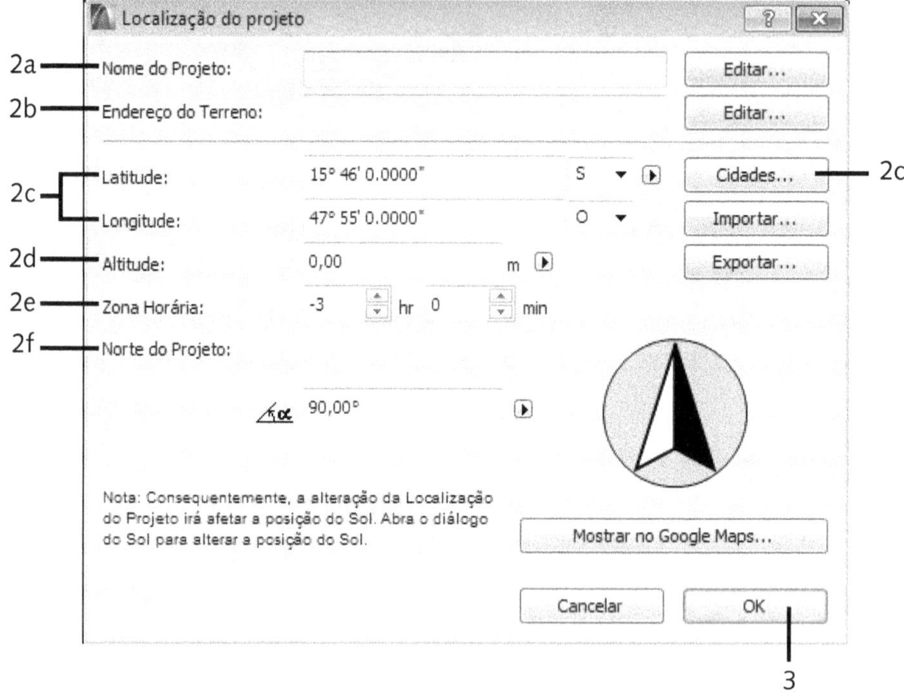

> **OBS** Além do Nome do Projeto e do Endereço do Terreno, você pode inserir muito mais informações sobre o projeto. Essas informações poder ser usadas em relatórios, legendas e carimbos posteriormente, Para saber como fazer isso, veja o item **10.6 Criando legendas e carimbos inteligentes com textos automáticos**, na página **241**.

como definir o Norte do projeto graficamente

1. Vá ao menu **Opções/Preferências do Projeto/Definir Norte do Projeto** (*Options/Project Preferences/ Set Project North...*).

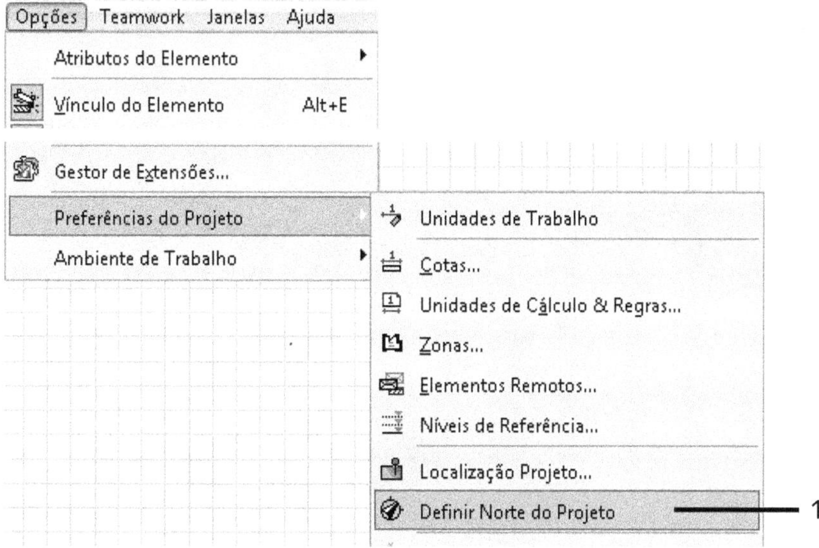

2. Perceba que o cursor assume o formato de uma bússola. Clique onde quer que seja o ponto de referência para a definição do Norte (**a**); mova o cursor na direção desejada e clique quando a direção do Norte estiver correta (**b**). Se você abrir a janela de diálogo de localização do projeto (ver tópico anterior) vai perceber que o Norte do projeto foi atualizado.

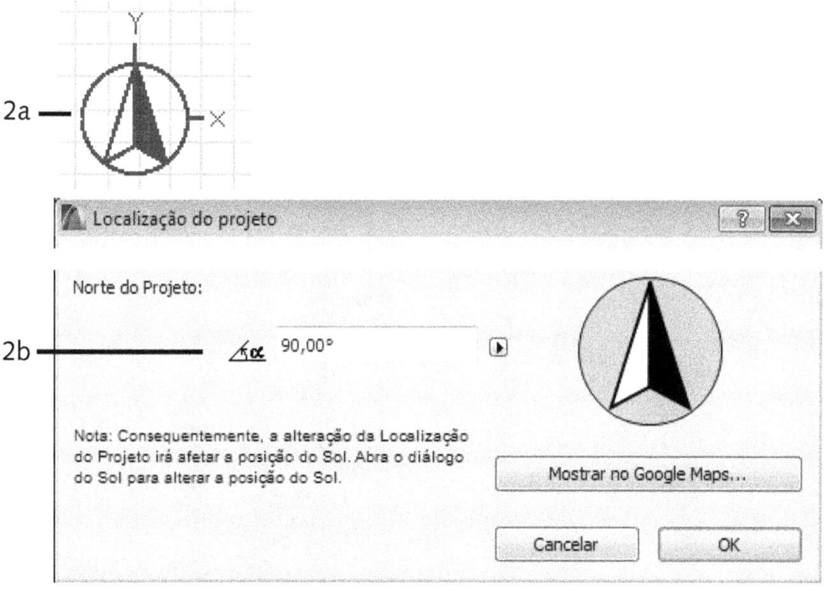

para definir os níveis de referência do projeto

No ArchiCAD você pode usar quatro níveis de referência para indicar a cota dos andares, e a partir daí cotar todos os outros elementos do projeto. Entre os quatro níveis de referência existentes, você sempre será obrigado e indicar a referência principal, que é a que vai orientar os outros níveis. Para ver como configurá-los:

1. Vá ao menu **Opções/Preferências do Projeto/Níveis de Referência**... (*Options/Project Preferences/Reference Levels*...).

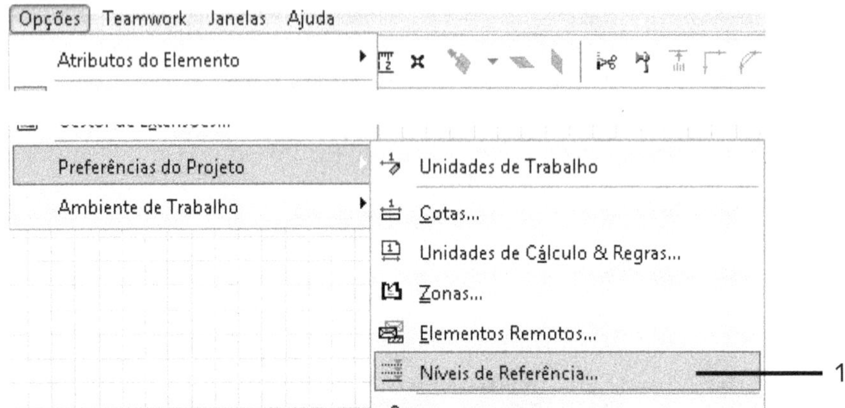

2. Na janela que se abre, configure as opções a seguir:
   a. Na coluna **Relativo a** (*Relative to*), escolha qual dos níveis será o principal, ou seja, será a partir dele que todos os outros níveis terão suas elevações configuradas. Se você escolher **Cota Zero** (*Project Zero*), verá o valor em **Altitude** (*Altitude*), caso tenha configurado, aparecer com um valor negativo. Se escolher Altitude, verá a Cota Zero aparecer com um valor positivo, e esse valor é o que irá aparecer em todas as elevações e marcações do arquivo;
   b. Os ajustes chamados de **2º Nível de Referência** (*2nd Reference Level*) e **1º Nível de Referência** (*1st Reference Level*) são auxiliares e podem servir de referência no desenvolvimento do projeto, quando você quiser indicar a elevação de um objeto a partir de um nível que não seja a Cota Zero e a Altitude. Para definir o valor desses níveis, basta digitar na coluna ao lado do nome deles.

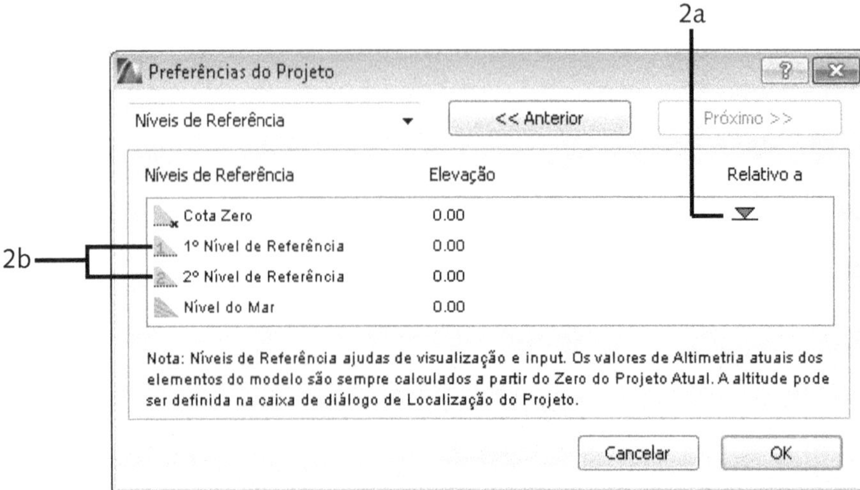

c. Perceba que, se você escolher o 2º ou o 1º Nível como referência principal, assinalando o nível em **Relativo a** (*Relative to*), este nível passa a indicar o valor 0 (zero) e todos os outros passam a mostrar novos valores relativos ao principal.

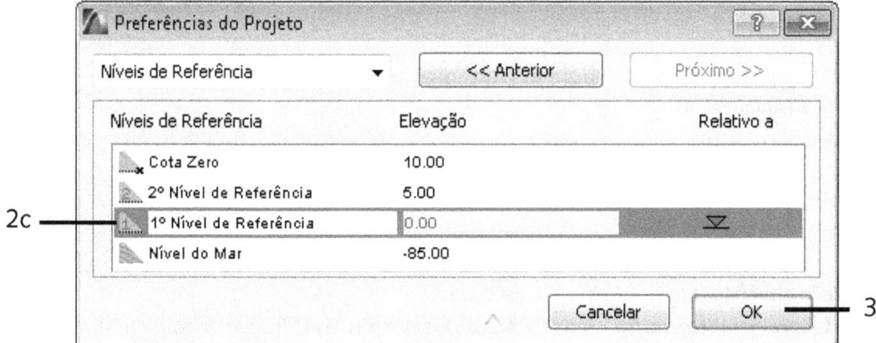

3. Depois de configurar os níveis, clique em **OK** para confirmar.

como definir e editar os pisos do projeto

Uma das ações principais que você precisa fazer no início de um projeto é definir os seus pisos e quais as suas cotas de elevação. Não se preocupe, na configuração dos pisos, em colocar o valor da altimetria real do projeto. Essa definição deve ser feita na janela de localização do projeto; veja como fazer isso no item **para definir os níveis de referência do projeto**, na página **28**.

1. Vá ao menu **Modelagem/Definir Pisos...** (*Design/Story Settings*) Ctrl+7.
2. Na janela que se abre, clique em **Inserir Acima** ou **Inserir Abaixo** (*Insert Above* ou *Insert Below*) para criar um piso acima ou abaixo dos existentes.
3. Altere o **Número, Nome, Elevação** e **Alt. até ao seg.** (*Number, Name, Elevation e Height to Next*) dos pisos que desejar.
4. Clique em **OK**.

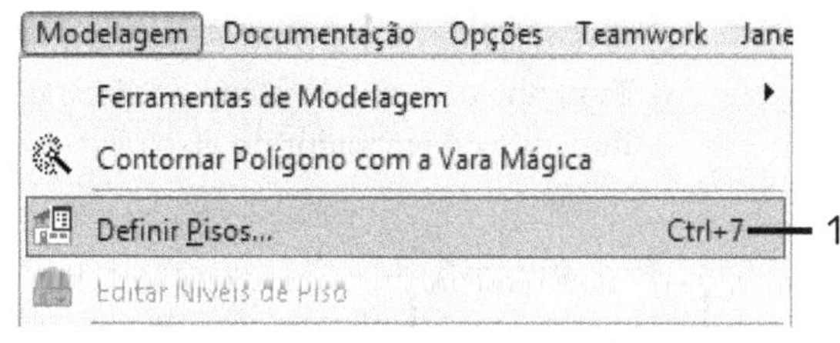

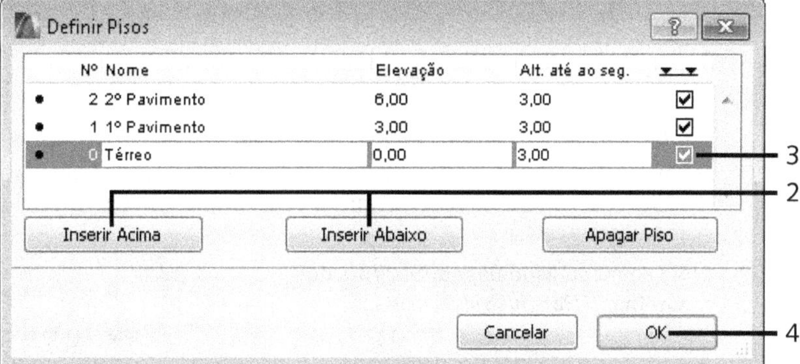

OBS É possível criar novos pisos no painel **Navegador - Mapa de Projeto** (*Navigator - Project Map*). Para isso, clique com o botão direito do mouse sobre o nome de um piso existente e escolha **Criar Novo Piso...** (*Create New Story*).

1.5 Definindo eixos livremente ou com sistema de grelhas

como criar eixos

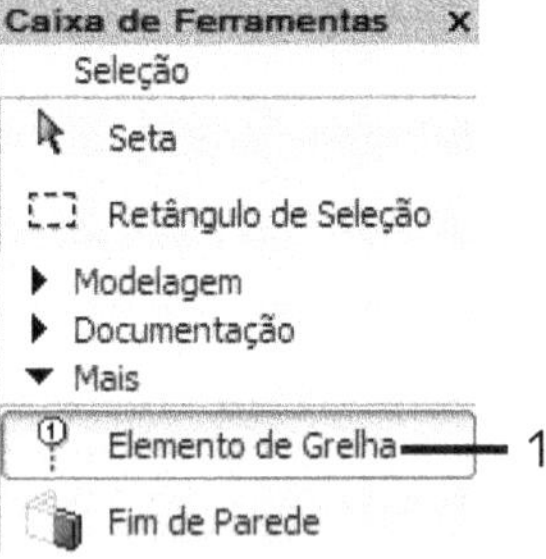

1. Na **Caixa de Ferramentas** (*Toolbox*), clique na ferramenta **Elemento de Grelha** (*Grid Element Tool*).

2. Na **Caixa de Informações** (*Default Settings*), escolha:
   a. **Método de Geometria** (*Geometry Method*): **Reto** (**Dois Pontos**) (*Straight: Two Points*), **Curvo** (**Ponto Central e Raio**) (*Curved: Centerpoint and Radius*) ou **Curvo** (**Circunferência**) (*Curved: Circumference*);
   b. **Prefixo**, **Estilo**, **Sufixo** (*Prefix, Style, Suffix*) para nomear seus eixos;

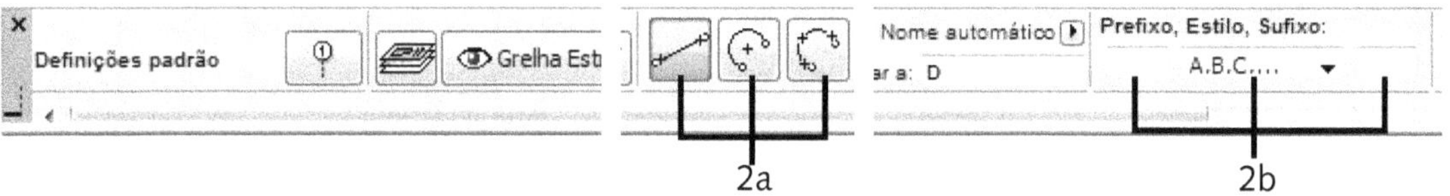

   c. Se deseja que os marcadores apresentem o nome do eixo de um dos lados ou de ambos;
   d. Tamanho da fonte do nome do eixo (*font size*);
   e. Tamanho do marcador do eixo (*marker size*).

3. Clique nos pontos desejados para desenhar o eixo.

como criar um sistema de eixos (grelhas)

A janela de configuração de um sistema de grelhas possui diversos ajustes, alguns bastante avançados. Nesta explicação, vamos dar atenção aos itens que são utilizados mais frequentemente.

1. Vá ao menu **Modelagem/Sistema de Grelha...** (*Design/Grid System...*).

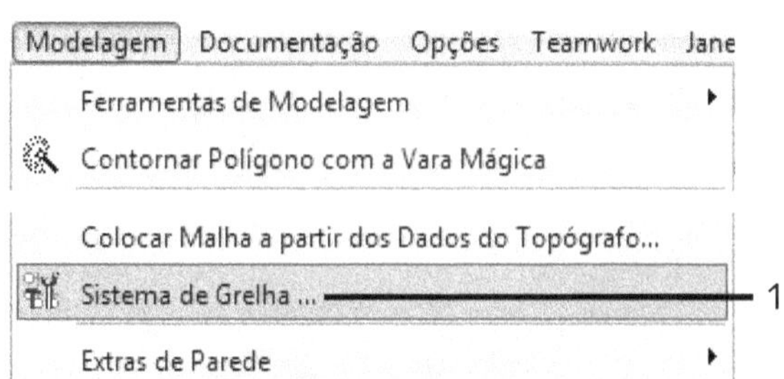

2. Na janela que se abre, configure:
   a. Em **Definições Gerais** (*General Settings*), escolha entre as opções de grelha ortogonal ou radial;
   b. Em **Elementos de Grelha** (*Grid Elements*), escolha o valor da extensão das linhas do sistema, o **Ponto de Inserção** (*Anchor*) e a localização dos **Marcadores** (*Markers*);
   c. Em **Regras de nomeação** (*Naming rules*), você pode configurar como os marcadores dos eixos serão nomeados (números, letras, etc);
   d. Em **Posições da grelha** (*Grid Positions*), indique quantos eixos farão parte do sistema na horizontal e na vertical.
3. Clique em **OK** para confirmar os ajustes.

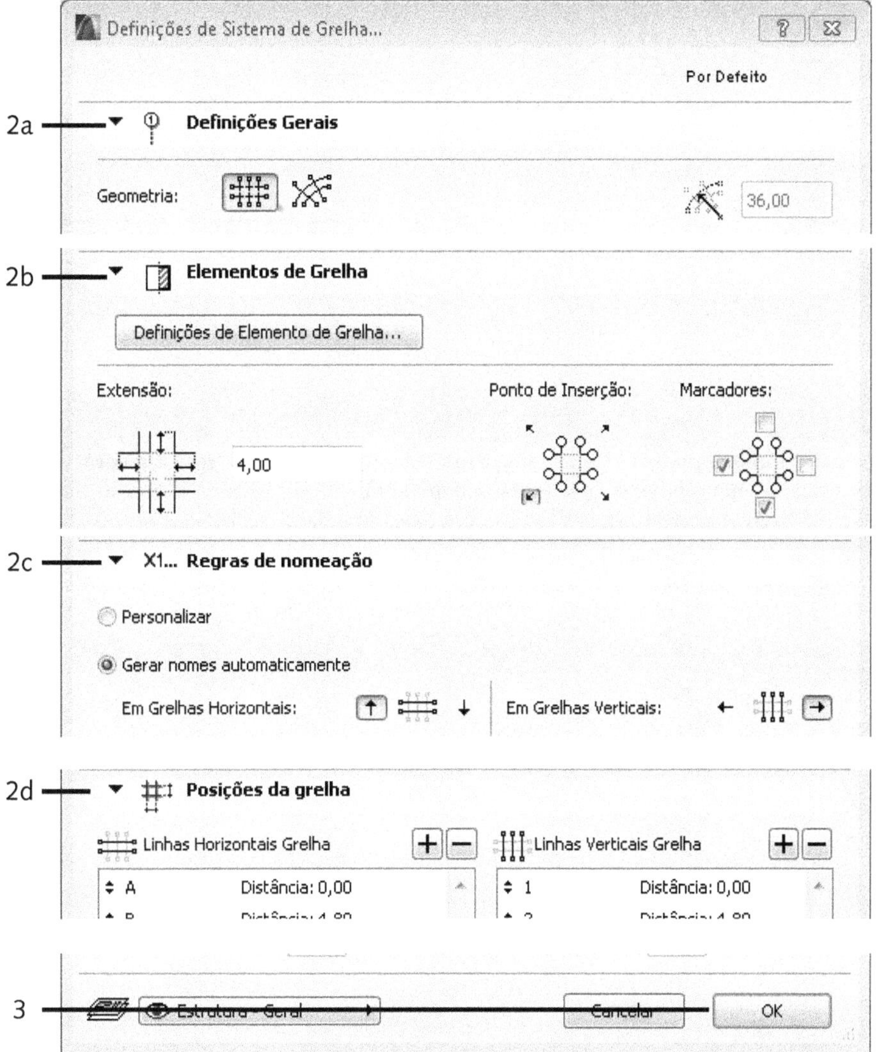

4. Clique onde quer inserir a grelha; perceba que ela é inserida pelo ponto de referência definido no item **2b** (Ponto de Inserção).

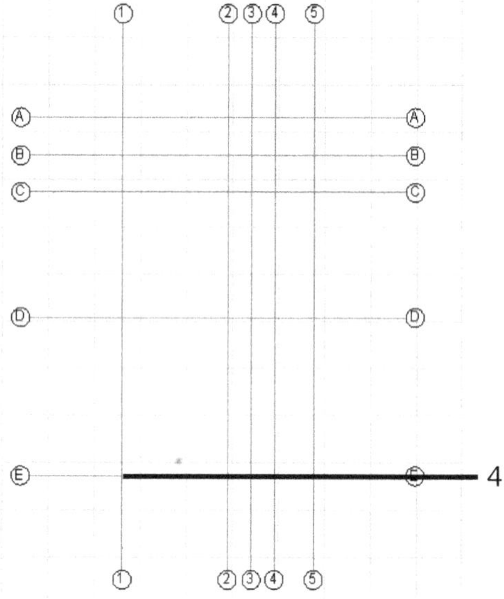

OBS É possível fazer com que pilares e vigas estejam associados às grelhas. Dessa maneira, se você alterar a posição de uma grelha, os objetos associados serão atualizados de forma automática.

1.6 Como e porque criar folhas de trabalho

A **Folha de Trabalho** (*Worksheet*) é um espaço de desenho do ArchiCAD onde você pode desenhar exclusivamente em 2D. Esse desenho 2D pode ser feito a partir de qualquer vista do seu modelo (plantas, cortes, elevações, etc.). Você também pode importar um desenho .dwg, ou uma imagem, em uma folha de trabalho (chamada de folha de trabalho independente), e usá-la como referência para desenvolver seu projeto, pois as folhas de trabalho podem ser usadas como "papéis-vegetais" em qualquer piso do seu modelo. Também é possível usar uma folha de trabalho para guardar desenhos 2D de detalhes, que depois podem ser colocados em uma folha de leiaute para documentação. É importante lembrar que os desenhos que estão em uma folha de trabalho não tem nenhuma vinculação, ou interferência de nenhum modo, na criação do edifício virtual.

Para criar uma folha de trabalho a partir de uma vista do modelo

O método descrito a seguir serve para quando você precisa criar um desenho 2D a partir de qualquer vista do seu modelo. Depois de definir a área compreendida pela folha de trabalho, o ArchiCAD cria a folha, e todos os objetos do modelo são convertidos (apenas nesta folha) em linhas e tramas. A partir daí você só pode desenhar em 2D. As alterações feitas nessa folha de trabalho não são interligadas com o modelo original.

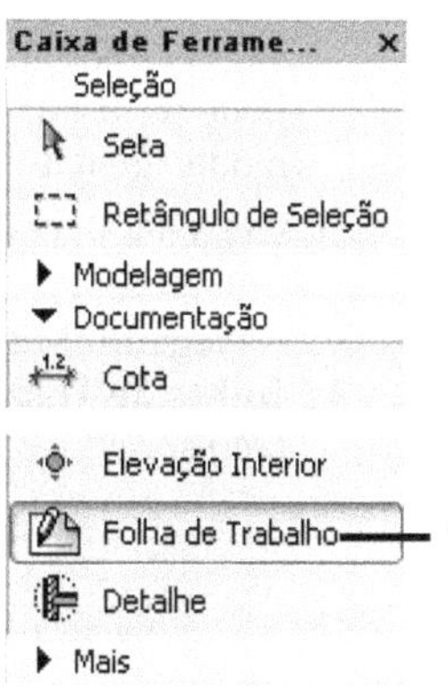

1. Clique na ferramenta **Folha de Trabalho** (*Worksheet*).
2. Na **Caixa de Informações** (*Info Box Contents*) escolha um dos **Métodos de Geometria** (*Geometry Method*):
   a. **Sem limite** (*No Boundary*): Clique em qualquer ponto da janela que estiver ativa. A folha de trabalho será criada com todo o conteúdo que estiver visível;
   b. **Poligonal** (*Polygonal*): A partir de um polígono defina a área desejada;

   c. **Retangular** (*Rectangular*): A partir de um retângulo defina a área desejada;
   d. **Retangular rodado** (*Rotated Rectangular*): Determine uma angulação e a partir de um retângulo defina a área desejada.
3. Clique para definir a localização do marcador.

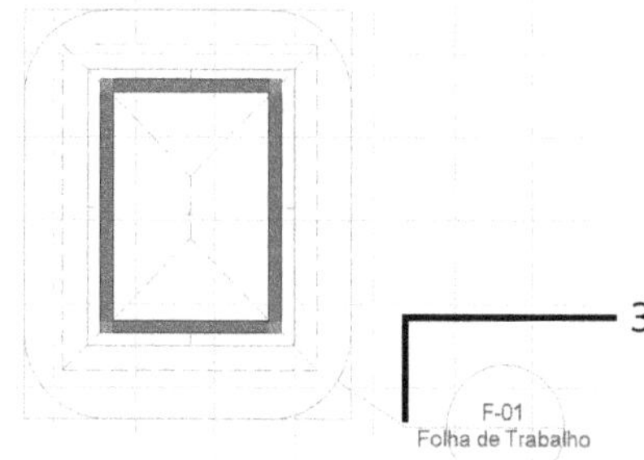

4. No **Navegador/Mapa de Projeto** (*Navigator/Project Map*) note que uma nova folha de trabalho foi criada e com dois cliques é possível editá-la.

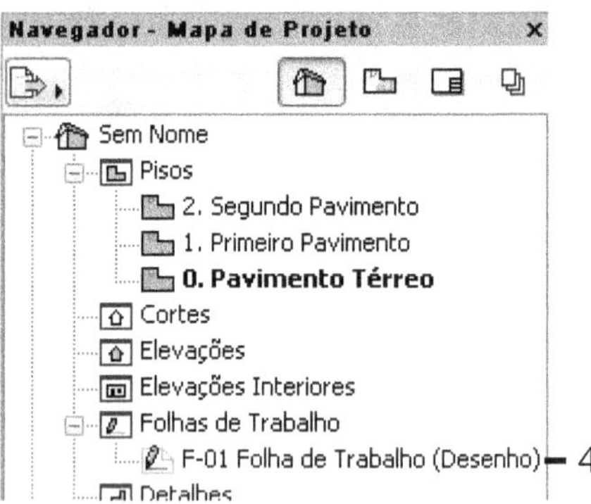

Folha de Trabalho Independente

Uma folha de trabalho independente é um ambiente de desenho 2D vazio. Nele, você pode começar a desenhar a partir do zero, copiar e colar uma região selecionada de uma vista do modelo ou ainda importar desenhos .DWG, arquivos PDF e imagens, e então fazer as alterações que quiser. Pode ser usada para armazenar um arquivo .DWG que será usado como **Traço Referência** para modelagem do modelo. Para criar uma folha de trabalho independente:

1. Vá ao menu **Documentação/Ferramentas de Documentação/Criar Folha de Trabalho Independente** (*Document/Documenting Tools/Create Independent Worksheet*) (**a**) ou vá ao **Navegador/Mapa de Projeto** (*Navigator/Project Map*), clique como botão direito do mouse em **Folhas de Trabalho** (*Worksheets*) e opte por **Nova Folha de Trabalho Independente**... (*New Independent Worksheet* (**b**).

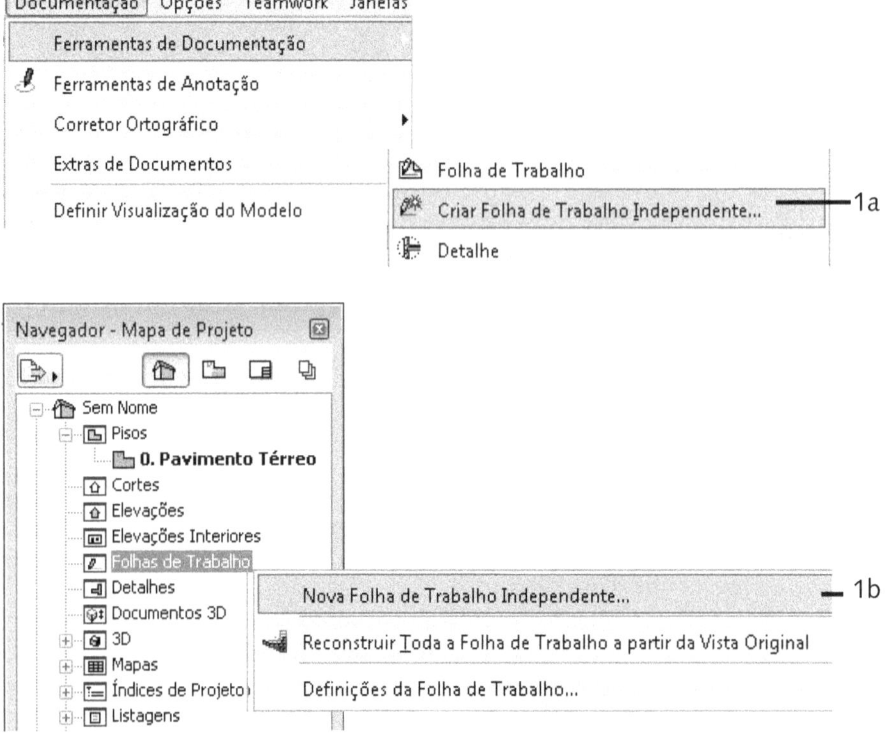

2. Renomeie e clique em **Criar** (*Create*).
3. A folha de trabalho criada será ativada deixando à disposição todas as ferramentas 2D. Se quiser importar arquivos .DWG, PDF e imagens para esta folha de trabalho, veja como fazer no capítulo **11 importação e exportação**, na página **251**.

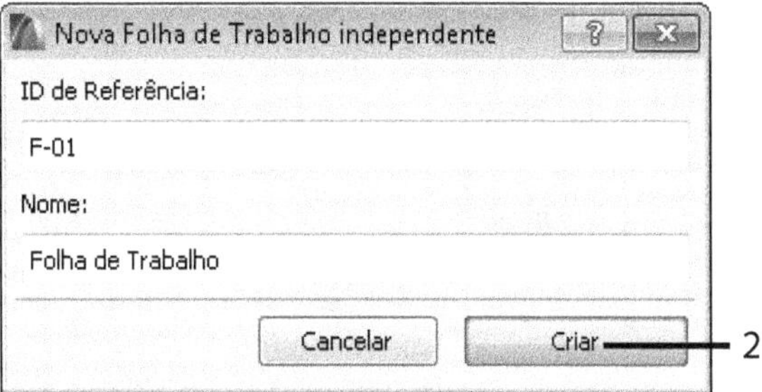

OBS Apesar de ser possível usar as folhas de trabalho para importar ou criar detalhes de projeto, é necessário lembrar que isto não é recomendável. A melhor prática consiste em ampliar o que se quer detalhar e então fazer isto. Mais informações sobre como fazer uma ampliação para detalhar no item **9.3 Detalhes**, na página **209**.

Destaques deste capítulo

como criar um novo projeto (pág 21)

Para criar um novo arquivo, vá ao menu **Arquivo/ Novo/Novo...** (*File/New/New...*) Ctrl N. Escolha se deseja **Utilizar um Arquivo-Base** (*Use a Template*) ou **Utilizar Últimas Definições de Projeto** (*Use Latest Project Settings*). Escolha o **Setup do Ambiente de trabalho** (*Setup Work Environment*), que é a maneira como os menus e paletas estão organizados na interface. Clique em **Novo** (*New*).

Para abrir um novo arquivo:, vá ao menu **Arquivo/ Abrir/Abrir...** (*File/Open/Open...*) Ctrl+O, indicando na sequência o nome do arquivo a ser aberto.

para fechar um documento e encerrar o programa (pág 23)

Vá ao menu **Arquivo/Sair** (*File/Exit*) Ctrl+Q.

para definir a localização do projeto (pág 25)

Vá ao menu **Opções/Preferências do Projeto/ Localização Projeto...** (*Options/Project Preferences/Project Location...*). Na janela que se abre, configure o **Nome do Projeto** (*Project Name*); o **Endereço do Terreno** (*Site Address*); a **Latitude**, **Longitude** e **Cidades** (*Latitude, Longitude* e *Cities*); a **Altitude**; a **Zona Horária** (*Time Zone*) e o **Norte do Projeto** (*Project North*):

Clique em **OK** depois de configurar a localização do projeto.

como definir as unidades de trabalho (pág 24)

Vá ao menu **Opções/Preferências do Projeto/ Unidades de Trabalho** (*Options/Project Preferences/ Working Units*). Indique as unidades desejadas para cada item. Dê **OK**.

para salvar um projeto (pág 22)

Vá ao menu **Arquivo/Salvar** (*File/Save*) Ctrl+S. Para salvar o documento com outro nome e/ou colocá-lo em outro local do computador, vá ao menu **Arquivo/Salvar Como...** (*File/Save as...*) Ctrl+Shift+S.

como definir a escala de visualização do modelo (pág 25)

Na barra de visualização, clique no botão **Escala Atual** (*Current Scale*).

Na janela que se abre, digite o valor da escala que quer usar e em seguida clique em **OK**.

como definir e editar os pisos do projeto (pág 29)

Vá ao menu **Modelagem/Definir Pisos...** (*Design/ Story Settings*) Ctrl+7. Na janela que se abre, clique em **Inserir Acima** (*Insert Above*) ou **Inserir Abaixo** (*Insert Below*) para criar um piso acima ou abaixo dos existentes. Altere o **Número**, **Nome**, **Elevação** e **Alt. até ao seg.** (*Number, Name, Elevation* e *Height to Next*) dos pisos que desejar. Clique em **OK**.

Folha de Trabalho Independente (pág 34)

Para criar uma folha de trabalho independente vá ao menu **Documentação/Ferramentas de Documentação/Criar Folha de Trabalho Independente** (*Document/Documenting Tools/Create Independent Worksheet*) ou vá ao **Navegador/Mapa de Projeto** (*Navigator/Project Map*), clique como botão direito do mouse em **Folhas de Trabalho** (*Worksheets*) e opte por **Nova Folha de Trabalho Independente...** (*New Independent Worksheet*). Renomeie e clique em **Criar** (*Create*).

visualização, desenho e edição básica de objetos

O que você vai ler neste capítulo

2.1 Visualização básica

2.2 Desenho 2D básico

2.3 Ferramentas de edição

2.1 Visualização básica

O ArchiCAD possui uma muitas ferramentas e atalhos de mouse e teclado para que você veja seu desenho da maneira como quiser. As técnicas de visualização mais comuns para as vistas de desenho em 2D são mostradas a seguir. Você vai ver como navegar em uma vista 3D do projeto no capítulo **8 visualização 3D e ajustes para renderização**, na página **182**.

para aproximar e afastar usando o mouse (Zoom In e Zoom Out)

1. Role a rodinha do mouse (*click wheel*) para a frente ou para trás. Você pode executar essa operação a qualquer momento e durante qualquer comando do programa.

opções para fazer um deslocamento de vista (Pan)

1. Clique e arraste a rodinha do mouse (*click wheel*) para se deslocar lateralmente pelo desenho. Você pode fazer isso a qualquer momento durante o programa.

2. Na barra de visualização (parte inferior da janela do ArchiCAD), clique na ferramenta **Pan**. Na sequência, clique e arraste o cursor para efetuar o deslocamento da vista.

para aproximar uma determinada área do desenho

1. Na barra de visualização (parte inferior da janela do ArchiCAD), clique na ferramenta **Aumentar Zoom** (*Increase Zoom*).

2. Faça um retângulo que envolva aquilo que você deseja ampliar.

OBS Ao fazer um duplo clique no botão da ferramenta **Aumentar Zoom** (*Increase Zoom*), o ArchiCAD automaticamente aproxima o desenho em 2x a partir do centro da tela.

opções na barra de visualização

1. Vá à barra de visualização e clique no botão **Opções de Zoom** (*Zoom Options*) para escolher entre os níveis de zoom pré-estabelecidos, e também para gravar um nível e posição de zoom personalizado.
2. Vá à barra de visualização e faça um duplo clique no botão **Afastar Zoom** (*Reduce Zoom*) **Ctrl+1** para afastar o desenho em 2x.
3. Vá à barra de visualização e clique no botão **Centralizar** (*Fit in Window*) para encaixar na tela tudo aquilo que foi desenhado.

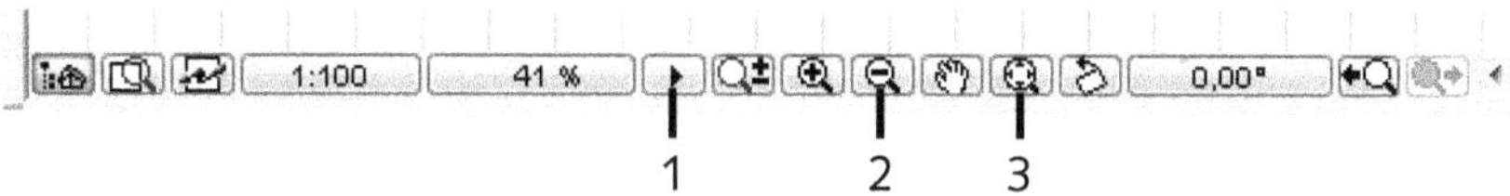

2.2 Desenho 2D básico

como configurar a grelha e fundo do ArchiCAD

1. Vá ao menu **Visualização/Opções de Grelha & Plano de Edição/Grelha & Fundo...** (*View/ Grid Options/Grids & Background...*).

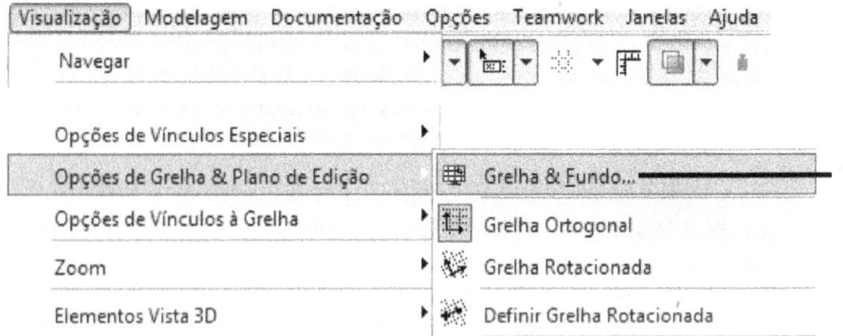

2. Configure o espaçamento horizontal e vertical da grelha **Principal** (*Main Grid*).
3. Se desejar defina um espaçamento para a grelha **Auxiliar** (*Aux. Grid*).
4. É possível trabalhar com a **Grelha Rotacionada** (*Rotated Grid*). Para isso, ative o botão indicado (**a**) e depois indique o ângulo de **rotação da grelha** (*Rotated Angle*) (**b**). Para desativar a rotação da grelha, clique no botão indicado (**c**).

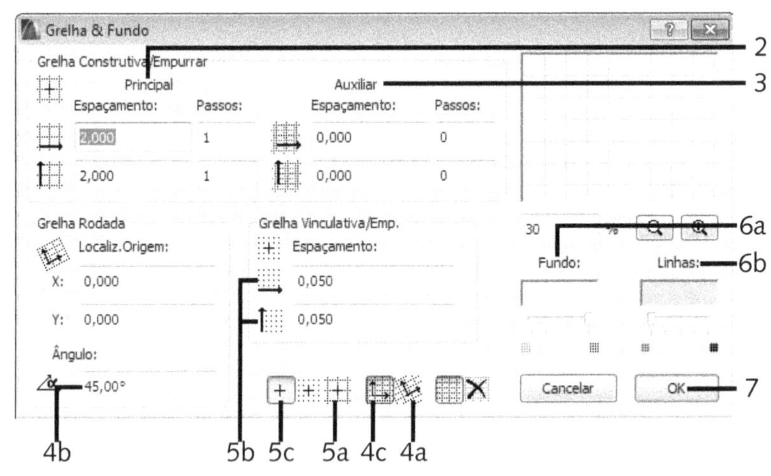

5. Você também pode ativar uma grelha que restringe a movimentação do cursor às suas medidas, o que em certos momentos pode facilitar o trabalho de projeto. Para fazer isso, clique no botão indicado (**a**), digite as distâncias da grelha, na horizontal e na vertical (**b**). Para desligar a grelha vinculante (*Snap Grid/Nudge*), clique no botão indicado (**c**).
6. Defina uma cor para o fundo (*Background*) (**a**) e para as linhas da grelha (*Grid Lines*) (**b**).
7. Clique em **OK**.

OBS1 No menu **Visualização/Opções de Grelha & Plano de Edição/Grelha Rotacionada** (*View/Grid Options/Rotated Grid*) (**a**) é possível ativar a opção grelha rotacionada e no **Visualização/Opções de Grelha & Plano de Edição/Grelha Ortogonal** (*View/Grid Options/Orthogonal Grid*) (**b**) retornar à grelha tradicional.

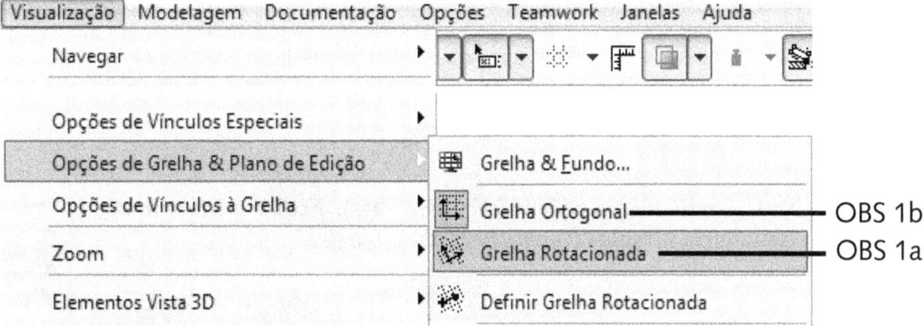

OBS2 Vá ao menu **Visualização/Vincular à Grelha** (*Grid Snap*) Alt+S para ativar ou desativar o vinculo à grelha.

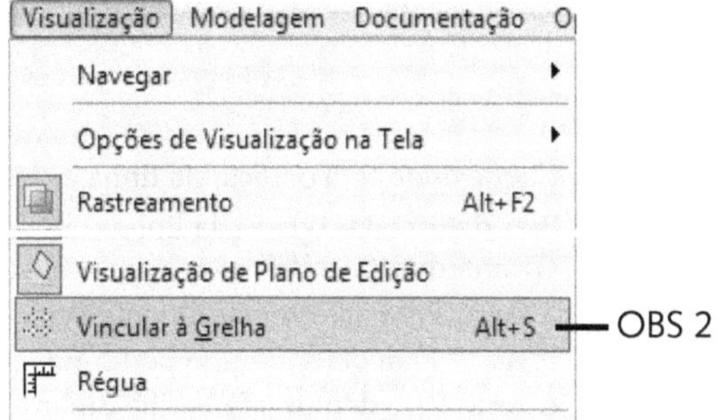

como criar guias

1. Vá ao menu **Visualização/Opções de Linha de Guia/Criar Segmento de Guia** (*View/Guide Line Options/Create Guide Line Segment*) Alt+L.
2. Clique no ponto onde deseja iniciar a linha guia e clique no ponto onde será finalizada.
3. Para apagar as guias vá ao menu **Visualização/Opções de Linha de Guia/Remover Todas as Guias** (*View/Guide Line Options/Remove All Guide Lines*).

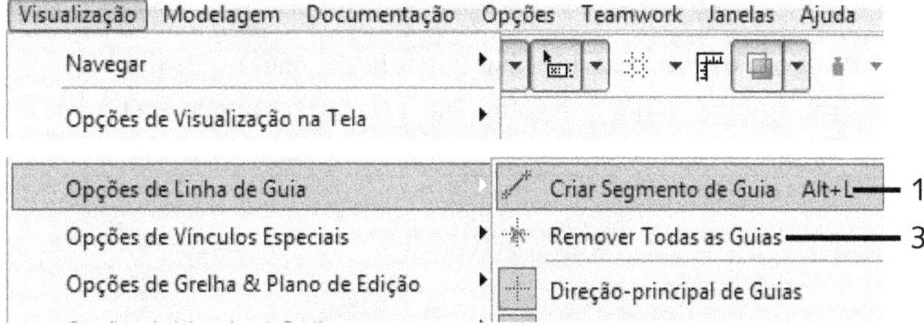

como desenhar uma linha

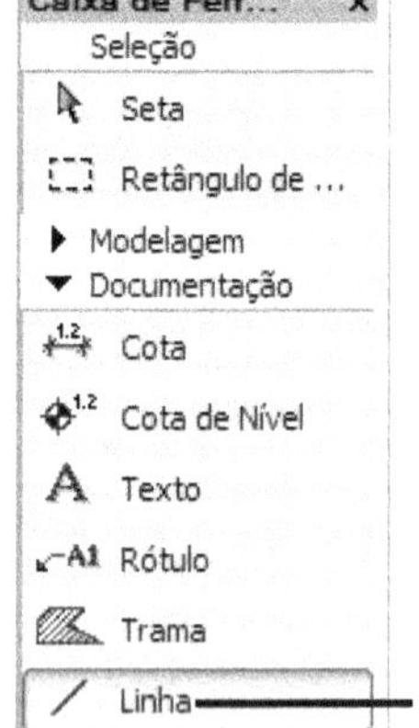

1. Na **Caixa de Ferramentas** (*Toolbox*), clique na ferramenta **Linha** (*Line*).

2. Na **Caixa de Informações** (*Default Settings*), escolha o **Método de Geometria Simples** (*Geometry Method: Single*).

3. Na **Caixa de Informações** (*Default Settings*), escolha o tipo de linha (**a**) e a caneta (**b**).

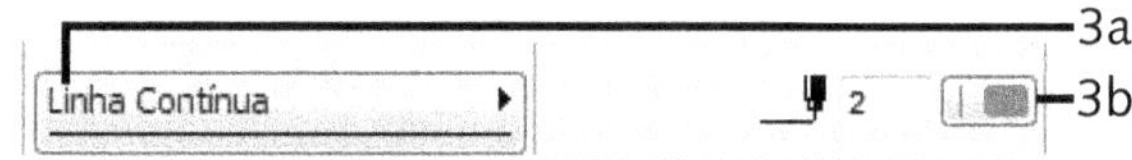

4. Clique onde será o início da linha.
5. Para determinar o final da linha com uma medida exata preencha um ou mais valores no **Orientador** (*Coordinates*):
   a. **Δx** X: Para determinar o ponto final da linha, no eixo X, a partir do início da linha;
   b. **Δy** Y: Para deternimar o ponto final da linha, no eixo Y, a partir do início da linha;
   c. **Δr** R: Para definir o tamanho da linha, independente da orientação que ela seguirá;
   d. **a** A: Para definir um ângulo em relação ao ponto inicial da linha.

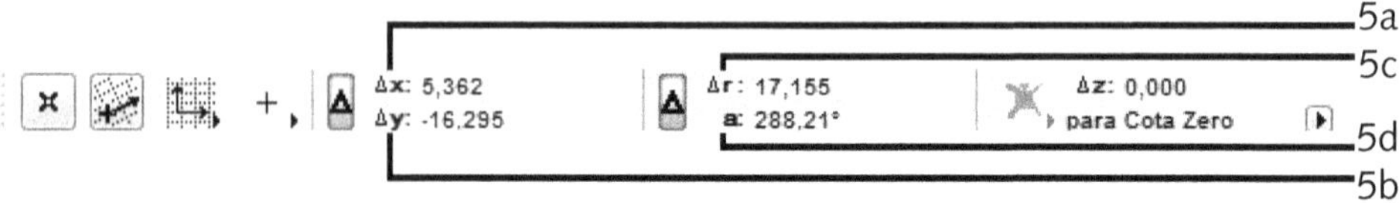

6. Pressione **Enter**.

OBS1 Pressione o **Shift** para desenhar linhas horizontais ou verticais.

OBS2 Para desenhar várias linhas em sequência use o **Método em Cadeia** (*Edit/Move/Multiply.../ Increment*).

como desenhar uma polilinha

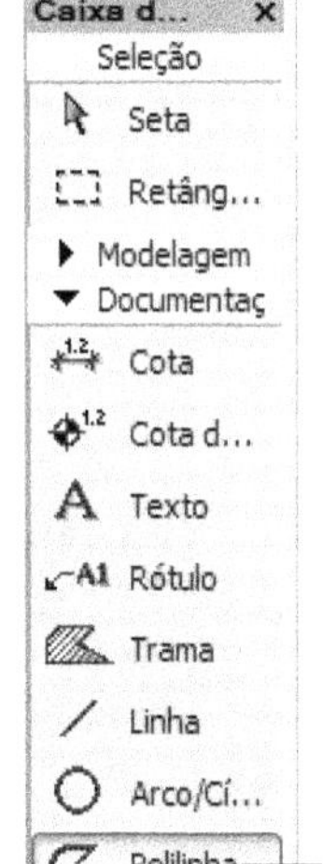

1. Na **Caixa de Ferramentas** (*Toolbox*), clique na ferramenta **Polilinha** (*Polyline*) Shift+L.

2. Na **Caixa de Informações** (*Default Settings*), escolha o **Método Poligonal** (*Geometry Method: Polygonal*).

3. Na **Caixa de Informações** (*Default Settings*), escolha o tipo de linha (**a**) e a caneta (**b**).
4. Clique onde será o início da polilinha.

5. Na paleta que se abre, escolha se vai desenhar um segmento reto ou um arco.
6. Para determinar o final do segmento ou arco com uma medida exata preencha um ou mais valores no **Orientador** (*Coordinates*):

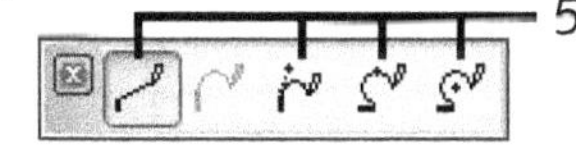

   a. **Δx** X: Para determinar o ponto final da linha, no eixo X, a partir do início da linha;
   b. **Δy** Y: Para deternimar o ponto final da linha, no eixo Y, a partir do início da linha;
   c. **Δr** R: Para definir o tamanho da linha, independente da orientação que ela seguirá;
   d. **a** A: Para definir um ângulo em relação ao ponto inicial da linha.

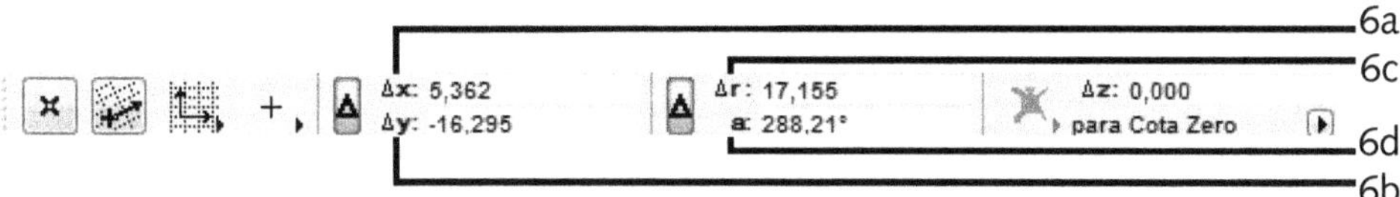

7. Pressione **Enter**.
8. Desenhe os demais segmentos.

OBS Para desenhar uma polilinha fechada clique sobre o ponto inicial.

como desenhar um retângulo

1. Na **Caixa de Ferramentas** (*Toolbox*), clique na ferramenta **Linha** (*Line*).
2. Na **Caixa de Informações** (*InfoBox*), escolha o **Método Retangular** (*Geometry Method: Retangular*).
3. Na **Caixa de Informações** (*Default Settings*), escolha o tipo de linha (**a**) e a caneta (**b**).

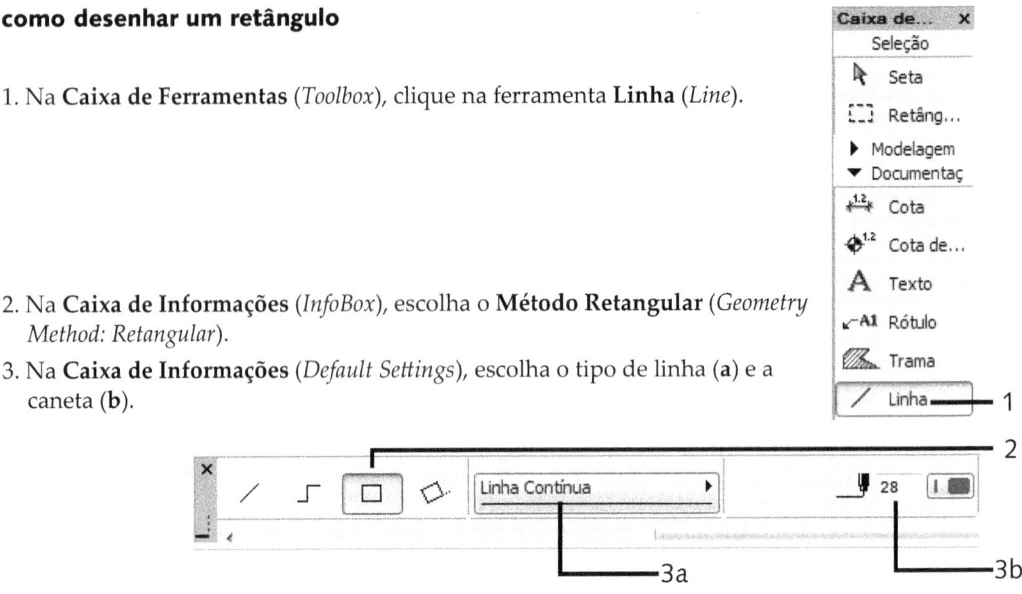

4. Clique onde será o início do retângulo.
5. Pressione X e Y para determinar no **Orientador** (*Coordinates*) a dimensão horizontal e a vertical do retângulo. Pressione **Enter** para confirmar os valores e finalizar o desenho.

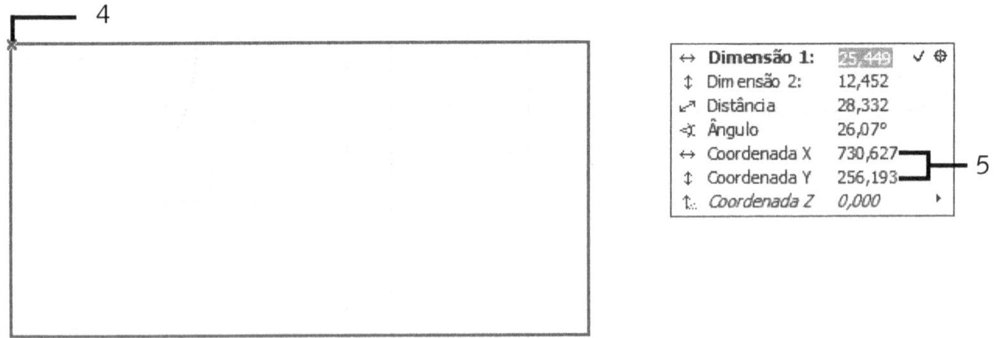

OBS Também é possível desenhar um retângulo a partir da ferramenta **Polilinha** (*Polyline*), seguindo as mesmas instruções da ferramenta **Linha** (*Line*).

como desenhar um retângulo inclinado

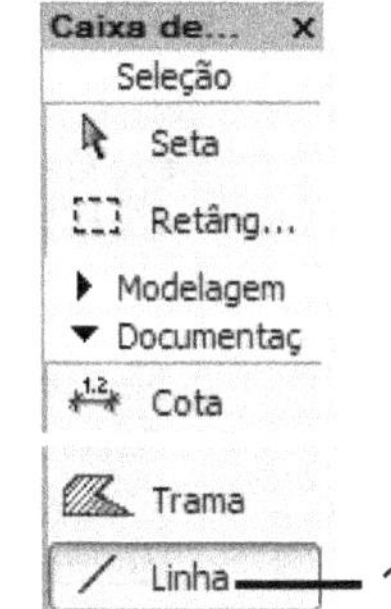

1. Na **Caixa de Ferramentas** (*Toolbox*), clique na ferramenta **Linha** (*Line*).
2. Na **Caixa de Informações** (*Default Settings*), escolha o **Método Retangular** (*Geometry Method: Retangular*).
3. Na **Caixa de Informações** (*Default Settings*), escolha o tipo de linha (**a**) e a caneta (**b**).

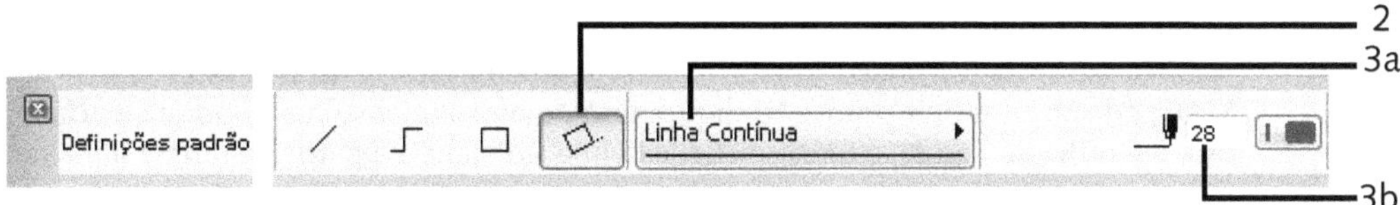

4. Clique onde será o início do retângulo.
5. Pressione **R** para determinar no **Orientador** (*Coordinates*) o tamanho da lateral e **A** para determinar o ângulo de inclinação. Pressione **Enter** para confirmar os valores.

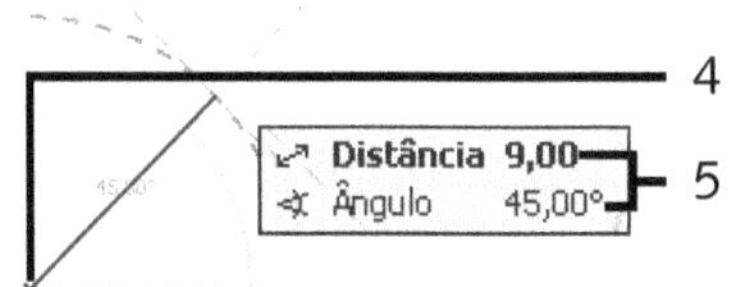

6. Pressione **R** para determinar no **Orientador** (*Coordinates*) o tamanho no outro sentido. Pressione **Enter** para confirmar os valores e finalizar o desenho.

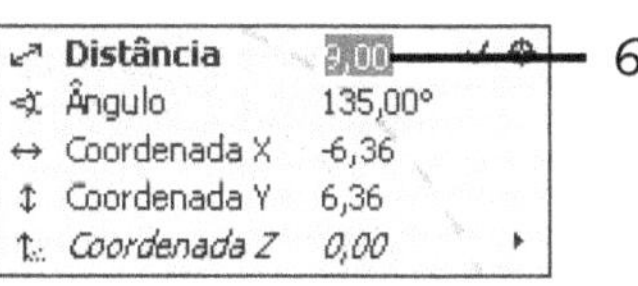

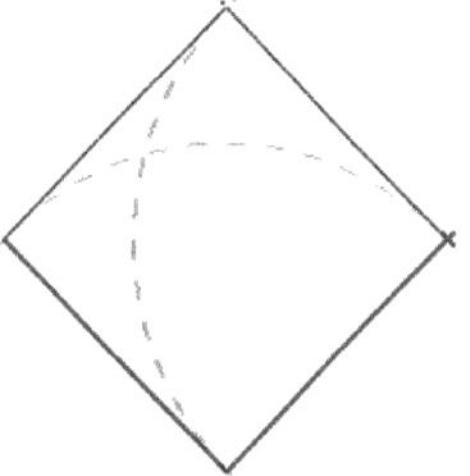

OBS Também é possível desenhar um retângulo inclinado a partir da ferramenta **Polilinha**, seguindo as mesmas instruções da ferramenta **Linha**.

como desenhar arcos, círculos ou elipses

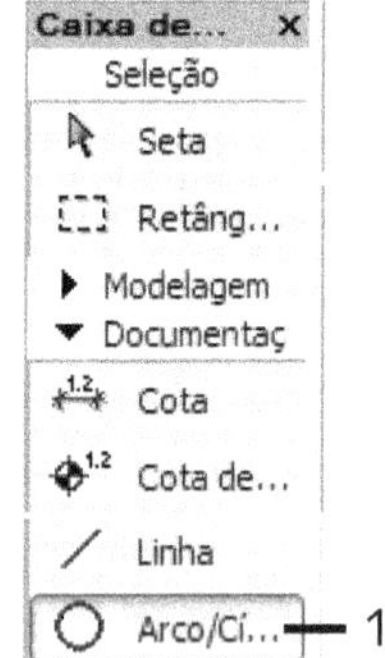

1. Na **Caixa de Ferramentas** (*Toolbox*), clique na ferramenta **Arco/Círculos** (*Arc/ Circle*).

2. Na **Caixa de Informações** (*Default Settings*), escolha o **Método de Geometria Arco/Círculo** (*Geometry Method: Arc/Circle*):

   a. **Ponto central e Raio** (*Centerpoint and Radius*): Com esta opção é possível definir onde será o centro e o comprimento do raio de um arco ou circunferência. Clique para definir o centro e em seguida determine o raio usando o menu flutuante; clique para definir o comprimento do arco ou finalizar a circunferência;

   b. **Circunferência** (*Circunference*): Cria uma circunferência a partir de três pontos localizados nela. Você pode fazer os dois primeiros cliques usando outros elementos como referência, ou então usar a **Grelha de Fundo**; o terceiro clique define a distância a partir da última linha de referência. Defina o comprimento do arco ou finalize a circunferência;

   c. **Tangencial** (*Tangential*): Esta opção define a circunferência a partir de arestas tangentes a pontos quentes de elementos já desenhados;

   d. **Diagonal** (*Diagonal*): Cria uma elipse a partir de uma retângulo. Com o primeiro clique determine o ponto inicial do retângulo; com o segundo o ponto final. É possível determinar as dimensões do retângulo a partir do menu flutuante. Ao confirmar as dimensões o retângulo desaparece e a elipse se mantém;

   e. **Semi-Diagonal** (*Semi-Diagonal*): Esse método funciona como o método **Diagonal**, porém, tem como primeiro ponto de referência o centro do retângulo e o segundo o limite da sua diagonal;

   f. **Raios de Elipse** (*Ellipse Radii*): Define a elipse a partir das dimensões dos raios da parte maior e da parte menor da elipse. Com o primeiro clique defina o centro da elipse; o segundo define o primeiro raio (que pode ser dado a partir do menu flutuante) e o terceiro o segundo raio. Com o quarto clique defina o comprimento do arco ou finalize a elipse.

3. Na **Caixa de Informações** (*Default Settings*), escolha o tipo de linha (**a**) e a caneta (**b**).

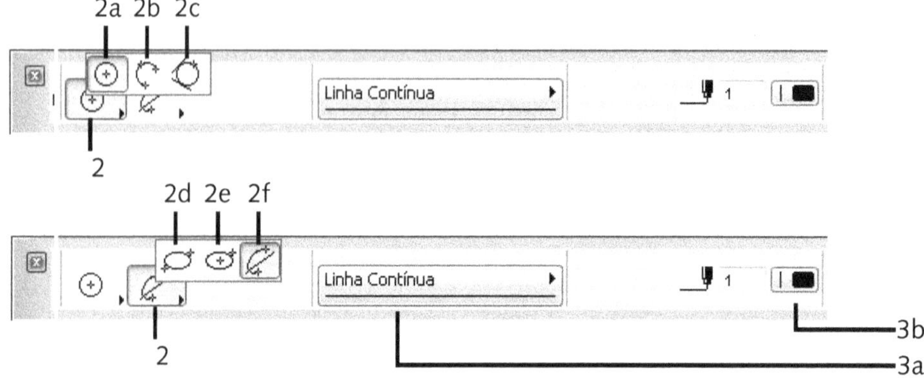

4. Clique onde será o centro do arco ou círculo.
5. Mova o cursor para definir o raio e o ângulo de início do arco ou círculo e clique, ou pressione **R** para determinar o raio no **Orientador** (*Coordinates*) e **A** para determinar o ângulo de ínicio do desenho do arco; neste caso, pressione **Enter** para confirmar.
6. Mova o cursor para determinar o ângulo de abertura do arco e clique, ou use a tecla de atalho **A** e digite o valor; neste caso, pressione **Enter** para confirmar.

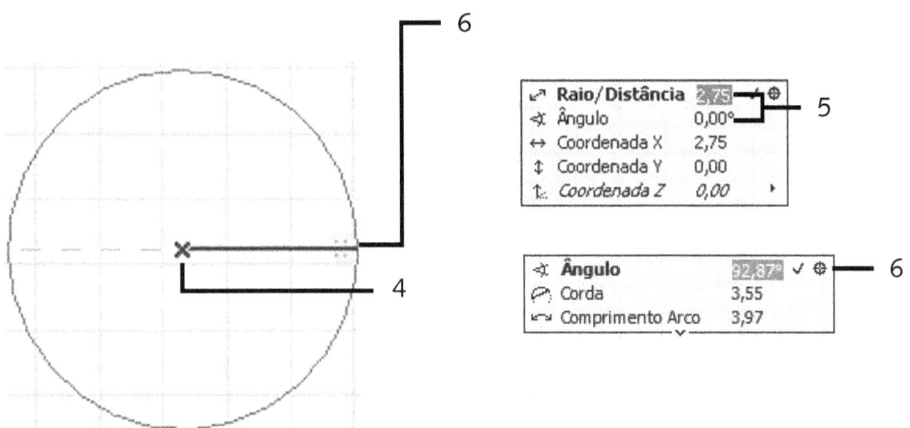

OBS Para desenhar um círculo rapidamente pressione **R** para determinar o raio, digite o valor e pressione **Enter** duas vezes.

como medir distâncias

1. Na barra **Standard** clique no botão **Medir** (*Measure*) M.

2. Clique no ponto do desenho que deseja iniciar a medida e posicione o cursor no ponto final; você terá a informação dos valores **Distância**, **Ângulo**, **Coordenada X** e **Y** (*Distance*, *Angle*, *X* e *Y Coordinate*).

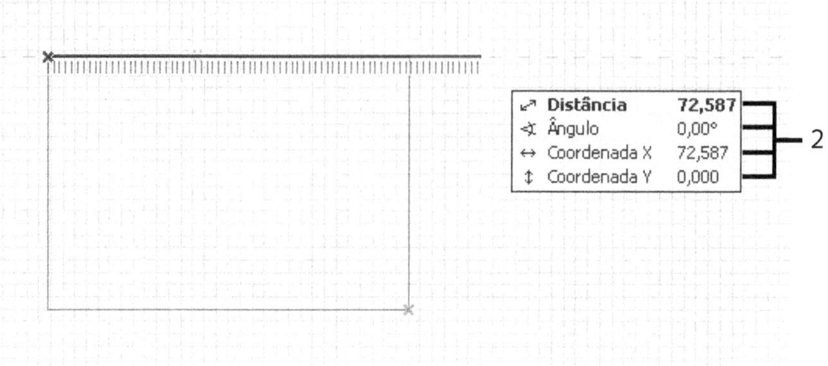

3. Para continuar medindo, clique no ponto final da medida anterior e continue deslocando o cursor. Ao medir mais itens você passa a ter a **Distância Cumulativa** (*Cumulative Distance*) e a **Área** (*Area*).
4. Para finalizar a medição dê um duplo clique.

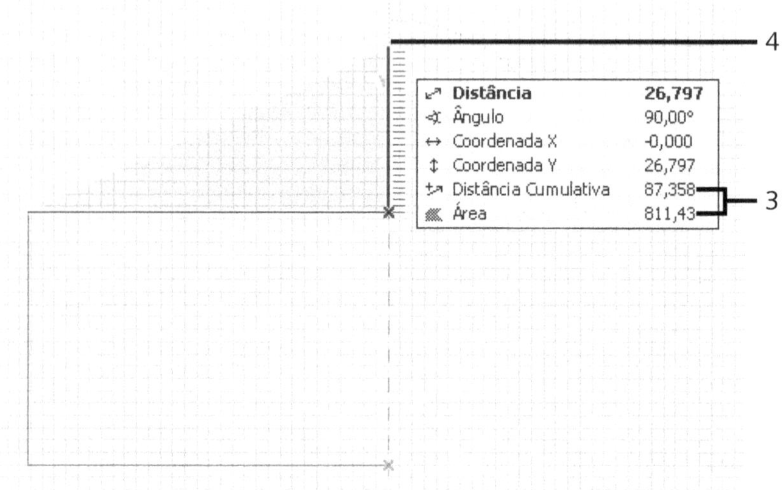

2.3 Ferramentas de edição

como preencher uma forma com a ferramenta Trama

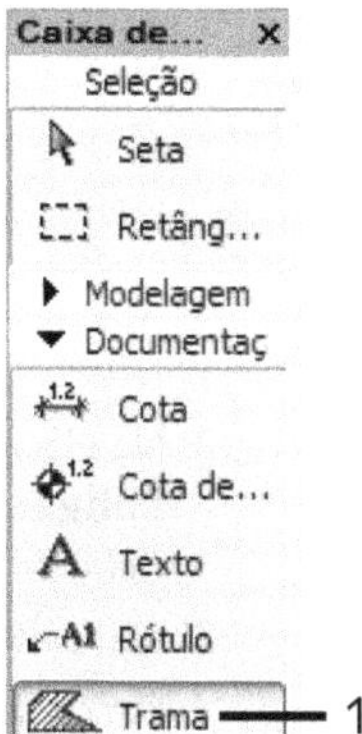

1. Na **Caixa de Ferramentas** (*Toolbox*), clique na ferramenta **Trama** (*Fill*).

2. Na **Caixa de Informações** (*Default Settings*), escolha a trama desejada.

3. Pressione a barra de espaço e, sem soltá-la, clique na figura que deseja preencher.

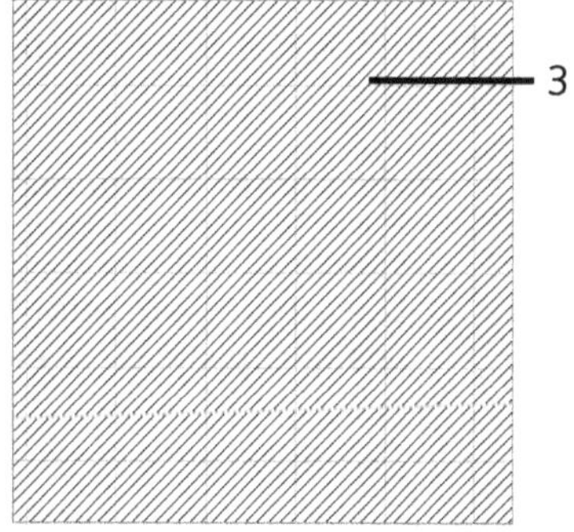

como criar uma forma preenchida com a ferramenta Trama

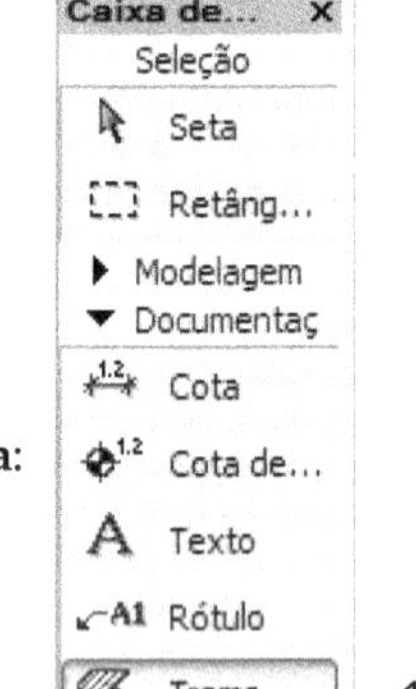

1. Na **Caixa de Ferramentas** (*Toolbox*), clique na ferramenta **Trama** (*Fill*).
2. Na **Caixa de Informações** (*Default Settings*), escolha o **Método da Geometria**: **Poligonal**, **Retangular** ou **Retangular rodado** (*Geometry Method*: *Polygonal*, *Retangular* ou *Rotated Retangular*).
3. Na **Caixa de Informações** (*Default Settings*), escolha a trama desejada.
4. Desenhe a figura desejada.

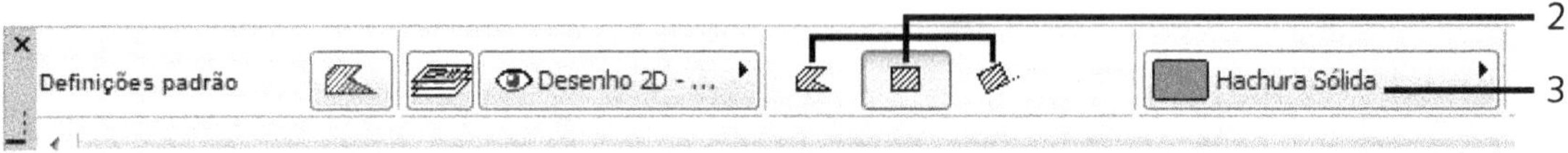

OBS1 Para deslocamentos no eixo X e Y, pressione a letra correspondente, digite o valor e pressione **Enter**.

OBS2 É possível arrastar criando cópias no menu **Edição/Mover/Arrastar & Repetir** Ctrl+Shift+D.

como mover um ou mais objetos

1. Use a ferramenta **Seta** (*Arrow*) e clique em qualquer ponto do objeto que quer mover.
2. Mova o cursor na direção desejada e clique para finalizar. Se quiser dar um ou mais valores em distância ou ângulo para mover o objeto, observe o seguinte:
   a. Use a tecla de atalho D para especificar uma distância exata de movimentação, em qualquer direção;
   b. Use a tecla de atalho A para determinar um ângulo para a movimentação;
   c. Use as teclas de atalho X ou Y para mover o objeto com distância exata na horizontal ou vertical.
3. Depois de digitar uma ou mais medidas, tecle **Enter** para confirmar.

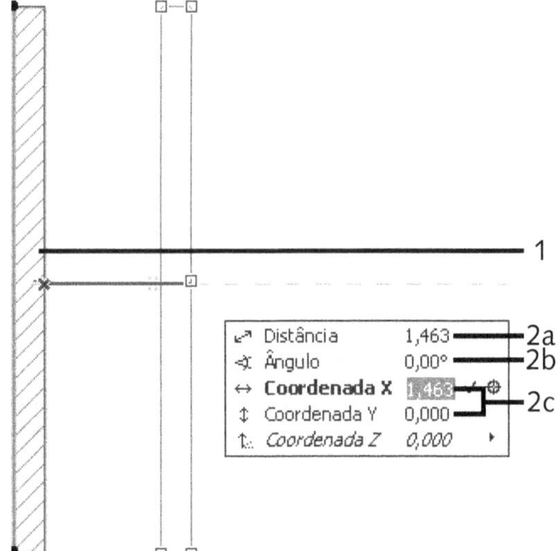

OBS Para selecionar mais de um objeto, clique em mais de um com a tecla **Shift** pressionada.

como fazer um offset de um objeto (afastar os vértices)

1. Use a ferramenta **Seta** (*Arrow*) e clique em qualquer ponto do objeto para selecioná-lo.

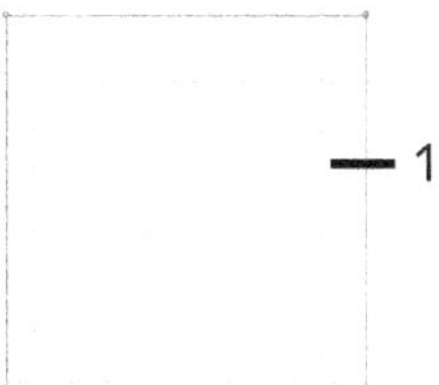

2. Vá ao menu **Edição/Dar nova forma/Offset** (*Edit/Reshape/Offset*).

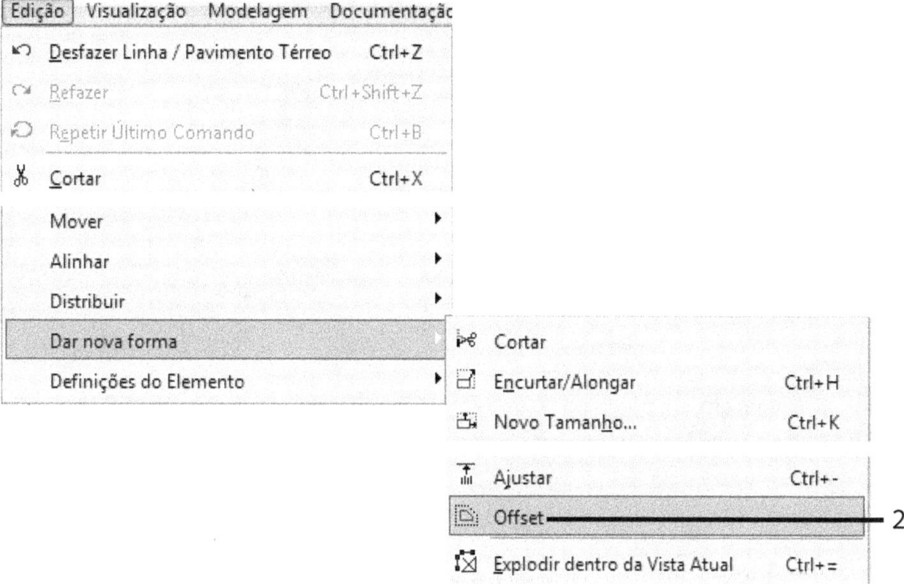

3. Clique em um ponto qualquer (**a**) e mova o cursor para indicar a direção do offset (**b**).
4. Para manter o objeto original no desenho tecle **Ctrl**.

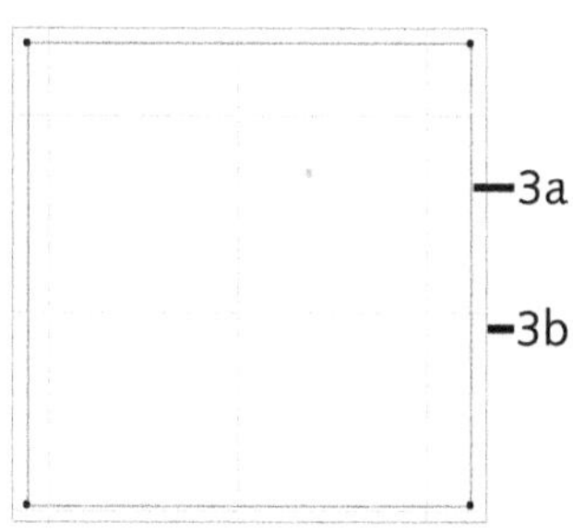

5. Se quiser dar um ou mais valores em distância ou ângulo para mover o objeto, observe o seguinte:
   a. Use a tecla de atalho **D** para especificar uma distância exata de movimentação, em qualquer direção;
   b. Use a tecla de atalho **A** para determinar um ângulo para a movimentação;
   c. Use as teclas de atalho **X** ou **Y** para mover o objeto com distância exata na horizontal ou vertical.

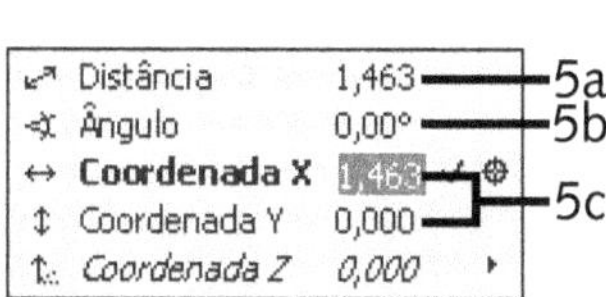

6. Depois de digitar uma ou mais medidas, tecle **Enter** para confirmar.

como rotacionar

1. Use a ferramenta **Seta** (*Arrow*) e clique em qualquer ponto do objeto para selecioná-lo;

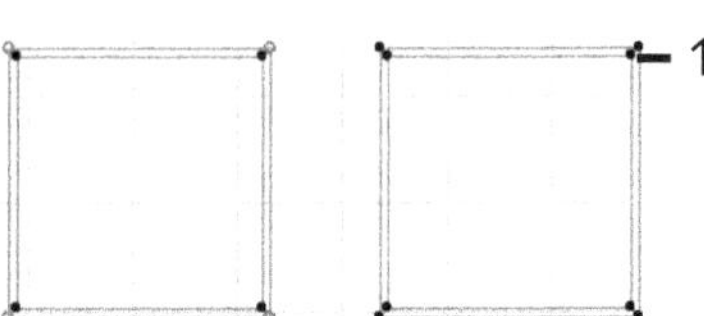

2. Vá ao menu **Edição/Mover/Rotacionar** (*Edit/Move/Rotate*) Ctrl+E.

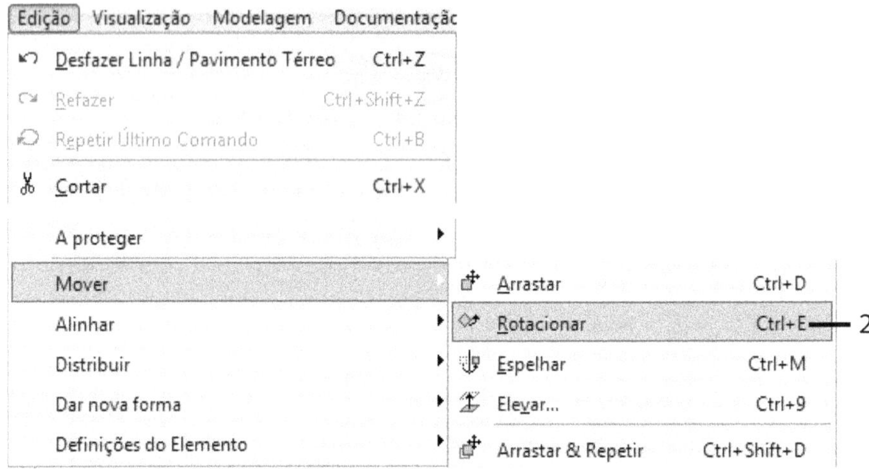

3. Clique em um ponto para ser o centro de rotação.
4. Clique em outro ponto para determinar o início da rotação.

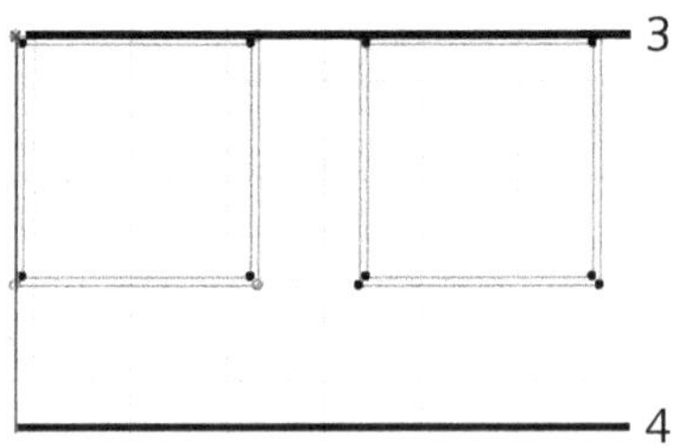

5. Mova o cursor na direção desejada e clique para finalizar. Se quiser determinar um ângulo, tecle **A**, digite o valor e tecle Enter.

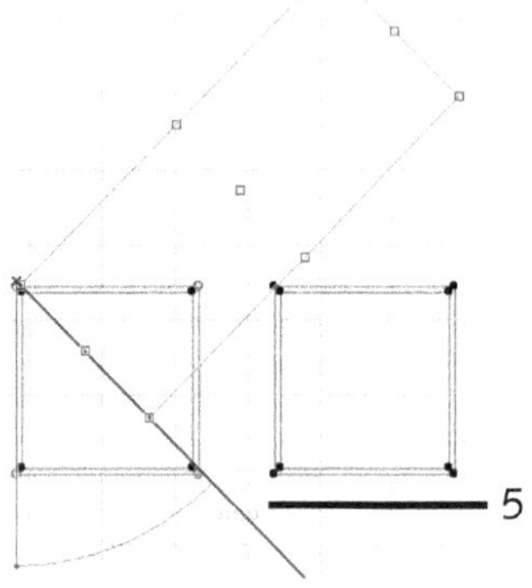

OBS É possível rotacionar criando cópias, usando o menu **Edição/Mover/Rotacionar & Repetir** (*Edit/Move/Rotate a Copy*) Ctrl+Shift+E.

como espelhar

1. Use a ferramenta **Seta** (*Arrow*) e clique em qualquer ponto do objeto para selecioná-lo;

2. Vá ao menu **Edição/Mover/Espelhar** (*Edit/Move/Mirror*) Ctrl+M.

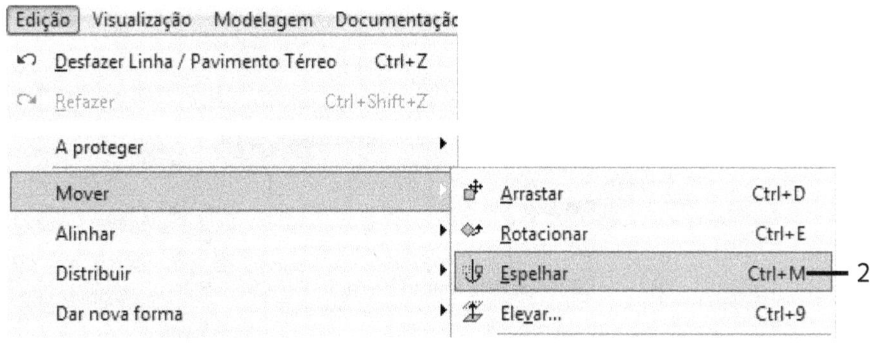

3. Se quiser criar uma cópia, tecle **Ctrl**.
4. Para definir o eixo de espelhar clique para definir o ponto inicial (**a**) e depois o ponto final (**b**).

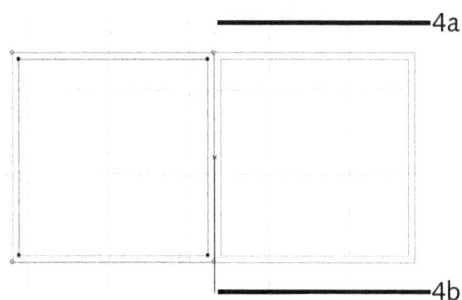

OBS É possível rotacionar criando cópias, usando o menu **Edição/Mover/Espelhar & Repetir** (*Edit/Move/Mirror a Copy*) Ctrl+Shift+M.

como fazer várias cópias de um objeto de uma vez só (multiplicar)

1. Use a ferramenta **Seta** (*Arrow*) e clique em qualquer ponto do objeto para selecioná-lo.
2. Vá ao menu **Edição/Mover/Multiplicar...** (*Edit/Move/Multiply...*) Ctrl+U.

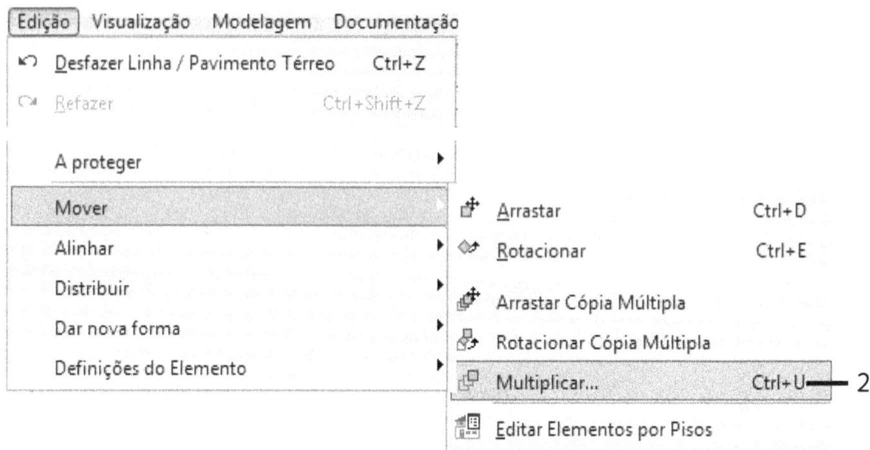

3. Escolha a ação que deseja fazer:
   a. **Arrastar** (*Drag*): Para criar cópias deslocadas do objeto original;
   b. **Rotacionar** (*Rotate*): Para criar cópias rotacionadas em relação ao objeto original;
   c. **Elevar** (*Elevate*): Para criar cópias deslocadas na vertical em relação ao objeto original;
   d. **Matriz** (*Matrix*): Para criar cópias deslocadas em duas direções.
4. Escolha como será informado o espaçamento entre os objetos:
   a. **Incrementar** (*Increment*): Você indica a distância e/ou ângulo entre o objeto original e a cópia mais próxima, e esse valor será repetido para as outras cópias;

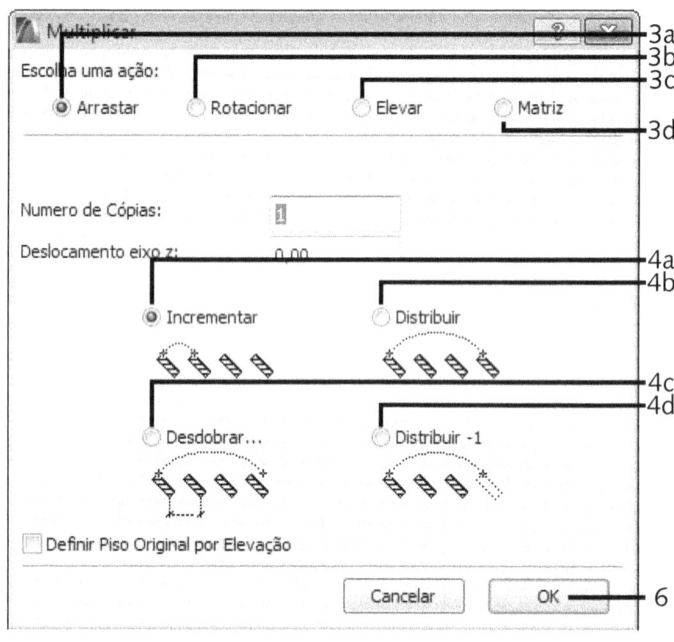

   b. **Distribuir** (*Distribute*): Você indica a distância e/ou ângulo entre o objeto original e a cópia mais distante, e neste intervalo as outras cópias serão posicionadas com espaçamentos iguais;
   c. **Desdobrar...** (*Spread*): Você indica a distância e/ou ângulo entre o objeto original e a cópia mais distante, e neste intervalo as outras cópias serão posicionadas com o espaçamento determinado;

d. **Distribuir-1** (*Distribute -1*): Você indica a distância e/ou ângulo entre o objeto original e no intervalo são distribuídas as outras cópias ,que serão posicionadas com espaçamentos iguais.

5. Se você escolheu, no item anterior, **Incrementar**, **Distribuir** ou **Distribuir-1** (*Increment, Distribute, Distribute -1*), indique o número de cópias e, se quiser, o deslocamento no eixo z. Se você escolheu **Desdobrar** (*Spread*), indique o espaçamento entre as cópias e, se quiser, o deslocamento no eixo z.
6. Clique em **OK** para confirmar a multiplicação dos objetos.
7. Clique em um ponto qualquer (**a**) e mova o cursor para indicar a direção da multiplicação (**b**).
8. Se quiser dar um ou mais valores em distância ou ângulo para mover o objeto, observe o seguinte:

   a. Use a tecla de atalho **D** para especificar uma distância exata de movimentação, em qualquer direção;

   b. Use a tecla de atalho **A** para determinar um ângulo para a movimentação;

   c. Use as teclas de atalho **X** ou **Y** para mover o objeto com distância exata na horizontal ou vertical.
9. Depois de digitar uma ou mais medidas, tecle **Enter** para confirmar.

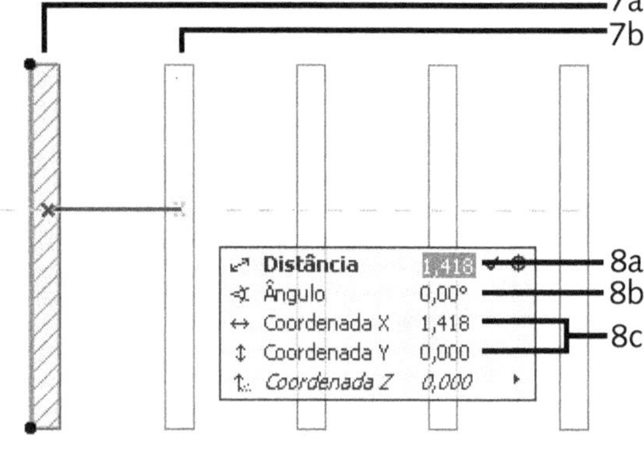

como escalar um objeto ou mais objetos com um fator de escala

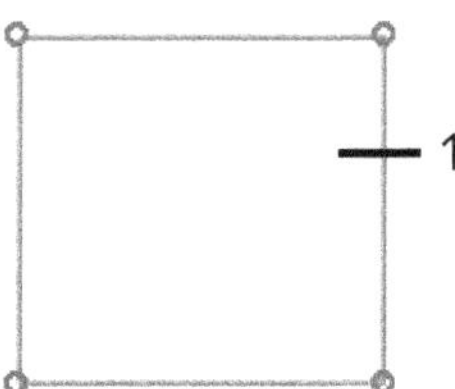

1. Use a ferramenta **Seta** (*Arrow*) e clique em qualquer ponto do objeto para selecioná-lo.
2. Vá ao menu **Edição/Dar nova forma/Novo Tamanho...** (*Edit/Reshape/Resize...*) Ctrl+K.

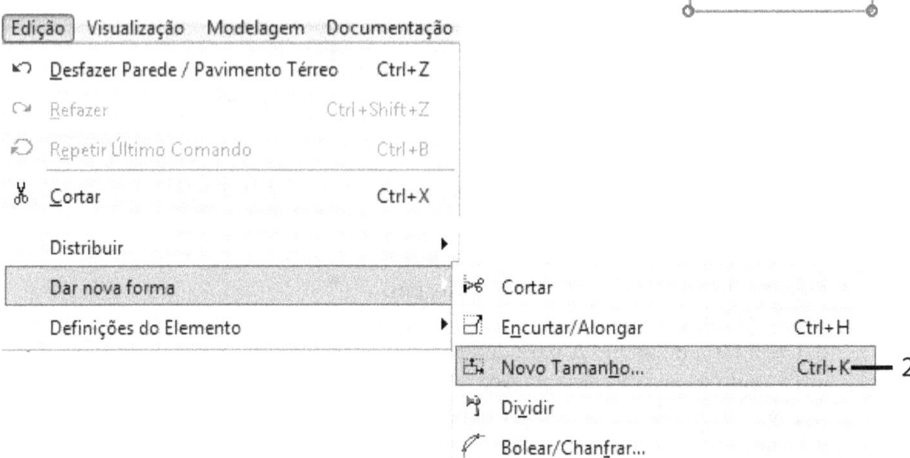

3. Defina as proporções para escalar os objetos.
4. Na janela que se abre, desabilite a opção **Definir graficamente** (*Define graphically*).
5. Habilite os itens que deseja escalar:
   a. **Espessura de Parede**, **Pilar** e **Viga** (*Wall, Column and Beam thickness*);
   b. **itens da Biblioteca** (*Library parts*);
   c. **Todas entidades Texto** (*All text entities*);
   d. **Todas as Setas e Marcadores** (*All arrow and markers*).
6. Clique em **OK**.

como escalar um objeto usando um desenho como referência

O método de escalar explicado a seguir é muito útil quando você precisa ajustar um desenho importado de outros programas (uma imagem em .jpeg ou um arquivo .dwg) ao tamanho do desenho real no ArchiCAD. No exemplo abaixo, temos uma imagem importada de uma planta de um apartamento, e vamos usar uma porta do ArchiCAD (que está com a medida correta) como referência para escalar o desenho corretamente.

1. Posicione o ponto de referência da imagem (no caso, o canto de uma porta) no mesmo canto da porta existente do ArchiCAD.

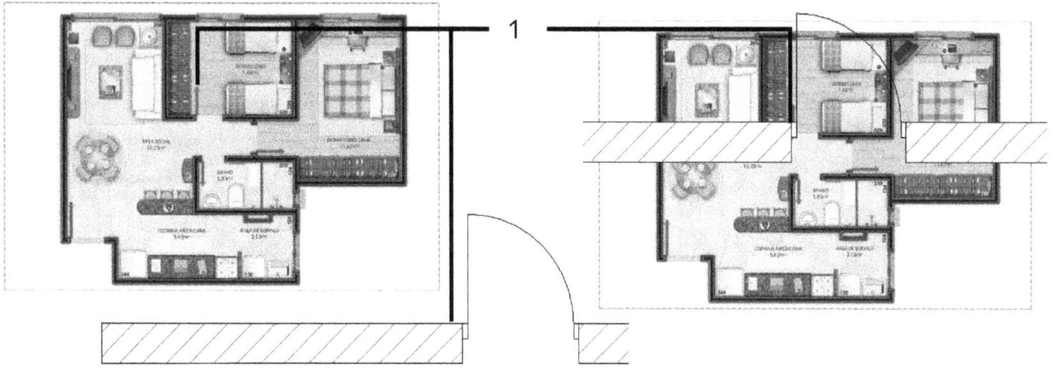

2. Selecione a imagem e vá ao menu **Edição/Dar nova forma/Novo Tamanho...** (*Edit/Reshape/Resize...*) Ctrl+K.

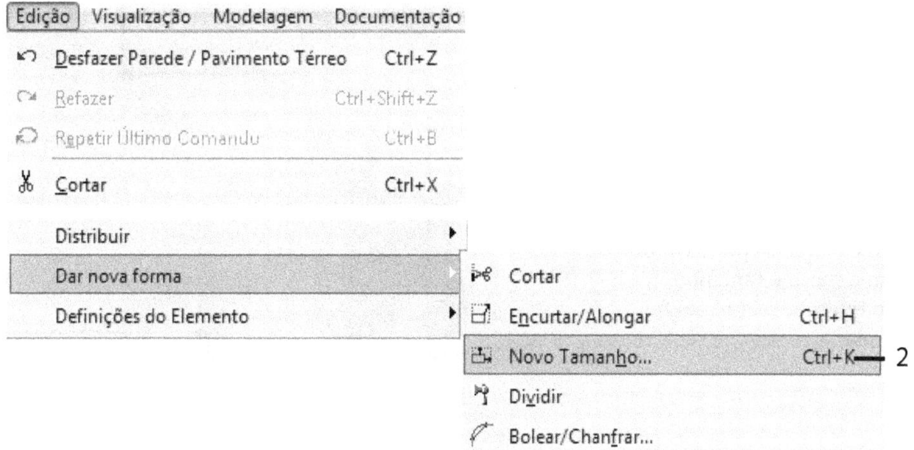

3. Na janela que se abre, habilite a opção **Definir graficamente** (*Define graphically*).
4. Clique em **OK**.

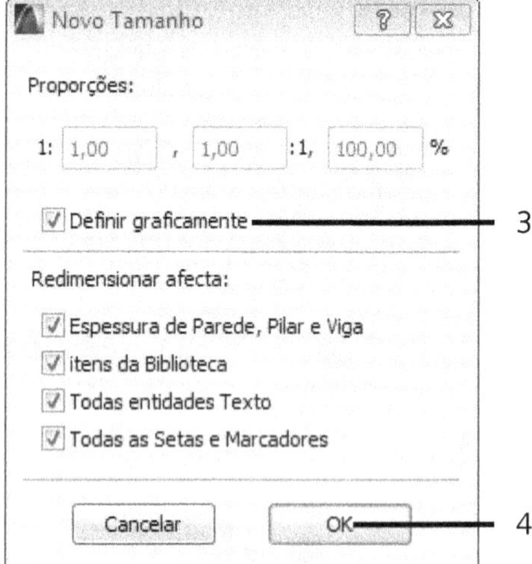

5. Clique em um ponto de referência inicial (onde o desenho da porta na imagem coincide com a porta do ArchiCAD).
6. Clique no ponto final da porta (da imagem).

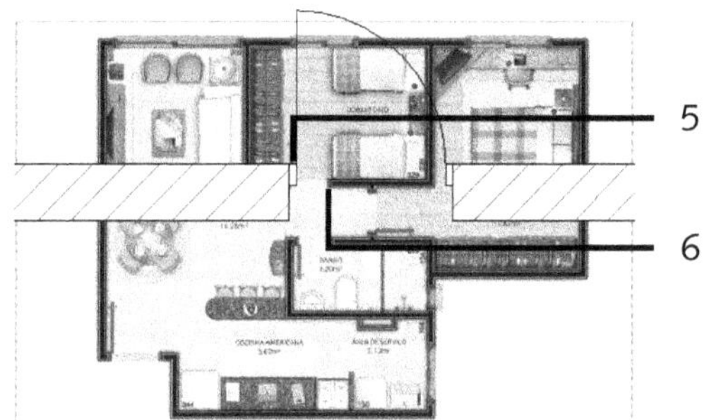

7. Clique no ponto final da porta no ArchiCAD; perceba que as portas agora tem o mesmo tamanho (ou quase) e a imagem foi escalada.

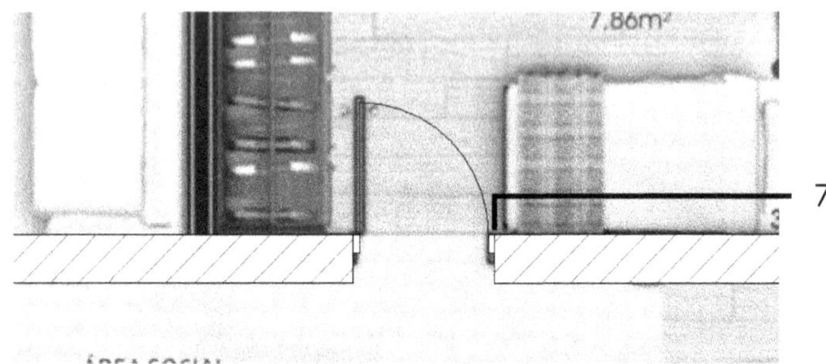

como cortar um objeto

Você pode usar essa ferramenta para cortar um objeto (como uma linha ou parede), do trecho onde você clicou até o encontro desse objeto com outros, em ambos os lados.

1. Vá ao menu **Edição/Dar nova forma/Cortar** (*Edit/Reshape/Trim*).

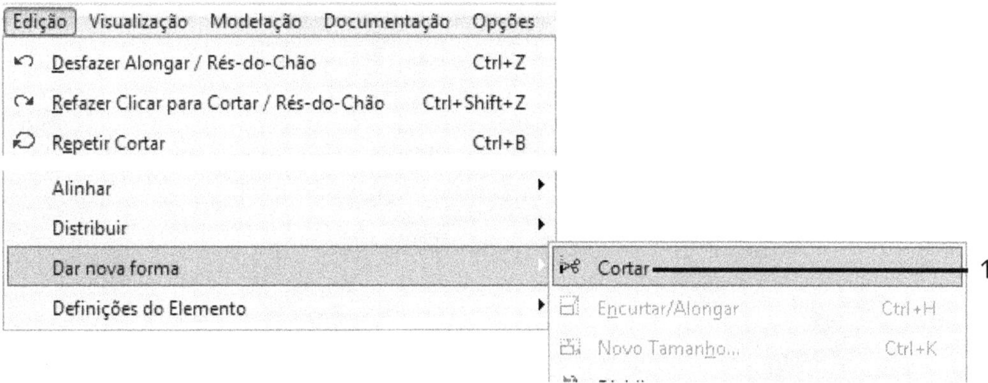

2. Mova o cursor sobre o objeto que será cortado; perceba que o cursor assume a aparência de uma tesoura preta. Clique para confirmar.

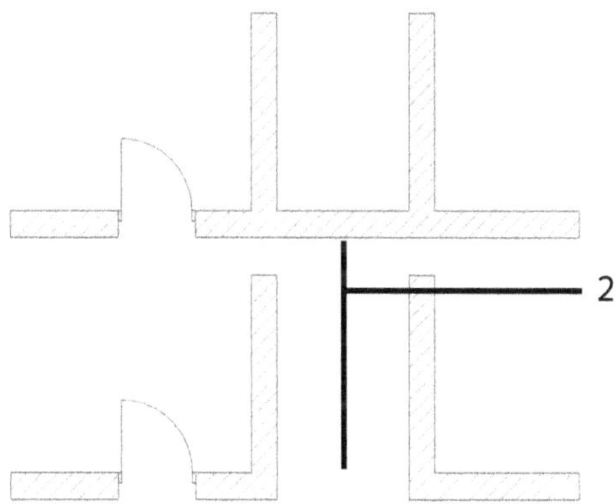

como dividir

Você pode usar essa ferramenta dividir um objeto em dois, exatamente no ponto em que você clicar.

1. Vá ao menu **Edição/Dar nova forma/Dividir** (*Edit/Reshape/Split*).

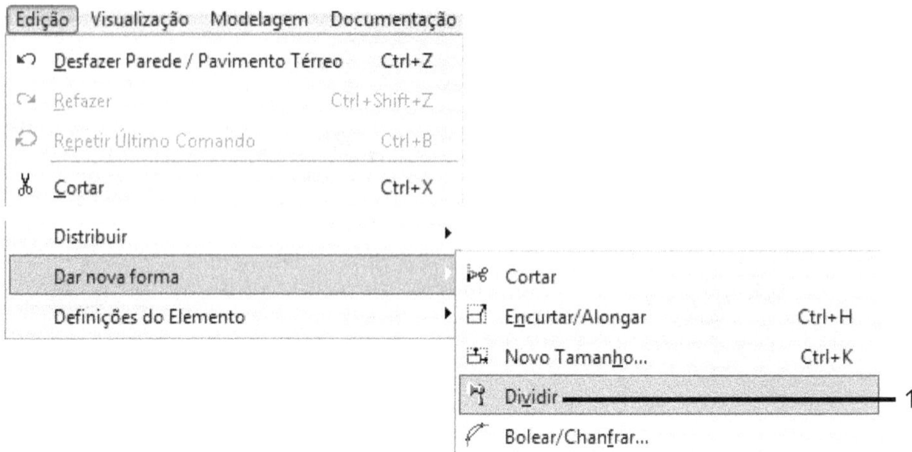

2. Clique no local que deseja dividir.
3. Dê outro clique na direção do objeto que deseja manter selecionado, e veja que ele foi dividido em dois.

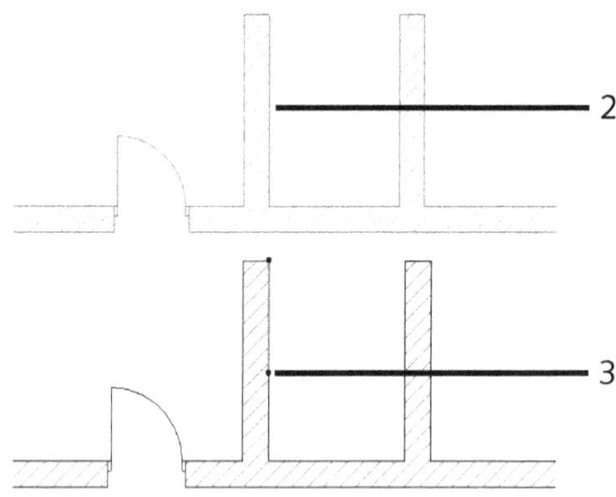

como estender objetos (ajustar)

Essa ferramenta é muito útil quando você precisa estender um ou mais objetos (linhas ou paredes, por exemplo) simultaneamente até outro objeto.
Para isso:

1. Selecione os objetos que deseja estender.
2. Vá ao menu **Edição/Dar nova forma/Ajustar** (*Edit/Reshape/Adjust*) Ctrl+-.

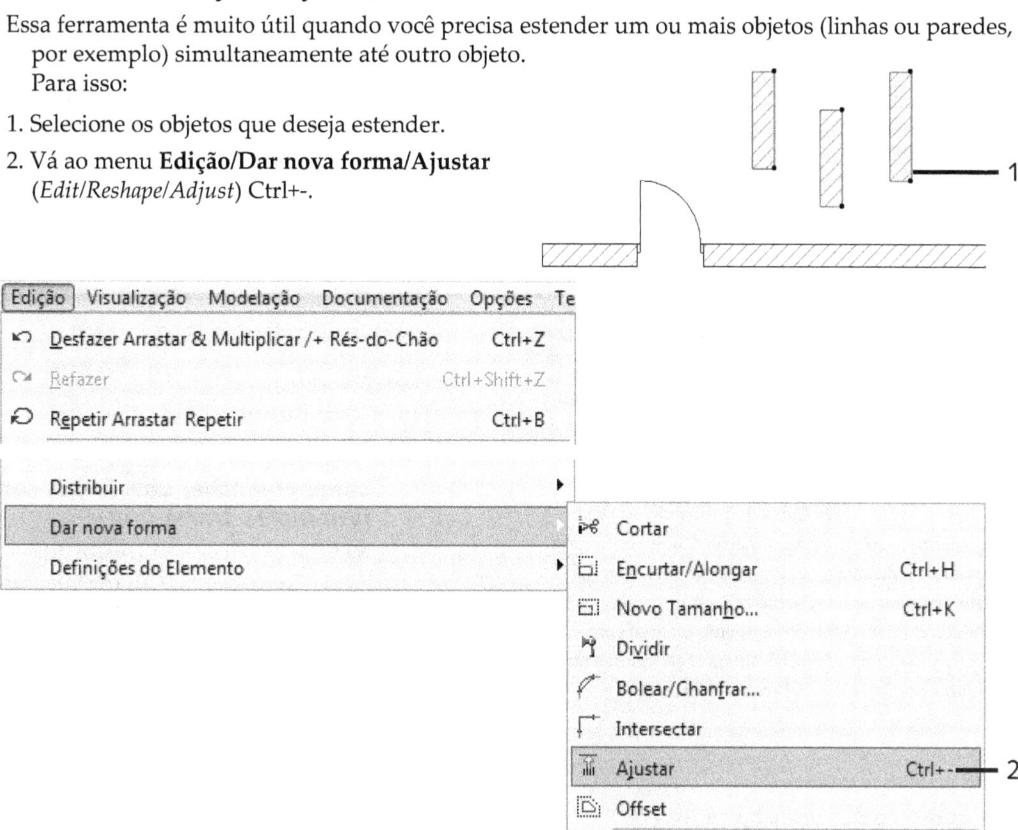

3. Clique no objeto que é a referência para a extensão dos demais. Veja que os objetos selecionados são estendidos.

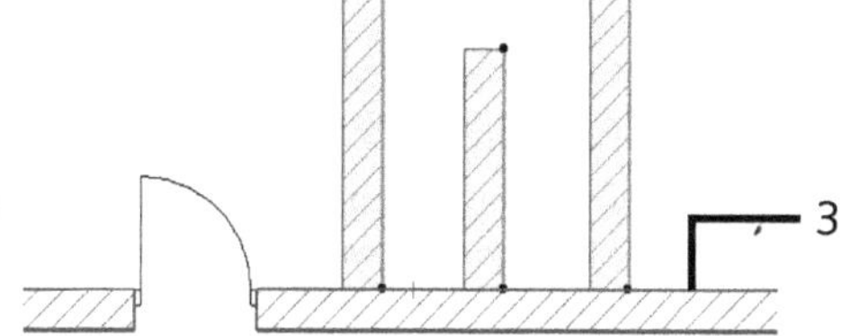

Destaques deste capítulo

Desenho 2D básico (pág 40)

Linha: **Caixa de Ferramentas** (*ToolBox*), clique na ferramenta **Linha** (*Line*).

Na **Caixa de Informações** (*Info Box*), escolha o **Método de Geometria Simples** (*Geometry Method Single*). Defina também o tipo de linha e espessura. Clique onde será o início da linha. Para determinar o final da linha com uma medida exata preencha um ou mais valores na caixa **Coordenadas** (*Coordinates*). Pressione **Enter**.

Polilinha: **Caixa de Ferramentas** (*ToolBox*), clique na ferramenta **Polilinha** (*Polyline*) Shift+L. Na **Caixa de Informações** (*Info Box*), escolha o **Método Poligonal** (*Geometry Method Polygonal*). Escolha também o tipo de linha e a caneta. Na **Caixa de Informações** (*Info Box*), defina o método de geometria. Clique onde será o início da polilinha. Na paleta que se abre, escolha se vai desenhar um segmento reto ou um arco. Para determinar o final do segmento ou arco com uma medida exata preencha um ou mais valores no **Orientador** (*Coordinates*). Pressione **Enter**.

como desenhar um retângulo (pág 44)

Na **Caixa de Ferramentas** (*Toolbox*), clique na ferramenta **Linha** (*Line*). Na **Caixa de Informações**, escolha o **Método Retangular** (*Geometry Method: Rectangular*). Escolha o tipo de linha e a caneta na **Caixa de Informações** (*Default Settings*). Clique onde será o início do retângulo. Pressione X e Y para determinar na caixa **Coordenadas** (*Coordinates*) a dimensão horizontal e vertical do retângulo. Pressione **Enter**.

como preencher uma forma com a ferramenta Trama (pág 49)

Na **Caixa de Ferramentas** (*ToolBox*), clique na ferramenta **Trama** (*Fill*). Na **Caixa de Informações** (*Info Box*), escolha a trama desejada. Pressione a barra de espaço e clique na figura que deseja preencher.

como cortar um objeto (pág 59)

Vá ao menu **Edição/Dar nova forma/Cortar** (*Edit/Reshape/Trim*). Clique no trecho que deseja cortar, observe que ao passar o cursor sobre o objeto ele fica com a forma de tesoura preta.

como estender objetos (ajustar) (pág 61)

Selecione os objetos que deseja estender. Vá ao menu **Edição/Dar nova forma/Ajustar** (*Edit/Reshape/Adjust*) Ctrl+-. Clique no objeto que é a referência para a extensão dos demais. Veja que os objetos selecionados são estendidos.

como fazer várias cópias de um objeto de uma vez só (multiplicar) (pág 54)

Selecione o objeto. Vá ao menu **Edição/Mover/Multiplicar...** (*Edit/Move/Multiply...*) Ctrl+U. Escolha a ação que deseja fazer. Escolha como será informado o espaçamento entre os objetos. Se você escolheu **Incrementar**, **Distribuir** ou **Distribuir-1** (*Increment, Distribute, Distribute -1*), indique o número de cópias e se quiser o deslocamento no eixo Z. Se você escolheu **Desdobrar** (*Spread*), indique o espaçamento entre as cópias e se quiser o deslocamento no eixo Z. Clique em **OK** para confirmar a multiplicação dos objetos. Clique em um ponto qualquer e mova o cursor para indicar a direção da multiplicação. Se quiser dar um ou mais valores em distância ou ângulo para mover o objeto use a tecla de atalho D para especificar uma distância exata de movimentação. Use a tecla de atalho A para determinar um ângulo para a movimentação; as teclas de atalho X ou Y servem para mover o objeto com distância exata na horizontal ou vertical. Depois de digitar uma ou mais medidas, tecle **Enter** para confirmar.

como fazer um offset de um objeto (afastar os vértices) (pág 51)

Use a ferramenta **Seta** (*Arrow*) e clique em qualquer ponto do objeto para selecioná-lo. Vá ao menu **Edição/ Dar nova forma/Offset** (*Edit/Reshape/Offset*). Clique em um ponto qualquer e mova o cursor para indicar a direção do offset. Para manter o objeto original no desenho tecle **Ctrl**. Se quiser dar um ou mais valores em distância ou ângulo para mover o objeto, observe o seguinte: Use a tecla de atalho D para especificar uma distância exata de movimentação, em qualquer direção; use a tecla de atalho A para determinar um ângulo para a movimentação; use as teclas de atalho X ou Y para mover o objeto com distância exata na horizontal ou vertical. Depois de digitar uma ou mais medidas, tecle **Enter** para confirmar.

como rotacionar (pág 52)

Use a ferramenta **Seta** (*Arrow*) e clique em qualquer ponto do objeto para selecioná-lo; Vá ao menu **Edição/ Mover/Rotacionar** (*Edit/Move/Rotate*) Ctrl+E. Clique em um ponto para ser o centro de rotação. Clique em outro ponto para determinar o início da rotação. Mova o cursor na direção desejada e clique para finalizar. Se quiser determinar um ângulo, tecle **A**, digite o valor e tecle **Enter**.

como espelhar (pág 53)

Use a ferramenta **Seta** (*Arrow*) e clique em qualquer ponto do objeto para selecioná-lo; Vá ao menu **Edição/ Mover/Espelhar** (*Edit/Move/Mirror*) Ctrl+M. Se quiser criar uma cópia, tecle **Ctrl**. Para definir o eixo de espelhar clique para definir o ponto inicial e depois o ponto final.

como escalar um objeto usando um desenho como referência (pág 57)

Esse método é útil quando você precisa ajustar um desenho importado de outros programa (uma imagem em .jpeg ou um arquivo .dwg) ao tamanho do desenho real no ArchiCAD. No exemplo a seguir, temos uma imagem importada de uma planta de um apartamento, e vamos usar uma porta do ArchiCAD (que está com a medida correta) como referência para escalar o projeto corretamente. Posicione o ponto de referência da imagem (no caso, o canto de uma porta) no mesmo canto da porta existente do ArchiCAD. Selecione a imagem e vá ao menu **Edição/Dar nova forma/Novo Tamanho...** (*Edit/Reshape/Resize...*) Ctrl+K. Na janela que se abre, habilite a opção **Definir graficamente** (*Define graphically*). Clique em **OK**. Clique em um ponto de referência inicial (onde o desenho da porta na imagem coincide com a porta do ArchiCAD). Clique no ponto final da porta (da imagem). Clique no ponto final da porta no ArchiCAD; perceba que as portas agora tem o mesmo tamanho (ou quase) e a imagem foi escalada.

configuração de atributos gráficos

O que você vai ler neste capítulo

3.1 Como ajustar os atributos gráficos

3.2 Configurações de tipos de linhas

3.3 Como criar e editar Canetas e Cores

3.4 Configurações de preenchimento (tramas)

3.1 Como ajustar os atributos gráficos

Todos os objetos de desenho e construção do ArchiCAD usam um mesmo sistema de criação e controle de atributos gráficos, que é estruturado em três partes.

tipos de linhas

A primeira delas é a definição dos tipos de linhas. Para ver os ajustes:

1. Vá ao menu **Opções/Atributos do Elemento/Tipos de Linhas...** (*Options/Element Attributes/Line Types...*) (**a**); no painel que se abre, você vai criar e editar linhas contínuas (**b**) e tracejadas (**c**). Também é possível criar tipos de linhas baseadas em algum desenho feito no ArchiCAD (**d**).

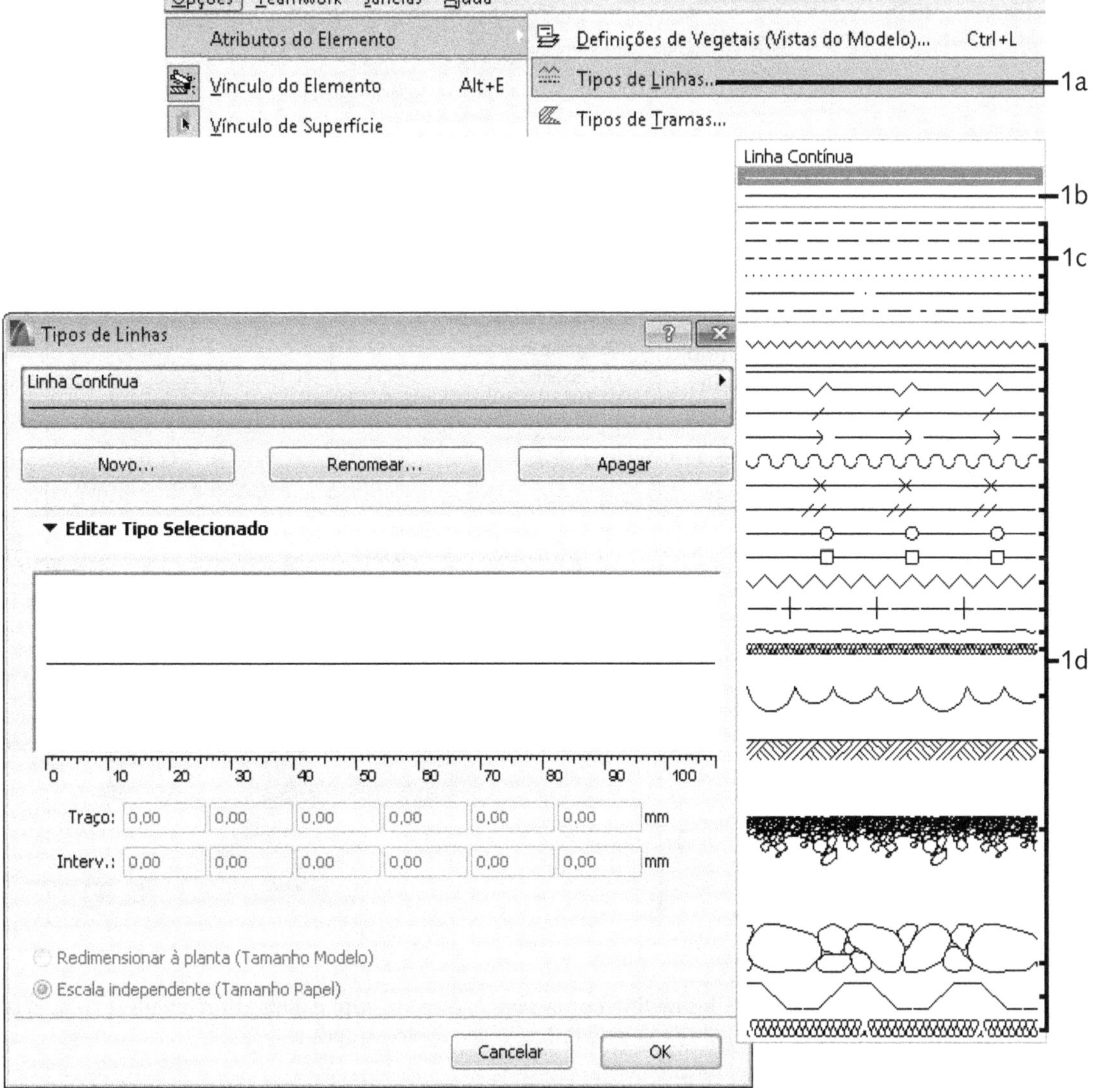

canetas e cores

1. Vá ao menu **Opções/Atributos do Elemento/Canetas & Cores (Vista do Modelo)...** (*Options/Element Attributes/Pens&Colors (Model Views)...*).

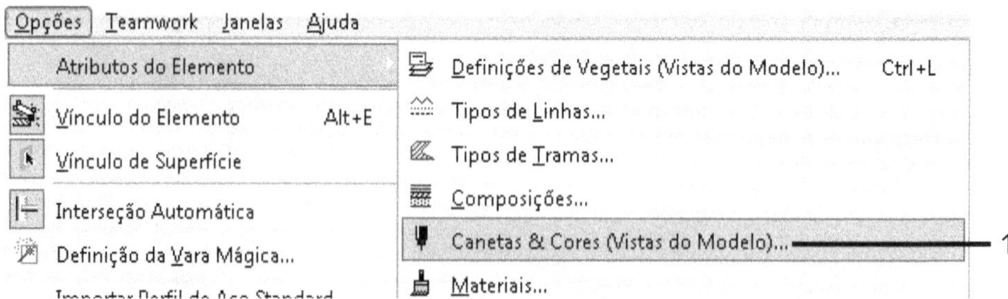

2. No painel que se abre, você vai descobrir que o ArchiCAD trabalha com um conceito chamado de **Conjunto de Canetas** (**a**). É possível ter diversos conjuntos (como se fossem estojos de canetas no mundo real), e cada um deles pode ter at é 256 canetas. Para cada caneta (**b**), em cada conjunto, você vai determinar uma espessura (**c**) e uma cor (**d**). Saiba mais sobre canetas e cores consultando o item **3.3 Como criar e editar Canetas e Cores**, na página **75**.
3. Clique em **OK** para concluir.

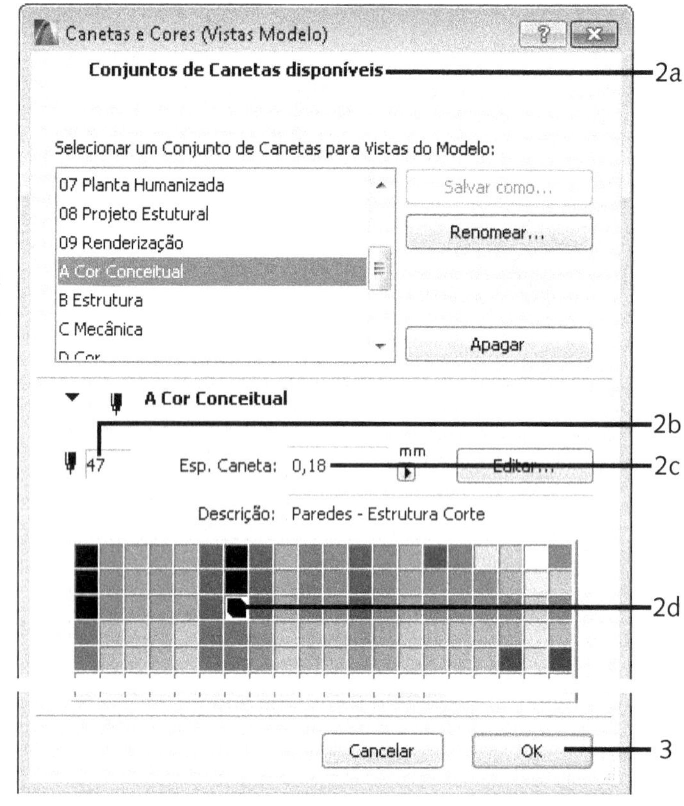

OBS Você não pode atribuir estilos de linha uma caneta; esse atributo é dado diretamente ao objeto de desenho. Para saber mais sobre tipos de linhas veja o tópico anterior.

preenchimento de objetos com tramas

Todos os objetos do ArchiCAD podem ter suas faces pintadas (ou, melhor dizendo, preenchidas) em vistas de planta, cortes, elevações e também 3D. O atributo que é usado para preencher as supefícies dos objetos é chamado de Trama.

1. Para ver quais tipos de trama existem em seu arquivo, vá ao menu **Opções/Atributos do Elemento/Tipos de Tramas...** (*Options/Element Attributes/Fill Types...*).

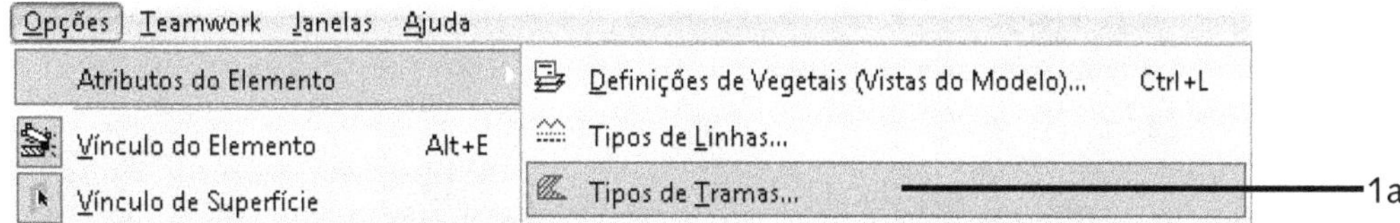

2. Neste painel você vai criar (**a**) e configurar (**b**) preenchimentos de diversos tipos, divididos em **Tramas Sólidas** (*Solid Fills*) (**c**), **Tramas Vetoriais** (*Vectorial Fills*) (**d**), **Tramas de Símbolo** (*Symbol Fills*) (**e**) e **Tramas de Imagens** (*Image Fills*) (**f**). Alguns tipos de tramas (as sólidas e as de símbolo) podem carregar consigo propriedades térmicas, que podem ser utilizadas em estudos de eficiência energética do modelo. Se o objeto que receberá o preenchimento for 3D, ainda há a possibilidade de preenchê-lo com um material ou uma composição. Saiba para que serve cada tipo de trama e como criá-las consultando o item **3.4 Configurações de preenchimento (tramas)**, na página **80**.

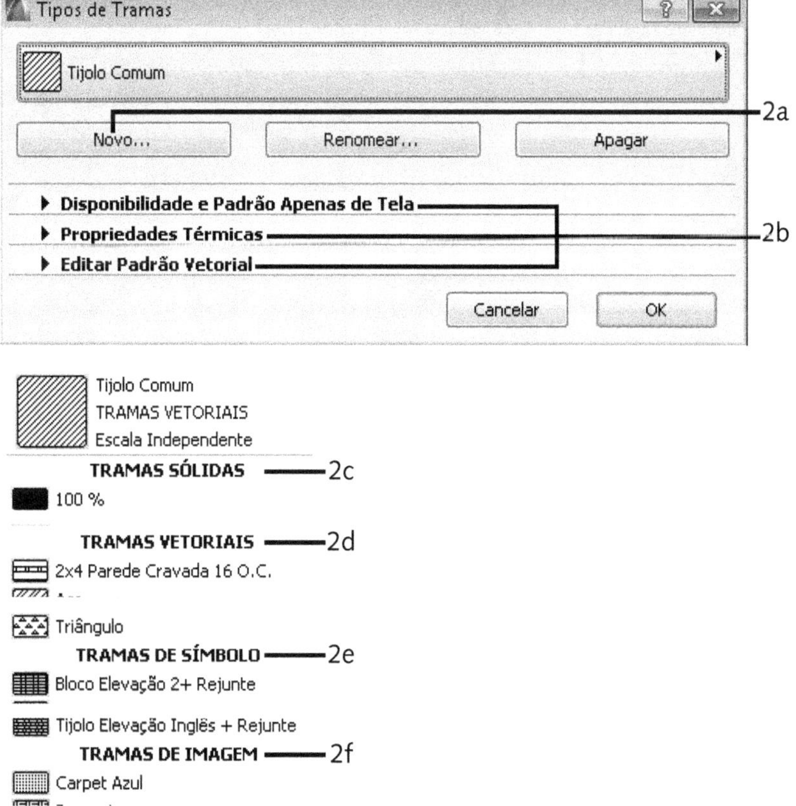

preenchimento de objetos em 3D (materiais)

Os objetos de construção do ArchiCAD são todos 3D e em todas as vistas de cortes, elevações e perspectivas em que não aparecem cortados, usam um tipo de atributo chamado pelo ArchiCAD de material. Em suas representações em planta e corte, os objetos de construção do ArchiCAD utilizam atributos de preenchimento 2D, chamados de tramas (ver tópico anterior).

1. Vá ao menu **Opções/Atributos do Elemento/Materiais...** (*Options/Element Attributes/Materials...*); no painel que se abre, você poderá criar novos materiais (**b**) e também configurá-los (**c**).

Para saber mais sobre materiais, veja o item **8.2 Como usar materiais, na página 189**.

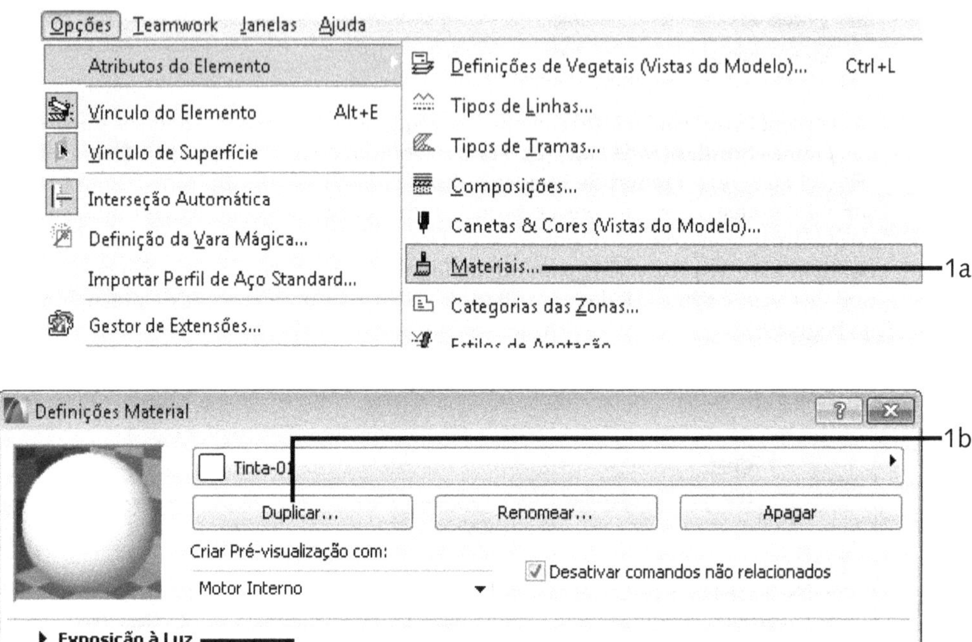

exemplo de aplicação de atributos gráficos

O ArchiCAD tem uma imensa variedade de ferramentas 2D e 3D; em cada uma delas o modo de configuração de atributos gráficos é diferente, porém seguem mais ou menos o mesmo esquema.

1. No exemplo abaixo usamos uma ferramenta típica do ArchiCAD, a **Parede** (*Wall*), para demonstrar onde, na maioria das vezes, você deve procurar os ajustes de atributos.

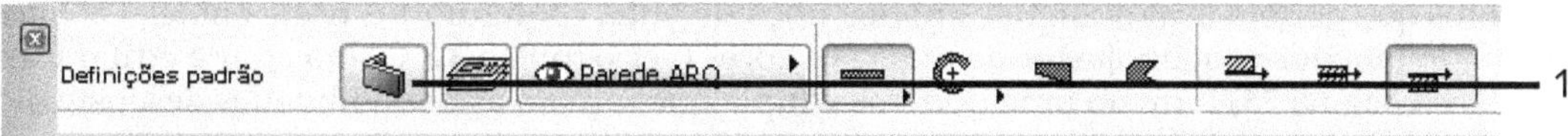

2. Em todos os tipos de objetos de construção do ArchiCAD, os ajustes gráficos para plantas, cortes e elevações estão na seção Planta e Corte, e são divididas em:
   a. **Estrutura** (*Structure*): Onde você pode escolher a **Trama de Corte**, que é a hachura utilizada para representar o objeto quando ele aparecer em alguma vista de corte;
   b. **Superfícies de Corte** (*Cut Surfaces*): Onde indica qual a caneta que será usada para representar a trama escolhida em a e também a caneta do fundo da trama; você também vai indicar o tipo de linha e a caneta que será usada na representação das linhas de corte;
   c. **Contornos** (*Outlines*): Escolha os tipos de linha e as canetas que serão usadas para representar os objetos em vista e também os que estão acima dos planos de corte.
3. Na seção **Modelo** (*Model*), você vai configurar quais materiais serão utilizadas para representar o objeto em vistas 3D renderizadas.

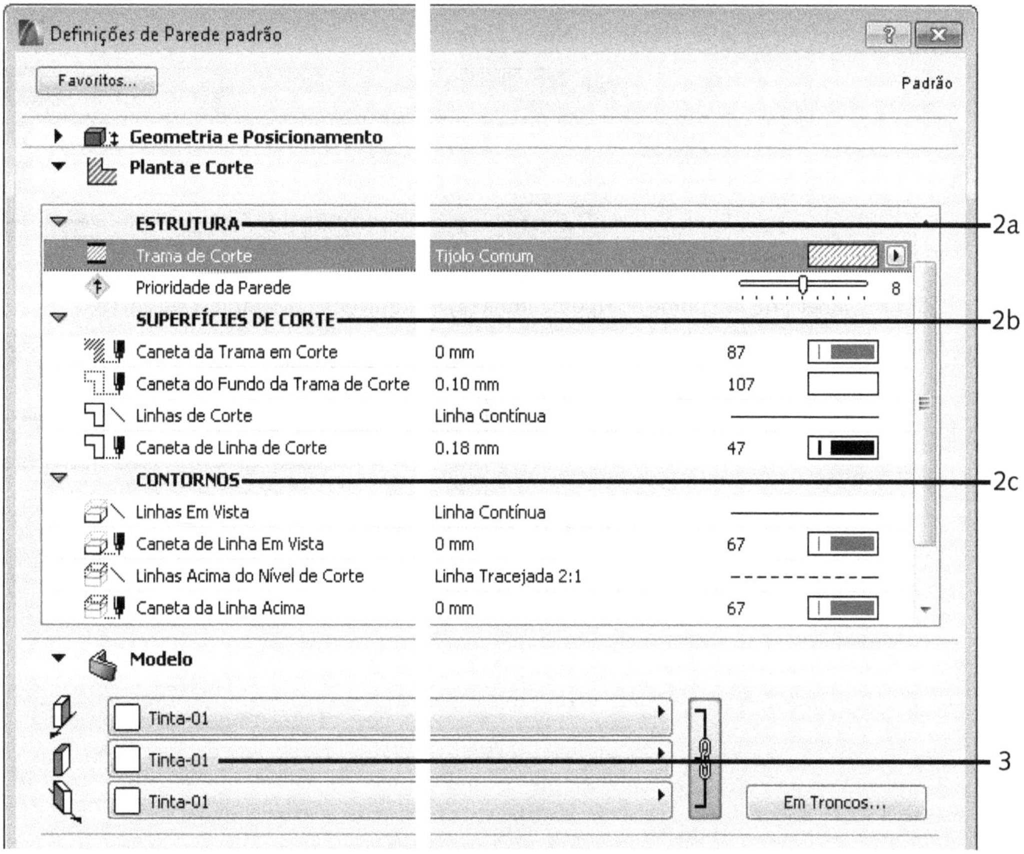

3.2 Configurações de tipos de linhas

O ArchiCAD possui um painel de controle específico para criar e editar tipos de linhas. Além da linha contínua, você pode criar e modificar linhas tracajedas simples ou compostas por setas, quadrados, sinais em X e até mesmo por desenhos complexos, copiados de elementos criados nos espaços de desenho do ArchiCAD. Cada objeto de desenho do programa tem um ou mais elementos que podem usar qualquer um dos tipos de linha configurados neste painel. Os tipos de linhas, combinados com os ajustes de canetas e cores (ver o tópico **3.3 Como criar e editar Canetas e Cores**, na página **75**) formam uma poderosa dupla que tornam as possibilidades de ajuste de traço do ArchiCAD quase ilimitadas.

como criar um tipo de linha tracejado simples

1. Vá ao menu **Opções/Atributos do Elemento/Tipos de Linhas...** (*Options/Element Attributes/Line Types...*).

2. No painel que se abre, clique em **Novo...** (*New...*).

3. Nesta janela, dê um nome ao tipo de linha (**a**) e clique em **Tracejado** (*Dashed*) (**b**).

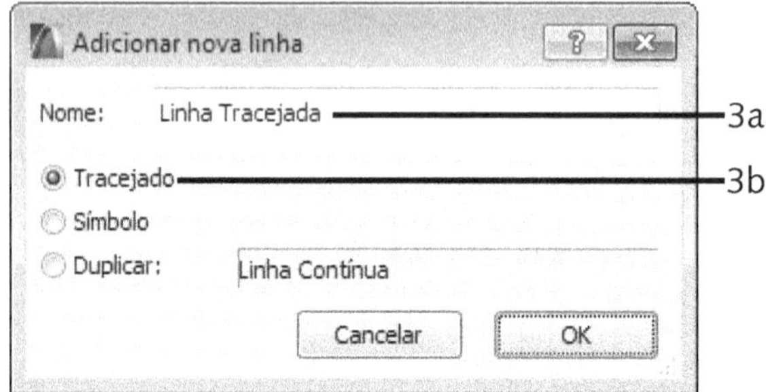

4. No painel que se abre, você pode clicar e arrastar os controles indicados para determinar visualmente o tamanho do traço e o espaço entre os traços (**a**) ou digitar os valores correspondentes nas caixas (**b**).

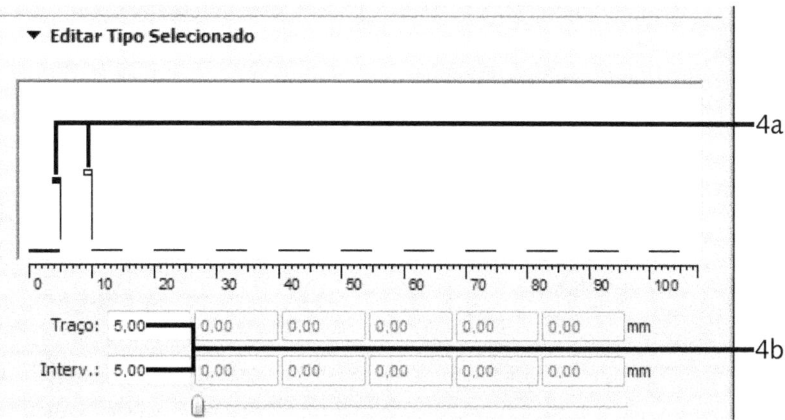

5. Escolha se você quer que o tracejado seja relacionado ao modelo, escalando conforme a vista do modelo onde está desenhado muda de escala (**a**), ou se tem a mesma dimensão independentemente da escala (**b**).
6. Clique em **OK** para terminar.

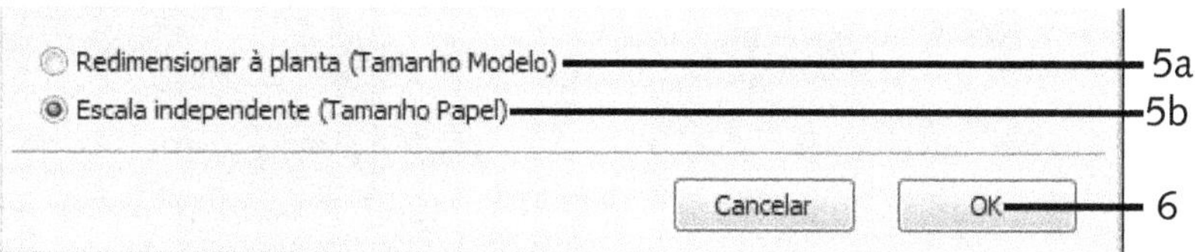

como criar um tipo de linha tracejado complexo

Este modo de criação de tracejados serve para que você, a partir de um tracejado complexo existente (por exemplo, traço e ponto, traço com seta, traço e quadrado, etc.) crie um novo, com as mesmas caraterísticas básicas do original.

1. Vá ao menu **Opções/Atributos do Elemento/Tipos de Linhas...** (*Options/Element Attributes/Line Types...*).

2. Clique na barra indicada para escolher o tipo de tracejado que você usará como referência para criar o novo.
3. Clique em **Novo...** (*New*).

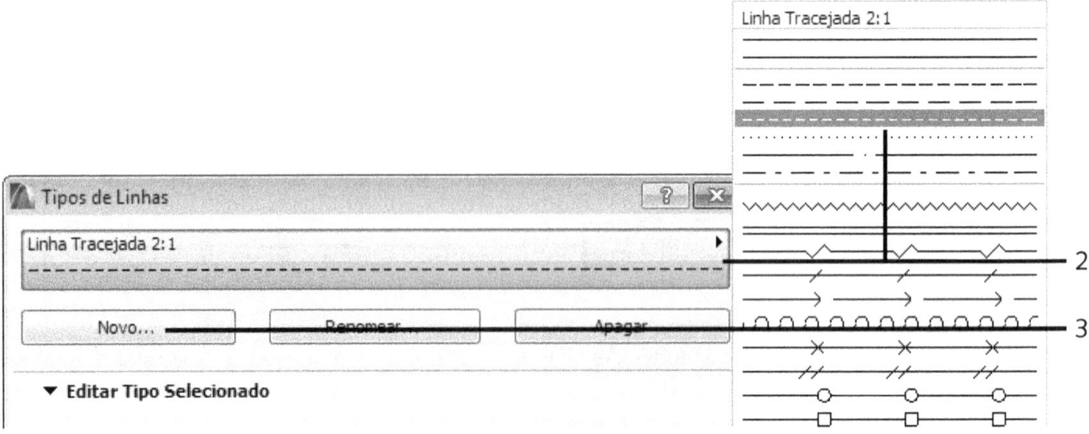

4. Nesta janela, dê um nome ao tipo de linha (**a**) e clique em **Duplicar** (*Duplicate*) (**b**).

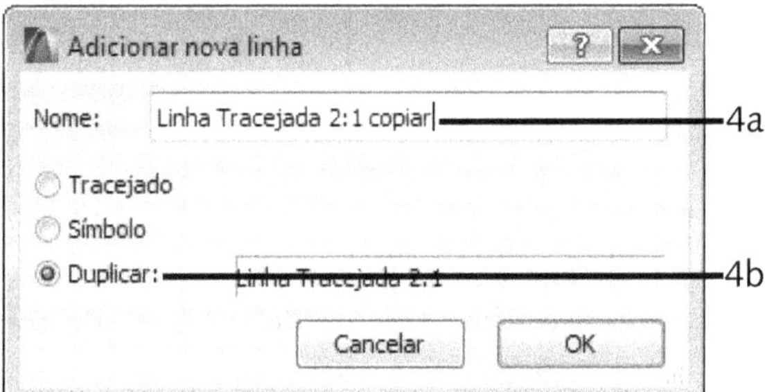

5. No painel que se abre, você pode clicar e arrastar os controles indicados para determinar visualmente o tamanho do traço e o espaço entre os traços (**a**) ou digitar os valores correspondentes nas caixas (**b**).

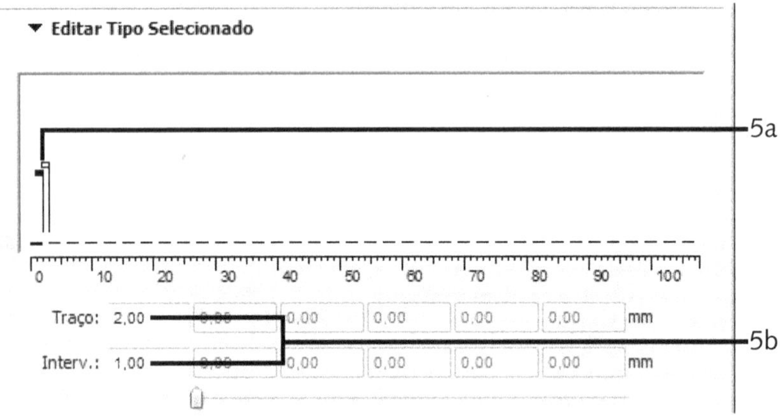

6. Escolha se você quer que o tracejado seja relacionado ao modelo, escalando conforme a vista do modelo onde está desenhado muda de escala (**a**), ou se tem a mesma dimensão independentemente da escala (**b**).
7. Clique em **OK** para terminar.

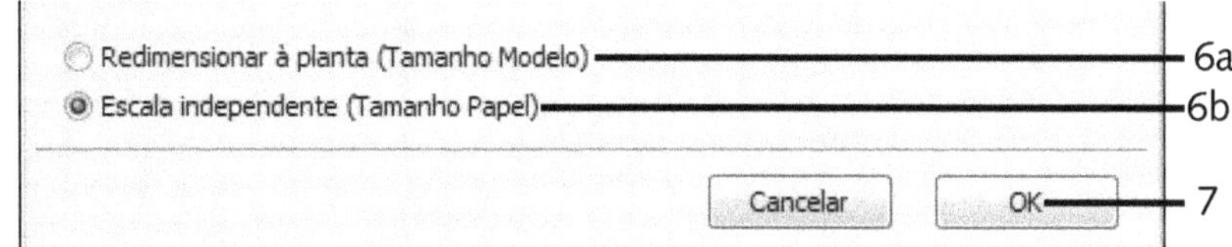

como criar um tipo de linha baseado em um desenho (linha-tipo de símbolo)

Este modo de criação de tracejados serve para você, a partir de um tracejado complexo existente (por exemplo, traço e ponto, traço com seta, traço e quadrado, etc.) criar um novo, com as mesmas características básicas do original.

1. Faça um desenho que será utilizado com símbolo para a criação do tipo de linha. Você pode usar linhas, arcos e pontos quentes.
2. Selecione o desenho e vá ao menu **Edição/ Copiar** (*Edit/Copy*) Ctrl+C.

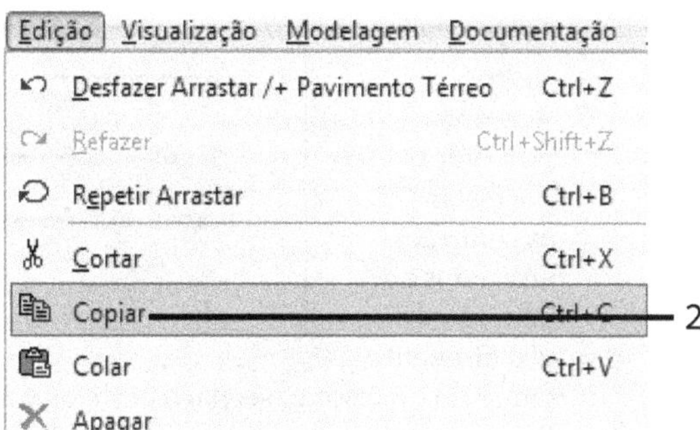

3. Vá ao menu **Opções/Atributos do Elemento/Tipos de Linhas...** (*Options/Element Attributes/Line Types...*).

4. No painel que se abre, clique em **Novo...** (*New*).

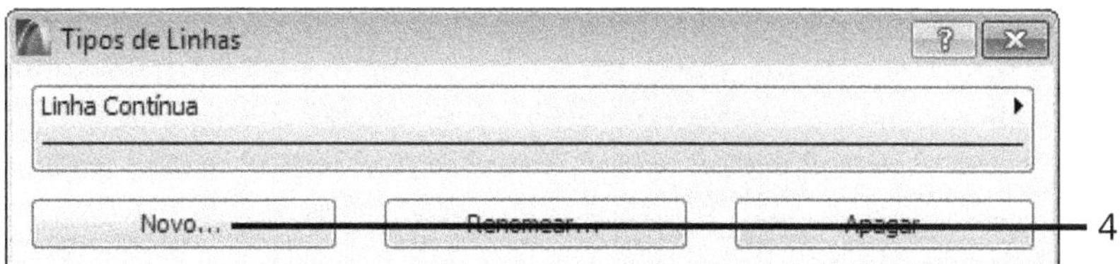

5. Nesta janela, dê um nome ao tipo de linha (**a**) e clique em **Símbolo** (*Symbol*) (**b**).

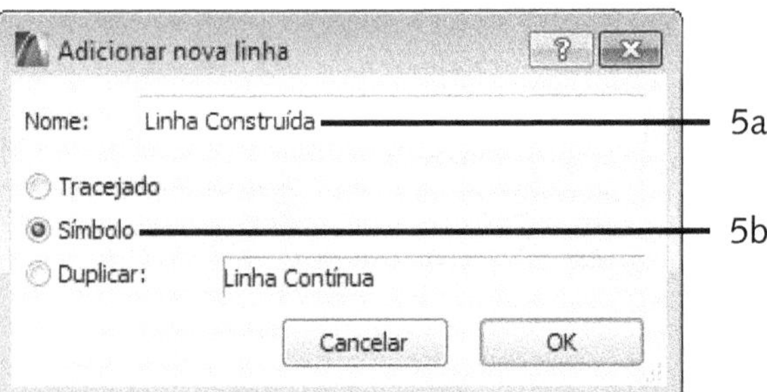

6. Neste painel, clique em **Colar componentes da linha** (*Paste line components*) para que o desenho copiado no item **2** seja colado aqui.
7. Agora você pode clicar e arrastar os controles indicados para determinar visualmente o tamanho do traço e o espaço entre os traços (**a**) ou digitar os valores correspondentes nas caixas (**b**).

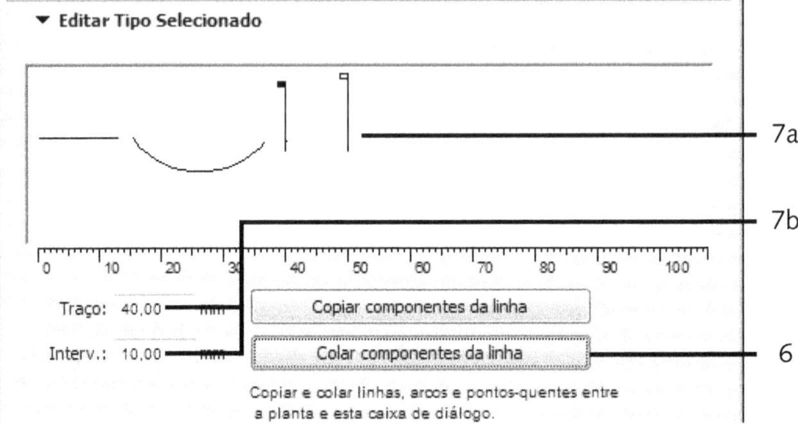

8. Escolha se você quer que o tracejado seja relacionado ao modelo, escalando conforme a vista do modelo onde está desenhado muda de escala (**a**), ou se tem a mesma dimensão independentemente da escala (**b**).
9. Clique em **OK** para terminar.

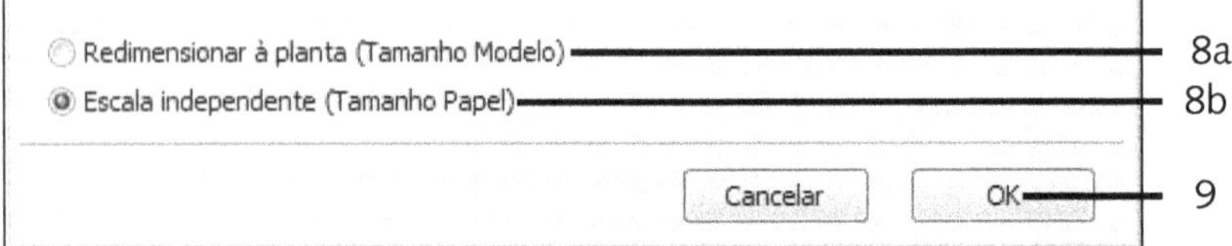

3.3 Como criar e editar Canetas e Cores

Para a configuração de espessuras e cores de linhas em um arquivo, o ArchiCAD trabalha com um conceito bastante interessante, chamado de Conjunto de Canetas. Um conjunto pode ter até 256 canetas configuradas, e cada uma tem um número; para cada caneta, você pode escolher espessura e cor do traço.

Um arquivo de ArchiCAD pode ter vários conjuntos de canetas, cada um com as mesmas 256 posições. A ideia é que cada conjunto de canetas guarde informações gráficas (espessura e cor) diferentes para serem usadas em vistas diferentes do modelo. Você pode ter conjuntos de canetas específicos para usar na mesma representação de plantas, cortes, desenhos de instalações elétricas, plantas humanizadas, etc.

Por que existem tantas canetas, e porque existem os conjuntos de canetas? Acompanhe o raciocínio a seguir:

1. Todos os objetos do ArchiCAD usam as canetas para terem seus elementos desenhados. Você escolhe a caneta de cada parte de um objeto na janela de Definições. Por exemplo, pode ser que você determine que caneta usada para desenhar as linhas em vista de uma porta seja a 63.

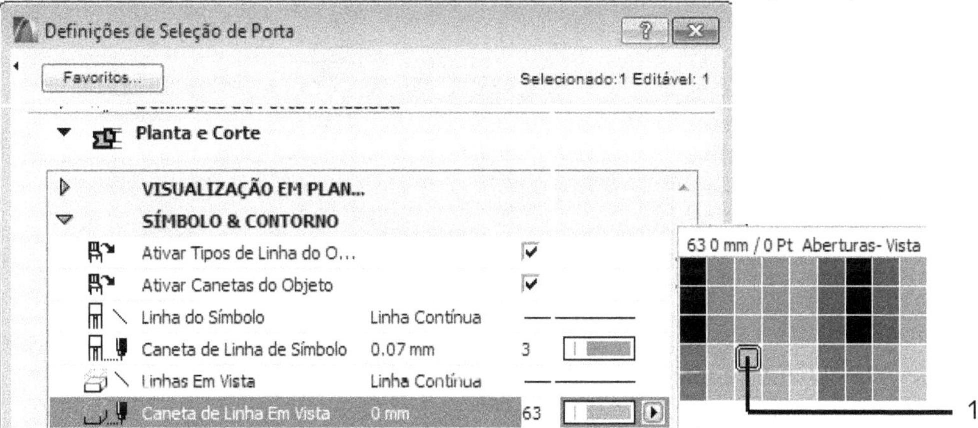

2. Cada espaço de desenho do seu projeto no ArchiCAD (pode ser um um piso do mapa de projeto, uma vista do mapa de vistas ou do livro de leiautes) pode usar um conjunto de canetas diferente. Dessa maneira, você pode querer usar, no mapa de projeto, um conjunto de canetas chamado de Conceitual (**a**), em que as linhas são todas finas e coloridas (para que você identifique diferentes objetos com facilidade), e pode querer que a mesma vista no livro de leiautes use outro conjunto (**b**), em que as linhas estão todas em preto, com diferentes espessuras (para que sejam impressas).

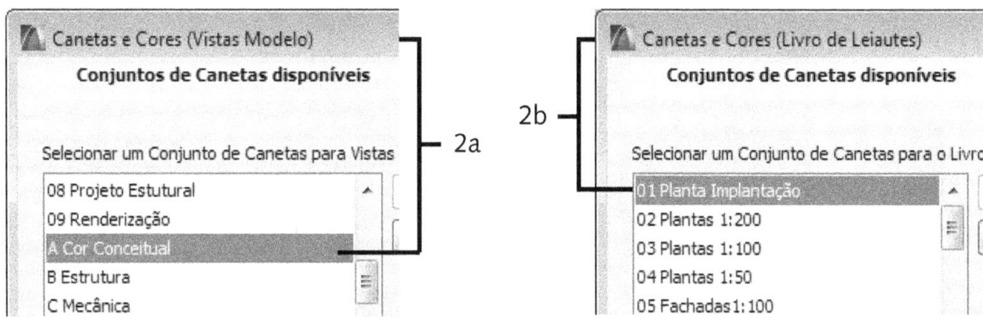

3. Sendo assim, você vai perceber que a mesma caneta 63 (que no nosso exemplo desenha as linhas em vista da porta) terá uma linha colorida e fina no conjunto Conceitual, mas terá a cor cinza no conjunto Plantas 1:50, por exemplo.

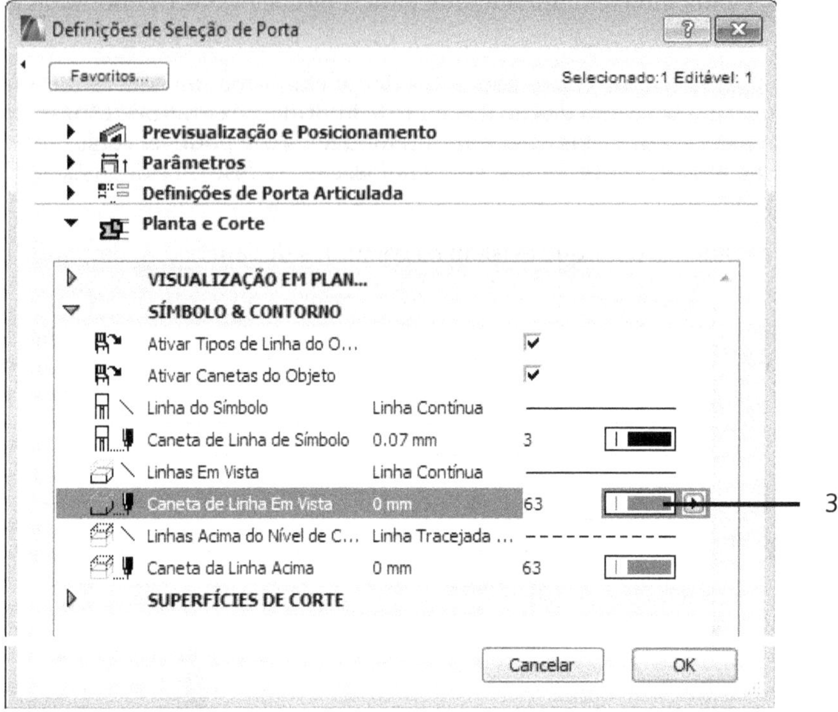

O bom uso dos conjuntos de canetas faz com o projeto ganhe em agilidade e qualidade de apresentação, evitando que você tenha que duplicar arquivos de um mesmo modelo só para alterar as configurações de espessura e cor de linha. O ArchiCAD já vem com diversos conjuntos de canetas configurados e que são muito úteis. Para criar ou editar os conjuntos de canetas, veja os procedimentos descritos a seguir.

como criar um conjunto de canetas

1. Vá ao menu **Opções/Atributos do Elemento/Gestor de Atributos...** (*Options/Element Attributes/Attribute Manager*).

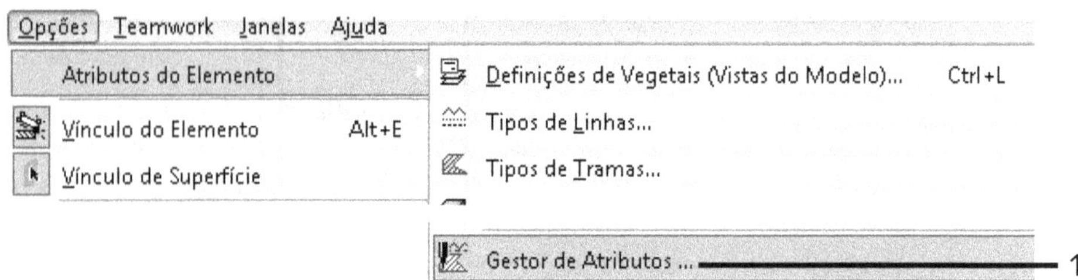

2. Na janela que se abre, selecione um conjunto de canetas que quer usar como referência (**a**) e depois clique em **Duplicar** (*Duplicate*) (**b**).

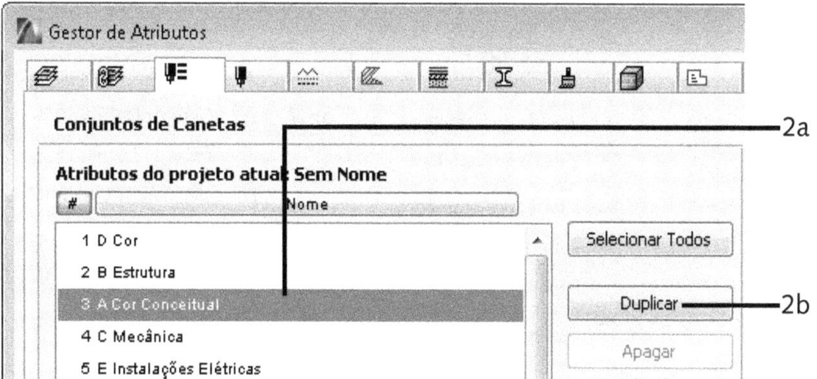

3. Você não consegue dar um novo nome ao conjunto de canetas nesta janela; isso será feito em outro passo. Clique em **OK** para concluir.

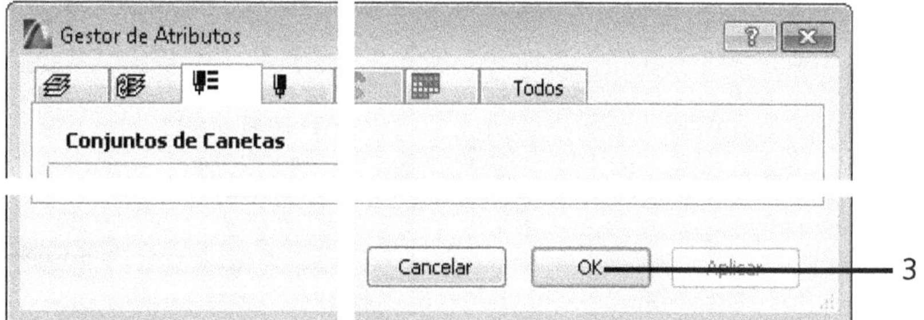

4. Pode ser que uma nova janela apareça para que você confirme a ação. Clique em **Criar** (*Create*).

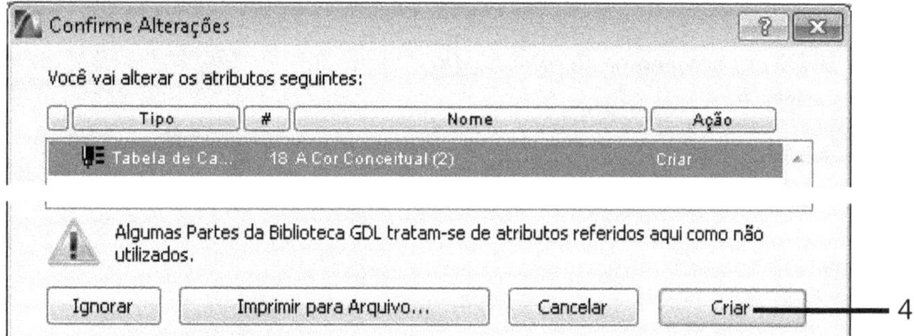

5. Vá ao menu **Opções/Atributos do Elemento/Canetas & Cores...** (*Options/Element Attributes/ Pens&Colors...*).

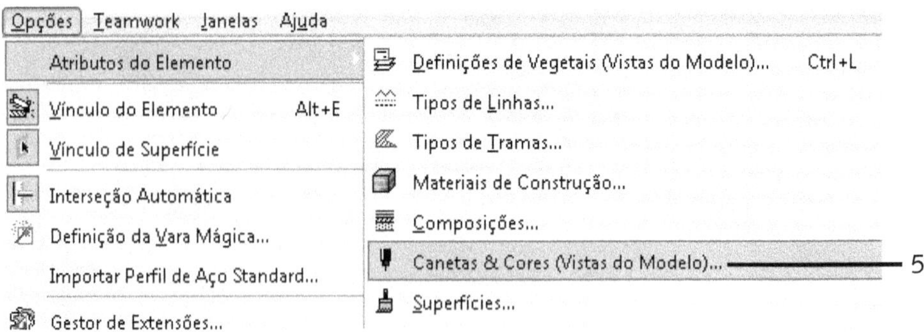

6. Na janela que se abre, clique no conjunto de canetas que você acabou de criar (**a**) e depois clique em **Renomear** (*Rename*) (**b**).

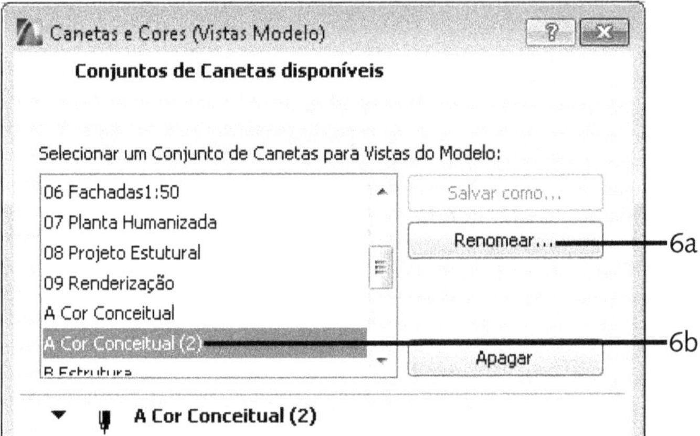

7. Dê um novo nome ao conjunto (**a**) e clique em **OK** (**b**).

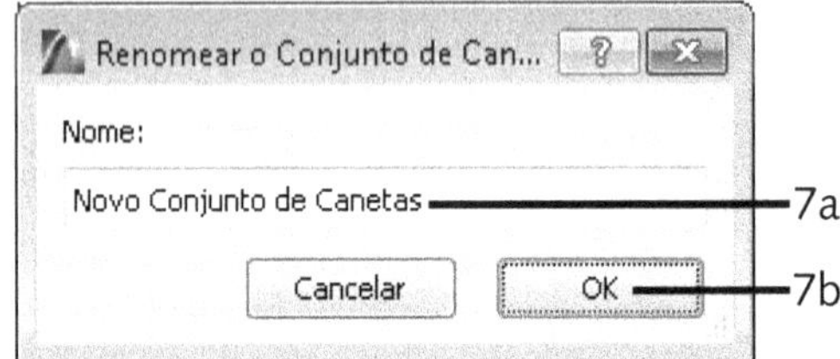

como criar ou modificar uma caneta

1. Vá ao menu **Opções/Atributos do Elemento/Canetas & Cores...** (*Options/Element Attributes/Pens&Colors...*).

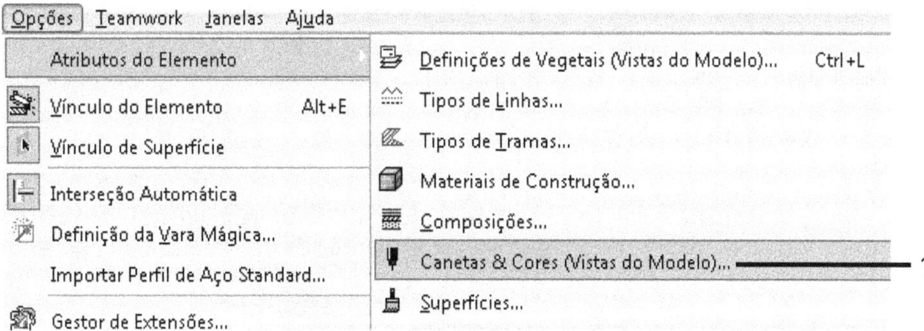

2. Na janela que se abre, clique no conjunto de canetas em que você quer trabalhar, criando ou modificando as configurações de uma caneta.
3. Cada quadrado (ou caixa) desta área da janela representa uma caneta. Clique na caixa desejada para criar ou modificar a caneta relacionada. Perceba que cada caixa tem um número relacionado à ela, que é o número da caneta.
4. Faça os ajustes na caneta:
   a. **Esp. Caneta** (*Pen Weight*): Digite a espessura do traço;
   b. **Editar...** (*Edit color...*): Clique para escolher a cor da caneta;
   c. **Descrição** (*Description*): Dê um nome à caneta.

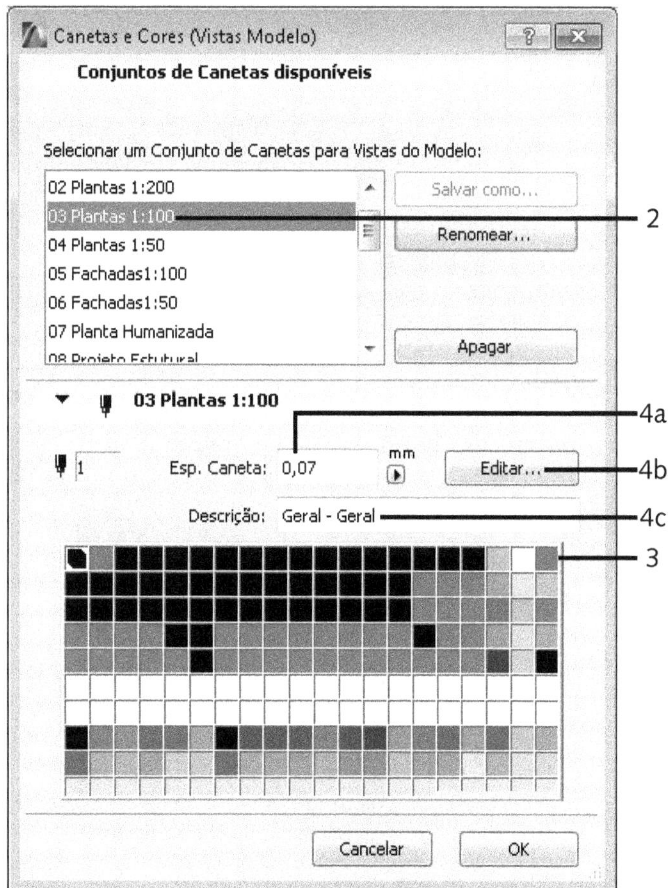

3.4 Configurações de preenchimento (tramas)

As tramas são padrões geométricos 2D que podem ser aplicados a todos os objetos de construção e desenho do ArchiCAD (à exceção das linhas). A principal função das tramas é auxiliar a distinguir os elementos do projeto. As tramas são usadas em todas as vistas de representação 2D (plantas, cortes e elevações); em alguns casos também podem ser exibidas vistas 3D.

Existem quatro tipos de tramas (sólida, vetorial, de símbolo e de imagem) que podem ser aplicadas aos objetos em diferentes contextos. Tais contextos foram organizados em três categorias, chamadas de Tramas de Desenho, Tramas de Superfície e Tramas de Corte. Toda vez que você criar ou editar uma trama (de qualquer tipo), vai precisar indicar em quais contextos ela poderá ser usada.

Existe um quarto tipo de contexto, chamado de Hachura Vetorial 3D, que não aparece como opção nas janelas comuns de edição de tramas; surge somente se você quiser vincular uma trama a um material.

contextos onde uma trama pode ser aplicada

Os objetos de desenho e construção do ArchiCAD são representados de diferentes maneiras na documentação de seu projeto, dependendo da circunstância em que são apresentados. Para facilitar o controle da respresentação dos objetos, o ArchiCAD organizou o uso das tramas em quatro tipos de contexto:

1. **Tramas de Desenho** (*Drafting Fills*): Essa classificação é dada ao preenchimento de objetos de desenho 2D (retângulos, círculos, polígonos, etc) que são utilizados como elementos auxiliares na documentação de projeto. Você pode usar qualquer um dos quatro tipos de trama para preencher um objeto 2D.
2. **Tramas de Superfície** (*Cover Fills*): Essa é a categoria dada à trama sempre que for usada para representar objetos de construção (como lajes, coberturas, malhas, membranas, morphs e zonas) em vistas de planta. A categoria trama de superfície também é utilizada sempre que você quiser utilizar alguma trama para representar elementos construtivos em vista 3D. Todos os quatro tipos de trama podem ser usados sob o contexto trama de superfície.
3. **Tramas de Corte** (*Cut Fills*): Essa categoria aparece sempre que você precisar indicar qual trama será usada na representação de um objeto construtivo quando este for cortado. Para representar um objeto de construção sob o contexto trama de corte, você poderá utilizar uma trama sólida, vetorial ou de símbolo; não poderá usar tramas de imagem.
4. **Hachura Vetorial 3D** (*Vectorial 3D Hatching*): Essa categoria (que fica bem escondida nos menus do programa) aparece sempre que você que quiser usar uma trama como representação de um objeto de construção que não está cortado, em vistas de corte, elevações e perspectivas. Normalmente o ArchiCAD utiliza um atributo chamado Material para representar objetos de construção nestas vistas, portanto se você quiser usar uma trama nestes casos, ela será aquela vinculada ao material que está aplicado a este objeto.

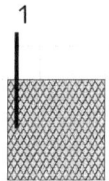

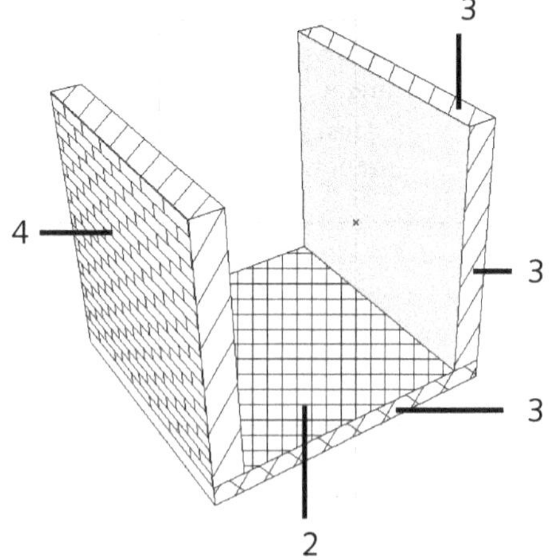

como criar uma trama sólida

A trama sólida é um tipo de preenchimento que você vai escolher toda vez que quiser que uma face apresente só uma cor em toda a sua área. Você criar tramas sólidas com diferentes gradações de preenchimento, desde 100% (o que indica que a face será totalmente preenchida) até 0% (quando a face não terá nenhum preenchimento). Perceba que você não consegue escolher uma cor para uma trama sólida; essa cor será definida pela caneta atribuída ao objeto, em seu menu de definições.

1. Vá ao menu **Opções/Atributos do Elemento/Tipos de Tramas...** (*Options/Element Attributes/Fill Types...*).

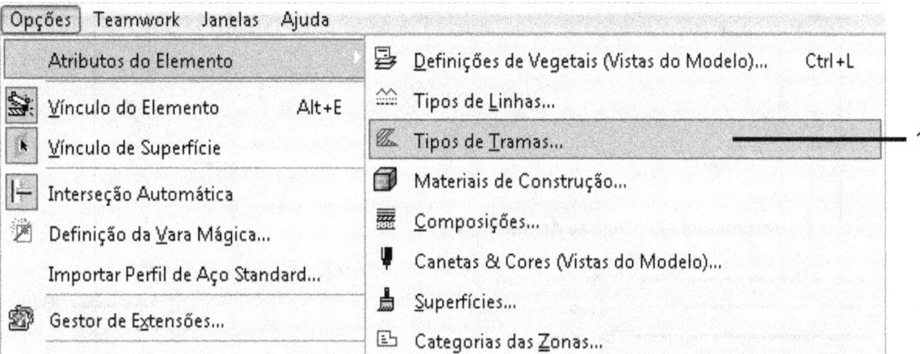

2. Clique no botão **Novo...** (*New...*).

3. Na janela, dê um nome à nova trama (**a**), habilite a opção **Trama Sólida** (*Solid Fill*) (**b**) e clique em **OK** (**c**).

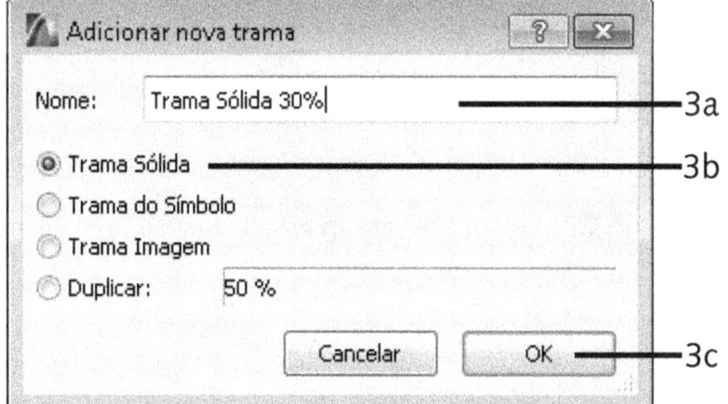

4. Na janela **Tipos de Trama** (*Fill Types*), na aba **Disponibilidade e Padrão Apenas de Tela** (*Availability and Screen-only Pattern*) habilite em que contextos essa trama poderá ser aplicada: **Trama de Desenho** (*Drafting Fills*) (**a**), **Trama de Superfície** (*Cover Fills*) (**b**) e/ou **Trama de Corte** (*Cut Fills*) (**c**).
5. Para configurar o modo como essa trama será representada em sua tela (veja que não será assim que essa trama será impressa), ajuste o desenho do **Padrão Apenas de Tela** (*Screen-only pattern*) clicando no quadro indicado para ligar e desligar os pixels.
6. Em **Aspecto da trama**, configure o valor de **Opacidade [%]** (*Opacity [%]*). É aí que você escolhe a gradação de uma trama sólida, quando for usá-la no preenchimento do um objeto (configuração essa que existe dentro do menu de definições de cada objeto).

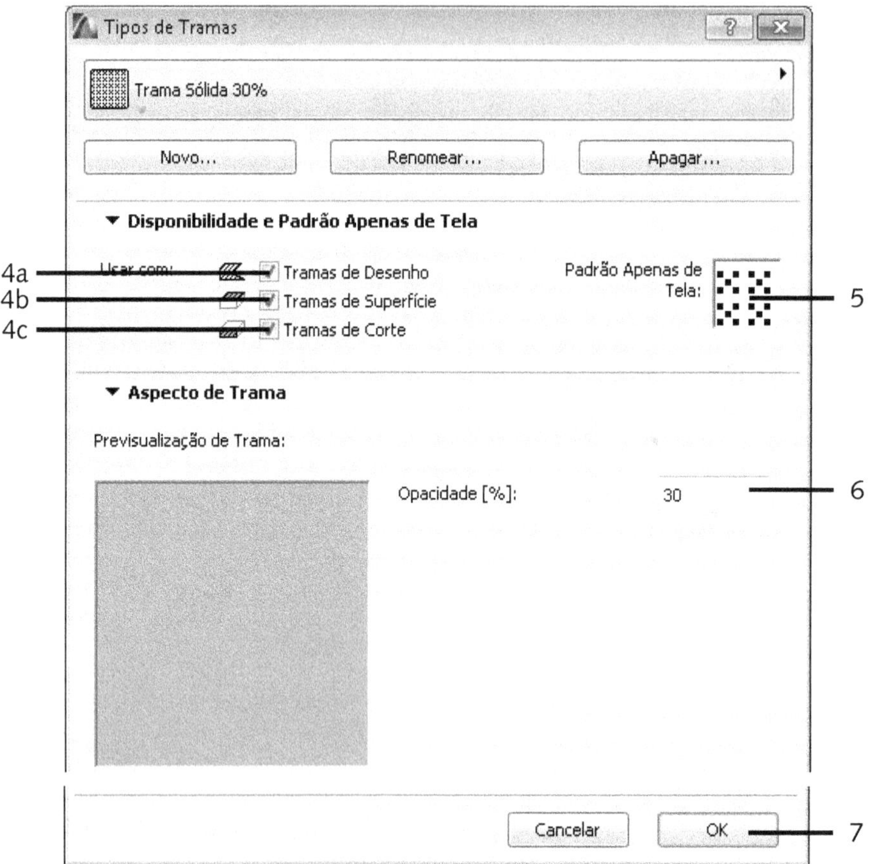

7. Clique em **OK**, assim essa trama se torna está disponível para ser aplicada aos objetos.

como criar uma trama vetorial

As tramas vetoriais são os primeiros tipos de preenchimento não-sólidos existentes no ArchiCAD. Essas tramas foram criadas pela equipe de desenvolvimento do programa; você não consegue criar uma trama vetorial a partir do zero, mas pode duplicar uma existente e alterar sua aparência. Se quiser criar uma trama usando um desenho que você mesmo fez, vai precisar criá-la como uma trama de símbolo (assunto que é abordado no próximo tópico). Para criar uma trama vetorial a partir de outra:

1. Vá ao menu **Opções/Atributos do Elemento/Tipos de Tramas...** (*Options/Element Attributes/Fill Types...*).

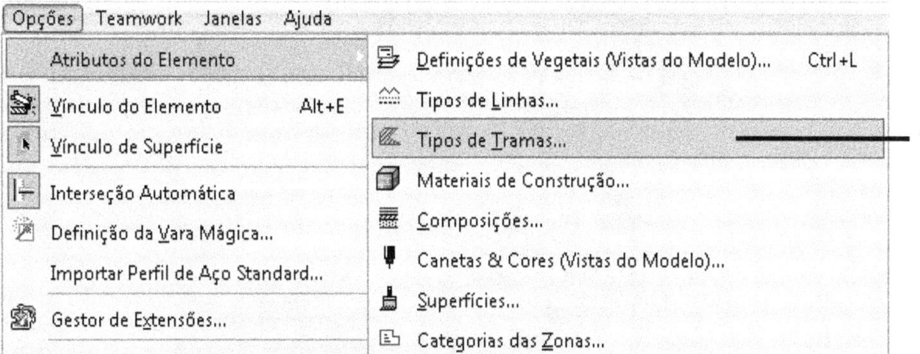

2. Selecione a trama vetorial que será base para a criação da nova trama.

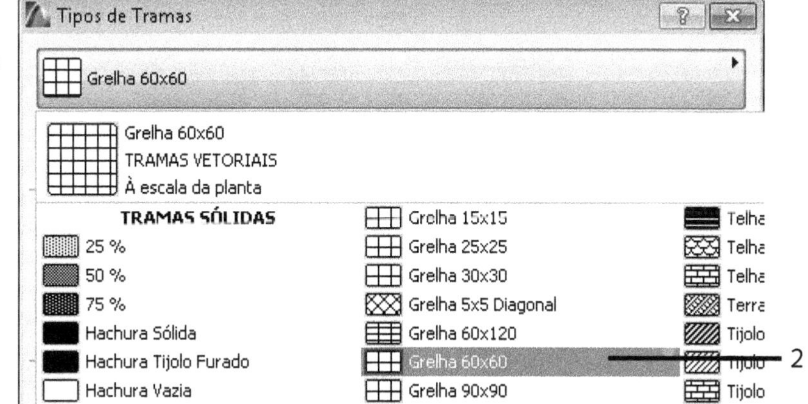

3. Clique no botão **Novo...** (*New...*).

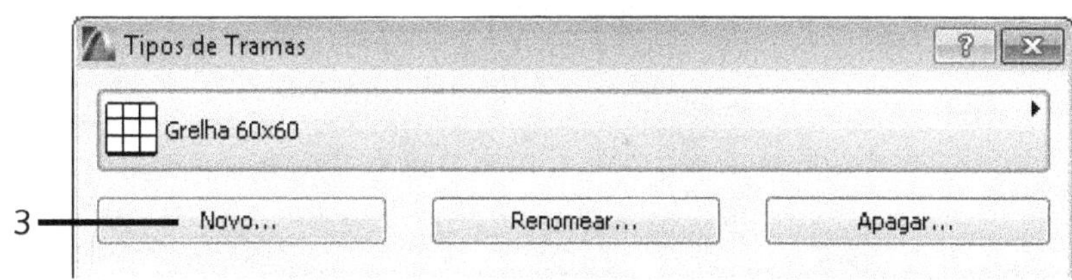

4. Na janela que se abre habilite a opção **Duplicar** (*Duplicate*) (**a**); indique um nome para a cópia (**b**) e clique em **OK** (**c**).

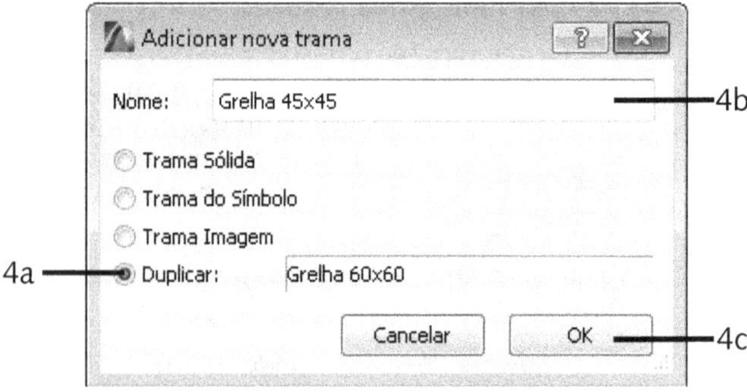

5. Na janela **Tipos de Trama** (*Fill Types*), na aba **Disponibilidade e Padrão Apenas de Tela** (*Availability and Screen-only Pattern*), habilite em que categorias essa trama poderá ser aplicada: **Tramas de Desenho** (*Drafting Fills*) (**a**); **Tramas de Superfície** (*Cover Fills*) (**b**) e/ou **Tramas de Corte** (*Cut Fills*) (**c**).

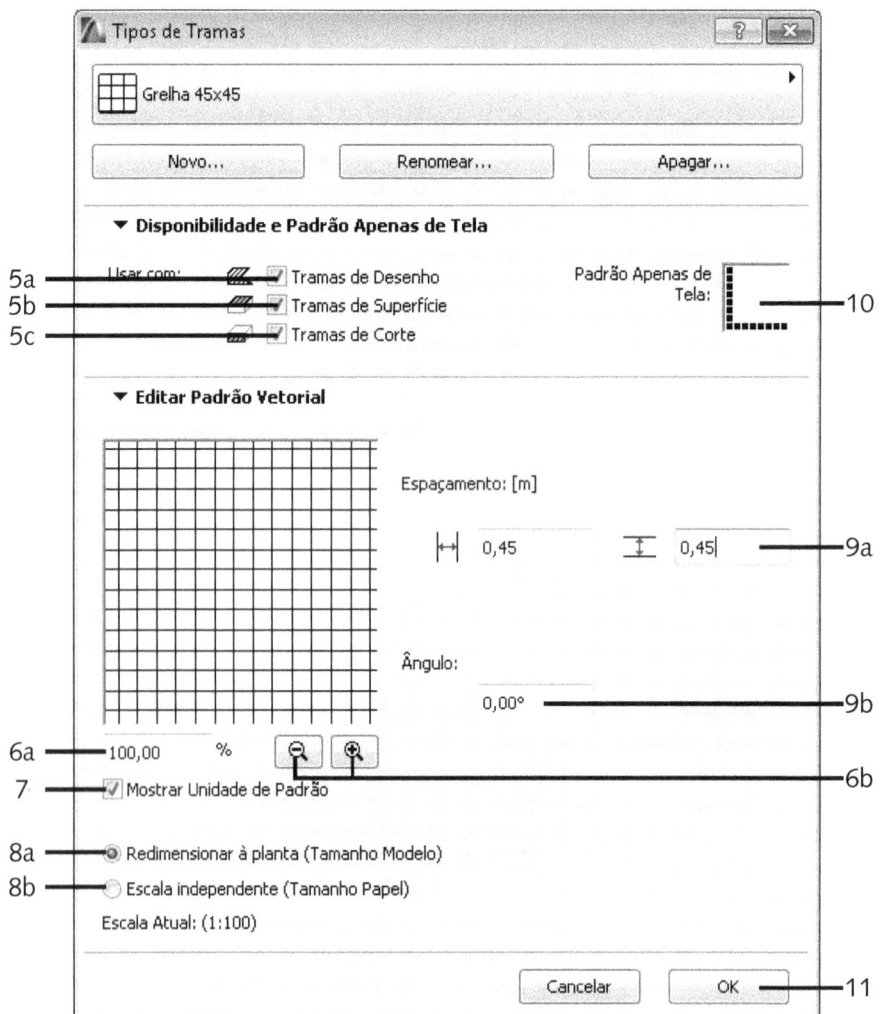

Tipos de Tramas
Grelha 45x45
Novo... Renomear... Apagar...
Disponibilidade e Padrão Apenas de Tela
Usar com: Tramas de Desenho (5a)
Tramas de Superfície (5b)
Tramas de Corte (5c)
Padrão Apenas de Tela: (10)
Editar Padrão Vetorial
Espaçamento: [m]
0,45 0,45 (9a)
Ângulo:
0,00° (9b)
100,00 % (6a) (6b)
Mostrar Unidade de Padrão (7)
Redimensionar à planta (Tamanho Modelo) (8a)
Escala independente (Tamanho Papel) (8b)
Escala Atual: (1:100)
Cancelar OK (11)

6. Se quiser, mude a visualização da trama alterando o valor da porcentagem de zoom (**a**) ou usando os botões indicados (**b**).
7. Na janela **Tipos de Trama** (*Fill Types*) em **Editar Padrão Vetorial** (*Edit Vectorial Pattern*) habilite a opção **Mostrar Unidade de Padrão** (*Show Pattern Unit*) para marcar um módulo do padrão.
8. Para configurar a escala que a trama terá habilite uma das opções:
   a. **Redimensionar à planta (Tamanho Modelo)** (*Scale with plan (Model Size)*): Clique neste botão se quiser que a trama seja usada para representar um objeto real de construção (como um azulejo, por exemplo);
   b. **Escala independente (Tamanho Papel)** (*Scale independent (Paper Size)*): Clique aqui para indicar que essa trama será usada para representar um tipo de objeto (como grama, areia, algum metal ou outro material que não tem repetição definida), e que por isso a aparência dessa trama está vinculada à impressão e não às escalas das vistas do projeto.
9. Configure o **Espaçamento [m]** (*Spacing [m]*) (**a**) e o **Ângulo** (*Angle*) (**b**) da trama.
10. Para configurar o modo como essa trama será representada em sua tela (perceba que não será assim que essa trama será impressa), ajuste o desenho do **Padrão Apenas de Tela** (*Screen-only pattern*) clicando no quadro indicado para ligar e desligar os pixels.
11. Clique em **OK**.

como criar uma trama de símbolo

A trama de símbolo é baseada em um desenho 2D. Você pode criar uma nova trama de símbolo a partir de uma existente ou criar uma completamente nova, a partir de qualquer desenho que tenha feito em qualquer janela do seu projeto no ArchiCAD.

1. Em uma vista de planta, desenhe um padrão usando linhas, arcos e pontos, por exemplo.
2. Selecione todos os componentes do padrão (**a**) e vá em **Edição/Copiar** (*Edit/Copy*) (**b**).

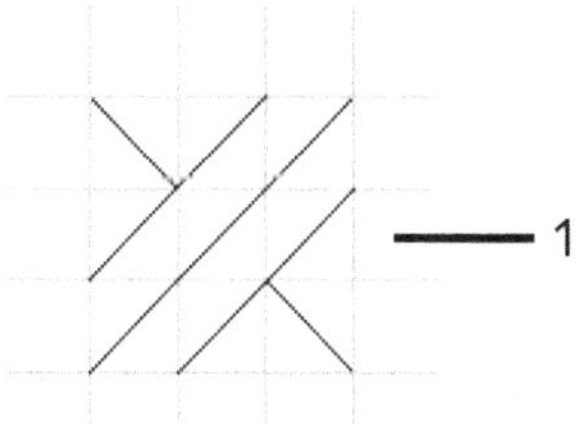

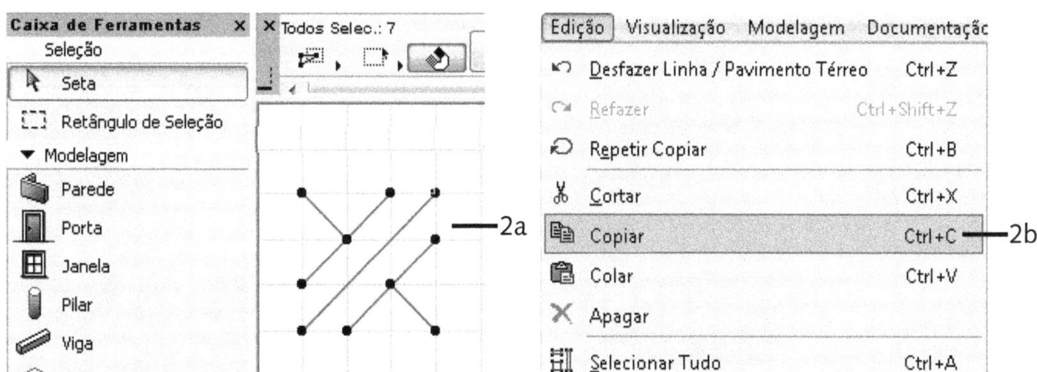

3. Vá ao menu **Opções/Atributos do Elemento/Tipos de Tramas...** (*Options/Element Attributes/Fill Types...*).

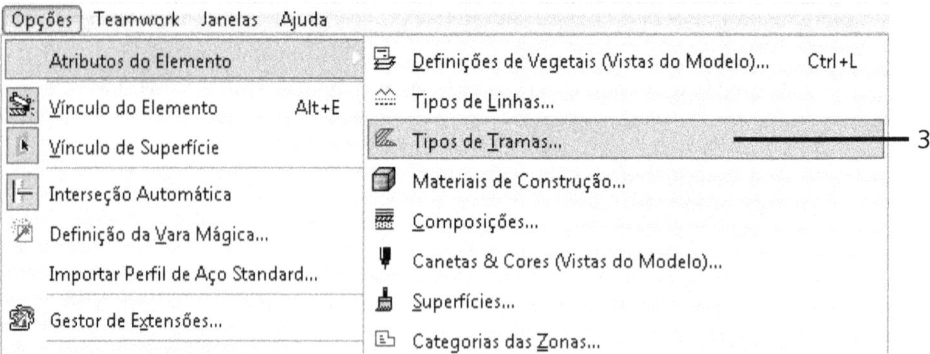

4. Clique no botão **Novo...** (*New...*).

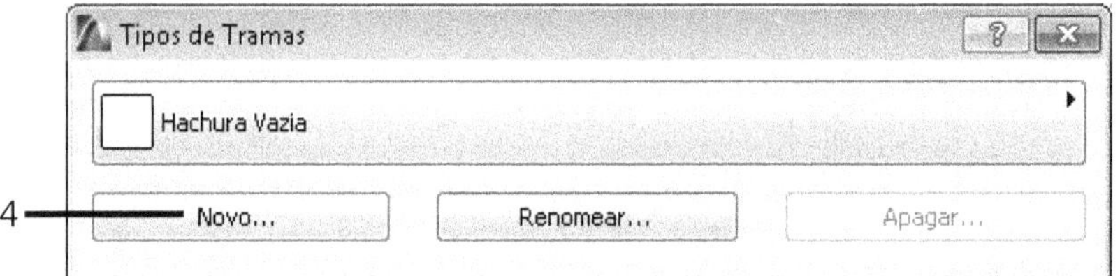

5. Na janela, nomeie a nova trama (**a**), habilite a opção **Trama do Símbolo** (*Symbol Fill*) (**b**) e clique em **OK** (**c**).

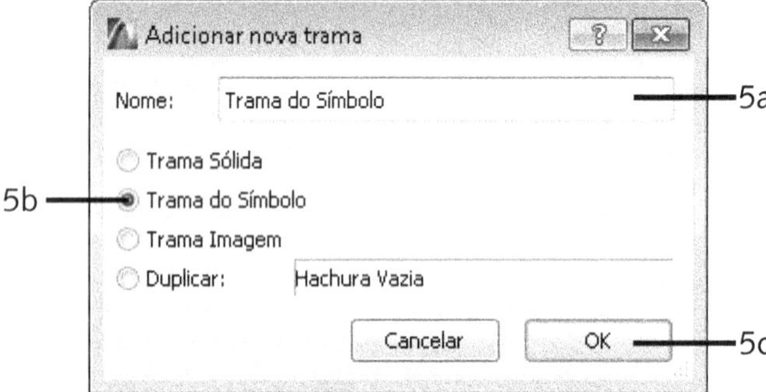

6. Na janela **Tipos de Trama**, na aba **Disponibilidade e Padrão Apenas de Tela**, habilite em que categorias essa trama poderá ser aplicada: **Tramas de Desenho** (*Drafting Fills*) (**a**); **Tramas de Superfície** (*Cover Fills*) (b) e/ou **Tramas de Corte** (*Cut Fills*) (**c**).
7. Na janela **Tipos de Trama** (*Fill Types*) em **Editar Padrão de Símbolo** (*Edit Symbol Pattern*), clique em **Colar** (*Paste*).
8. Se quiser, mude a visualização da trama alterando o valor da porcentagem de zoom (**a**) ou usando os botões indicados (**b**).
9. Na janela **Tipos de Trama** (*Fill Types*) em **Editar Padrão de Símbolo** (*Edit Symbol Pattern*) habilite a opção **Mostrar Unidade de Padrão** (*Show Pattern Unit*) para marcar um módulo do padrão.
10. Para configurar o modo como essa trama será representada em sua tela (veja que não será assim que essa trama será impressa), ajuste o desenho do **Padrão Apenas de Tela** (*Screen-only pattern*) clicando no quadro indicado para ligar e desligar os pixels.
11. Se desejar altere os **Afastamentos** (*Strokes*) (**a**), **Ângulo** (*Angle*) (**b**) e **Escala** (*Scale*) (**c**).

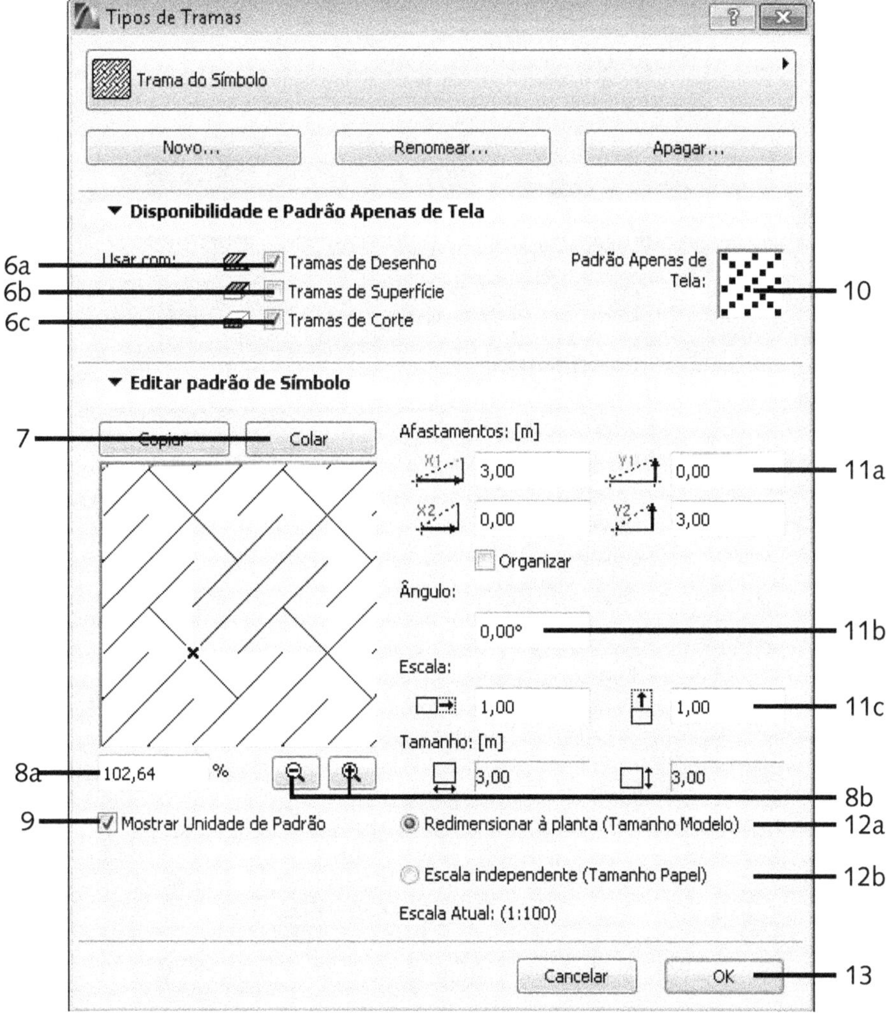

12. Para configurar a escala que a trama terá habilite uma das opções:
    a. **Redimensionar à planta (Tamanho Modelo)** (*Scale with plan (Model Size)*): Clique neste botão se quiser que a trama seja usada para representar um objeto real de construção (como um azulejo, por exemplo);
    b. **Escala independente (Tamanho Papel)** (*Scale independent (Paper Size)*): Clique aqui para indicar que essa trama será usada para representar um tipo de objeto (como grama, areia, algum metal ou outro material que não tem repetição definida), e que por isso a aparência dessa trama está vinculada à impressão e não às escalas das vistas do projeto.
13. Clique em **OK**.

como editar uma trama de símbolo

1. Vá ao menu **Opções/Atributos do Elemento/Tipos de Tramas...** (*Options/Element Attributes/Fill Types...*).

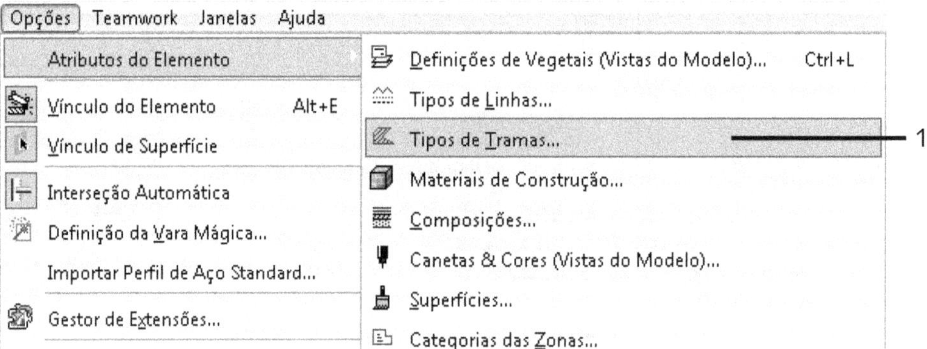

2. Selecione a trama que deseja editar.

3. Na janela **Tipos de Trama** (*Fill Types*), na aba **Editar padrão de Símbolo** (*Edit Symbol Pattern*), clique em **Copiar** (*Copy*) (**a**); depois, clique em **OK** (**b**).

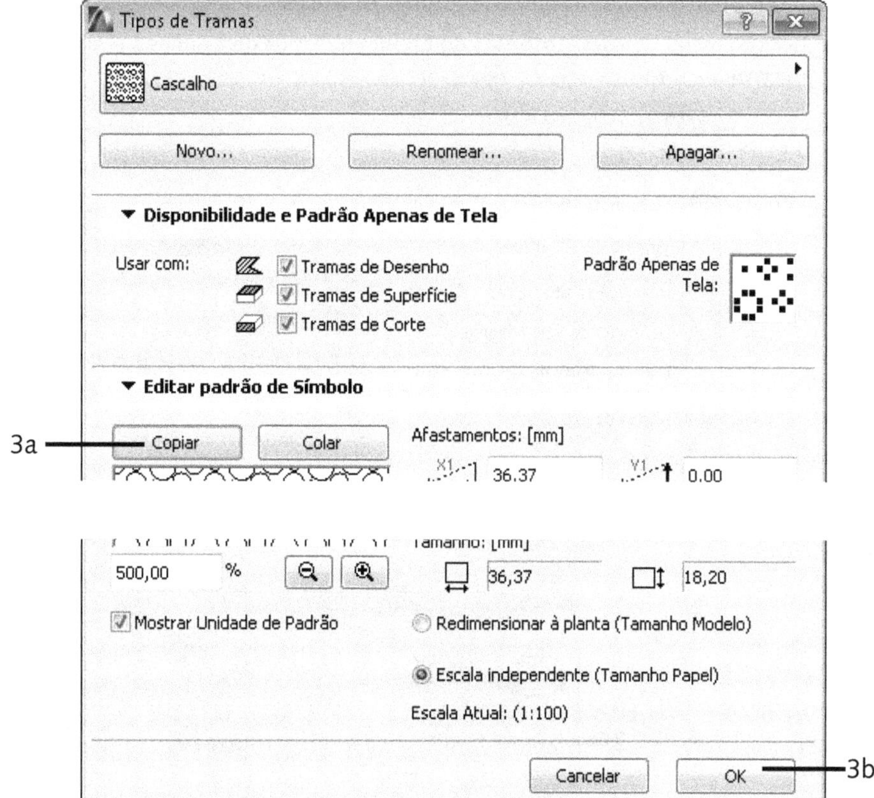

4. Vá ao menu **Edição/Colar** (*Edit/Paste*) Ctrl+V para colar o padrão na área de desenho e faça as alterações necessárias.

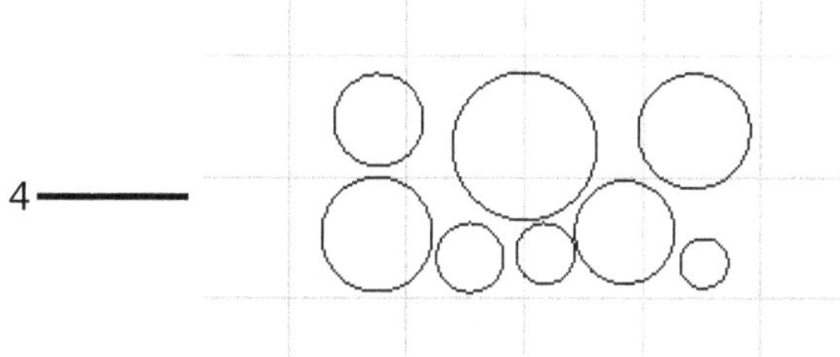

5. Siga o procedimento **como editar uma trama de símbolo**, na página **88**.

como criar uma trama de imagem

Como o próprio nome sugere, uma trama de imagem é criada a partir de um arquivo de imagem, que pode estar nos formatos .jpg, .png, .bmp e etc.

1. Vá ao menu **Opções/Atributos do Elemento/Tipos de Tramas...** (*Options/Element Attributes/Fill Types...*).

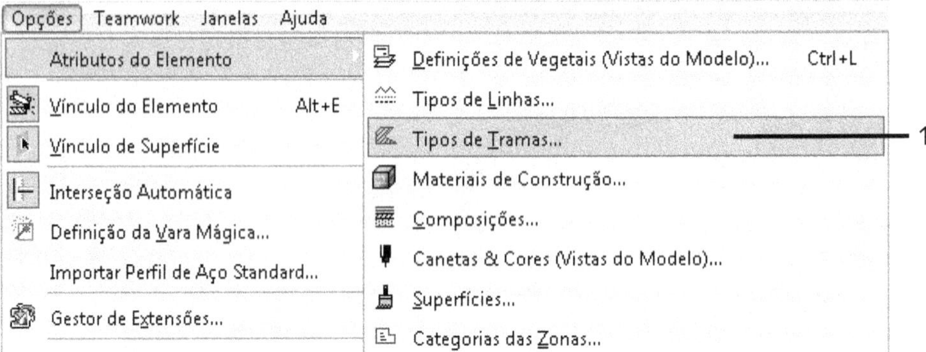

2. Clique no botão **Novo...** (*New...*).

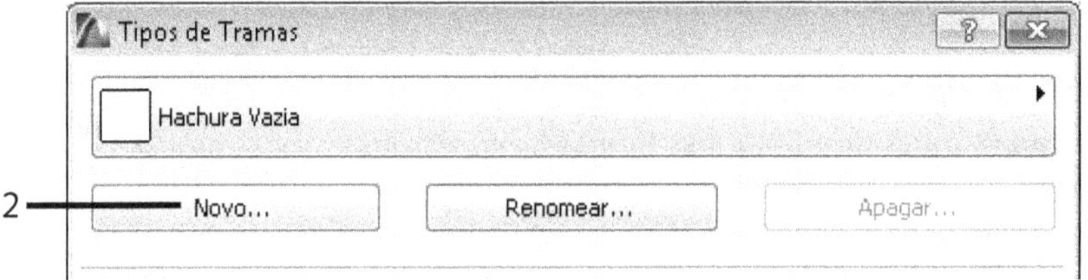

3. Na janela, nomeie a nova trama (**a**), habilite a opção **Trama Imagem** (*Image Fill*) (**b**) e clique em **OK** (**c**).

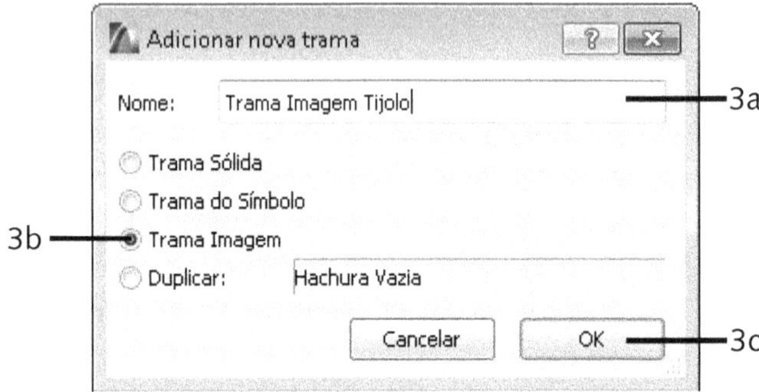

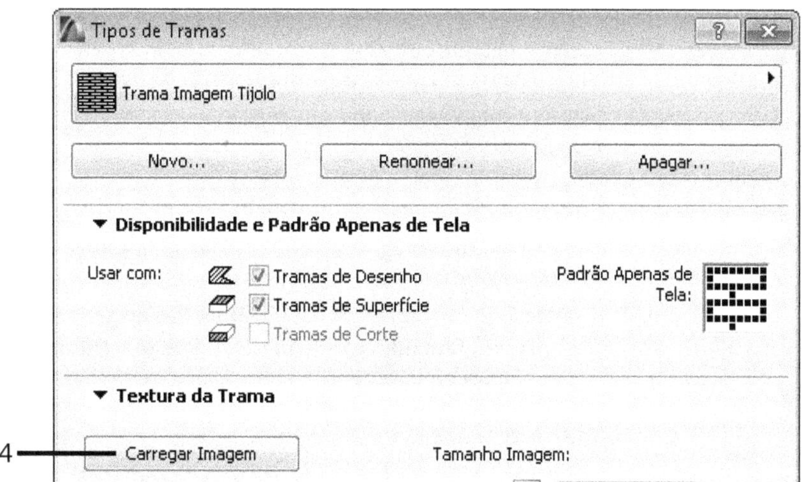

4. Na janela **Tipos de Trama** (*Fill Types*) em **Textura da Trama** (*Fill Texture*), clique no botão **Carregar Imagem** (*Load Image*).

5. Na janela que se abre, clique em **Carregar Outro Imagem...** (*Load Other Picture...*) e escolha **da Janela de Diálogo do Arquivo** (*from File Dialog Box*) (**a**), localize a imagem desejada (**b**), clique em **Abrir** (*Open*) (**c**) clique em **OK** (**d**).

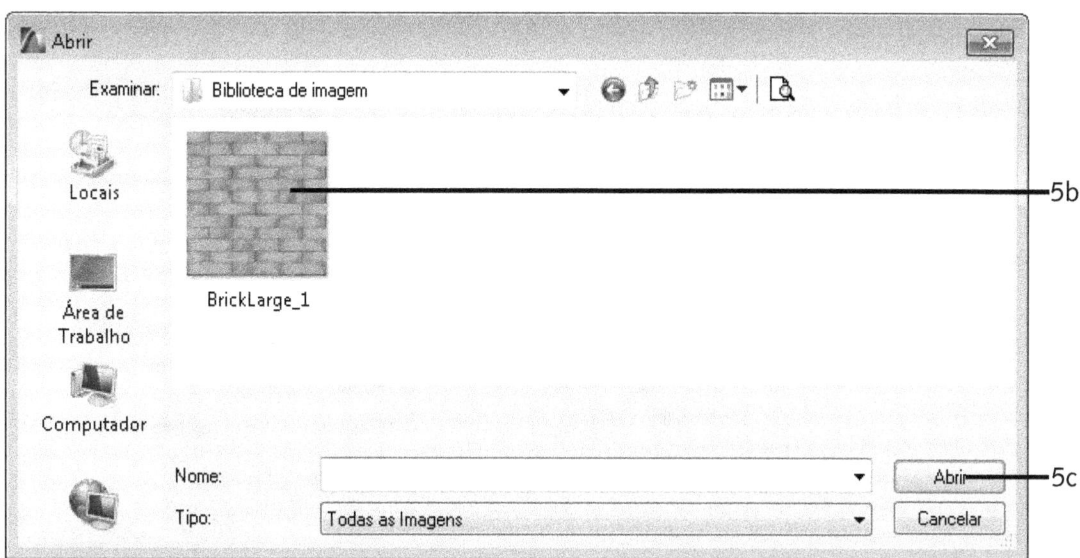

6. Na janela **Tipos de Trama** (*Fill Types*) em **Disponibilidade e Padrão Apenas de Tela** (*Availability and Screen-only Pastern*) habilite em que categorias essa trama poderá ser aplicada: **Tramas de Desenho** (*Drafting Fills*) (**a**) ou **Tramas de Superfície** (*Cover Fills*) (**b**).
7. Para configurar o modo como essa trama será representada em sua tela (veja que não será assim que essa trama será impressa), ajuste o desenho do **Padrão Apenas de Tela** (*Screen-only pattern*) clicando no quadro indicado para ligar e desligar os pixels.
8. Escolha quantos módulos da imagem serão visualizados na amostra: 1x1, 2x2, 3x3 ou 4x4.
9. Se necessário altere o **Tamanho Imagem** (*Image Size*) (**a**), o **Ângulo** (*Angle*) (**b**) e o **Método de Espelhamento** (*Mirroring Method*) (**c**).
10. Para configurar a escala que a trama terá habilite uma das opções:
    a. **Redimensionar à planta (Tamanho Modelo)** (*Scale with plan (Model Size)*): Clique neste botão se quiser que a trama seja usada para representar um objeto real de construção (como um azulejo, por exemplo);
    b. **Escala independente (Tamanho Papel)** (*Scale independent (Paper Size)*): Clique aqui para indicar que essa trama será usada para representar um tipo de objeto (como grama, areia, algum metal ou outro material que não tem repetição definida), e que por isso a aparência dessa trama está vinculada à impressão e não às escalas das vistas do projeto.
11. Clique em **OK**.

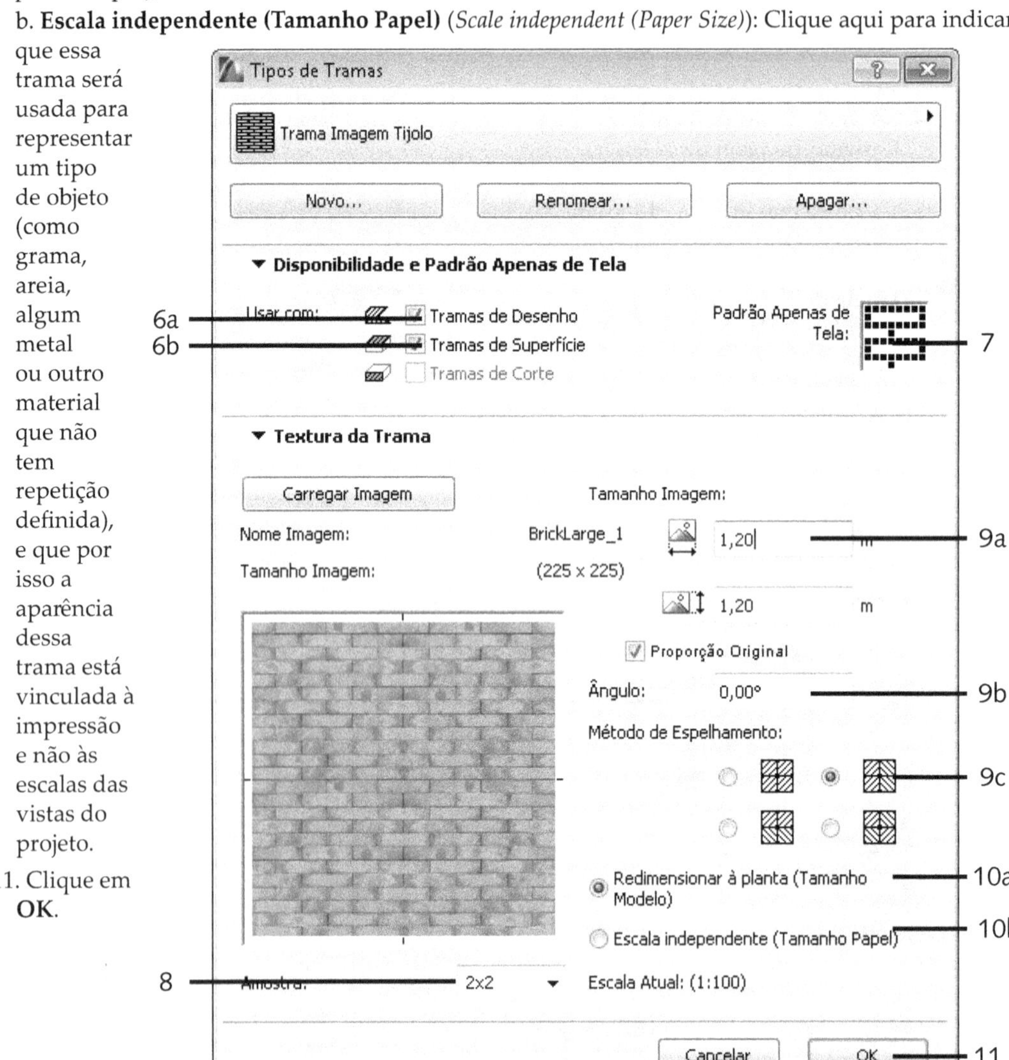

Destaques deste capítulo

exemplo de aplicação de atributos gráficos (pág 69)

Em todos os tipos de objetos de construção do ArchiCAD, os ajustes gráficos para plantas, cortes e elevações estão na seção **Planta e Corte** do menu de **Definições**, e são divididas em:

a. **Estrutura** (*Structure*): Onde você pode escolher a **Trama de Corte**, que é a hachura utilizada para representar o objeto quando ele aparecer em alguma vista de corte;

b. **Superfícies de Corte** (*Cut Surfaces*): Indica qual caneta será usada para representar a trama escolhida e também a caneta do fundo da trama; você também vai indicar o tipo de linha e a caneta que será usada na representação das linhas de corte;

c. **Contornos** (*Outlines*): Escolha os tipos de linha e as canetas que serão usadas para representar os objetos em vista e também os que estão acima dos planos de corte.

Na seção **Modelo**, você vai configurar quais tramas serão utilizadas para representar o objeto em vistas 3D renderizadas.

como criar um tipo de linha tracejado simples (pág 70)

Vá ao menu **Opções/Atributos do Elemento/Tipos de Linhas...** (*Options/Element Attributes/Line Types...*). No painel que se abre, clique em **Novo...** (*New...*). Na janela que se abre, dê um nome ao tipo de linha e clique em **Tracejado** (*Dashed*). No painel que se abre, você pode clicar e arrastar os controles indicados para determinar visualmente o tamanho do traço e o espaço entre os traços ou digitar os valores correspondentes nas caixas. Escolha se você quer que o tracejado seja relacionado ao **Modelo**, escalando conforme a vista do modelo onde está desenhado muda de escala, ou se tem a mesma dimensão independentemente da escala. Clique em **OK** para terminar.

como criar ou modificar uma caneta (pág 79)

Vá ao menu **Opções/Atributos do Elemento/Canetas & Cores...** (*Options/Element Attributes/Pens&Colors...*). Na janela que se abre, clique no conjunto de canetas em que você quer trabalhar, criando ou modificando as configurações de uma caneta. Cada quadrado colorido (ou caixa colorida) desta área da janela representa uma caneta. Clique na caixa desejada para criar ou modificar a caneta relacionada. Perceba que cada caixa tem um número relacionado à ela, que é o número da caneta. Faça os ajustes na caneta:

a. **Esp. Caneta** (*Pen Weight*): Digite a espessura do traço;

b. **Editar...** (*Edit color...*): Clique para escolher a cor da caneta;

c. **Descrição** (*Description*): Dê um nome à caneta.

como criar uma trama sólida (pág 81)

Vá ao menu **Opções/Atributos do Elemento/Tipos de Tramas...** (*Options/Element Attributes/Fill Types...*). Clique no botão **Novo...** (*New...*). Na janela, dê um nome à nova trama, habilite a opção **Trama Sólida** (*Solid Fill*) e clique em **OK**. Na janela **Tipos de Trama** (*Fill Types*), na aba **Disponibilidade e Padrão Apenas de Tela** (*Availability and Screen-only Pattern*) habilite em que categorias essa trama poderá ser aplicada: **Tramas de Desenho** (*Drafting Fills*), **Tramas de Superfície** (*Cover Fills*) e/ou **Tramas de Corte** (*Cut Fills*). Para configurar o modo como essa trama será representada em sua tela (veja que não será assim que essa trama será impressa), ajuste o desenho do **Padrão Apenas de Tela** (*Screen-only pattern*) clicando no quadro indicado para ligar e desligar os pixels. Em Aspecto da trama, configure o valor de **Opacidade [%]** (*Opacity [%]*). Clique em **OK**, assim essa trama se torna está disponível para ser aplicada aos objetos.

como criar uma trama vetorial (pág 83)

Vá ao menu **Opções/Atributos do Elemento/ Tipos de Tramas...** (*Options/Element Attributes/Fill Types...*). Selecione a trama vetorial que será base para a criação da nova trama. Clique no botão **Novo...** (*New...*). Na janela que se abre habilite a opção **Duplicar** (*Duplicate*); indique um nome para a cópia e clique em **OK**. Na janela **Tipos de Trama** (*Fill Types*), na aba **Disponibilidade e Padrão Apenas de Tela** (*Availability and Screen-only Pattern*), habilite as categorias nas quais essa trama poderá ser aplicada. Se quiser, mude a visualização da trama alterando o valor da porcentagem de zoom. Na janela **Tipos de Trama** (*Fill Types*) em **Editar Padrão Vetorial** (*Edit Vectorial Pattern*) habilite a opção **Mostrar Unidade de Padrão** (*Show Pattern Unit*) para marcar um módulo do padrão. Para configurar a escala que a trama terá habilite uma das opções: **Redimensionar à planta (Tamanho do modelo)** (*Scale with plan (Model Size)*) ou **Escala independente (Tamanho Papel)** (*Scale independent (Paper Size)*). Configure o **Espaçamento [m]** (*Spacing [m]*) e o **Ângulo** (*Angle*) da trama. Para configurar o modo como essa trama será representada em sua tela, ajuste o desenho do **Padrão Apenas de Tela**. Clique em **OK**.

como criar uma trama de símbolo (pág 85)

Em uma vista de planta, desenhe um padrão usando linhas, arcos e pontos, por exemplo. Selecione todos os componentes do padrão e vá em **Edição/ Copiar** (*Edit/Copy*). Vá ao menu **Opções/Atributos do Elemento/Tipos de Tramas...** (*Options/Element Attributes/Fill Types...*). Clique no botão **Novo...** (*New...*). Na janela, nomeie a nova trama, habilite a opção **Tramas de Símbolo** (*Symbol Fill*) e clique em **OK**. Na janela **Tipos de Trama**, na aba **Disponibilidade e Padrão Apenas de Tela**, habilite as categorias nas quais essa trama poderá ser aplicada. Na janela **Tipos de Trama** (*Fill Types*) em **Editar Padrão de Símbolo** (*Edit Symbol Pattern*), clique em **Colar** (*Paste*). Se quiser, mude a visualização da trama alterando o valor da porcentagem de zoom. Na janela **Tipos de Trama** (*Fill Types*) em **Editar Padrão de Símbolo** (*Edit Symbol Pattern*) habilite a opção **Mostrar Unidade de Padrão** (*Show Pattern Unit*) para marcar um módulo do padrão. Para configurar o modo como essa trama será representada em sua tela, ajuste o desenho do **Padrão Apenas de Tela** (*Screen-only pattern*). Se desejar altere os **Afastamentos** (*Strokes*), **Ângulo** (*Angle*) e **Escala** (*Scale*). Para configurar a escala que a trama terá habilite uma das opções: **Redimensionar à planta (Tamanho do modelo)** (*Scale with plan (Model Size)*) ou **Escala independente (Tamanho Papel)** (*Scale independent (Paper Size)*). Clique em **OK**.

como criar uma trama de imagem (pág 90)

Uma trama de imagem é criada a partir de um arquivo de imagem, que pode estar nos formatos .jpg, .png, .bmp e etc. Vá ao menu **Opções/Atributos do Elemento/Tipos de Tramas...** (*Options/Element Attributes/Fill Types...*). Clique no botão **Novo...** (*New...*). Na janela, nomeie a nova trama, habilite a opção **Trama de Imagem** (*Image Fill*) e clique em **OK**. Na janela **Tipos de Trama** (*Fill Types*) em **Textura da Trama** (*Fill Texture*), clique no botão **Carregar Imagem** (*Load Image*). Na janela que se abre, clique em **Carregar Outro Imagem...** (*Load Other Picture...*) e escolha **da Janela de Dialogo do Arquivo** (*from File Dialog Box*), localize a imagem desejada, clique em **Abrir** (*Open*) clique em **OK**. Na janela **Tipos de Trama** (*Fill Types*) em **Disponibilidade e Padrão Apenas de Tela** (*Availability and Screen-only Pastern*) habilite em que categorias essa trama poderá ser aplicada. Para configurar o modo como essa trama será representada em sua tela, ajuste o desenho do **Padrão Apenas de Tela** (*Screen-only pattern*). Escolha quantos módulos da imagem serão visualizados na amostra: 1x1, 2x2, 3x3 ou 4x4. Se necessário altere o **Tamanho da Imagem** (*Image Size*), o **Ângulo** (*Angle*) e o **Método de Espelhamento** (*Mirroring Method*). Para configurar a escala que a trama terá habilite uma das opções: **Redimensionar à planta (Tamanho do modelo)** (*Scale with plan (Model Size)*) ou **Escala independente (Tamanho Papel)** (*Scale independent (Paper Size)*). Clique em **OK**.

4 construindo com objetos AEC

O que você vai ler neste capítulo

4.1 Lajes

como definir e editar os pisos do projeto

1. Vá ao menu **Modelagem/Definir Pisos...** (*Design/Story Settings*) Ctrl+7.

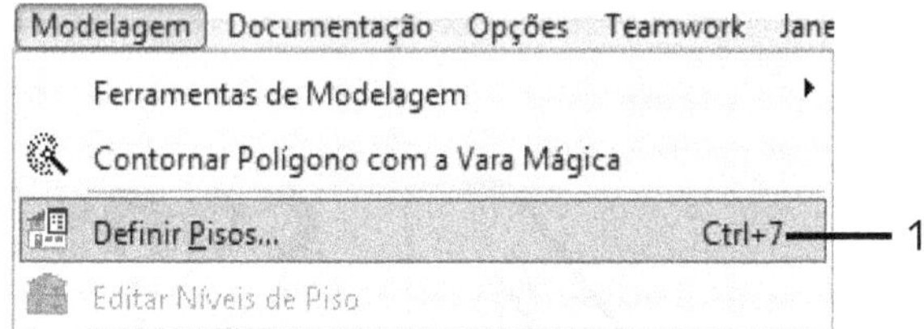

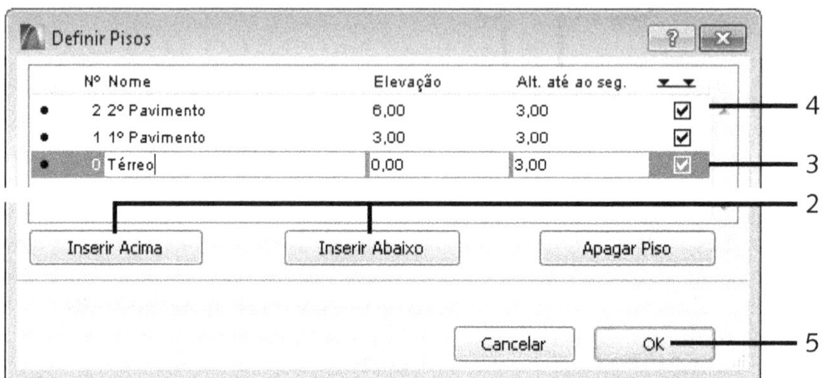

2. Na janela que se abre, clique em **Inserir Acima** (*Insert Above*) ou **Inserir Abaixo** (*Insert Below*) para criar um piso acima ou abaixo dos existentes.
3. Altere o **Número**, **Nome**, **Elevação** e **Alt. até ao seg.** (*Number*, *Name*, *Elevation* e *Height to Next*).
4. Se necessário edite as informações dos outros pisos.
5. Clique em **OK**.

OBS É possível criar novos pisos no painel **Navegador – Mapa de Projeto** (*Navigator – Project Map*). Para isso, clique com o botão direito do mouse sobre um piso existente e escolha **Criar Novo Piso...** (*Create New Story*).

como criar uma laje

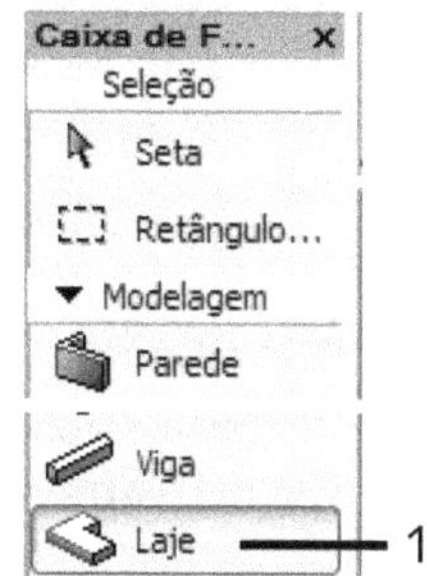

1. Na **Caixa de Ferramentas** (*Toolbox*), clique na ferramenta **Laje** (*Slab*).
2. Na **Caixa de Informações** (*Default Settings*), escolha o **Método de Geometria** (*Geometry Method*) que seja mais conveniente para desenhar (**Poligonal**, **Retangular** e **Retangular Rodado**) (*Polygonal, Rectangular* e *Rotated Rectangular*).
3. Na **Caixa de Informações** (*Default Settings*), clique na opção **Diálogo de Definições** (*Settings Dialog*) Ctrl+T.

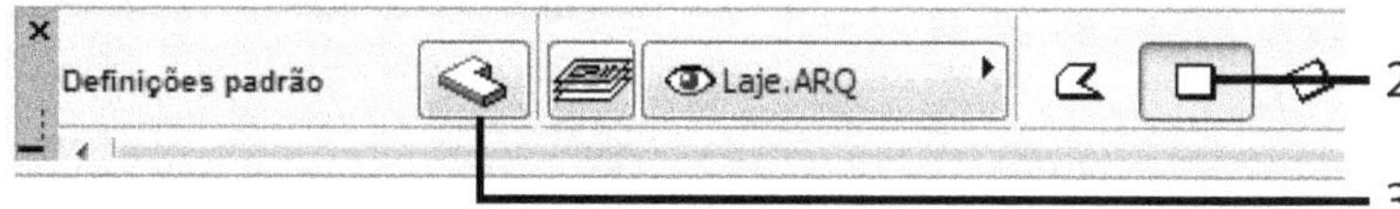

4. Na janela que se abre:
   a. Clique na opção **Geometria e Posicionamento** (*Geometry Positioning*) para escolher a **espessura da laje** (*Slab Thickness*);
   b. A cota da laje acabada, em relação ao **Piso Atual** (*Relative Height*);
   c. **Cota Zero** do projeto (*Absolute Height*);
   d. Indique também o **Piso Original** (*Home Story*), ou seja, o piso ao qual a laje está atrelada.

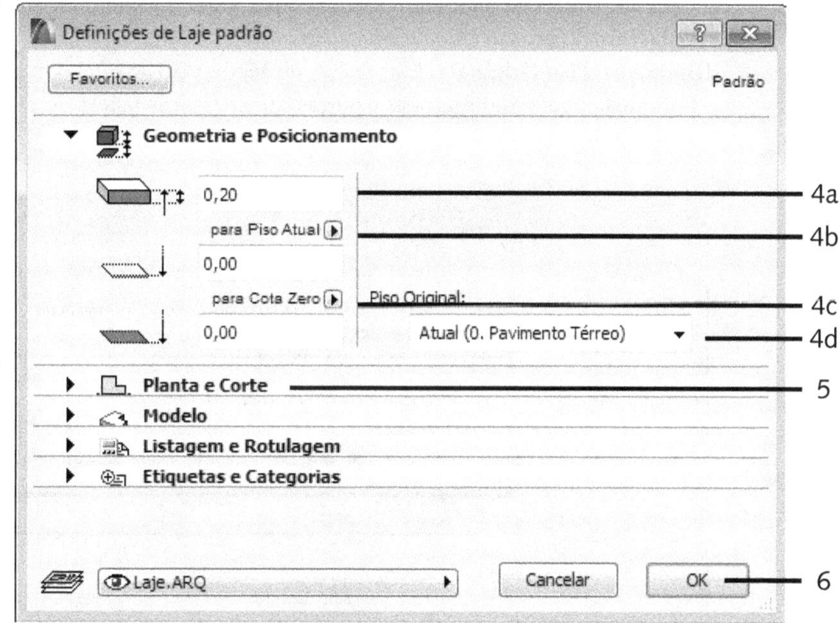

5. Na opção **Planta e Corte** (*Floor Plan and Section...*) você pode configurar o tipo de linha, sua espessura, preenchimento, entre outros atributos.
6. Clique em **OK** quando terminar de ajustar as definições da laje.
7. Desenhe as lajes de acordo com o método de geometria escolhido no item **2**.

OBS Se quiser, você pode desenhar uma laje rapidamente sem passar pela janela de **Definições**. Para isso, logo depois de selecionar a ferramenta **Laje**, use a tecla T para definir a cota em que a laje começa (onde a pessoa pisa), e use a tecla B para indicar a espessura da laje (geralmente, neste caso a espessura é entendida como negativa).

4.2 Pilares

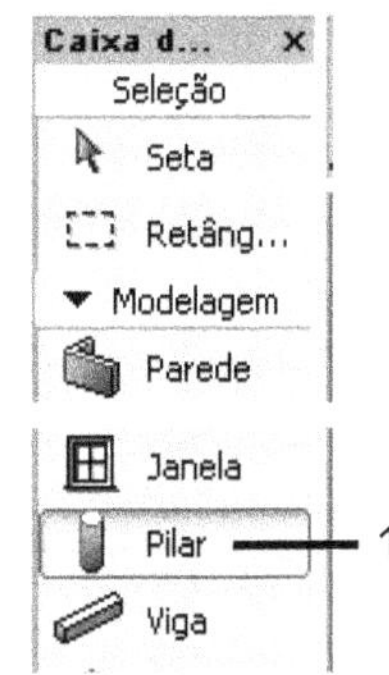

como inserir pilares

1. Na **Caixa de Ferramentas** (*Toolbox*), clique na ferramenta **Pilar** (*Column*).
2. Na **Caixa de Informações** (*Default Settings*), escolha a seção do pilar: **Circular**, **Retangular** ou **Complexa** (*Circular, Rectangular, Complex*).
3. Na **Caixa de Informações** (*Default Settings*), clique no botão **Diálogo de Definições** (*Settings Dialog*) Ctrl+T.

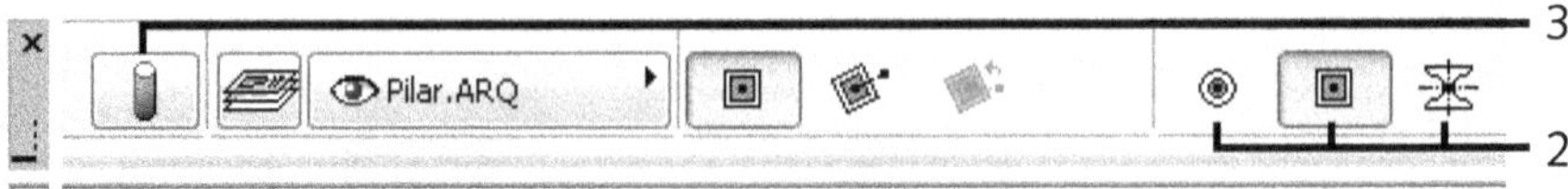

4. Na janela que se abre:
   a. Clique na opção **Geometria e Posicionamento** (*Geometry and Positioning*) para escolher a **Altura do Pilar** (*Column Height*);
   b. Cota da partida do pilar em relação ao **Piso Atual** (*Relative Base Height*);
   c. **Cota Zero** do projeto (*Absolute Base Height*);
   d. Indique o **Piso Original** (*Home Story*), ou seja, o piso ao qual o pilar está atrelado;
   e. Indique também as dimensões e outras características físicas do pilar, de acordo com o tipo de pilar definido no item **2**.

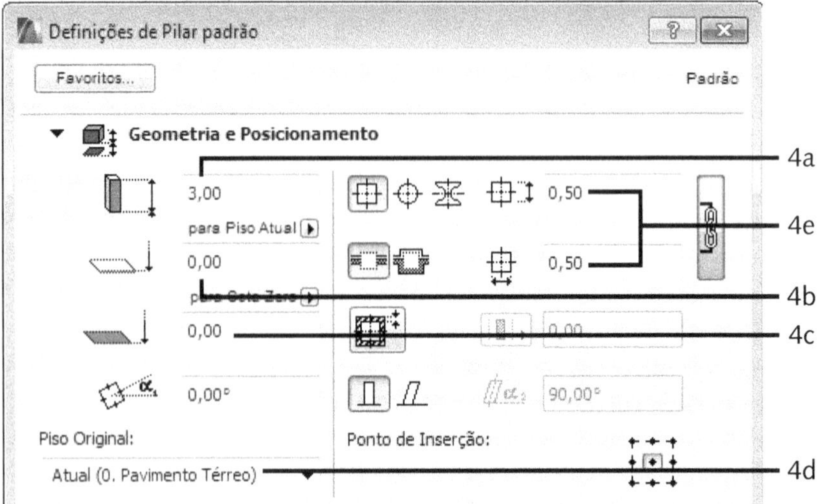

5. Na opção **Planta e Corte...** (*Floor Plan and Section*) você pode configurar o tipo de linha, sua espessura, preenchimento, entre outros atributos.
6. Clique em **OK** quando terminar de ajustar as definições do pilar.

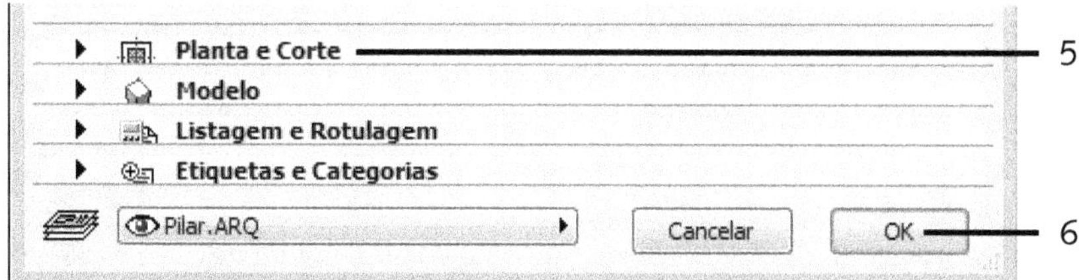

7. Clique onde deseja inserir os pilares.

OBS Para escolher um perfil complexo e criar um novo perfil, consulte o item **4.7 Modelagem avançada de objetos AEC com Gestor de Perfis**, na página **110**.

4.3 Vigas

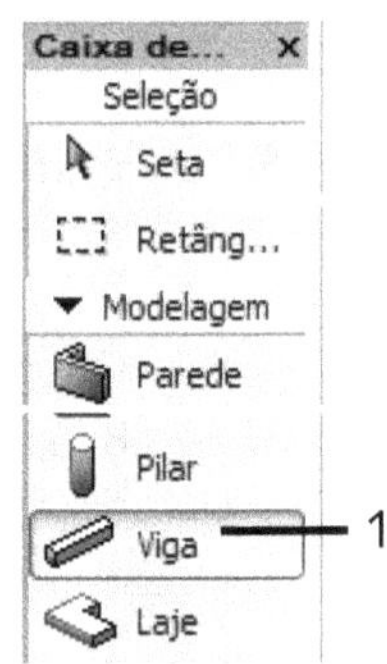

como desenhar vigas

1. Na **Caixa de Ferramentas** (*Toolbox*), clique na ferramenta **Viga** (*Beam*).
2. Na **Caixa de Informações** (*Default Settings*), escolha o **Método de Geometria** (*Geometry Method*) que seja mais conveniente para desenhar (**Simples**, **Em Cadeia**, **Retangular** ou **Retangular Rodada**) (*Single, Chained, Rectangular, Rotated Rectangular*).
3. Na **Caixa de Informações** (*Default Settings*), clique no botão **Diálogo de Definições** (*Settings Dialog*) Ctrl+T.

4. Na janela que se abre:
   a. Clique na opção **Geometria e Posicionamento** (*Geometry and Positioning*) para escolher a **Altura da Viga** (*Beam Height*);
   b. A cota do topo da viga em relação ao **Piso Atual** (*Relative Height*);
   c. **Cota Zero** do projeto (*Absolute Height*);
   d. Indique o **Piso Original** (*Home Story*), ou seja, o piso ao qual a viga está atrelada;
   e. Escolha se o perfil da viga será **retangular** ou **complexo** (*Rectangular* ou *Complex*);
   f. Indique também as dimensões e outras características físicas da viga (*Width/Reference axis offset*), de acordo com o tipo de viga definido no item **d**.
5. Na opção **Planta e Corte** (*Floor Plan and Section*) você pode configurar o tipo de linha, sua espessura, preenchimento, entre outros atributos.
6. Clique em **OK** quando terminar de ajustar as definições da viga.
7. Desenhe as vigas de acordo com o método de geometria escolhido no item **2**.

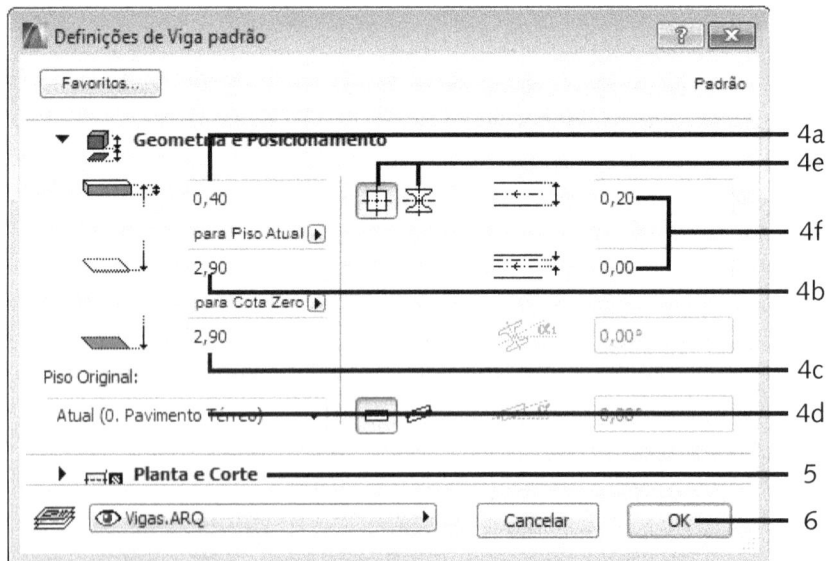

OBS Para escolher um perfil complexo e criar um novo perfil, consulte o item **4.7 Modelagem avançada de objetos AEC com Gestor de Perfis**, na página **110**.

4.4 Paredes

como desenhar paredes

1. Na **Caixa de Ferramentas** (*Toolbox*), clique na ferramenta **Paredes** (*Wall*).
2. Na **Caixa de Informações** (*Default Settings*), escolha o **Método de Geometria** (*Geometry Method*) que seja mais conveniente para desenhar: **Reta** (**Simples**, **Em Cadeia**, **Retangular** ou **Retangular Rodada**) (*Straight: Single, Chained, Rectangular* ou *Rotated Rectangular*), **Curva** (**Centro e Raio**, **Circunferência** e **Tangencial**) (*Curved*: *Centerpoint* and *Radius*, *Circumference*, *Tangential*), **Trapezoidal** (*Trapezoid*) e **Poligonal** (*Polygonal*).
3. Na **Caixa de Ferramentas** (*Toolbox*), escolha o **Método de Construção**: **Esquerda**, **Centro** e **Direita** (*Construction Method*: *Left*, *Center*, *Right*), este será o alinhamento por onde será desenhada a parede.
4. Na **Caixa de Informações** (*Default Settings*), clique no botão **Diálogo de Definições** (*Settings Dialog*) Ctrl+T.

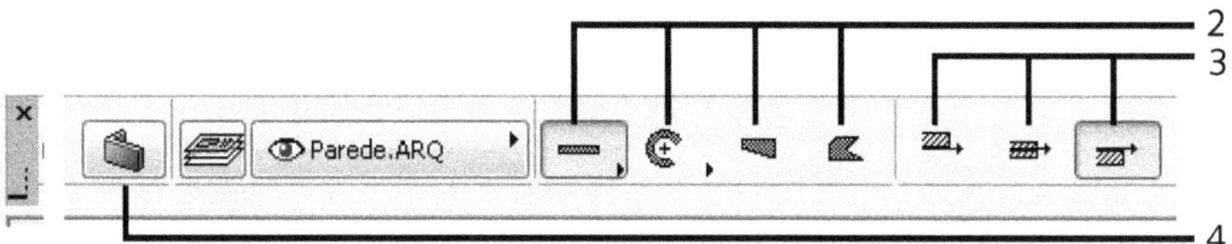

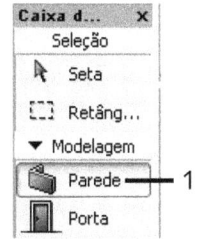

5. Na janela que se abre:
   a. Clique na opção **Geometria e Posicionamento** (*Geometry and Positioning*) para escolher a **altura da parede** (*Wall Height*);
   b. Cota de início da parede em relação ao **Piso Atual** (*Relative Base Height*);
   c. **Cota Zero** do projeto (*Absolute Base Height*);
   d. Indique o **Piso Original** (*Home Story*), ou seja, o piso ao qual a parede está atrelada;
   e. Escolha se haverá uma distância de afastamento do desenho da parede em relação à linha de referência a ser desenhada (*Reference Line Offset*);
   f. Indique também a espessura da parede (*Wall Thickness*);
   g. Escolha também o tipo de perfil de parede, entre as três opções básicas ou a que usa um perfil complexo (*Wall Complexity*).

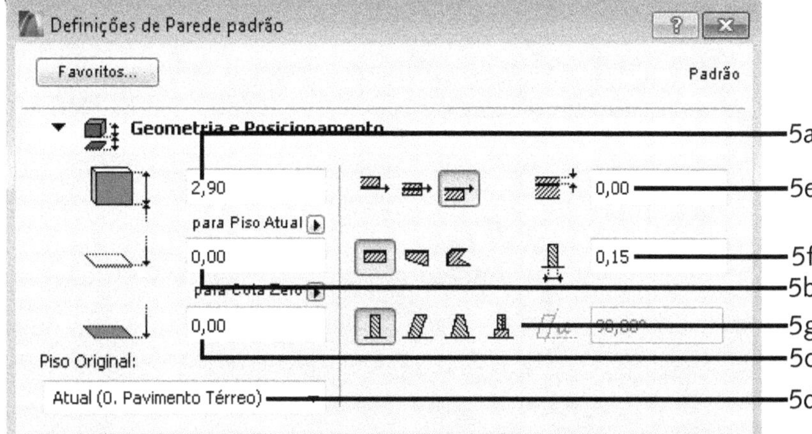

6. Na opção **Planta e Corte** (*Floor Plan and Section*) você pode configurar o tipo de linha, sua espessura, preenchimento, entre outros atributos.
7. Clique em **OK** quando terminar de ajustar as definições da parede.
8. Desenhe as paredes de acordo com o método de geometria escolhido no item **2**.

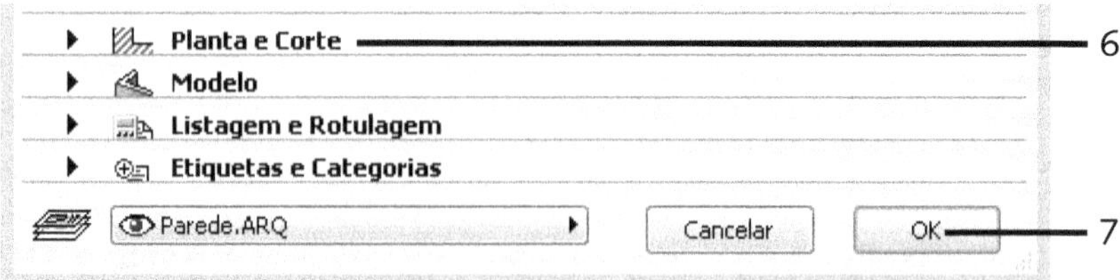

OBS Para escolher um perfil complexo e criar um novo perfil, consulte o item **4.7 Modelagem avançada de objetos AEC com Gestor de Perfis**, na página **110.**

4.5 Telhados

como criar um telhado

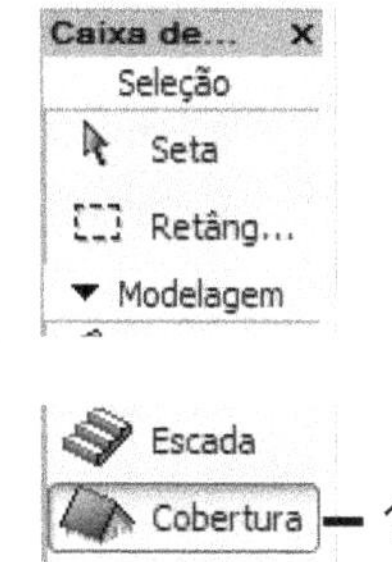

1. Na **Caixa de Ferramentas** (*Toolbox*), clique na ferramenta **Cobertura** (*Roof*).
2. Na **Caixa de Informações** (*Default Settings*), escolha o **Método de Construção** (*Geometry Method*) que seja mais conveniente para desenhar: **Cobertura complexa** (*Complex Roof*) (para fazer um telhado que não tem sua projeção em planta retangular), **Aresta/Empena Rectangular** (*Rectangular Hip/Gable*) e **Aresta/Empena Rectangular Rodada** (*Rotated Rectangular Hip/Gable*).
3. Na **Caixa de Informações** (*Default Settings*), digite no campo indicado o valor referente ao afastamento do telhado, ou seja, o tamanho do beiral.
4. Na **Caixa de Informações** (*Default Settings*), clique no botão **Diálogo Definições** (*Settings Dialog*) Ctrl T.

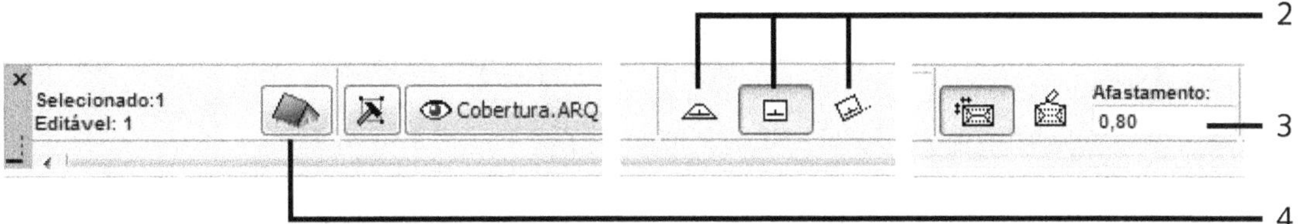

5. Na janela que se abre:
   a. Clique na opção **Geometria e Posicionamento** (*Geometry and Positioning*) para escolher a cota de início do telhado em relação ao **Piso Atual** (*Current Story*);
   b. **Cota Zero** (*Project Zero*) do projeto;
   c. Indique o **Piso Original** (*Home Story*), ou seja, o piso ao qual o telhado está atrelado;
   d. Indique a espessura do telhado;
   e. Indique sua inclinação.

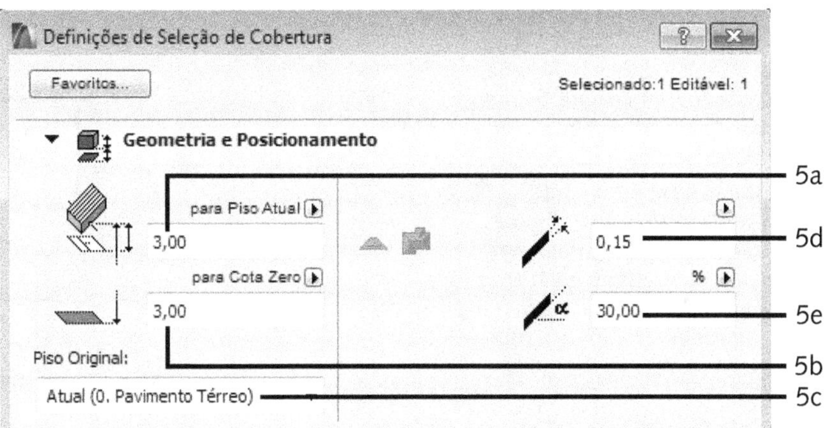

6. Na opção **Planta e Corte** (*Floor Plan and Section*) você pode configurar o tipo de linha, sua espessura, preenchimento, entre outros atributos.
7. Clique em **OK** quando terminar de ajustar as definições do telhado.
8. Desenhe o telhado de acordo com o método de geometria escolhido no item **2**.

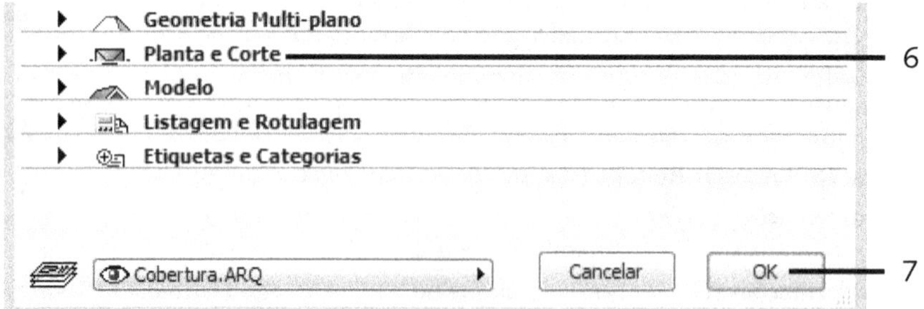

como editar as águas de um telhado

Depois de criar um telhado, pode ser que você queira fazer algum tipo de edição em suas águas; uma das edições mais comuns consiste em eliminar uma água em ou mais extremos. Para fazer esse e outros tipos de edição:

1. Use a ferramenta **Seta** (*Arrow*) para selecionar o telhado.
2. Com o telhado selecionado, clique em um dos pontos de controle do cume; veja que o cursor passa a apresentar um ícone em forma de V.

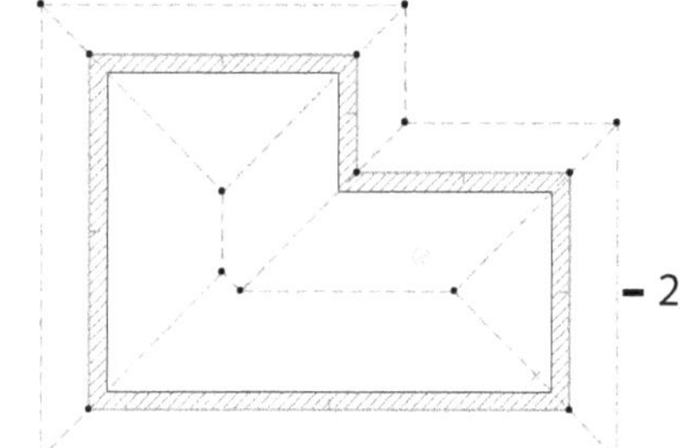

3. Na barra flutuante que aparece, use uma das duas opções:

   a. **Alongar Cume Horizontal** (*Stretch Horizontal Ridge*): Arraste o cursor até a ponta de uma parede e clique mais uma vez, se quiser eliminar uma água. Se quiser apenas alterar a aparência da água, clique em qualquer outro ponto;

   b. **Arrastar Cume Horizontal** (*Drag Horizontal Ridge*): Arraste o cursor para alterar a posição da linha de cume; esse procedimento vai interferir na geometria de todas as águas relacionadas a essa linha. Clique para confirmar.

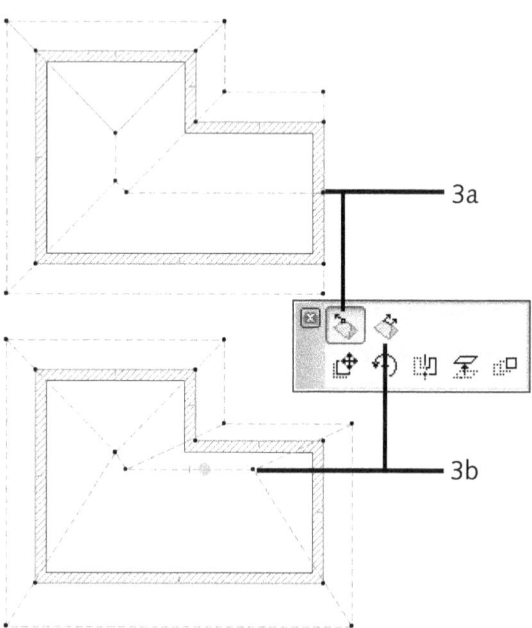

4. Para adicionar uma parte ao telhado:
   a. Clique em um ponto de controle da borda do telhado;
   b. Na paleta flutuante, clique em **Adicionar ao Polígono** (*Add to Polygon*);
   c. Na **Barra de Informações** (*Info Box*), escolha o método de construção;

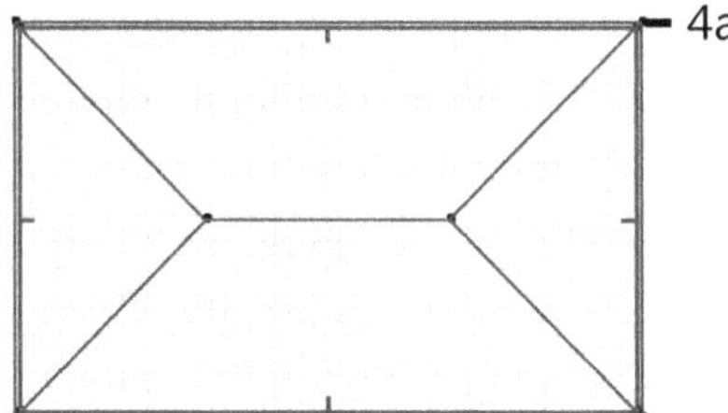

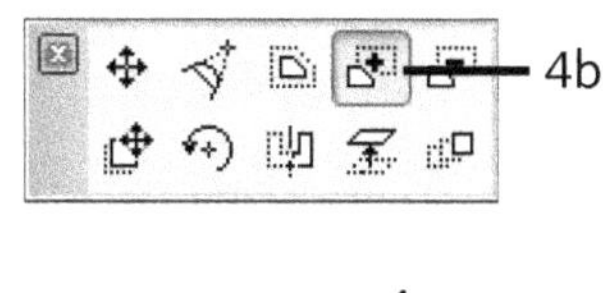

   d. Clique no ponto que será editado e desenhe a parte que será adicionada ao telhado;
   e. Clique no extremo oposto, se estiver usando o método retangular, ou clique no ponto inicial, se estiver usando o método complexo, para terminar a adição em seu telhado;

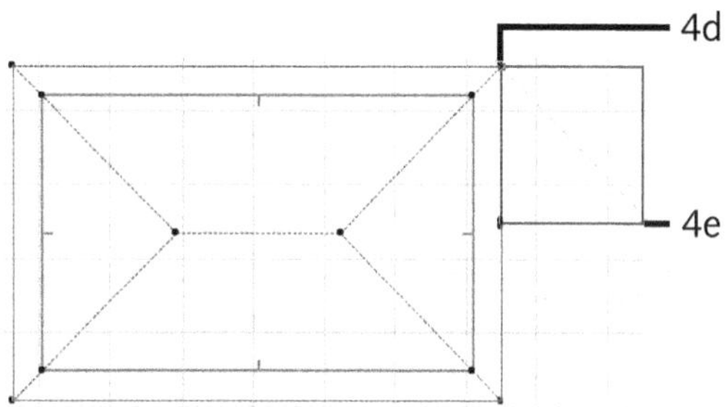

   f. Se você fez a operação na linha do beiral, faça o mesmo para a linha do telhado, clicando no ponto de controle indicado;
   g. Veja o resultado da operação.

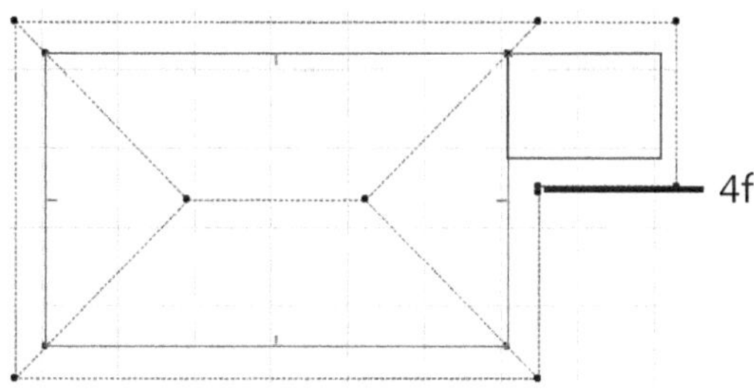

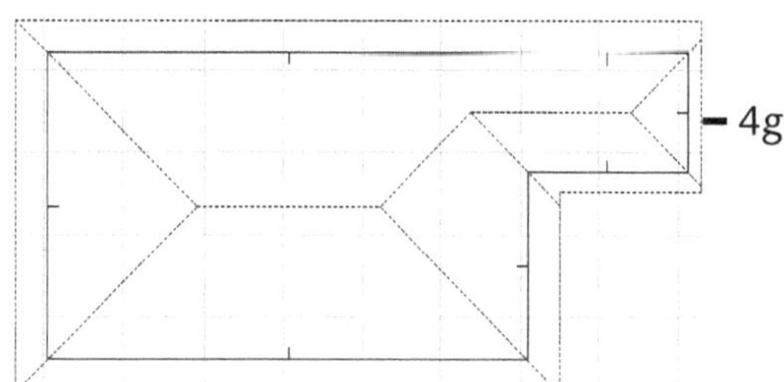

5. Para subtrair uma parte do telhado:
   a. Clique em um ponto de controle da borda do telhado;
   b. Na paleta flutuante, clique em **Subtrair do Polígono** (*Subtract from Polygon*);

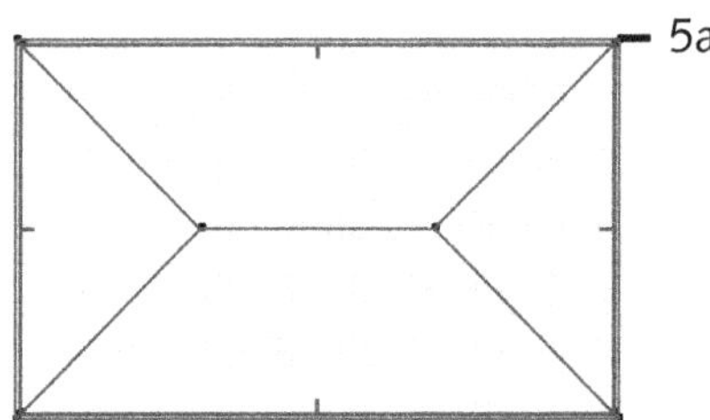

   c. Na **Barra de Informações** (*Info Box*), escolha o método de construção;

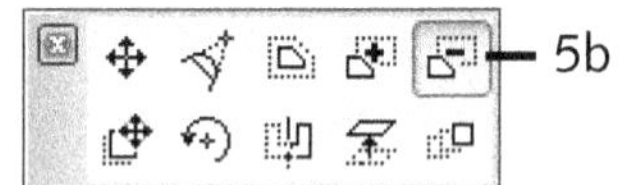

   d. Clique no ponto que será editado ou em uma área do telhado e desenhe a parte que será subtraída;

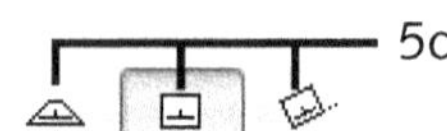

   e. Clique no extremo oposto, se estiver usando o método retangular, ou clique no ponto inicial, se estiver usando o método complexo, para terminar a subtração em seu telhado;

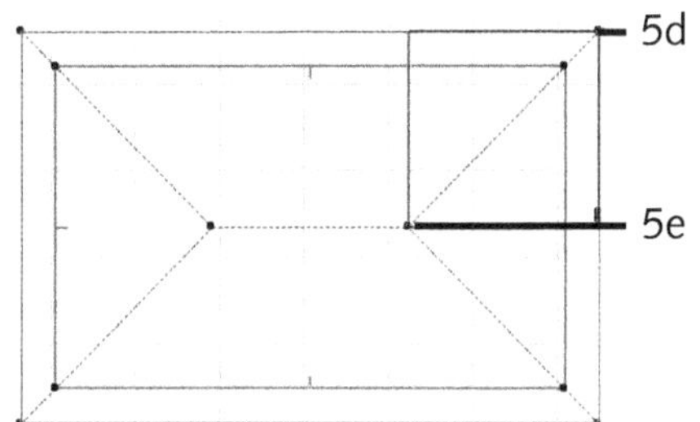

   f. Se você fez a operação na linha do beiral, faça o mesmo para a linha do telhado, clicando no ponto de controle indicado;
   g. veja o resultado da operação.

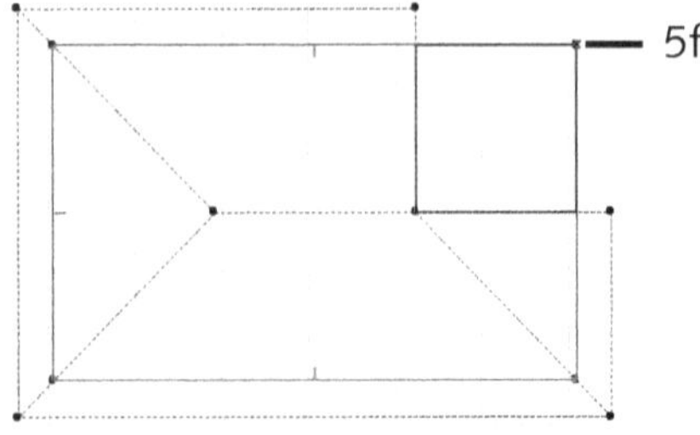

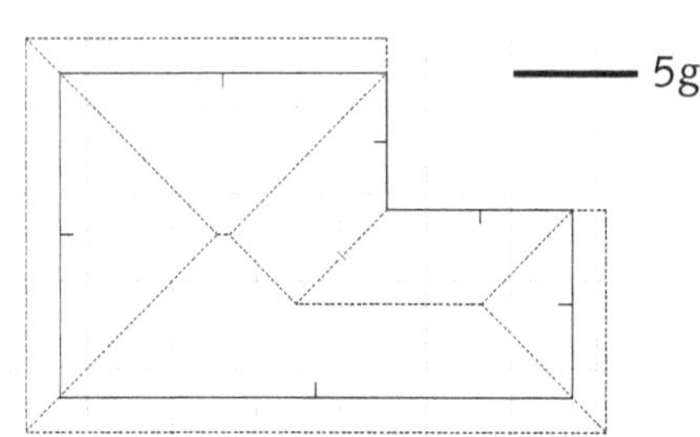

4.6 Relação de prioridade entre os elementos AEC

O ArchiCAD possui um recurso bastante interessante para resolver conflitos entre alguns tipos de objetos 3D que se cruzam no espaço, total ou parcialmente. Basicamente, o programa pede para que você determine uma nota para cada parede, viga ou pilar do projeto, de modo que os objetos que tem as notas mais altas tem prioridade na modelagem sobre os demais, e por isso recortam a geometria dos objetos com notas menores. Este sistema economiza muito o trabalho de edição manual de sólidos 3D, que é muito intenso e frequente na maioria dos softwares concorrentes. A seguir, acompanhe como funcionam as regras de prioridade sempre que um tipo de objeto colide com outro em 3D.

vigas e lajes

É uma regra bastante simples: todas as vigas tem prioridade sobre as lajes; isto é, uma laje terá sua geometria automaticamente alterada em todos os lugares por qualquer viga que a atravessar.

pilares e paredes

Funciona desta maneira: todos pilares tem prioridade sobre as paredes; isto é, uma parede terá sua geometria automaticamente alterada em todos os lugares por qualquer pilar que a atravessar.

pilares e vigas

Todos os pilares do seu projeto recebem sempre uma mesma nota. Para dar uma nota aos pilares:

1. Vá ao menu **Opções/Preferências de Projeto/Elementos Remotos...** (*Options/Project Preferences/ Construction Elements...*).

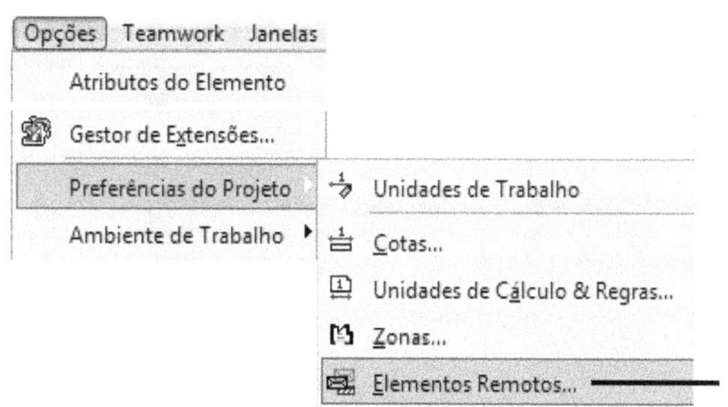

2. Na janela que se abre, dê uma nota no campo indicado (**a**) ou use a barra deslizante (**b**) para fazê-lo.
3. Clique em **OK** para sair.

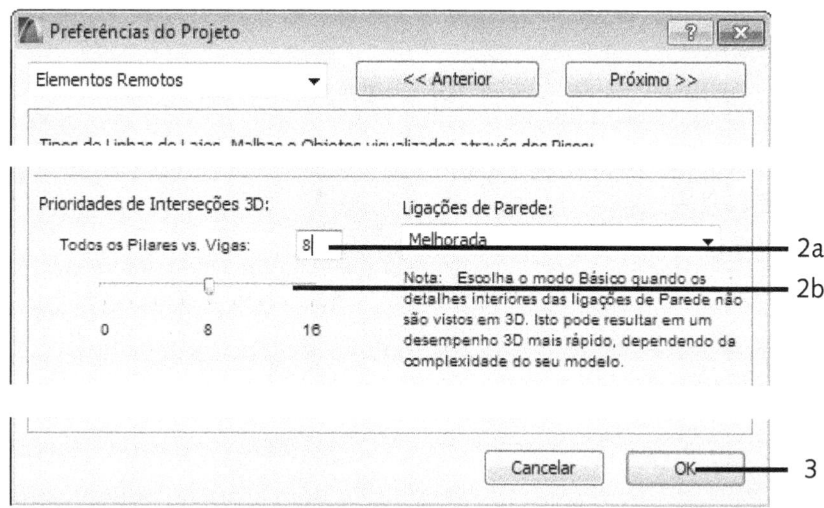

Para dar uma nota às vigas:

1. Selecione uma ou mais vigas e clique no botão de **Definições** (*Settings Dialog*).

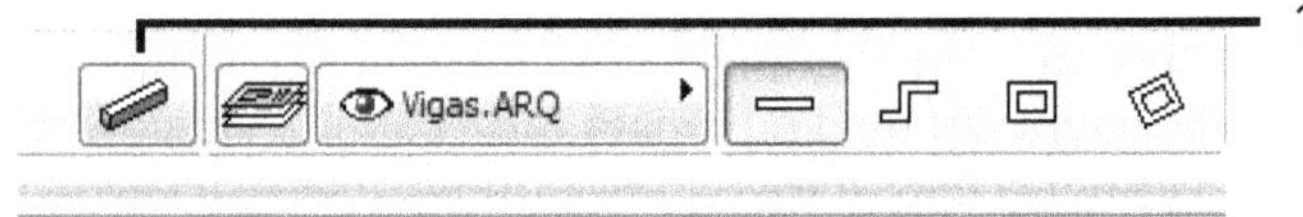

2. Na janela que se abre:
   a. Clique no botão **Planta e Corte** (*Floor Plan and Section*);
   b. Clique em **Estrutura** (*Structure*) para ver suas opções;
   c. Depois, dê a nota que quiser em **Prioridade da viga** (*Beam Priority*).
3. Clique em **OK** para confirmar.

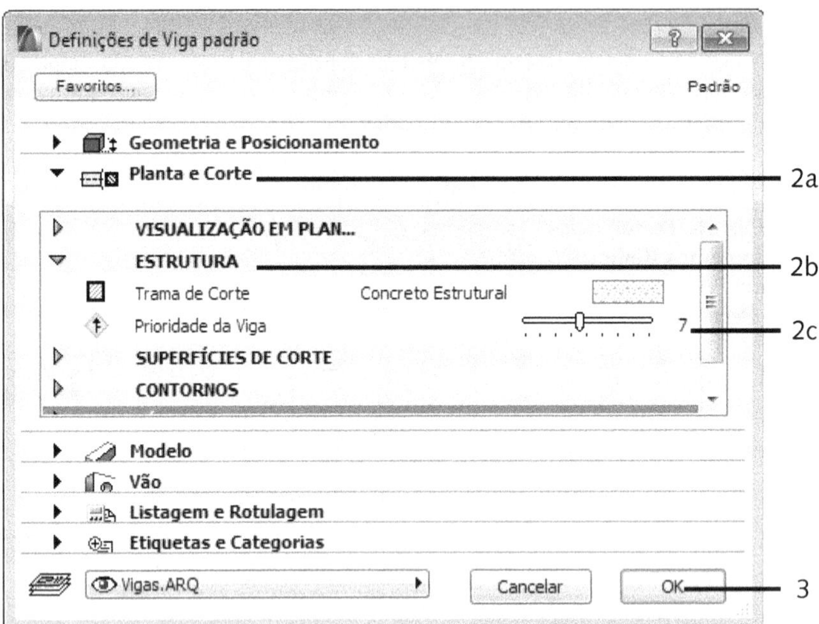

4. Como resultado, as vigas que tem nota maior que os pilares recortarão a geometria deles (em caso de cruzamento); do contrário, os pilares terão prioridade e acabarão por furar as vigas com nota inferior.

paredes e vigas

Cada parede e cada viga pode ter uma nota (ao contrário dos pilares, pois todos eles tem sempre a mesma nota). E a regra de prioridade funciona de modo igual para cada parede ou viga do seu projeto: os elementos de nota mais alta vão ter prioridade sobre os de nota mais baixa, cortando a sua geometria sempre que se cruzarem.

Para dar uma nota às paredes:

1. Selecione uma ou mais paredes e clique no botão de **Definições** (*Settings Dialog*).

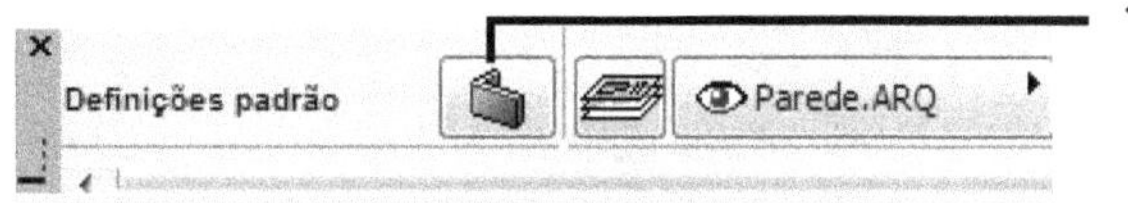

2. Na janela que se abre:
   a. Clique no botão **Planta e Corte** (*Floor Plan and Section*);
   b. Clique em **Estrutura** (*Structure*), para ver suas opções;
   c. Depois, dê a nota que quiser em **Prioridade da Parede** (*Beam Priority*);
   d. Clique em **OK** para confirmar.

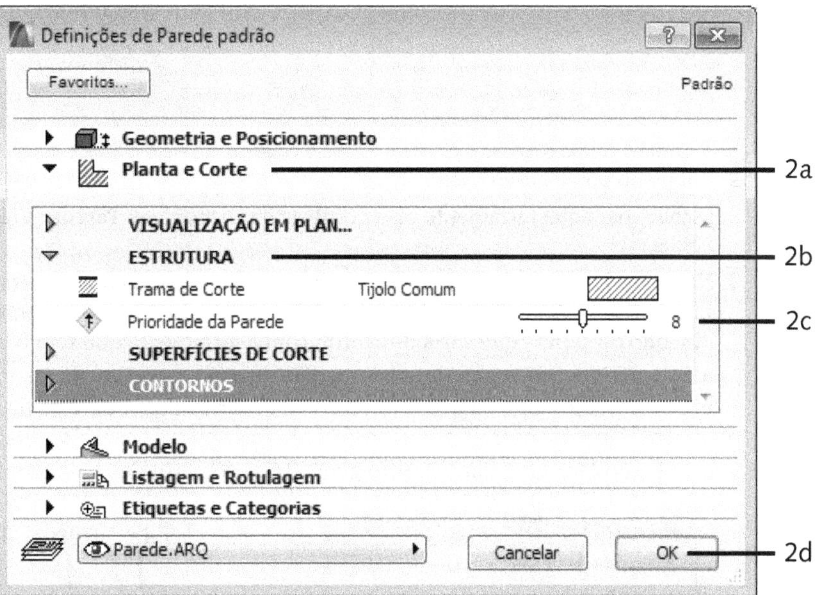

3. Para dar nota às vigas, faça o mesmo tipo de procedimento feito com as paredes (ou observe a explicação feita no tópico anterior).

OBS A alteração na geometria das peças, provocada pelas regras de prioridades, também tem influência sobre a quantificação de áreas e volumes destes objetos, quando listados em planilhas.

4.7 Modelagem avançada de objetos AEC com Gestor de Perfis

como criar um novo perfil com o Gestor de Perfis

O **Gestor de Perfis** (*Profile Manager*) permite que você crie seções complexas para construir vigas, pilares e paredes.

1. Vá ao menu **Janelas/Paletas/Gestor de Perfis** (*Window/Palettes/Profile Manager*).

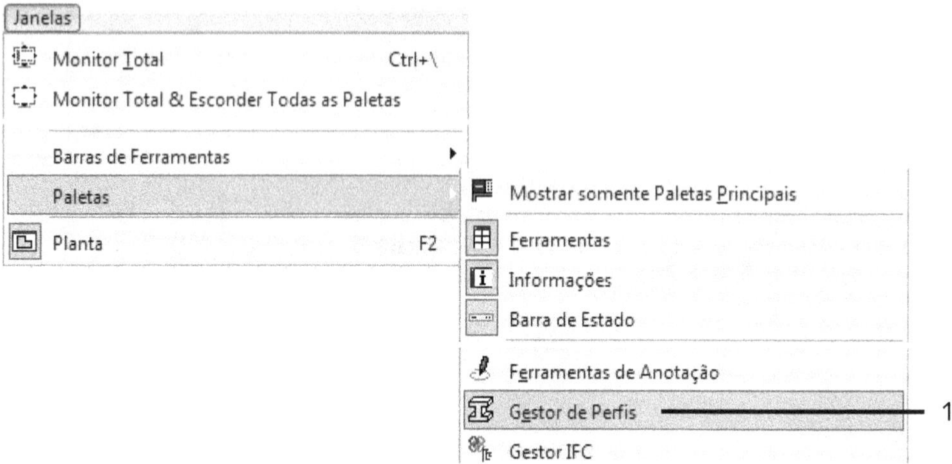

2. Clique no botão **Novo** (*New*).
3. Escolha para que ferramenta esse perfil estará disponivel: **Parede**, **Viga** ou **Pilar** (*Wall*, *Beam* ou *Column*).
4. Na janela **Editor de Perfil** (*Profile Editor*), desenhe o perfil com as ferramentas de desenho 2D **Linha** (*Line*) e **Arco/Círculo** (*Arc/Circle*). Preste atenção no modo como você deve alinhar o desenho da seção - que varia de acordo com a ferramenta que será usada posteriormente.
   a. Se o perfil for uma parede, a lateral dela deve ser posicionada na origem;
   b. Se o perfil for uma viga, o eixo central da coordenada X da viga deve ser posicionado na origem;
   c. Se o perfil for um pilar, o centro geométrico do perfil deve ser posionado na origem.

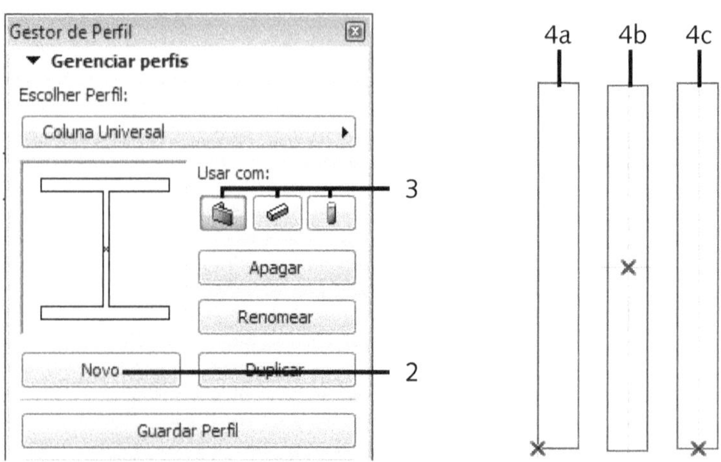

5. Crie uma trama a partir do desenho do perfil; para saber mais sobre ferramentas de desenho 2D vá ao item **2.2 Desenho 2D básico**, na página **40**.
6. Depois de desenhar o perfil, vá a aba **Vegetais de Desenho** (*Design Layers*) e habilite:
   a. **Alongar Horizontal** (*Horizontal Stretch*) para poder editar a dimensão horizontal do perfil depois de definido nesta janela;
   b. **Encurtar/Alongar Vertical** (*Vertical Stretch*) para poder editar a dimensão horizontal do perfil depois de definido nesta janela;
   c. **Referência do Vão** (*Opening Reference*) para mostrar uma linha que indica o posicionamento de portas e janelas em paredes de seção complexa; essa linha pode ser editada como uma linha qualquer para se adequar a forma do perfil e as aberturas serem inseridas corretamente.
7. Vá a aba **Componentes - Padrão** (*Components - Default*) se quiser fazer ajustes avançados que serão entendidos como padrão do perfil, como nível de prioridade, materiais e outros atributos.
8. Clique no botão **Guardar Perfil** (*Store Profile*).
9. Dê um nome ao perfil (**a**) e clique em **OK** (**b**).

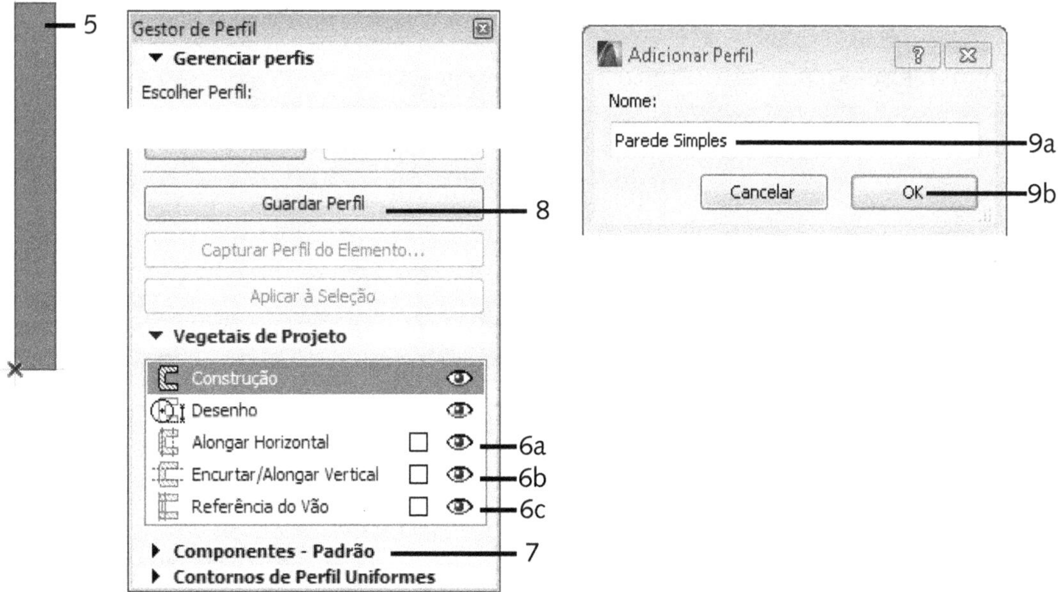

como desenhar uma parede complexa com um perfil criado com o Gestor de Perfis

1. Na **Caixa de Ferramentas** (*Toolbox*), clique na ferramenta **Paredes** (*Wall*).
2. Na **Caixa de Informações** (*Default Settings*) clique na opção **Diálogo de Definições** (*Settings Dialog*) Ctrl+T.

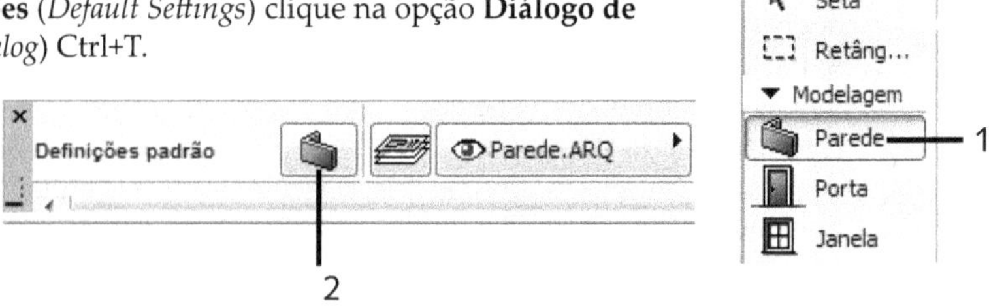

3. Na janela **Definições de Parede padrão** (*Wall Default Settings*) clique no botão **Complexidade Parede** (*Wall Complexity*).
4. Vá à aba **Planta e Corte/Estrutura** (*Floor Plan and Section*) e clique no final da linha da **Estrutura Complexa** (*Complex Structure*).
5. Selecione o nome do perfil que deseja.
6. Clique em **OK** e desenhe como uma parede comum.

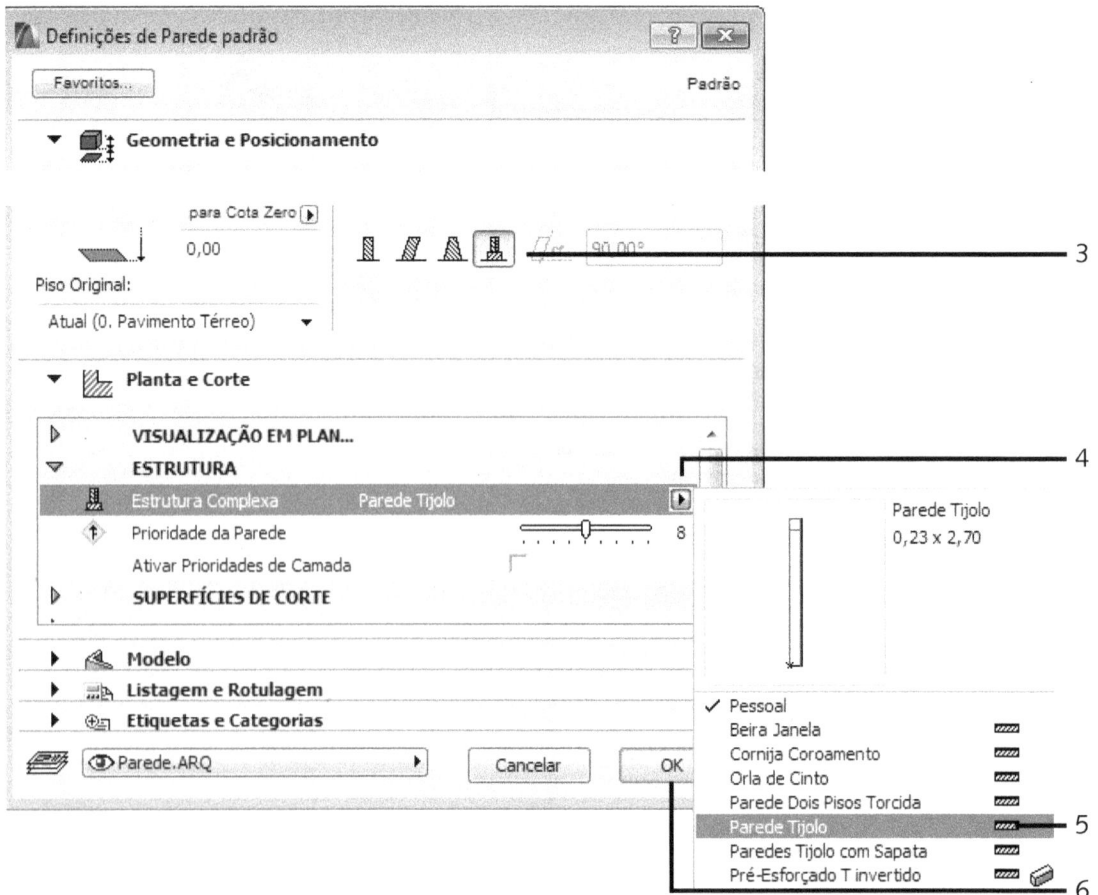

como desenhar uma viga complexa com um perfil criado com o Gestor de Perfis

1. Na **Caixa de Ferramentas** (*Toolbox*), clique na ferramenta **Vigas** (*Beam*).
2. Na **Caixa de Informações** (*Default Settings*) clique em **Diálogo de Definições** (*Settings Dialog*) Ctrl+T.
3. Na janela **Definições de Viga Padrão** (*Beam Default Settings*) clique no botão **Complexa** (*Complex*).

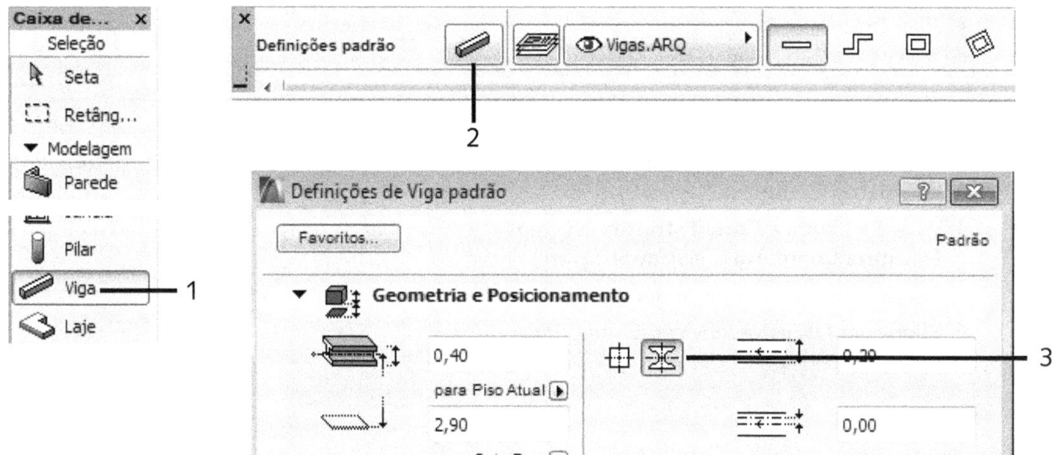

4. Vá à aba **Planta e Corte/Estrutura** (*Floor Plan and Section*) e clique no final da linha da **Estrutura Complexa** (*Complex Structure*).
5. Selecione o nome do perfil que deseja.
6. Clique em **OK** e desenhe como uma viga comum.

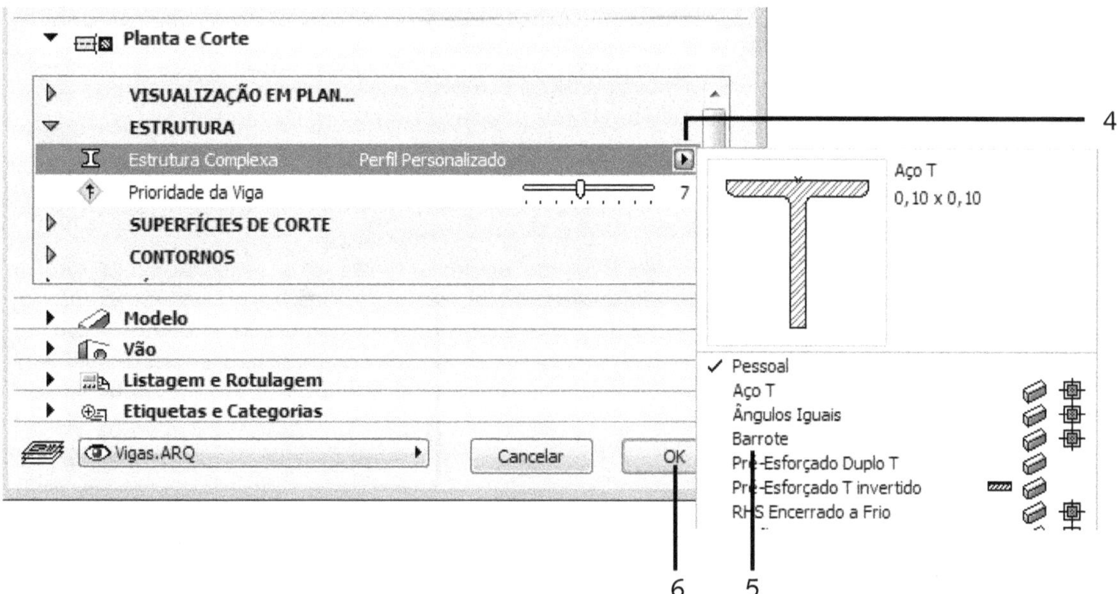

como desenhar um pilar complexo com um perfil criado com o Gestor de Perfis

1. Na **Caixa de Ferramentas** (*Toolbox*), clique na ferramenta **Pilar** (*Column*).
2. Na **Caixa de Informações** (*Default Settings*) clique em **Diálogo de Definições** (*Settings Dialog*) Ctrl+T.
3. Na janela **Definições de Pilar Padrão** (*Column Default Settings*) clique no botão **Método de Geometria Complexa** (*Geometry Method: Complex*).
4. Vá à aba **Planta e Corte/Estrutura Núcleo** (*Floor Plan and Section*) e clique no final da linha da **Estrutura Complexa** (*Complex Structure*).
5. Selecione o nome do perfil que deseja.
6. Clique em **OK** e desenhe como um pilar comum.

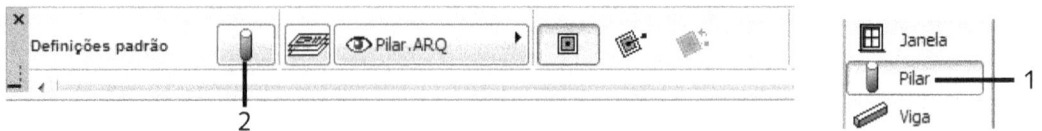

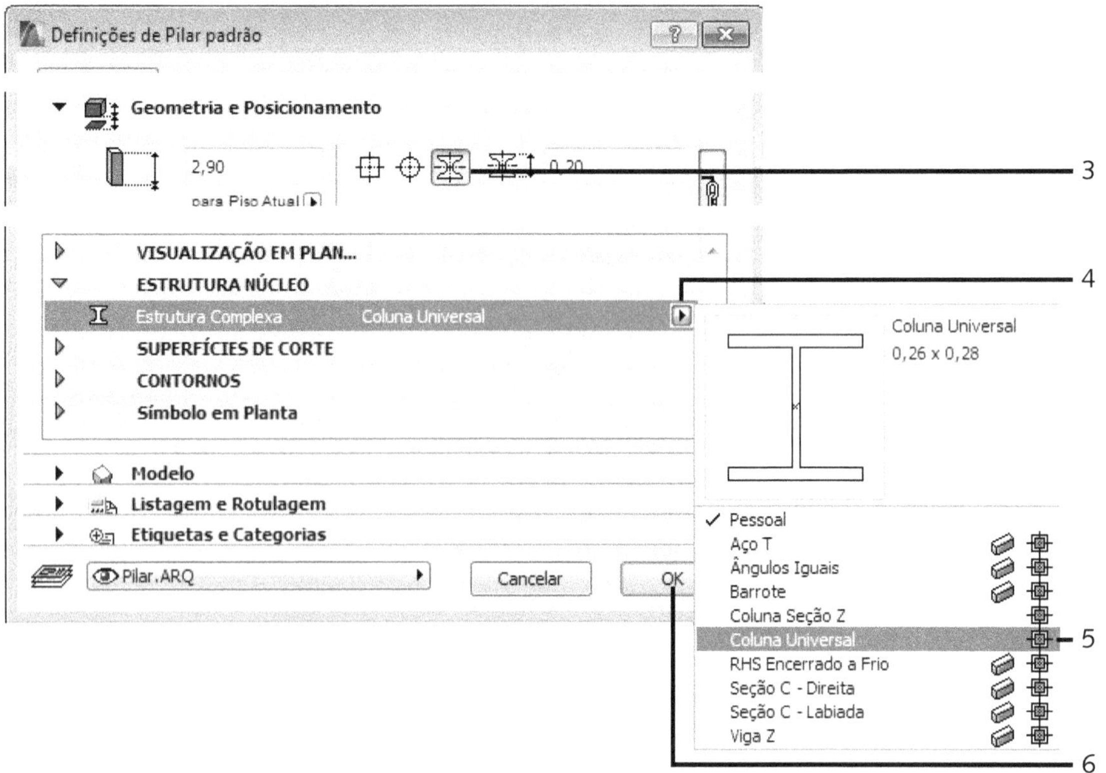

OBS Existem perfis metálicos standard do Brasil que podem ser importados pelo menu **Opções/ Importar Perfil de Aço Standard...** (*Import Standard Steel Profile...*).

4.8 O que são e como usar Composições

O ArchiCAD dá o nome de Composição a um tipo de estrutura formada por dois ou mais materiais (por exemplo, tijolos, blocos, madeiras, metais, etc.).

Cada composição de materiais (que às vezes tabém são chamados de componentes ou camadas, dependendo da janela de trabalho do ArchiCAD) pode ser usada na criação de paredes, lajes, coberturas e membranas. É possível usar a mesma composição para mais de um tipo de objeto, embora no mundo real isso seja incomum.

O arquivo-base de projeto do ArchiCAD (aquele usado como referência para a criação de novos projetos) já conta com diversas composições para você usar. Você também pode criar quantas composições precisar, baseadas nos materiais que existem em seu arquivo. Para saber como criar, editar e gerenciar esses materiais, veja o item **3.4 Configurações de preenchimento (tramas)**, na página **80**.

como criar uma nova composição

Vá ao menu **Opções/Atributos do Elemento/Composições** (*Options/Element Attributes/Composites...*) para gerenciar as composições existentes, assim como criar uma nova. Na janela que se abre:

1. **Duplicar...** (*Duplicate...*): Cria uma nova composição, duplicando a composição selecionada com um novo nome, a partir daí basta editar as definições.
2. **Renomear...** (*Rename...*): Renomeia a composição atual.
3. **Apagar** (*Delete*): Apaga a composição selecionada do projeto.

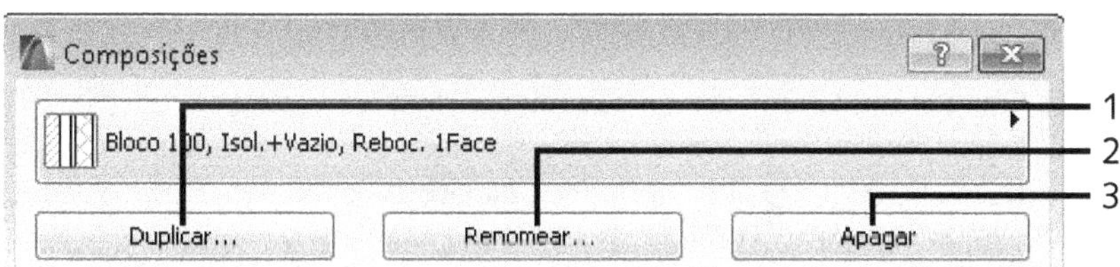

4. **Editar Camada e Estrutura de Linha** (*Edit Skin and Line Structure*):
   a. Clique para editar as camadas;
   b. Para definir se a camada da composição será considerada como **Núcleo** (*Core*), **Acabamento** (*Finish*) ou **Outro tipo** (*Other*), coloque na posição indicada.

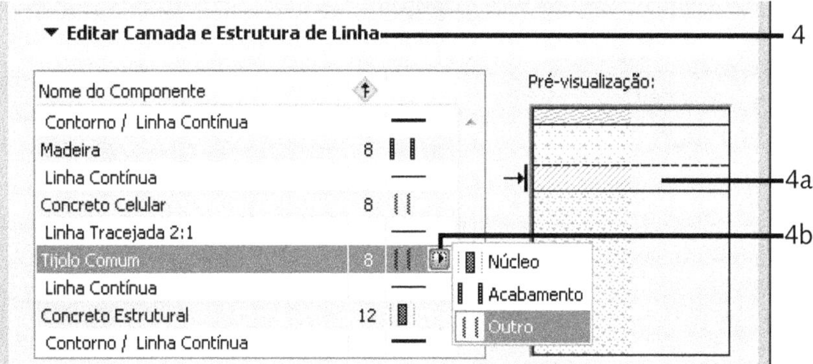

5. Clique para editar as linhas, que fazem parte da composição escolhida pada edição.

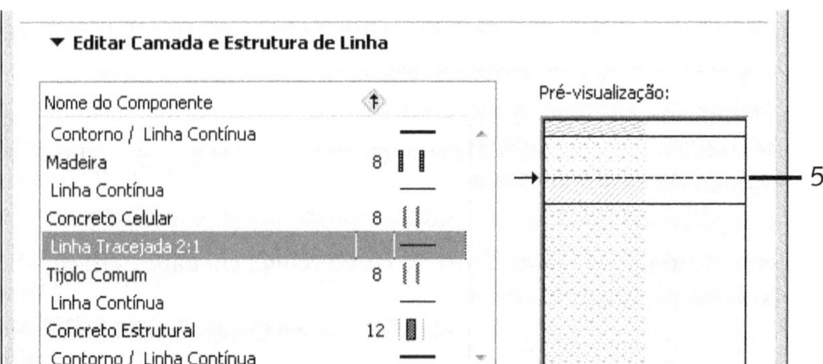

6. Use os botões indicados para inserir uma nova camada ou apagar uma camada. Clique na aba **Editar Item Selecionado** (*Edit Selected Item*) sempre que quiser alterar a aparência de uma linha ou camada da composição. Para isso, você deve ter escolhido antes (em **4a** ou **4b**) a linha ou camada que você quer editar. Então, pode fazer os ajustes a seguir.

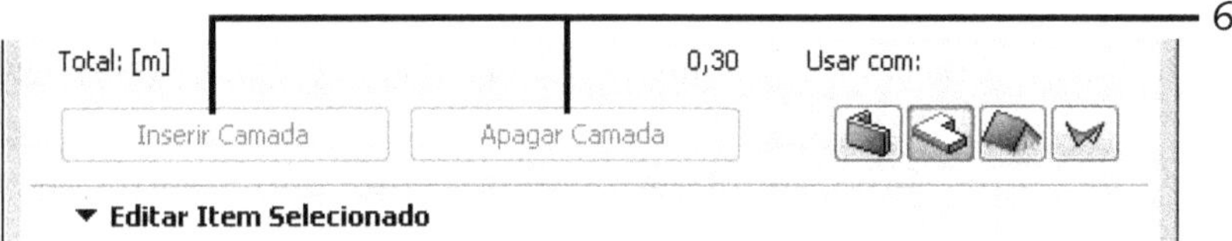

7. Para camadas:
   a. **Espessura da Camada [m]** (*Skin Thickness*): Define a espessura da camada selecionada;
   b. **Padrão da Camada** (*Skin Pattern*): Define a trama utilizada para representar a camada;
   c. **Caneta da Trama de Corte** (*Cut Fill Pen*): Define a caneta utilizada para a trama selecionada;
   d. **Caneta do Fundo da Trama...** (*Cut Fill Background Pen*): Define a caneta utilizada para representar o fundo da trama selecionada;
   e. **Usar Linhas do Fim de Camada** (*Use Skin End Lines*): Ativa ou desativa as linhas que definem o fim das camadas;
   f. **Caneta da Linha do Fim de Camada** (*Skin End Line Pen*): Define a caneta das **Linhas do Fim de Camada**;
   g. **Prioridade de Camada** (*Skin Priority*): Define uma prioridade para a camada selecionada;
   h. **Tipo de Componente** (*Component Type*): Classifica a camada entre **Acabamento**, **Núcleo** e **Outro**;
   i. **Orientação da Trama** (*Fill Orientation*): Determina a orientação da trama escolhida a partir da **Origem do Projeto** ou da **Origem do Elemento**.

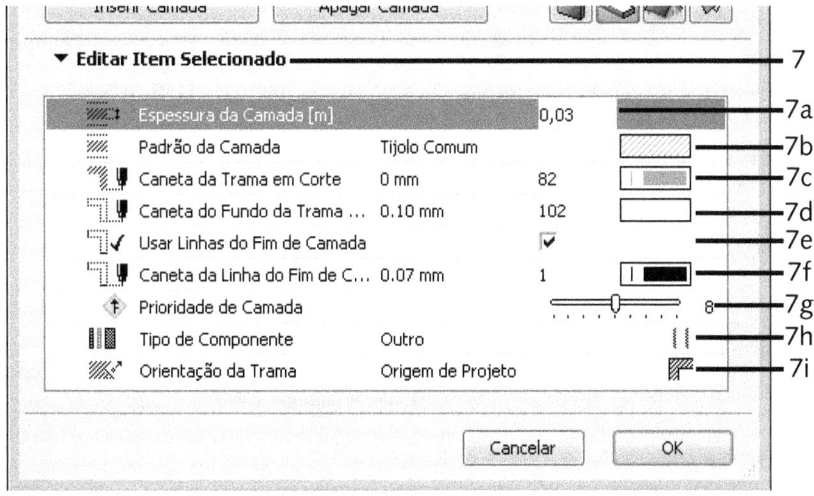

8. Para linhas:

   a. **Usar Linha Separadora de Camada** (*Use Skin Separator Line*): Ativa a linha para separar camadas;

   b. **Tipo de Linha do Separador de Camadas** (*Skin Separator Line Type*): Define o tipo de linha usada para a separação das camadas;

   c. **Caneta de Linha de Separador de Camada** (*Skin Separator Line Pen*): Define o tipo de caneta para a linha de separação das camadas.

9. Clique em **OK** para confirmar as definições desta composição.

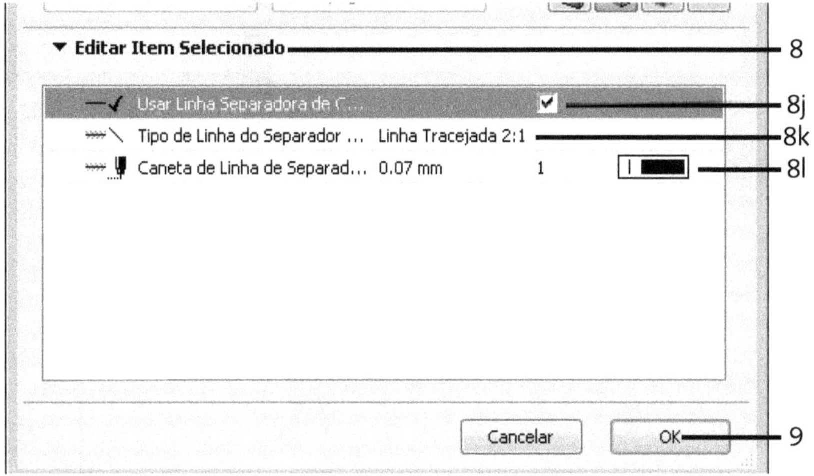

como atribuir uma composição

1. Selecione o objeto que irá receber a composição e vá ao seu menu de **Definições** (*Settings*) Ctrl+T.
2. Clique na aba **Planta e Corte** (*Floor Plan and Section*) (**a**) e depois em **Estrutura** (*Structure*) (**b**). A seguir clique na seta indicada (**c**) para ver as opções de composições.
3. Clique na composição que você quer aplicar e observe a alteração no objeto.

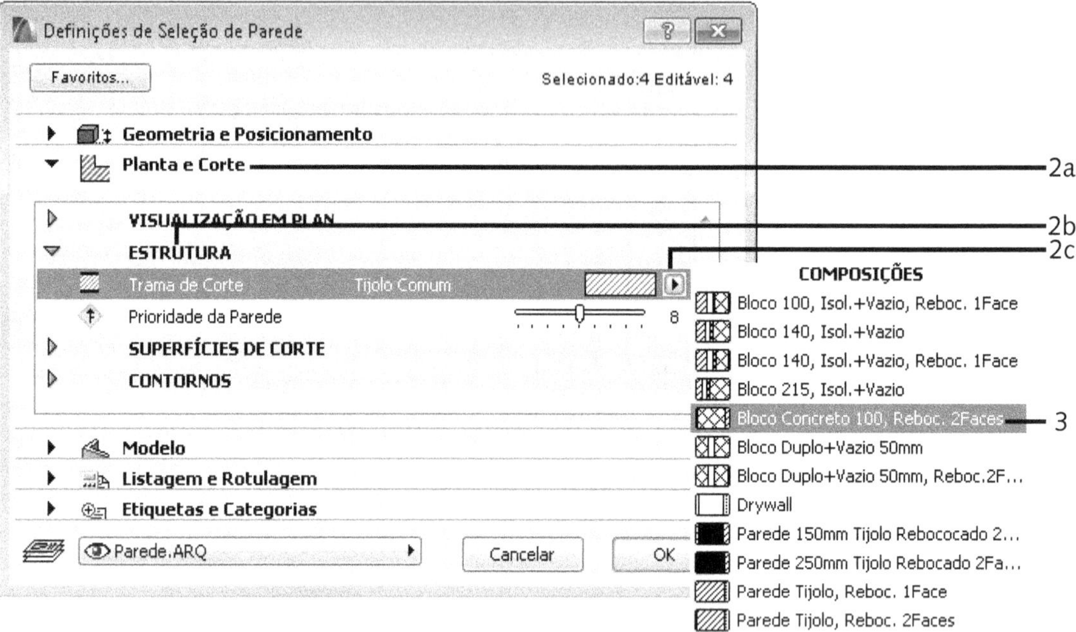

4.9 Como definir que objetos são estruturais, núcleos e acabamentos

O ArchiCAD possui um recurso poderoso de visualização que permite que você veja apenas a parte estrutural (ou então, apenas objetos considerados como núcleos, acabamentos, entre outros) do seu modelo. Para que esse recurso funcione corretamente, você deve classificar seus objetos em **Estruturais**, **Núcleos**, **Acabamentos** e **Outros**. Para cada tipo de objeto existe um lugar diferente onde essa classificação é feita. Acompanhe abaixo onde classificar os principais tipos de objetos do ArchiCAD.

Parede (*Wall*):

1. No menu de **Definições** (*Settings*) Ctrl+T você pode determinar:
   a. Se uma parede é um **Elemento Estrutural** (*Load-Bearing Element*);
   b. Se uma parede é um **Elemento Não-Estrutural** (*Non-Load-Bearing Element*);
   c. Se uma parede é um **Não definido** (*Undefined*). Se você quiser que apenas um ou mais componentes de parede sejam considerados como estrutural, núcleo ou outro, deve usar uma composição e classificar como visto no item anterior, **4.8 O que são e como usar Composições**, na página **115**.

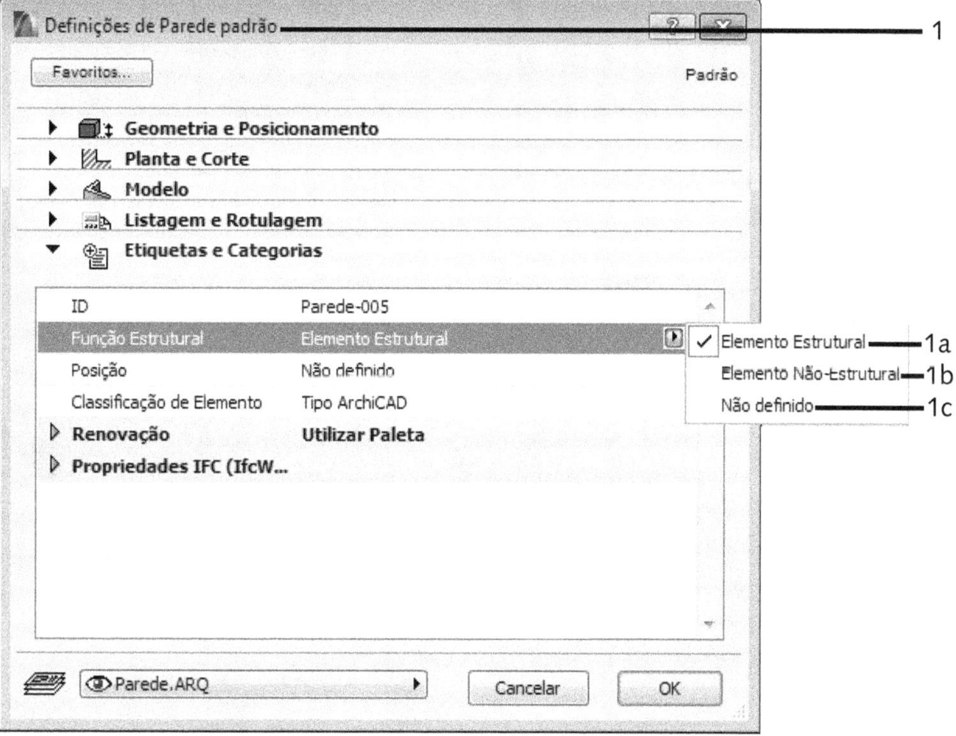

2. Caso a parede esteja utilizando um perfil complexo, vá ao menu **Opções/Atributos do Elemento/ Gestor de Perfil...** (*Options/Element Attributes/Profile Manager...*).

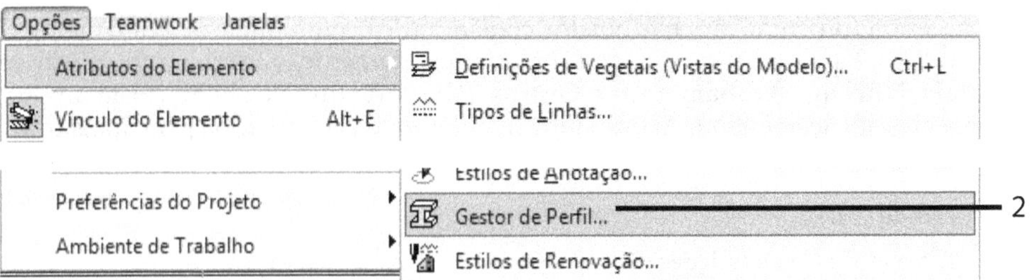

3. Na janela que se abre, faça os ajustes:
   a. Escolha o perfil que está sendo utilizado;
   b. Selecione a trama utilizada para formar o perfil;
   c. Na aba **Componentes-Selecionados** (*Components-Selected*) defina entre **Núcleo** (*Core*), **Acabamento** (*Finish*) e **Outro** (*Other*).

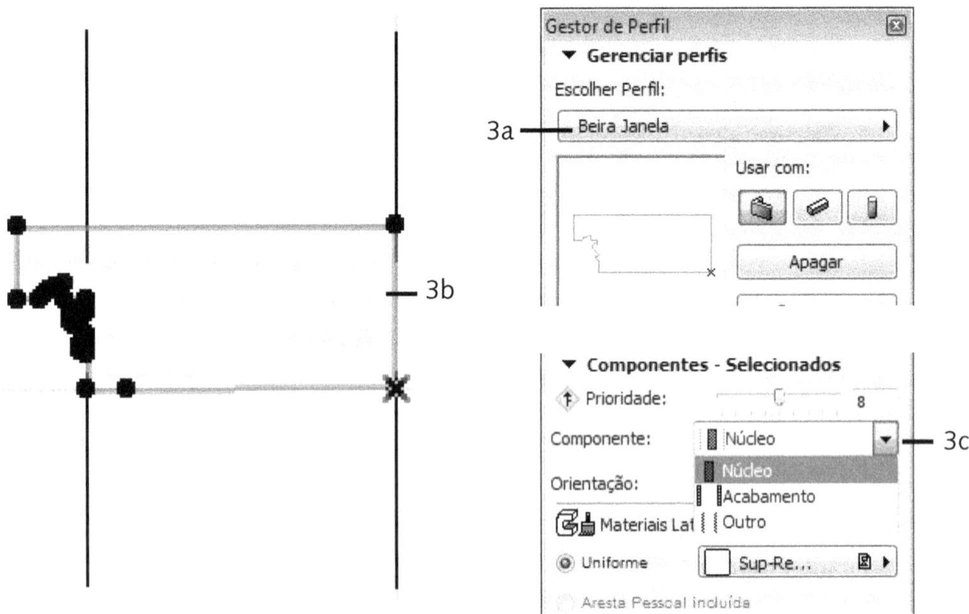

Pilar (*Column*):

1. O ajuste dos pilares é análogo ao das paredes. Na janela de Definições, determine se o pilar é um **Elemento Estrutural** (*Load-Bearing Element*), um **Elemento Não-Estrutural** (*Non-Load-Bearing Element*), ou um elemento **Não definido** (*Undefined*).
2. No **Gestor de Perfis** (*Profile Manager*) o procedimento é como o das paredes. Existe, porém, um ajuste a mais para o pilar. No menu **Definições** (*Settings*) você pode adicionar um revestimento clicando no botão indicado (**a**); então, determine a espessura do núcleo (**b**) e classifique o revestimento (**c**).

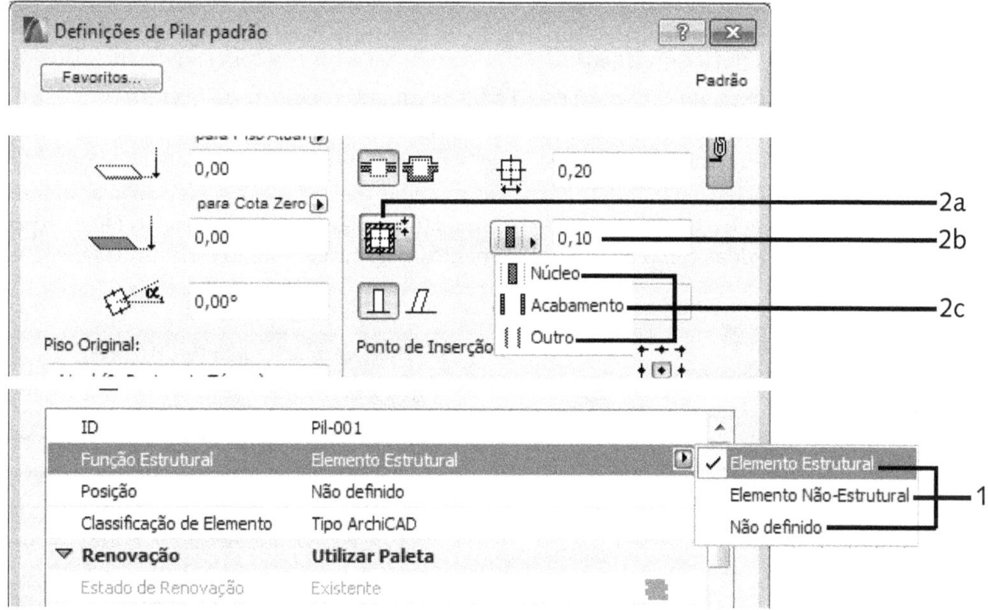

Viga (*Beam*):

1. O ajuste em uma viga também se parece com os elementos já vistos. No menu de **Definições** (*Settings*) você determina se a viga é um **Elemento Estrutural** (*Load-Bearing Element*), um **Elemento Não-Estrutural** (*Non-Load-Bearing Element*), ou um elemento **Não definido** (*Undefined*).
2. No **Gestor de Perfis** (*Profile Manager*) o procedimento é o mesmo das paredes e pilares.

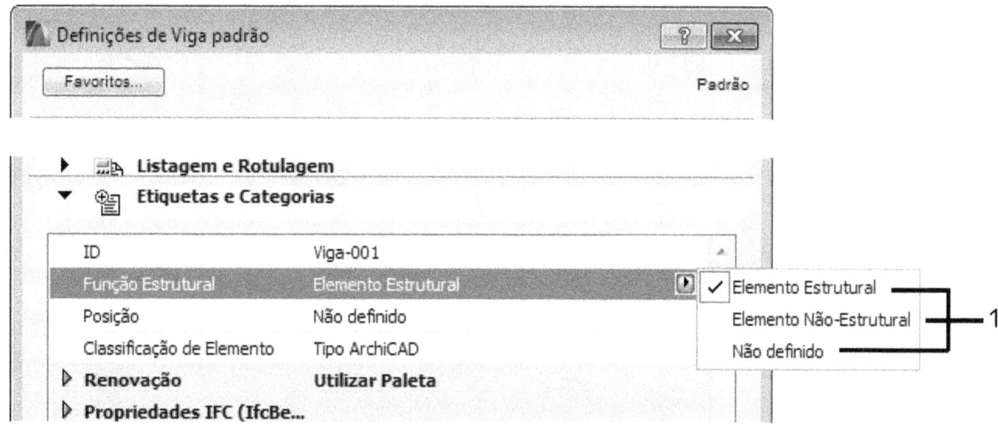

Lajes, Coberturas e **Membranas** (*Beam, Roof* e *Shell*):

Para fazer os ajustes destes tipos de elementos o processo é também similiar ao dos elementos já citados. Através da janela de **Definições** (*Settings*) você determina se eles são um **Elemento Estrutural**, **Elemento Não-Estrutural** ou **Não definido**. Através das composições, assim como paredes e vigas, você pode editar cada um dos componentes dos elementos e classificá-los como **Núcleo** (*Core*), **Acabamento** (*Finish*) ou **Outro** (*Other*) (veja o item **4.8 O que são e como usar Composições**, na página **115**.

para ajustar a visualização segundo o tipo de estrutura

1. Vá ao menu **Documentação/Visualização da Estrutura Parcial...** (*Document/Parcial Structure Display*) e escolha entre os ajustes.
   a. **Modelo Completo** (*Entire Model*): Todas as camadas serão visualizadas;
   b. **Sem Acabamentos** (*Without Finishes*): Com exceção das camadas definidas como acabamentos todas as outras serão visualizadas;
   c. **Apenas Núcleo** (*Core Only*): Apenas as camadas definidas como Núcleo ficarão visíveis;
   d. **Apenas Núcleo de Elementos Estruturais** (*Core of Load-Bearing Elements Only*): Apenas as camadas definidas como Núcleo de elementos classificados como estruturais ficarão visíveis.

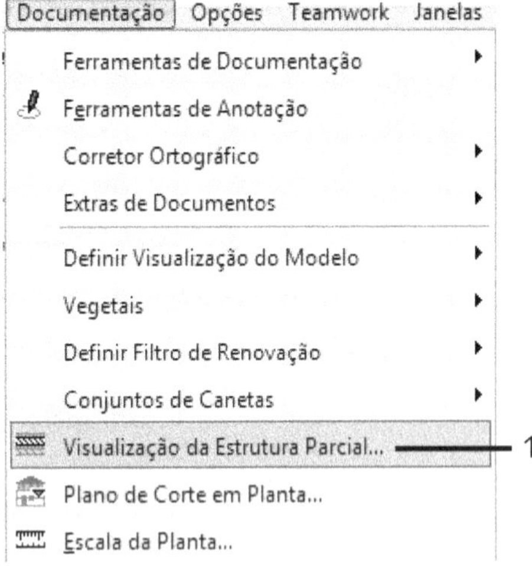

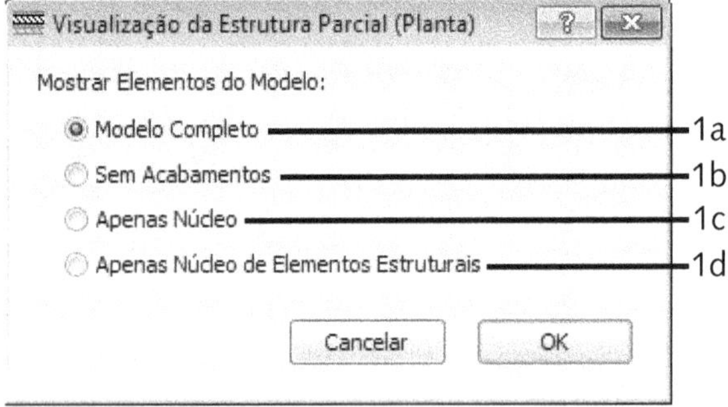

Destaques deste capítulo

como criar uma laje (pág 97)

Na **Caixa de Ferramentas** (*Toolbox*), clique na ferramenta **Laje** (*Slab*). Na **Caixa de Informações** (*Default Settings*), escolha o **Método de Geometria** (*Geometry Method*) que seja mais conveniente para desenhar. Na **Caixa de Informações** (*Default Settings*), clique na opção **Diálogo de Definições** (*Settings Dialog*) Ctrl+T. Na janela que se abre defina a **espessura da laje** (*Slab Thickness*) e a cota da laje acabada, em relação ao **Piso Atual** (*Relative Height*) ou **Cota Zero** do projeto (*Absolute Height*).

Indique também o **Piso Original** (*Home Story*), ou seja, o piso ao qual a laje está atrelada. Na opção **Planta e Corte...** (*Floor Plan and Section...*) você pode configurar o tipo de linha, sua espessura, preenchimento, entre outros atributos. Clique em **OK** quando terminar de ajustar as definições da laje. Desenhe as lajes de acordo com o método de geometria escolhido.

como inserir pilares (pág 98)

Na **Caixa de Ferramentas** (*Toolbox*), clique na ferramenta **Pilar** (*Column*). Na **Caixa de Informações** (*Info Box*), escolha a seção do pilar. Na **Caixa de Informações** (*Info Box*), clique no botão **Diálogo de Definições** (*Settings Dialog*) Ctrl+T. Na janela que se abre defina a **Altura do Pilar** (*Column Height*), a cota da partida do pilar em relação ao **Piso Atual** (*Relative Base Height*) e a **Cota Zero** do projeto (*Absolute Base Height*); Indique o **Piso Original** (*Home Story*), ou seja, o piso ao qual o pilar está atrelado. Clique em **OK** quando terminar de ajustar as definições do pilar. Clique onde deseja inserir os pilares.

como desenhar vigas (pág 100)

Na **Caixa de Ferramentas** (*Toolbox*), clique na ferramenta **Viga** (*Beam*). Na **Caixa de Informações** (*Info Box*), escolha o **Método de Geometria** (*Geometry Method*) que seja mais conveniente para desenhar. Na **Caixa de Informações** (*Default Settings*), clique no botão **Diálogo de Definições** (*Settings Dialog*) Ctrl+T. Na janela que se abre defina a **Altura da Viga** (*Beam Height*), a cota do topo da viga em relação ao **Piso Atual** (*Relative Height*) e a cota em relação à **Cota Zero** do projeto (*Absolute Height*). Indique o **Piso Original** (*Home Story*), ou seja, o piso ao qual a viga está atrelada; escolha se o perfil da viga será **retangular** ou **complexo** (*Rectangular* ou *Complex*); indique também as dimensões e outras características físicas da viga de acordo com o tipo de viga definido. Clique em **OK** quando terminar de ajustar as definições da viga. Desenhe as vigas de acordo com o método de geometria escolhido.

como desenhar paredes (pág 101)v

Na **Caixa de Ferramentas** (*Toolbox*), clique na ferramenta **Paredes** (*Wall*). Na **Caixa de Informações** (*Info Box*), escolha o **Método de Geometria** (*Geometry Method*) que seja mais conveniente para desenhar. Na **Caixa de Informações** (*Info Box*), clique no botão **Diálogo de Definições** (*Settings Dialog*) Ctrl+T. Na janela que se abre defina a **altura da parede** (*Wall Height*), a cota de início da parede em relação ao **Piso Atual** (*Relative Base Height*) e a **Cota Zero** do projeto (*Absolute Base Height*). Indique o **Piso Original** (*Home Story*). Defina também a **espessura da parede** (*Wall Thickness*). Escolha também o tipo de perfil de parede, entre as três opções básicas ou a que usa um **perfil complexo** (*Wall Complexity*). Clique em **OK** quando terminar de ajustar as definições da parede. Desenhe as paredes de acordo com o método de geometria escolhido.

Relação de prioridade entre os elementos AEC (pág 107)

Prioridade entre **vigas** e **lajes**: Todas as vigas tem prioridade sobre as lajes.

Prioridade entre **pilares** e **paredes**: Todos os pilares tem prioridade sobre as paredes.

Prioridade entre **pilares** e **vigas**: Todos os pilares do projeto recebem sempre uma mesma nota. Para dar uma nota aos pilares: Vá ao menu **Opções/Preferências de Projeto/Elementos Remotos...** (*Options/Project Preferences/Construction Elements...*). Para dar uma nota às vigas: Selecione uma ou mais vigas, vá ao menu **Definições de Viga** (*Beam Default Settings*).

Prioridade entre **paredes** e **vigas**: Cada parede e cada viga pode ter uma nota. Para dar uma nota às paredes: Selecione uma ou mais paredes e vá de definições.

Como definir que objetos são estruturais, núcleos e acabamentos (pág 119)

Para **Parede**, **Pilar** e **Viga** vá ao menu de **Definições/Etiquetas e Categorias** (*Settings/Tags and Categories*) e, no item **Função** (*Structural Function*) determine se é um **Elemento Estrutural** (*Load-Bearing Element*), **Não-Estrutural** (*Non-Load Bearing Element*) ou **Não definido** (*Undefined*).

Para **Lajes**, **Coberturas** e **Membranas**:

Vá ao menu **Documentação/Visualização da Estrutura Parcial...** (*Document/Parcial Structure Display...*). Escolha entre visualizar **Modelo Completo** (*Entire Model*), **Sem Acabamentos** (*Without Finishes*), **Apenas Núcleo** (*Core Only*) ou **Apenas Núcleo de Elementos Estruturais** (*Core of Load-Bearing Elements Only*).

como atribuir uma composição (pág 118)

Selecione o objeto que irá receber a composição e vá ao seu menu de **Definições/ Planta e Corte/Estrutura** (*Settings/Floor Plan and Section/Structure*). Clique na composição que você quer aplicar e observe a alteração no objeto na vista de planta ou de corte.

como criar um novo perfil com o Gestor de Perfis (pág 110)

Vá ao menu **Janelas/Paletas/Gestor de Perfis** (*Window/Palettes/Profile Manager*). Clique no botão **Novo** (*New*). Escolha para que ferramenta esse perfil estará disponivel. Na janela **Editor de Perfil** (*Profile Editor*), desenhe o perfil com as ferramentas de desenho 2D. Preste atenção no modo como você deve alinhar o desenho da seção que varia de acordo com a ferramenta que será usada posteriormente. Crie uma trama a partir do desenho do perfil. Vá a aba **Vegetais de Desenho** (*Design Layers*) e habilite as opções de **Alongar Horizontal** (*Horizontal Stretch*), **Encurtar/ Alongar Vertical** (*Vertical Stretch*), **Referência de Vão** (*Opening Reference*). Vá a aba **Componentes - Padrão** (*Components - Default*) se quiser fazer ajustes avançados que serão entendidos como padrão do perfil, como nível de prioridade, materiais e outros atributos. Clique no botão **Salvar Perfil** (*Store Profile*). Dê um nome ao perfil e clique em **OK**.

portas, janelas, escadas e outros objetos

O que você vai ler neste capítulo

5.1 Portas

como inserir uma porta

1. Na **Caixa de Ferramentas** (*Toolbox*), clique na ferramenta **Porta** (*Door*).

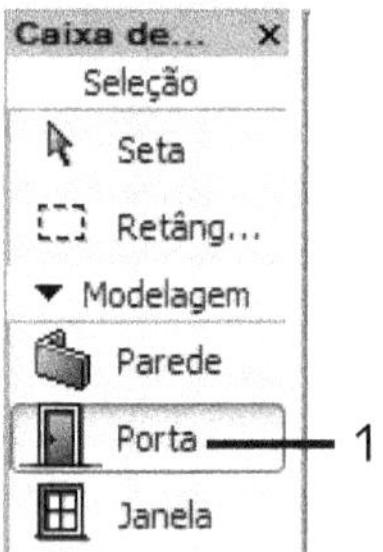

2. Na **Caixa de Informações** (*Default Settings*), clique no botão do **Diálogo de Definições** (*Settings Dialog*) Ctrl+T.

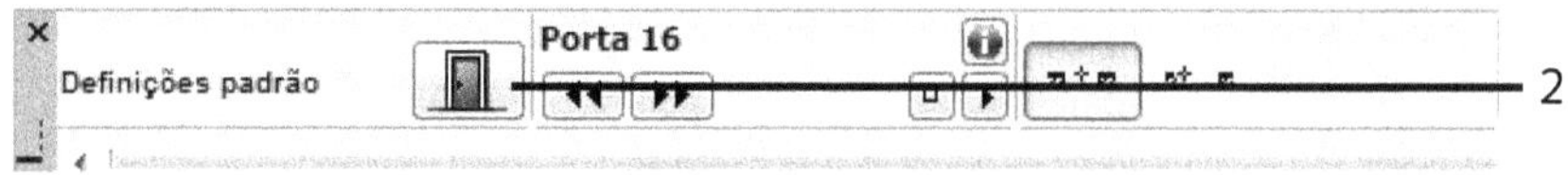

3. Na janela que se abre, selecione a biblioteca (**a**) e a porta (**b**) desejada.

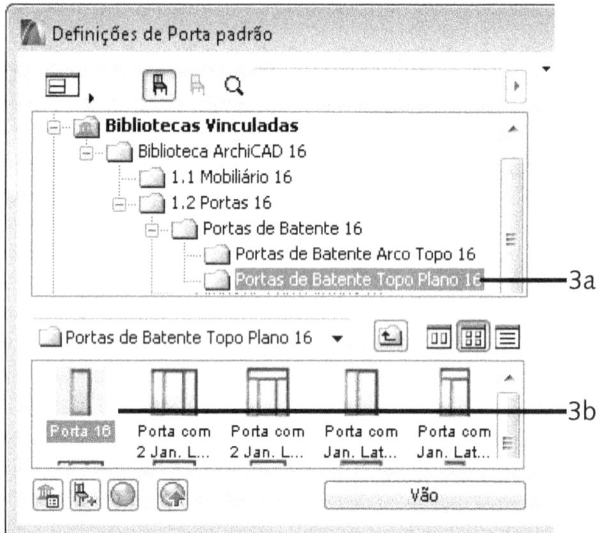

4. Escolha se você deseja inserir o objeto pelo **Centro** (*Center*) ou **Lado** (*Side*).
5. Se necessário altere as dimensões e outros atributos da porta.
6. Clique em **OK**.

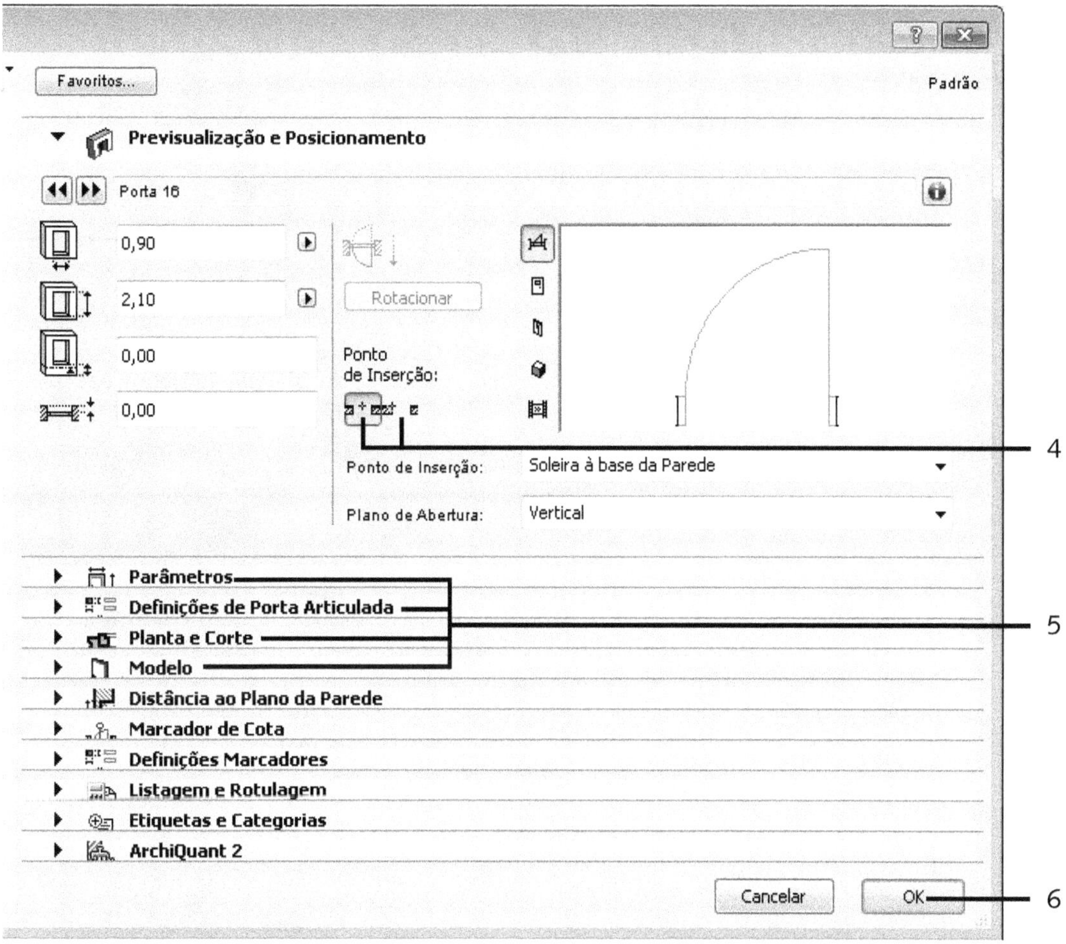

Favoritos... Padrão

Previsualização e Posicionamento

Porta 16

0,90
2,10
0,00
0,00

Rotacionar

Ponto de Inserção:

Ponto de Inserção: Soleira à base da Parede

Plano de Abertura: Vertical

Parâmetros
Definições de Porta Articulada
Planta e Corte
Modelo
Distância ao Plano da Parede
Marcador de Cota
Definições Marcadores
Listagem e Rotulagem
Etiquetas e Categorias
ArchiQuant 2

Cancelar OK

4
5
6

7. Clique sobre a parede onde você deseja inserir a porta.

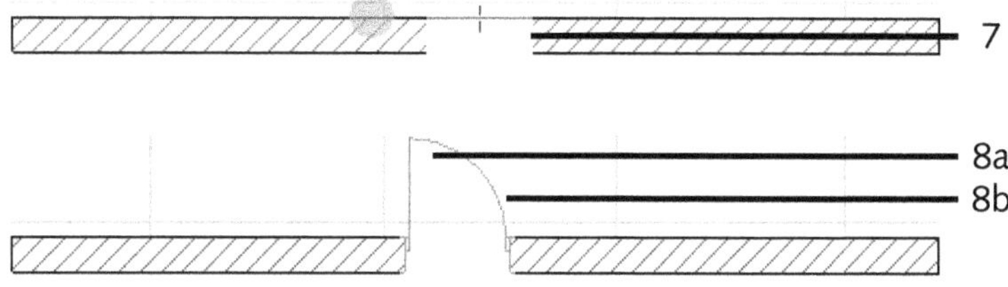

8. Movimente o cursor para definir o lado de abertura da porta (**a**) e clique para fixar o objeto (**b**).

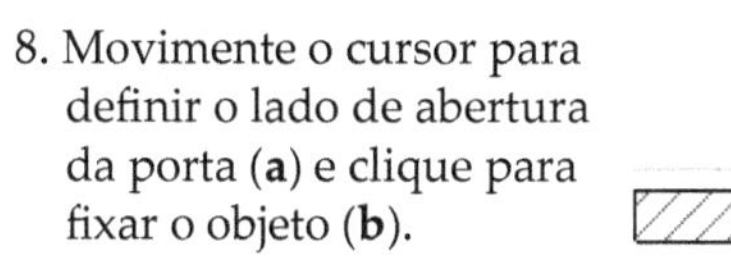

OBS As portas só podem ser inseridas em paredes já construídas.

5.2 Janelas

como inserir uma janela

1. Na **Caixa de Ferramentas** (*Toolbox*), clique na ferramenta **Janela** (*Window*).

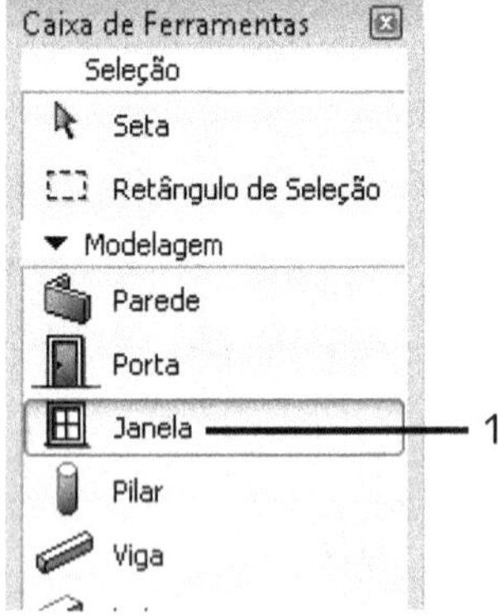

2. Na **Caixa de Informações** (*Default Settings*), clique no botão do **Diálogo de Definições** (*Settings Dialog*) Ctrl+T.

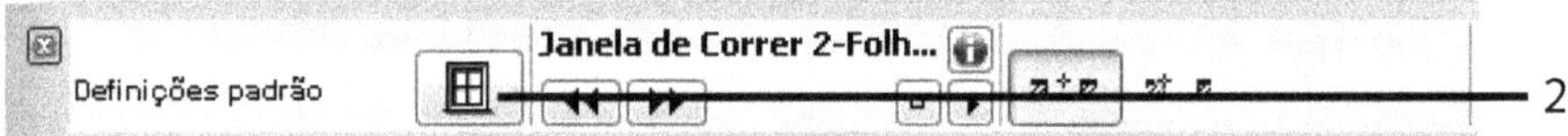

3. Na janela que se abre, selecione a biblioteca (**a**) e janela (**b**) desejada.

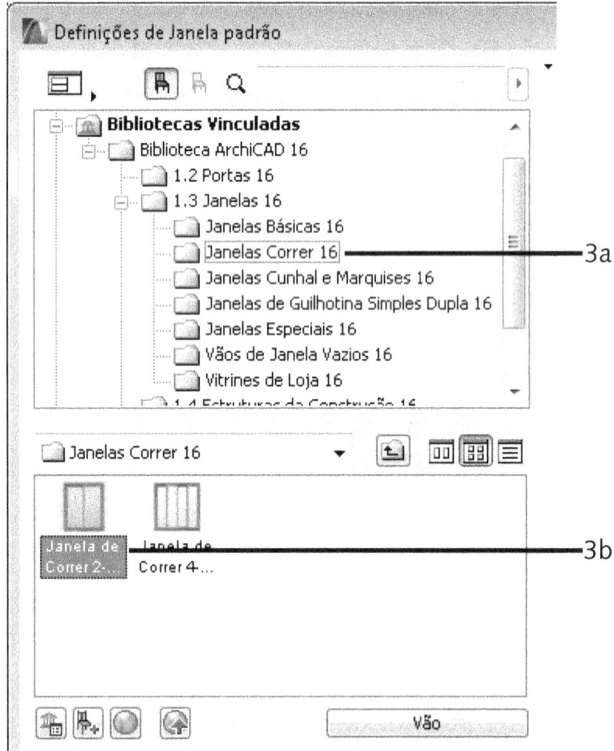

4. Escolha se você deseja inserir o objeto pelo **Centro** ou **Lado** (*Center/Side*).
5. Se necessário altere as dimensões da janela.
6. Clique em **OK**.

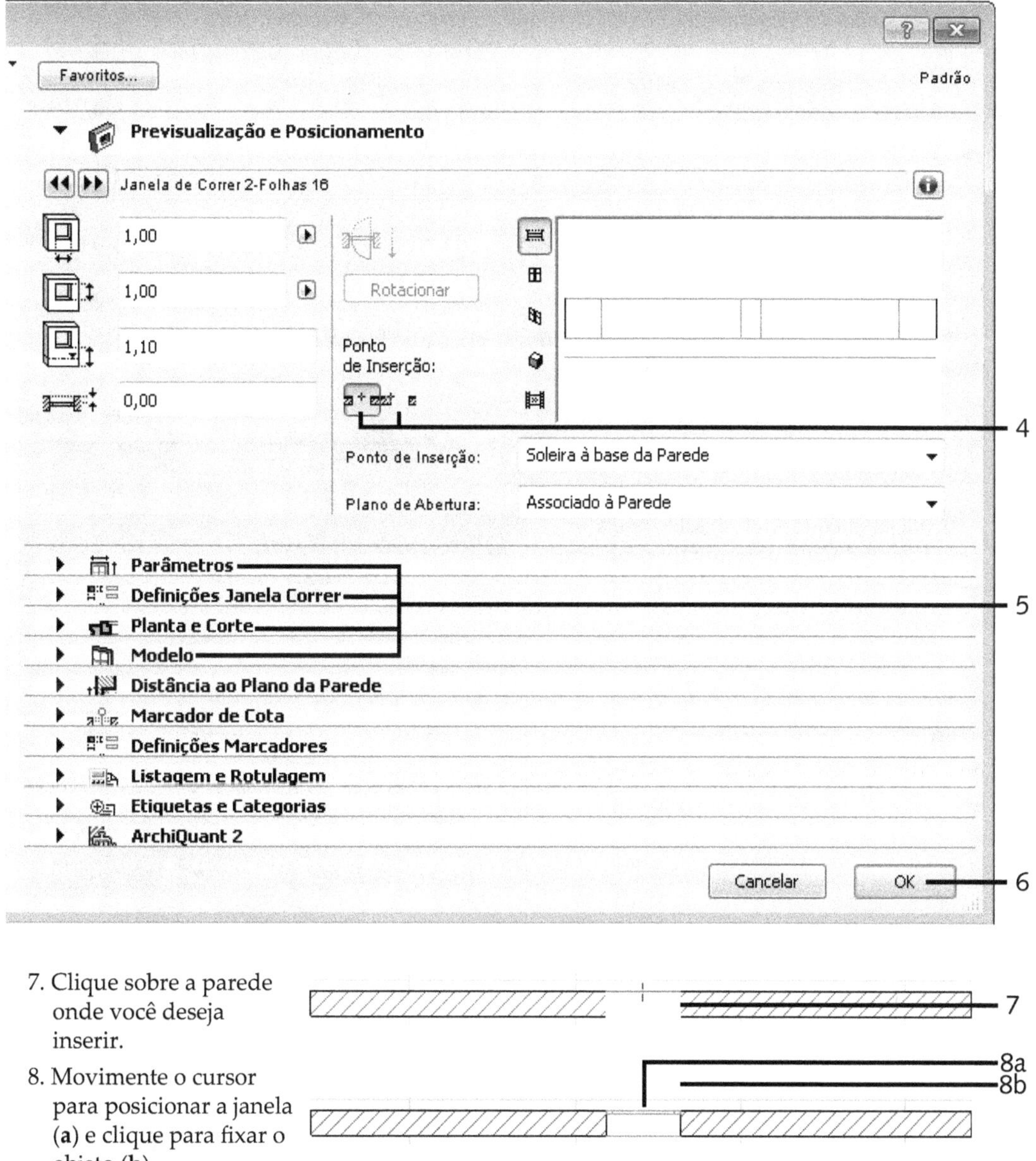

7. Clique sobre a parede onde você deseja inserir.
8. Movimente o cursor para posicionar a janela (**a**) e clique para fixar o objeto (**b**).

7

8a
8b

OBS As janelas só podem ser inseridas em paredes já construídas.

5.3 Escadas

como inserir uma escada existente na biblioteca

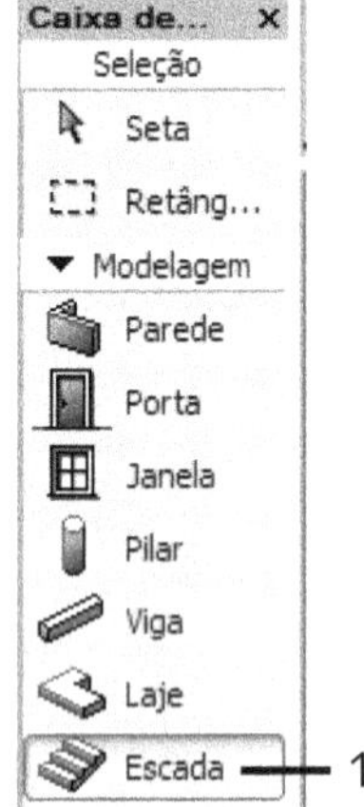

1. Na **Caixa de Ferramentas** (*Toolbox*), clique na ferramenta **Escada** (*Stair*).

2. Na **Caixa de Informações** (*Default Settings*), clique no botão do **Diálogo de Definições** (*Settings Dialog*) Ctrl+T.

3. Na janela que se abre, selecione a biblioteca (**a**) e a escada (**b**) desejada.

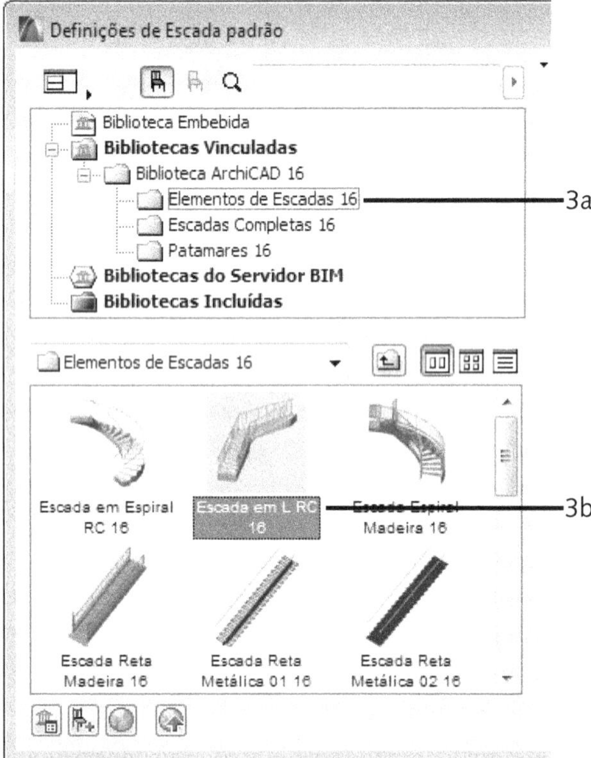

4. Se necessário altere as dimensões gerais da escada.
5. Clique em **OK**.

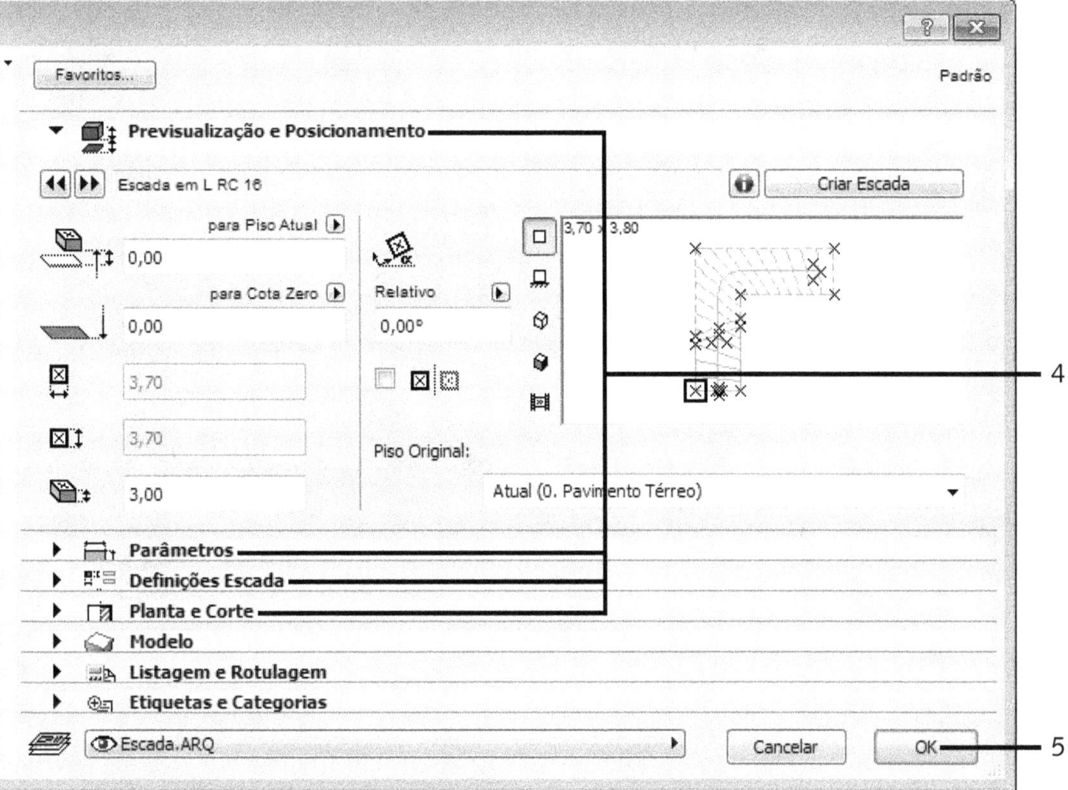

6. Clique onde deseja posicionar a escada.

como criar uma nova escada

1. Na **Caixa de Ferramentas** (*Toolbox*), clique na ferramenta **Escada** (*Stair*).

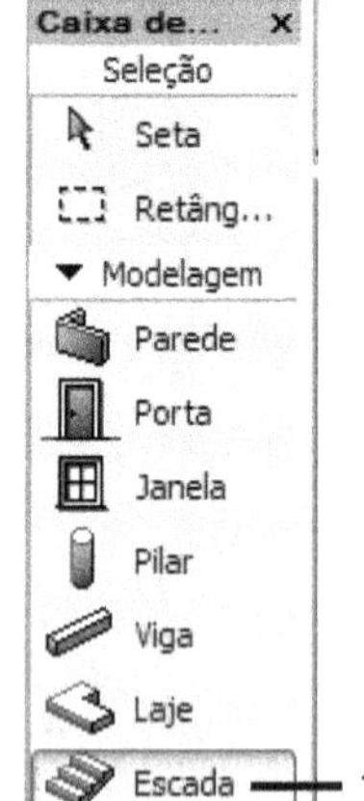

2. Na **Caixa de Informações** (*Default Settings*) (**a**), clique no botão **Criar Escada** (*Create Stair*)(**b**).

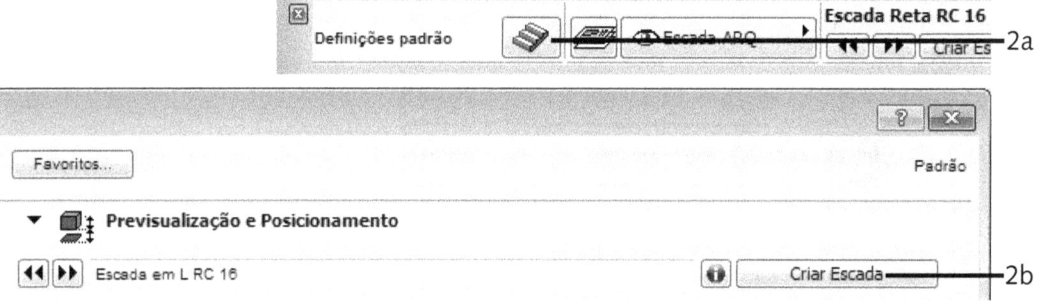

3. Na janela que se abre escolha se deseja criar **Escada** (*Stair*) (**a**) ou **Rampa** (*Slope*) (**b**).
4. Escolha o modelo da escada (**a**) e clique em **OK** (**b**).

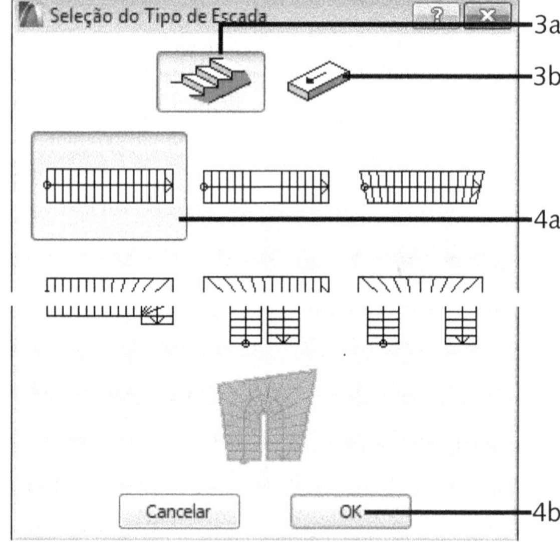

5. Na janela que se abre, configure:
   a. Clique no botão **Definições de Geometria e Lance** (*Geometry and Flight Settings*) para definir as dimensões gerais da escada;
   b. Clique no botão **Definições de Estrutura e Patamar** (*Structure and Landing Settings*) para definir o tipo de escada, espessuras relativas a cada tipo e atributos gráficos das partes do desenho da escada;
   c. Clique no botão **Definições dos Degraus** (*Tread Settings*) para definir as dimensões e atributos do piso dos degraus;
   d. Clique no botão **Definições do Corrimão** (*Railing Settings*) para definir o tipo e as dimensões do corrimão;
   e. Clique no botão **Definições Símbolo** (*Symbol Settings*) para definir como será a representação da escada em planta.
6. Clique em **OK**.

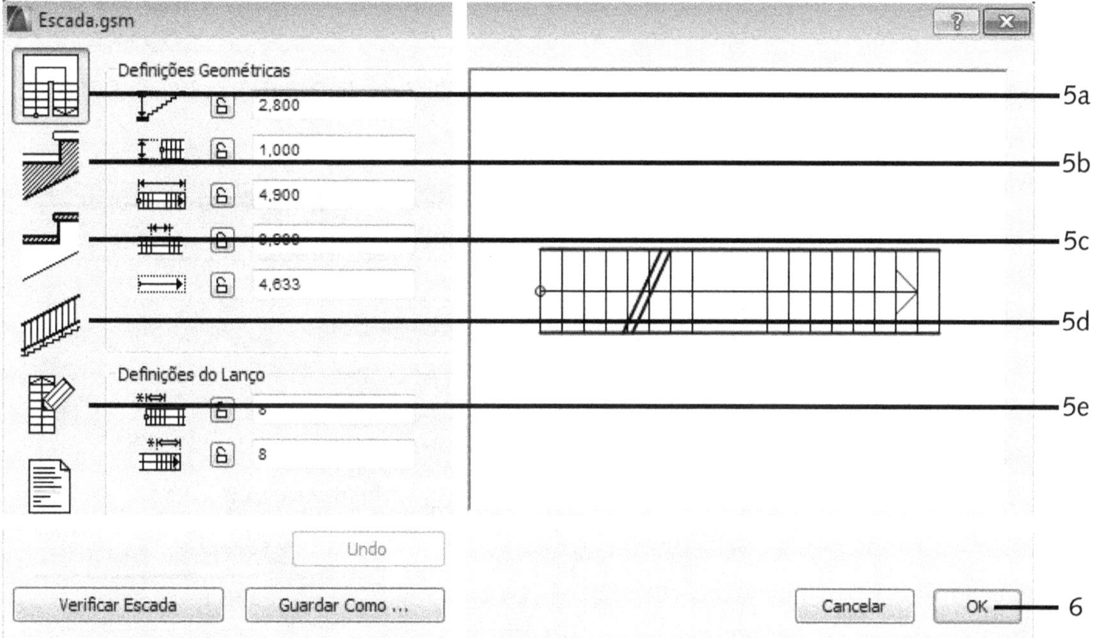

7. Clique onde deseja posicionar a escada.

5.4 Outros objetos

como inserir objetos

1. Na **Caixa de Ferramentas** (*Toolbox*), clique na ferramenta **Objeto** (*Object*).

2. Na **Caixa de Informações** (*Info Box*), clique no botão **Diálogo de Definições** (*Settings Dialog*) Ctrl+T.

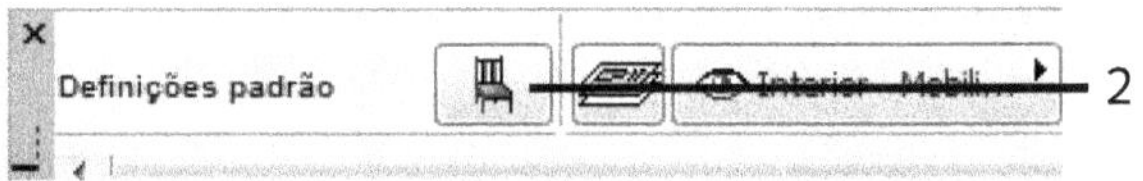

3. Selecione a pasta de biblioteca desejada (**a**) e o objeto (**b**) desejado.

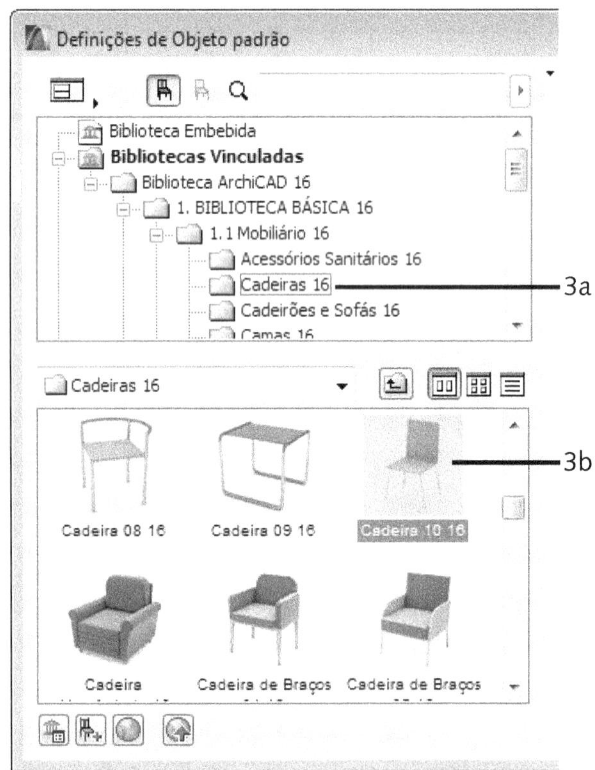

4. Se necessário, altere os atributos do objeto.

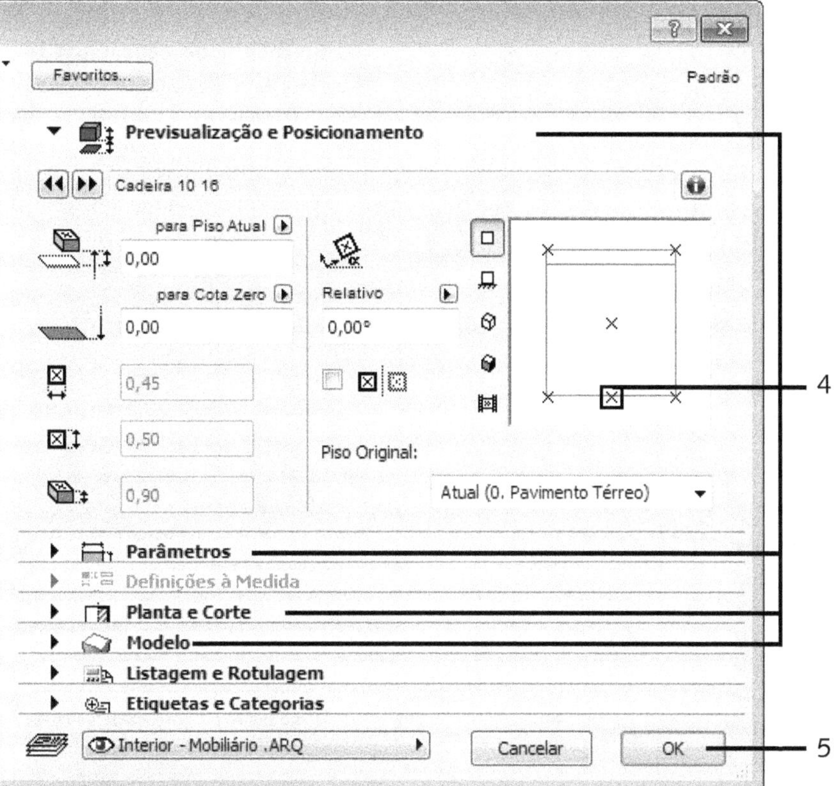

5. Clique em **OK**.
6. Clique onde deseja posicionar o objeto.

Destaques deste capítulo

como inserir uma porta (pág 126)

Na **Caixa de Ferramentas** (*ToolBox*), clique na ferramenta **Porta** (*Door*). Na **Caixa de Informações** (*Info Box*) Ctrl+T, clique no botão do **Diálogo de Definições** (*Settings Dialog*). Na janela que se abre, selecione a biblioteca e a porta desejada.

Escolha se você deseja inserir o objeto pelo **Centro** (*Center*) ou **Lado** (*Side*). Se necessário altere as dimensões e outros atributos da porta. Clique em **OK**. Clique sobre a parede onde você deseja inserir a porta.

Movimente o cursor para definir o lado de abertura da porta e clique para fixar o objeto. As portas só podem ser inseridas em paredes já construídas.

como inserir uma janela (pág 128)

Na **Caixa de Ferramentas** (*ToolBox*), clique na ferramenta **Janela** (*Window*). Na **Caixa de Informações** (*Info Box*), clique no botão do **Diálogo de Definições** (*Settings Dialog*) Ctrl+T. Na janela que se abre, selecione a biblioteca e janela desejada.

Escolha se você deseja inserir o objeto pelo **Centro** (*Center*) ou **Lado** (*Side*). Se necessário altere as dimensões da janela.

Clique em **OK**. Clique sobre a parede onde você deseja inserir. Movimente o cursor para posicionar a janela e clique para fixar o objeto. As janelas só podem ser inseridas em paredes já construídas.

como inserir objetos (pág 134)

Na **Caixa de Ferramentas** (*ToolBox*), clique na ferramenta **Objeto** (*Object*). Na **Caixa de Informações** (*Info Box*), clique no botão **Diálogo de Definições** (*Settings Dialog*) Ctrl+T. Selecione a pasta de biblioteca desejada e o objeto desejado. Se necessário, altere os atributos do objeto.

Clique em **OK**. Clique onde deseja posicionar o objeto.

como criar uma nova escada (pág 132)

Na **Caixa de Ferramentas** (*ToolBox*), clique na ferramenta **Escada** (*Stair*). Na **Caixa de Informações** (*Info Box*), clique no botão **Criar Escada** (*Create Stair*). Na janela que se abre escolha se deseja criar **Escada** (*Stair*) ou **Rampa** (*Slope*).

Escolha o modelo da escada e clique em **OK**. Na janela que se abre clique no botão **Definições de Geometria e Lance** (*Geometry and Flight Settings*), para definir as dimensões gerais da escada;

Clique no botão **Definições de Estrutura e Patamar** (*Structure and Landing Settings*); para definir o tipo de escada, espessuras relativas a cada tipo e atributos graficos das partes do desenho da escada;

Clique no botão **Definições dos Degraus** (*Tread Settings*), para definir as dimensões e atributos do piso dos degraus; clique no botão **Definições do Corrimão** (*Railing Settings*), para definir o tipo e as dimensões do corrimão; clique no botão **Definições Símbolo** (*Symbol Settings*), para definir como será a representação da escada em planta. Clique em **OK**. Clique onde deseja posicionar a escada.

modelagem avançada e de terrenos

O que você vai ler neste capítulo

6.1 Morph

A ferramenta Morph está presente no ArchiCAD a partir da versão 16. Foi criada com o objetivo de permitir modelagens mais livres. Algumas definições se assemelham às de outras ferramentas mais comuns; porém, o morph possui algumas funcionalidades que vão além, resultando em uma liberdade maior para modelar.

como criar um Morph 2D

1. Na **Caixa de Ferramentas** (*ToolBox*) selecione a ferramenta **Morph**.
2. Na **Caixa de Informações** (*Info Box*) escolha o **Método de Geometria** (*Geometry Method*) a ser utilizado: **Poligonal** (*Polygonal*) (**a**) ou **Reta** (*Straight*), **Curva** (*Curved*) (**b**).

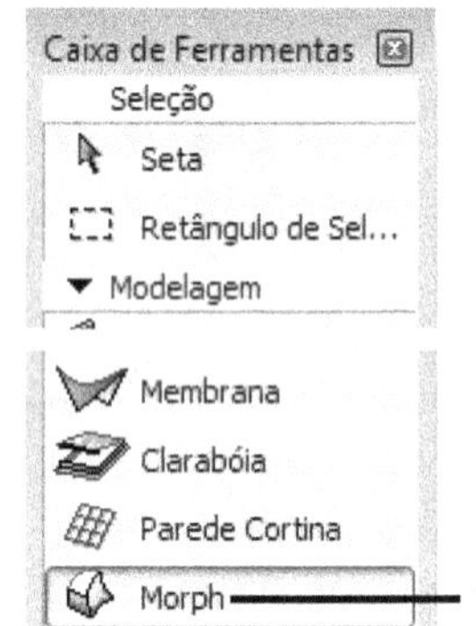

3. Desenhe o elemento desejado, neste caso ainda na vista em planta, que será a base para o desenvolvimento da forma final.
4. Selecione o desenho e vá ao menu **Visualização/Elementos Vista 3D/Mostrar Seleção/Marca em 3D** (*View/Elements in 3D View/Show Selection/Marquee in 3D*) F5.

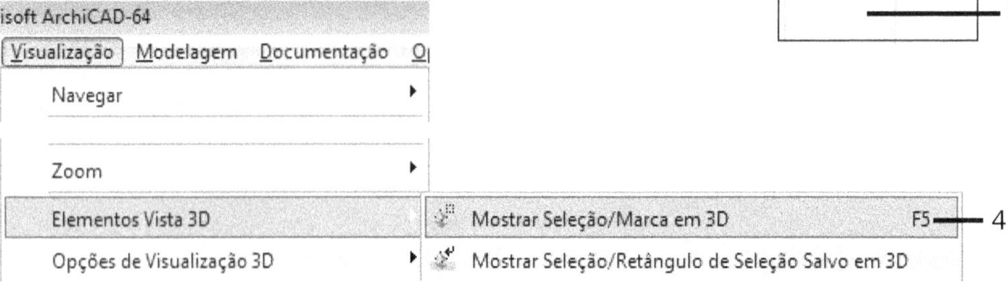

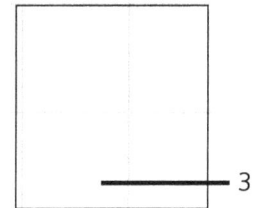

5. Em 3D, o que existe é apenas uma face ainda sem espessura; a partir dela é possível criar uma caixa e continuar a modelagem em 3D.

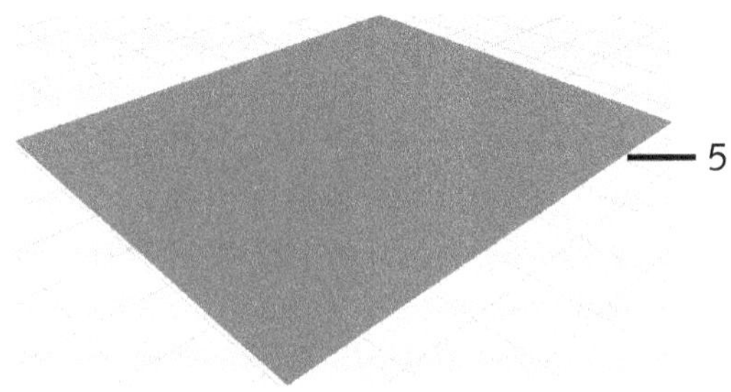

como criar uma caixa com a ferramenta Morph

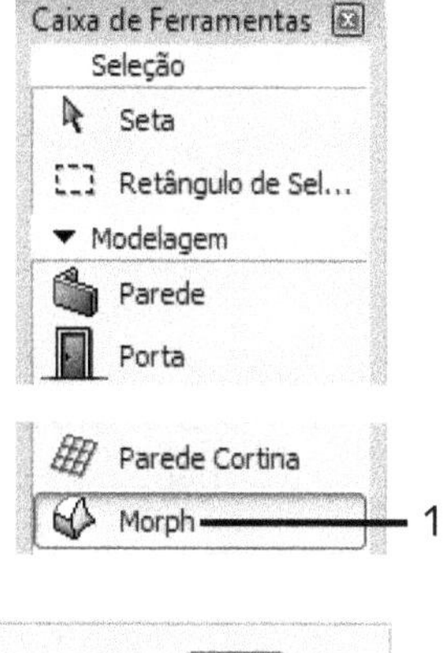

1. Na **Caixa de Ferramentas** (*ToolBox*) selecione a ferramenta **Morph.**
2. Na **Caixa de Informações** (*Info Box*) escolha o **Método de Geometria Caixa** (*Geometry Method Box*).

3. Desenhe a caixa, vista em planta, utilizando o menu pop-up para determinar as dimensões 2D.
4. Assim que terminar de desenhar a forma em 2D, uma janela se abre e você vai digitar o comprimento da extrusão da caixa.
5. Clique em **OK.**

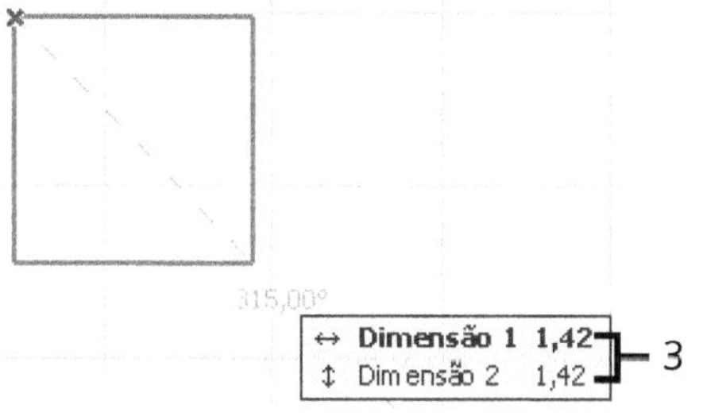

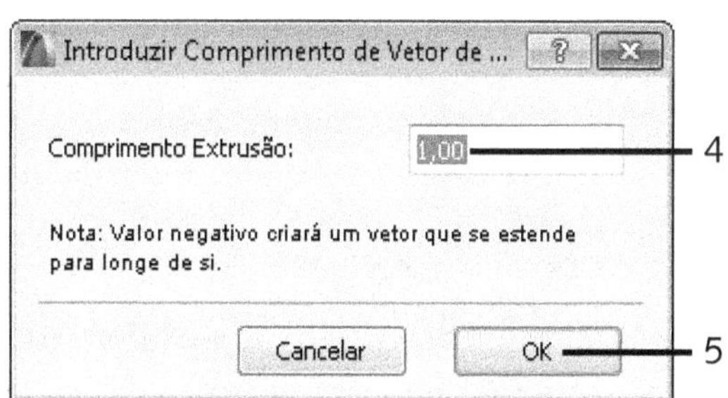

6. Selecione o morph e vá ao menu **Visualização/Elementos Vista 3D/Mostrar Seleção/Marca em 3D** (*View/Elements in 3D View/Show Selection/Marquee in 3D*) F5.

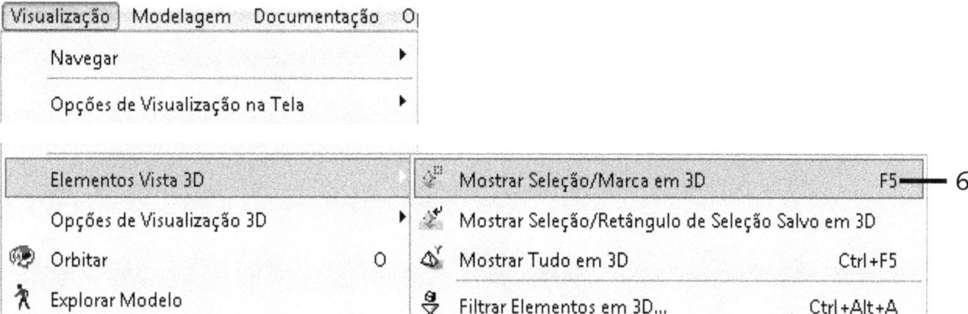

7. Note que a caixa foi criada com todas as dimensões determinadas.

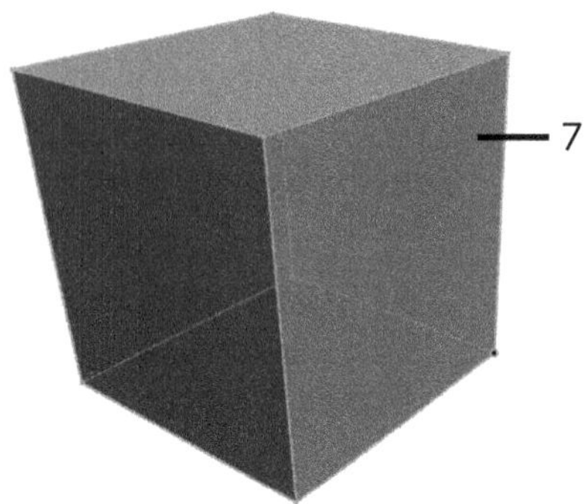

como criar um sólido de revolução com a ferramenta Morph

Para criar um sólido de revolução você vai precisar desenhar um perfil e escolher um centro para a rotação.

1. Na **Caixa de Ferramentas** (*ToolBox*) selecione a ferramenta **Morph**.
2. Na **Caixa de Informações** (*Info Box*) selecione o **Método de Geometria Revolvida** (*Geometry Method Revolved*).

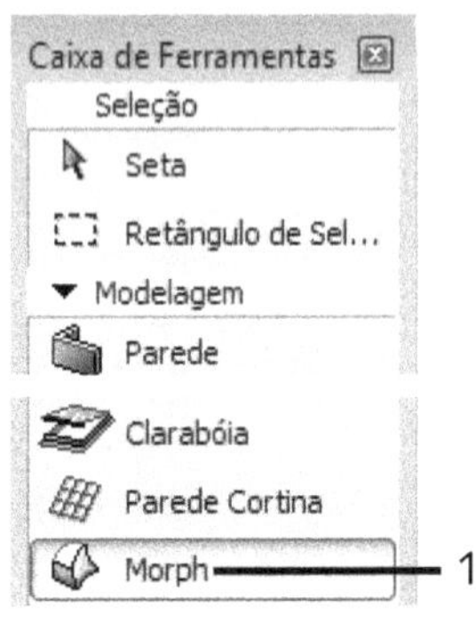

3. Desenhe o perfil utilizando os métodos de desenho do menu flutuante: você pode usar linhas e arcos; dê um clique duplo quando quiser finalizar o desenho.

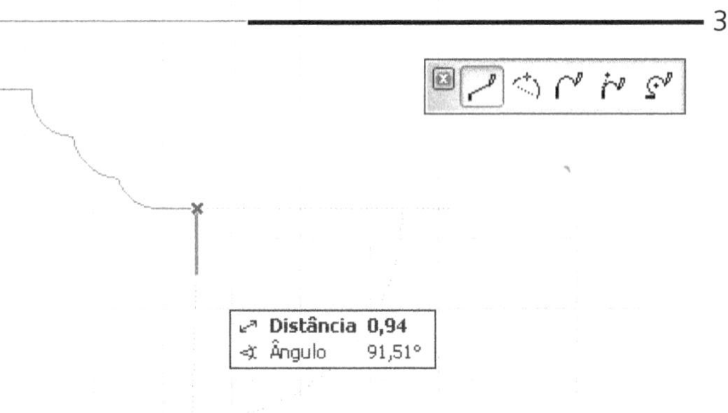

4. Clique duas vezes para determinar o início e o fim do eixo de revolução.
5. Na janela **Introduzir Ângulo de Revolução** (*Enter Revolution Angle*) determine o ângulo de rotação do perfil.
6. Clique em **OK**.

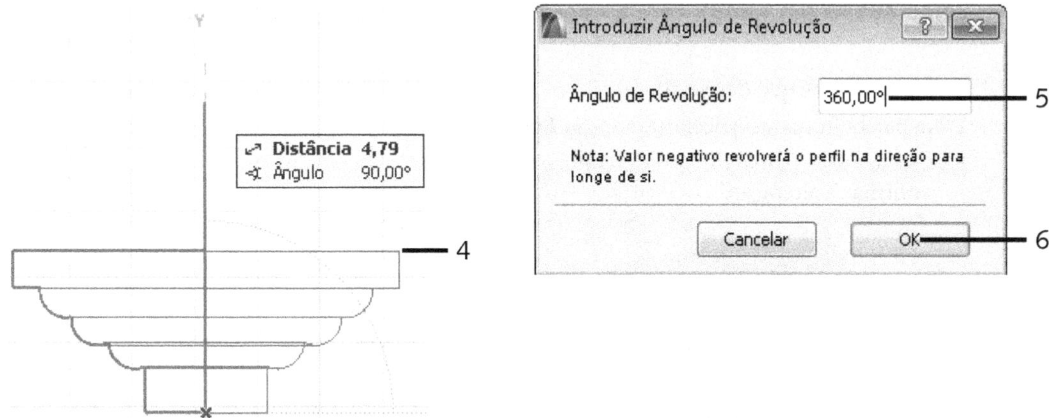

7. Selecione o morph e vá ao menu **Visualização/Elementos Vista 3D/Mostrar Seleção/Marca em 3D** (*View/Elements in 3D View/Show Selection/Marquee in 3D*) F5 para visualizá-lo em 3D.

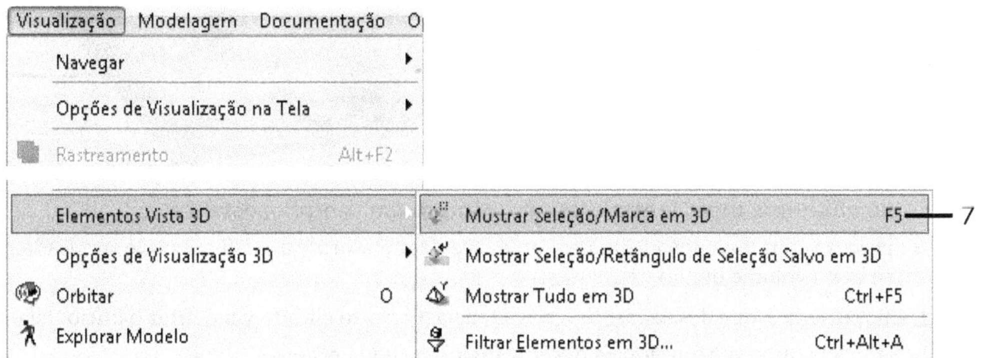

6.2 Como editar um morph

A ferramenta Morph tem como característica a edição da forma diretamente sobre os vértices e faces do próprio objeto. O ArchiCAD tem muitas ferramentas de edição de um morph, seja no corpo do elemento como um todo ou em partes, por faces, arestas e vértices.

como alterar um morph com a opção Empurrar-Puxar

1. Clique na face que deseja alterar.
2. Na paleta flutuante selecione e opção **Empurrar-Puxar** (*Push/Pull*).
3. Arraste a face para a direção desejada e defina a distância pelo menu flutuante. Tecle **Enter** para confirmar a alteração.

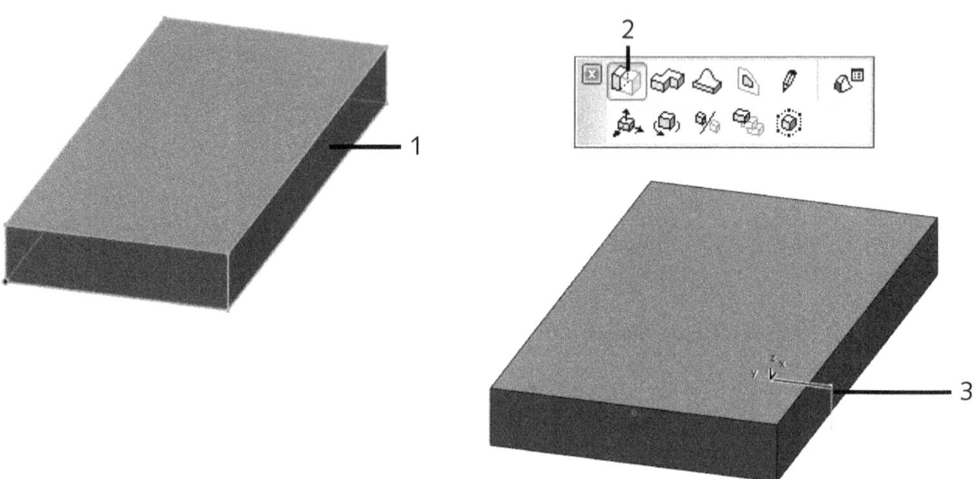

como criar uma nova forma e/ou um vão em um morph existente

A opção de criar uma nova forma em uma face de um morph já existente pode ser usada para criar um novo volume ou um vão.

1. Clique na face que deseja inserir a nova forma. O ponto clicado vai definir o início dela.
2. Na paleta flutuante selecione a opção **Adicionar** (*Add Polyline*).

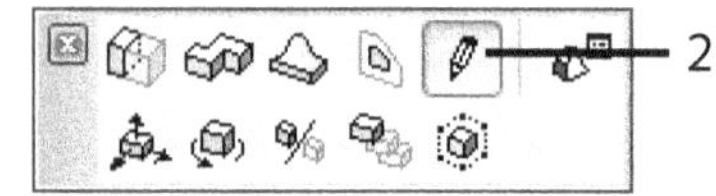

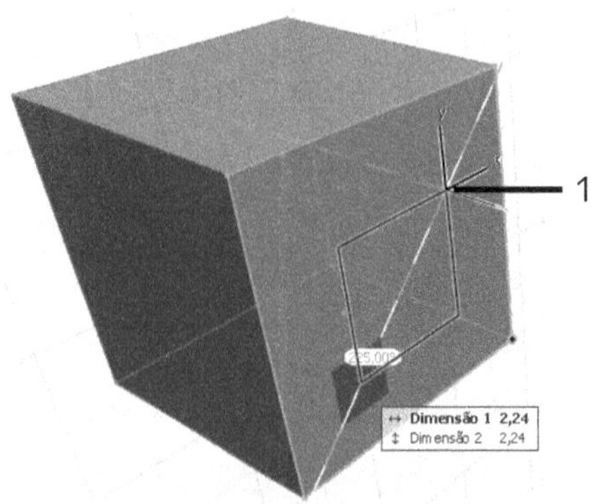

3. Na **Caixa de Informações** (*Info Box*) escolha o **Método de Geometria** (*Geometry Method*) a ser utilizado e desenhe.

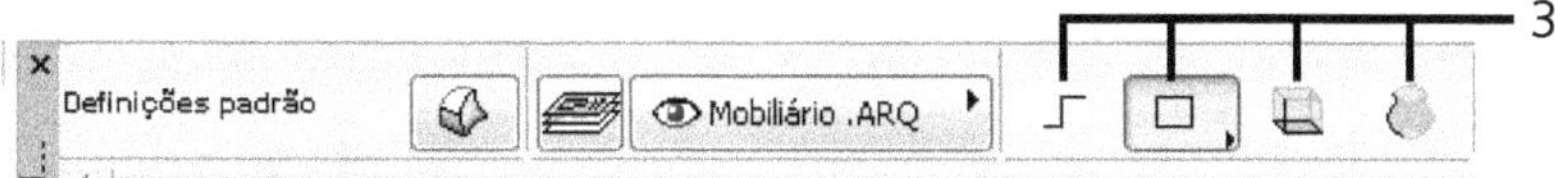

4. Clique na nova face desenhada e na paleta flutuante selecione e opção **Empurrar-Puxar** (*Push/ Pull*).
5. Mova o cursor em uma aresta oposta do morph inicial e clique para determinar o vão.
6. Note que o vão foi criado.

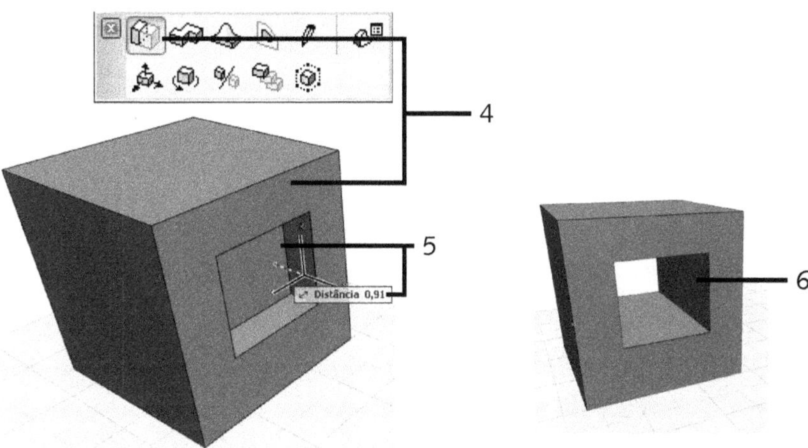

como criar um bojo

1. Clique em um ponto na face que deseja curvar. O ponto clicado definirá o centro do bojo.
2. Na paleta flutuante selecione a opção **Fazer Bojo** (*Bulge*).
3. Mova o cursor para definir o raio e dê um clique para confirmar.

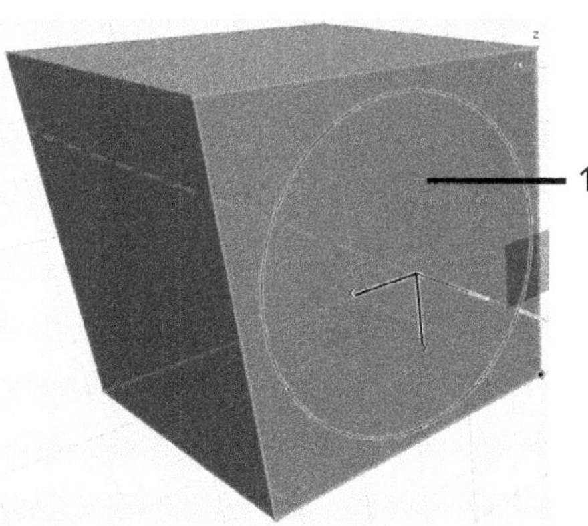

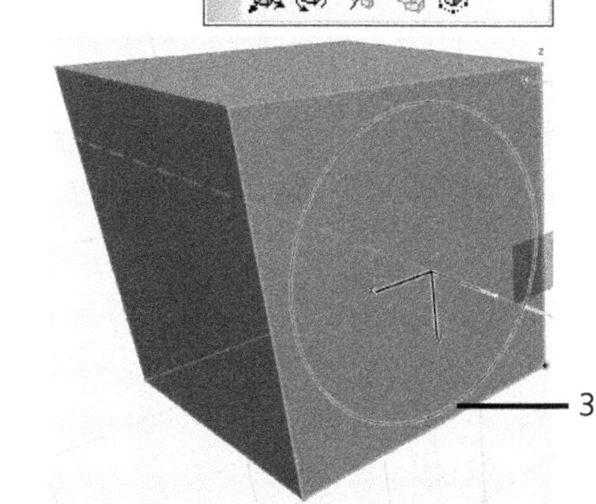

4. Novamente mova o cursor para definir o comprimento do bojo e clique para finalizar.

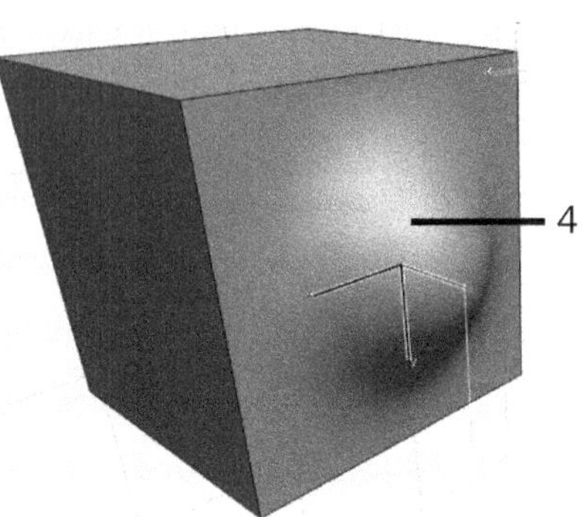

como criar um tubo

É possível criar um tubo a partir de qualquer face de um morph.

1. Clique na face que será usada como perfil do tubo.
2. Na paleta flutuante selecione a opção **Tubo** (*Tube*).

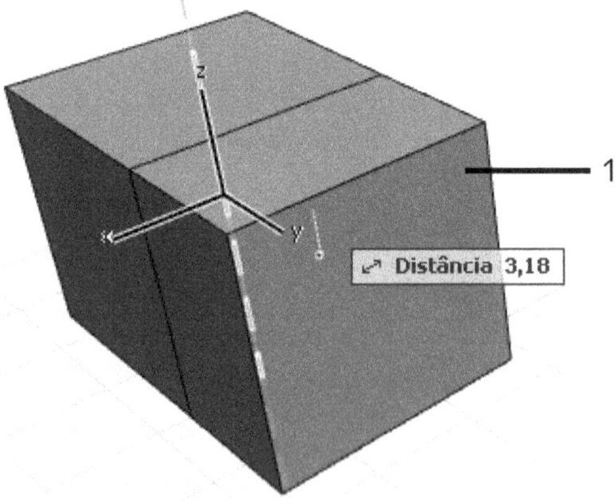

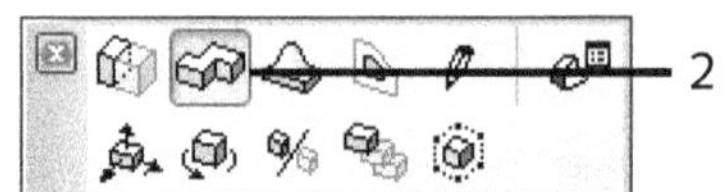

3. Mova o cursor para indicar a direção e o plano e clique. A primeira parte deve sempre ser desenhada perpendicular à face clicada.
4. Mova o cursor para a direção desejada; através do menu flutuante determine a **Distância**. Dê um clique para confirmar.

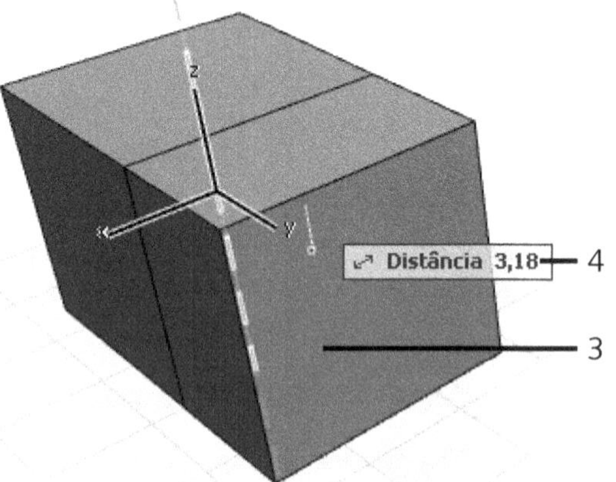

5. Proceda da mesma forma para as partes seguintes. Para finalizar, faça dê um duplo clique.

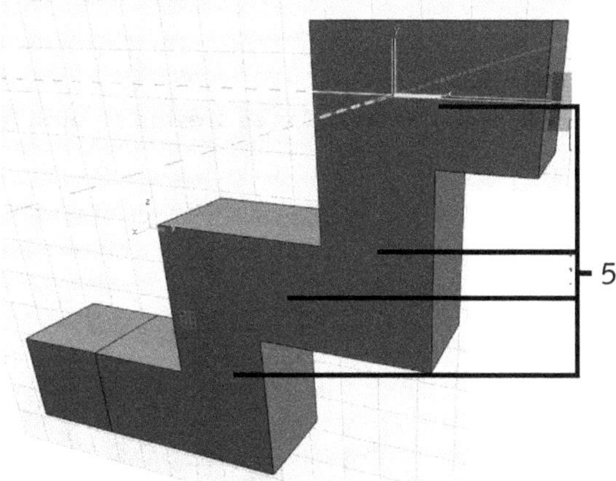

como mover uma aresta

1. Selecione o morph que deseja alterar.
2. Clique na aresta que deseja mover.
3. Na paleta flutuante selecione a opção **Repetir Aresta** (*Offset Edge*).

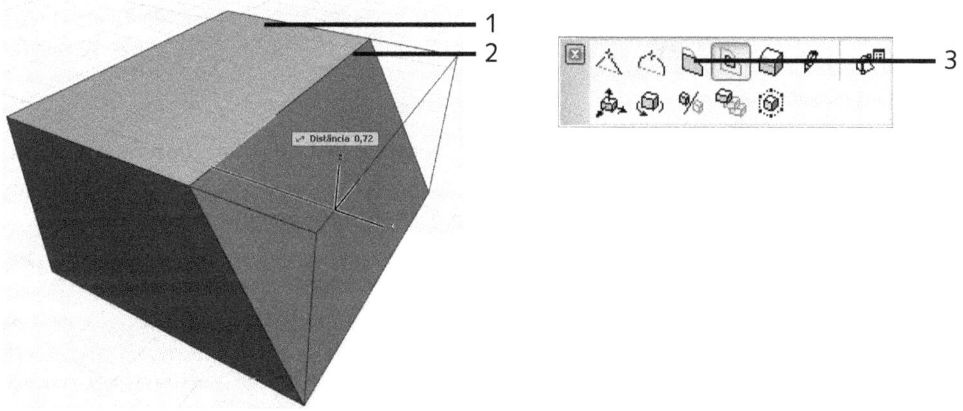

4. No menu flutuante determine a **Distância** (*Distance*). Tecle **Enter** para confirmar.
5. Para arrastar uma cópia da aresta, ao invés de movê-la, pressione a tecla Ctrl assim que selecionar a opção **Repetir Aresta** (*Offset Edge*) na paleta flutuante.

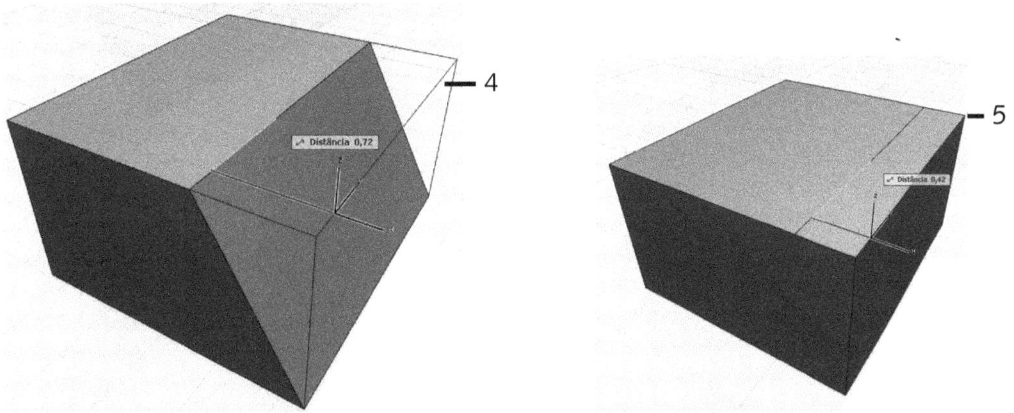

como mover todas as arestas de uma face ao mesmo tempo

1. Selecione o morph que deseja alterar e clique em uma das arestas que deseja mover.
2. Na paleta flutuante selecione a opção **Repetir Todas as Arestas** (*Offset All Edges*).

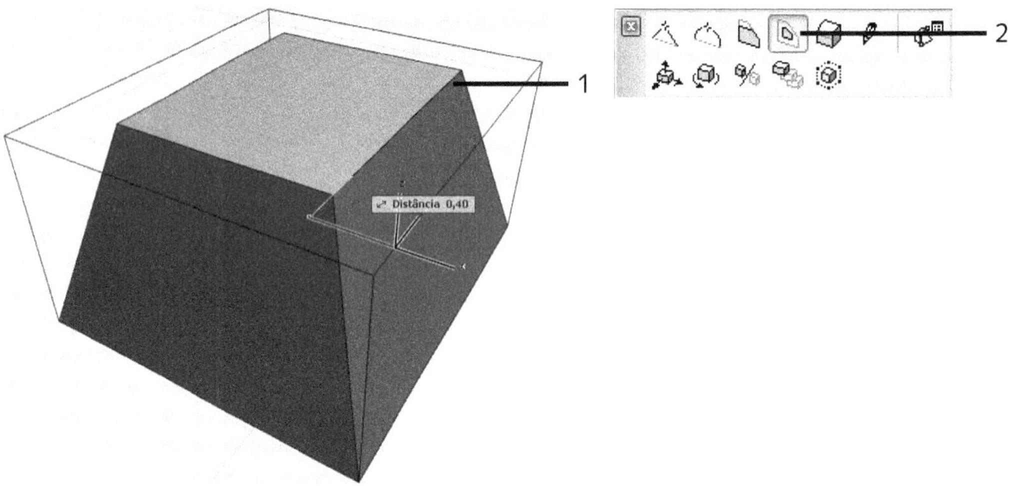

3. No menu flutuante determine a **Distância** (*Distance*). Tecle **Enter** para confirmar.
4. Para arrastar uma cópia das arestas, ao invés de movê-las, pressione a tecla Ctrl assim que selecionar a opção **Repetir Todas as Arestas** (*Offset All Edges*) na paleta flutuante.

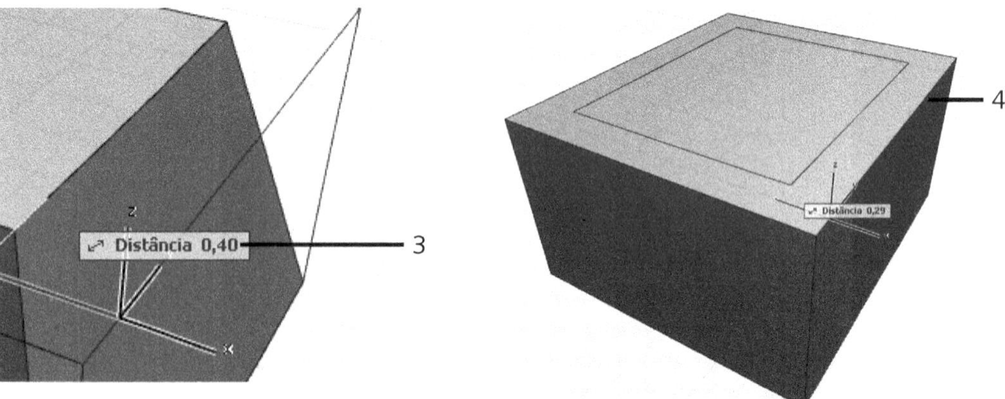

como curvar uma aresta

1. Selecione o morph e clique na aresta que deseja curvar.
2. Na paleta flutuante selecione a opção **Curvar Aresta** (*Curve Edge*).
3. Mova o cursor e no menu flutuante determine o **Raio do Arco** (*Arc Radius*). Confirme teclando **Enter**.

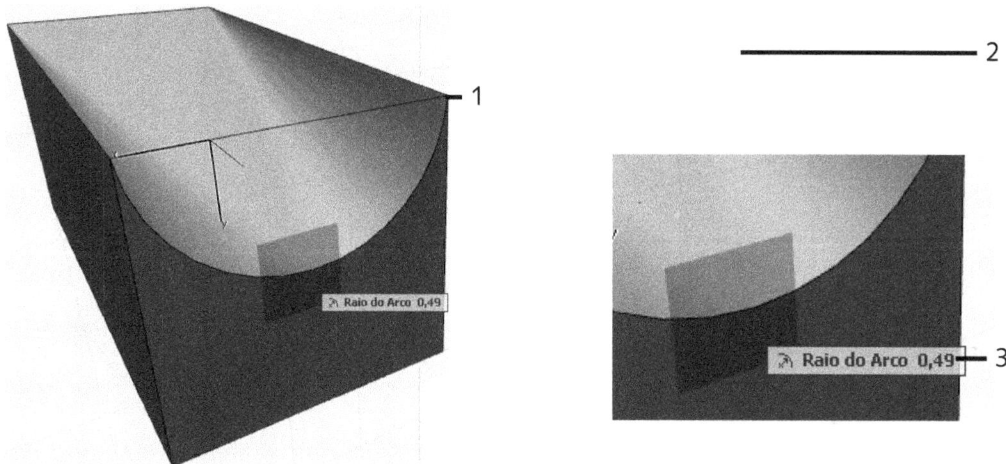

como bolear uma aresta do morph

1. Selecione o morph e clique na aresta que deseja bolear.
2. Na paleta flutuante escolha a opção **Bolear/Chanfrar Aresta(s)...** (*Fillet/Chamfer Edge(s)...*).

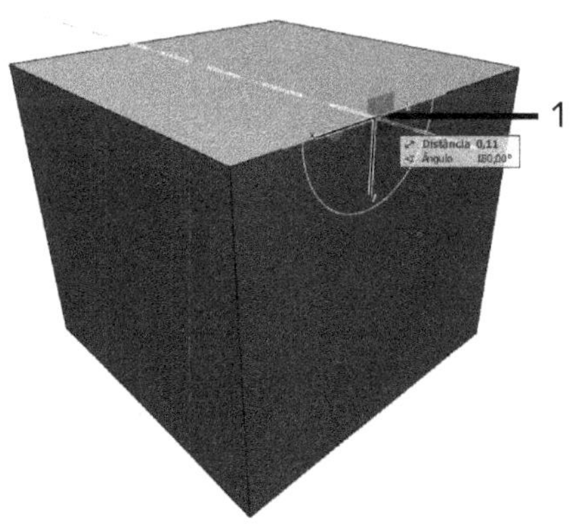

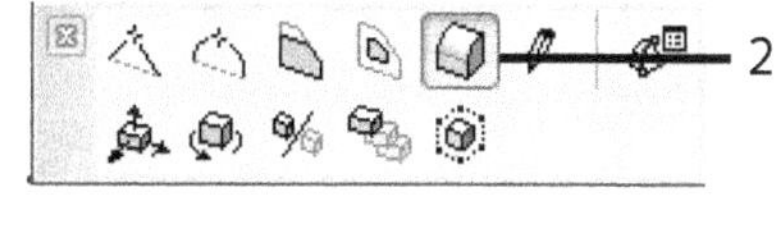

3. Na janela **Bolear/Chanfrar** (*Fillet/Chamfer*) que aparece selecione a opção **Boleado** (*Fillet*) e determine o **Raio** (*Radius*).
4. Ative a opção **Aplicar a todas as Arestas** (*Apply to All Edges*) se desejar aplicar a todas as arestas do morph e não apenas à selecionada.
5. Clique em **OK**.
6. Observe que o raio foi criado.

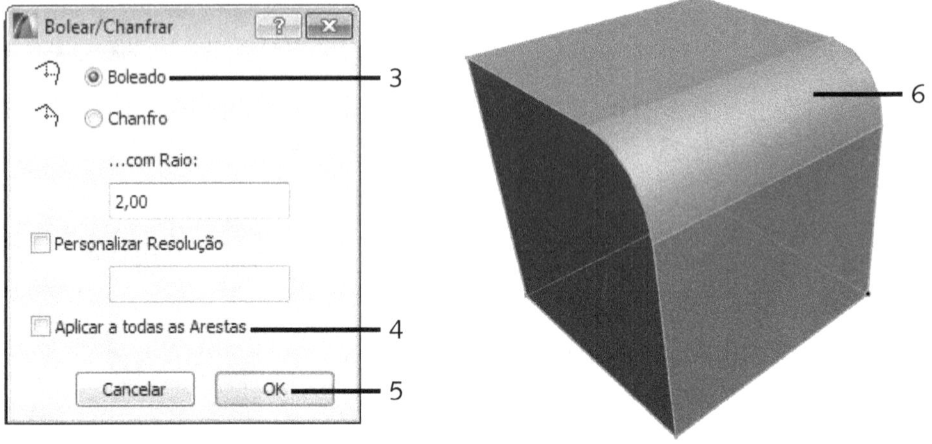

como chanfrar uma aresta de um morph

1. Selecione o morph e clique na aresta que deseja chanfrar.
2. Na paleta flutuante escolha a opção **Bolear/Chanfrar Aresta(s)...** (*Fillet/Chamfer Edge(s)...*).

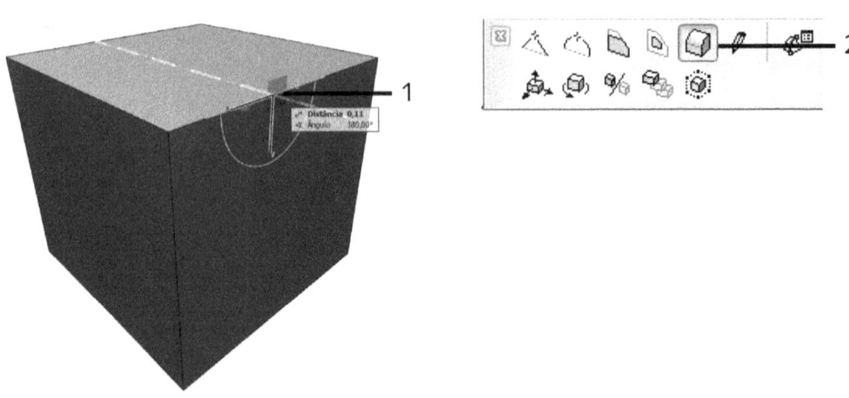

3. Na janela **Bolear/Chanfrar** (*Fillet/Chamfer*) que aparece selecione a opção **Chanfro** (*Chamfer*) (**a**) e determine o **Raio** (*Radius*) (**b**).
4. Ative a opção **Aplicar a todas as Arestas** (*Apply to All Edges*) se desejar aplicar a todas as arestas do **Morph** e não apenas à aresta selecionada.
5. Clique em **OK**.
6. Note que o chanfro foi criado

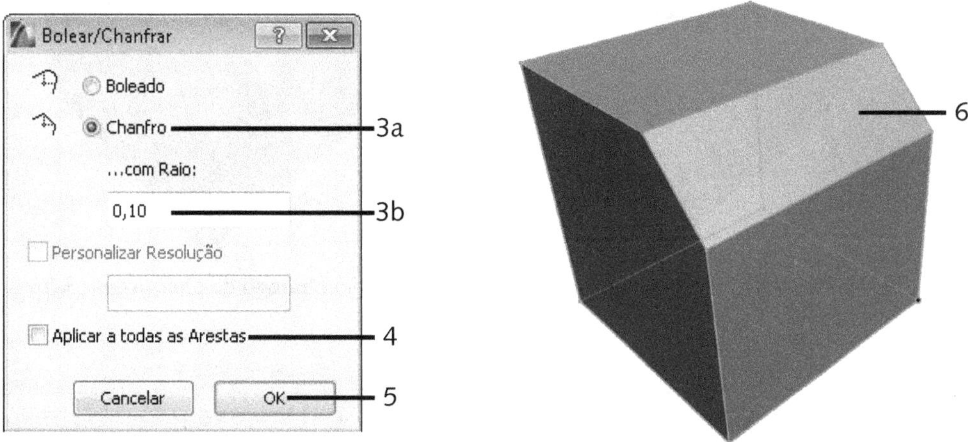

sub-elementos do morph

Um morph pode ser editado como um só elemento ou em partes, por arestas e faces, chamados de **Sub-Elementos**. Isso permite que arestas ou faces sejam editadas pelo menu de **Definições de Seleção Morph** sem que as alterações se apliquem às outras arestas ou faces do morph. Para as arestas é possível definir seu tipo (**Viva**, **Invisível** ou **Suave**) e para faces é possível determinar um **Material** diferente do todo e o tipo de **Mapeamento da textura**.

1. Para selecionar um sub-elemento do morph ative a ferramenta **Seta** (*Arrow*) e na **Barra de Informações** (*Info Box*) mude o **Tipo de Seleção** para **Subelem** (ou pressione a combinação Ctrl+Shift no teclado).

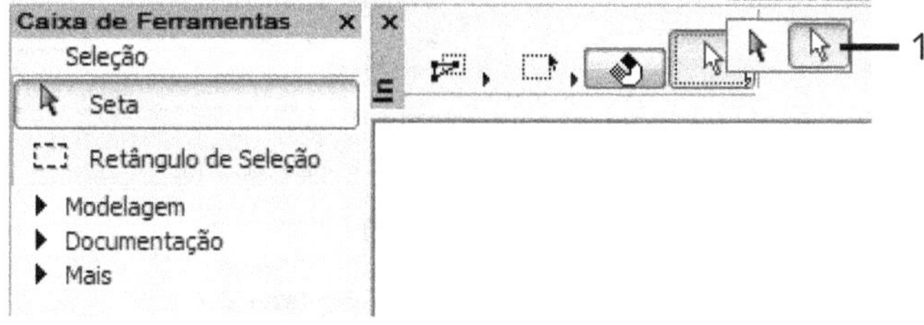

2. Clique na aresta ou face que deseja selecionar.

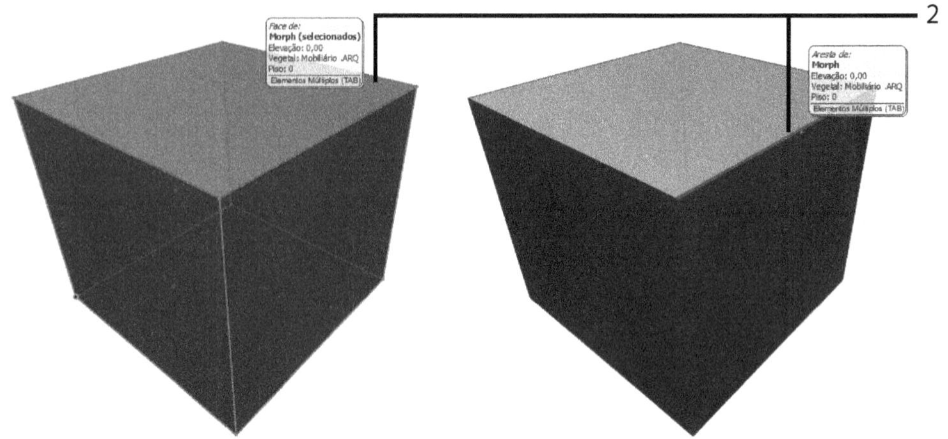

3. Na **Caixa de Informações** (*Info Box*), clique no botão **Diálogo de Definições** (*Settings Dialog*) Ctrl+T.

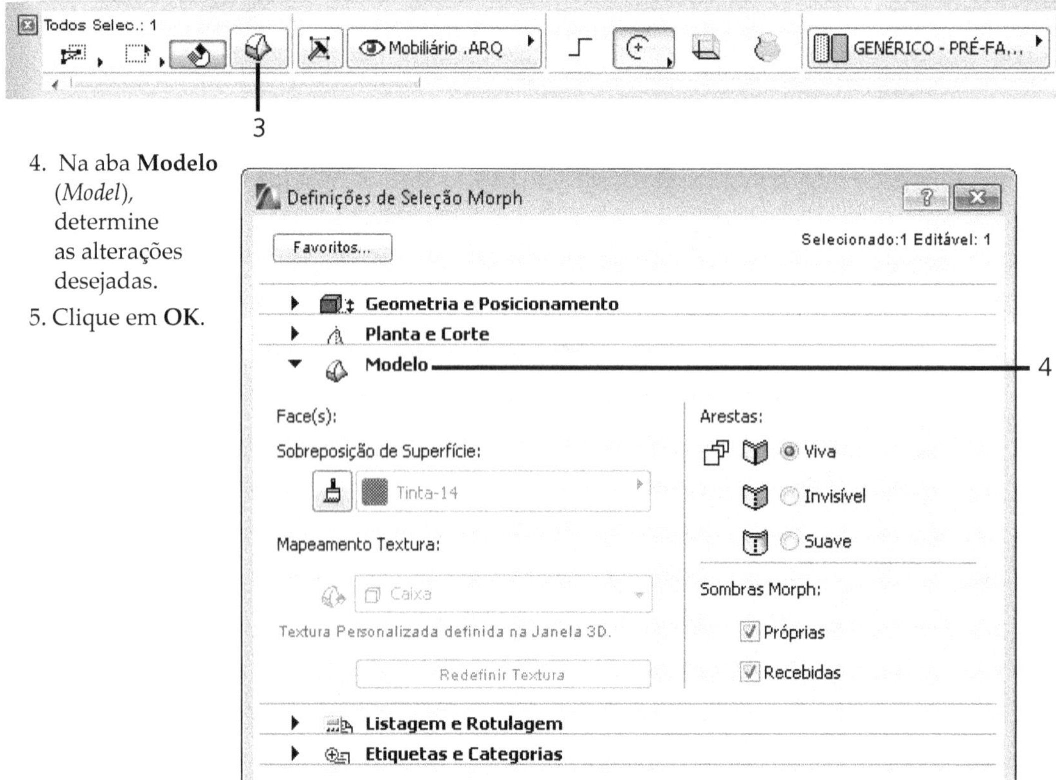

4. Na aba **Modelo** (*Model*), determine as alterações desejadas.
5. Clique em **OK**.

como arredondar um canto de um morph

Para arredondar um canto de um morph:

1. Selecione o morph que deseja alterar e clique no canto (vértice) que será alterado.
2. Na paleta flutuante selecione a opção **Bolear/Chanfrar Canto(s)...** (*Fillet/Chamfer Corner(s)...*).

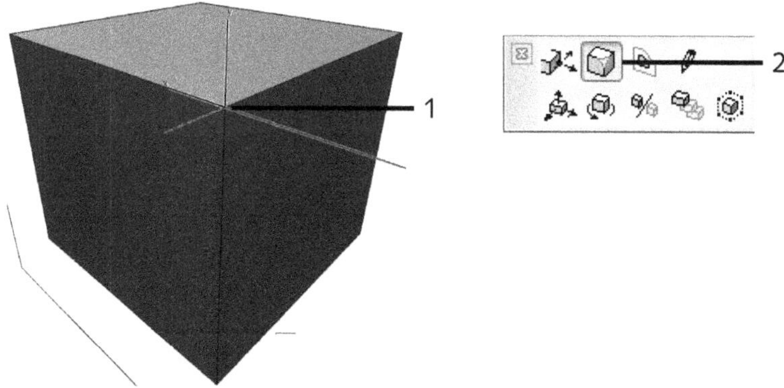

3. Na janela **Bolear/Chanfrar** (*Fillet/Chamfer*) que aparece selecione a opção **Boleado** (*Fillet*) (**a**) e determine o **Raio** (*Radius*) (**b**).
4. Ative a opção **Personalizar Resolução** (*Custom Resolution*) e configure o valor de acordo com sua necessidade. Quanto maior o valor mais suavizado ficará o boleado.
5. Ative a opção **Aplicar a todas as Arestas** (*Apply to All Corners*) se desejar aplicar a todas as arestas do morph e não apenas à aresta selecionada.
6. Clique em **OK**.
7. Note que o(s) canto(s) foram boleados.

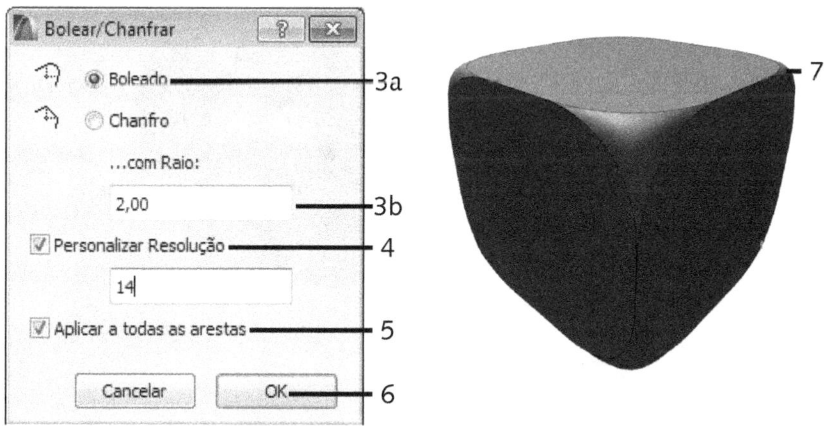

como chanfrar um canto de um morph

1. Selecione o morph que deseja alterar e clique no canto (vértice) que será alterado.
2. Na paleta flutuante selecione a opção **Bolear/Chanfrar Canto(s)...** (*Fillet/Chamfer Corner(s)...*).

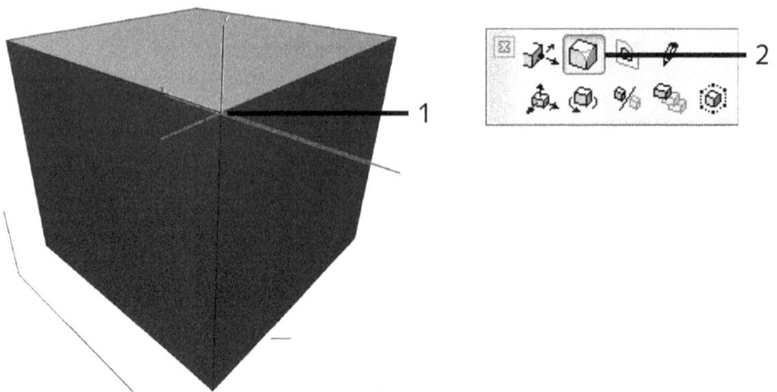

3. Na janela **Bolear/Chanfrar** (*Fillet/Chamfer*) que aparece selecione a opção **Chanfro** (*Chamfer*) (**a**) e determine o **Raio** (*Radius*) (**b**).
4. Ative a opção **Aplicar a todas as Arestas** (*Apply to All Corners*) se desejar aplicar a todas as arestas do morph e não apenas à aresta selecionada.
5. Clique em **OK**.
6. Note que o(s) canto(s) foram chanfrados.

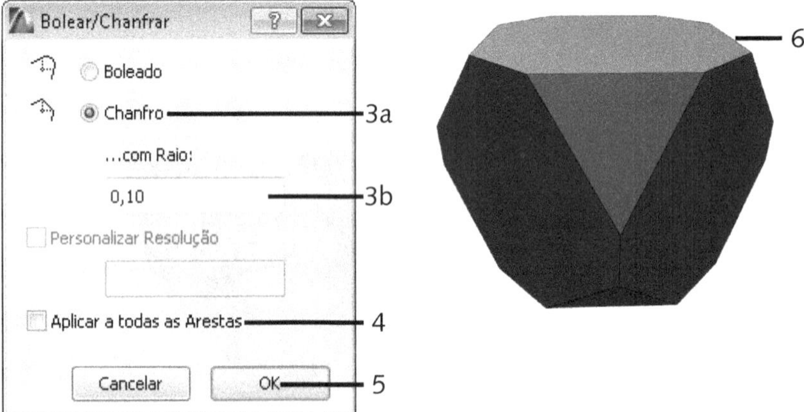

como adicionar um vértice a um morph

1. Selecione o morph e clique na aresta em que deseja acrescentar um vértice.
2. No menu flutuante selecione a opção **Inserir Novo Vértice** (*Insert New Node*).

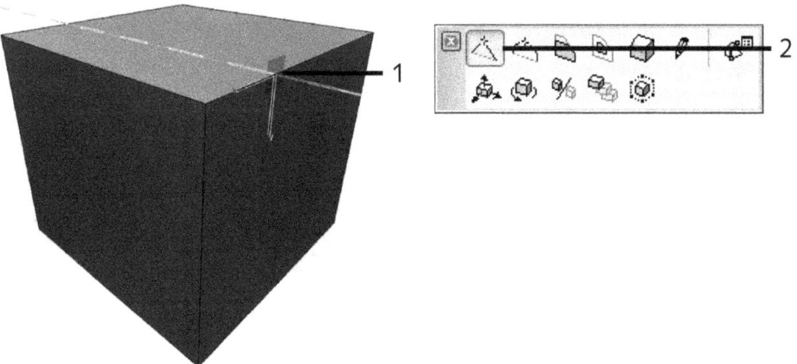

3. Com um clique determine a posição do novo vértice.
4. Clicando no vértice criado é possível movê-lo selecionando no menu flutuante, usando a opção **Mover Vértice** (*Move Node*).

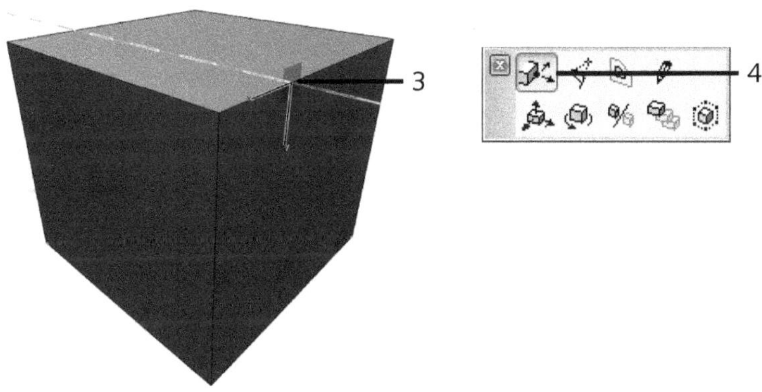

6.3 Operações de sólidos com morphs

O ArchiCAD permite que se faça três operações envolvendo dois ou mais morphs sólidos. É possível unir, subtrair ou interseccionar os elementos através do menu **Modelagem/Modificar Morph** (*Design/Modify Morph*).

para unir morphs

1. Selecione os morphs que deseja unir.

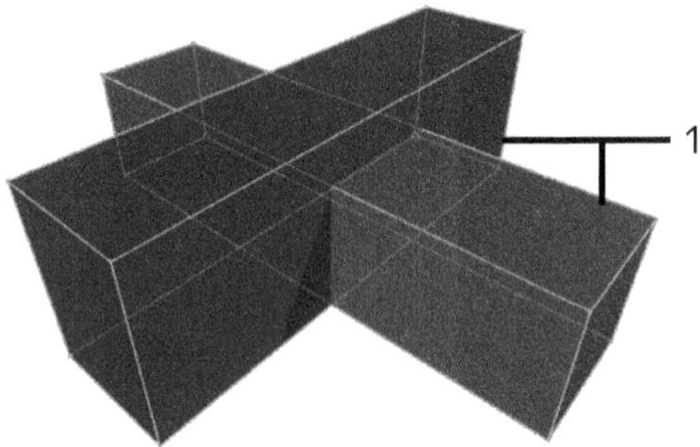

2. Vá ao menu **Modelagem/Modificar Morph/União** (*Design/Modify Morph/Union*).

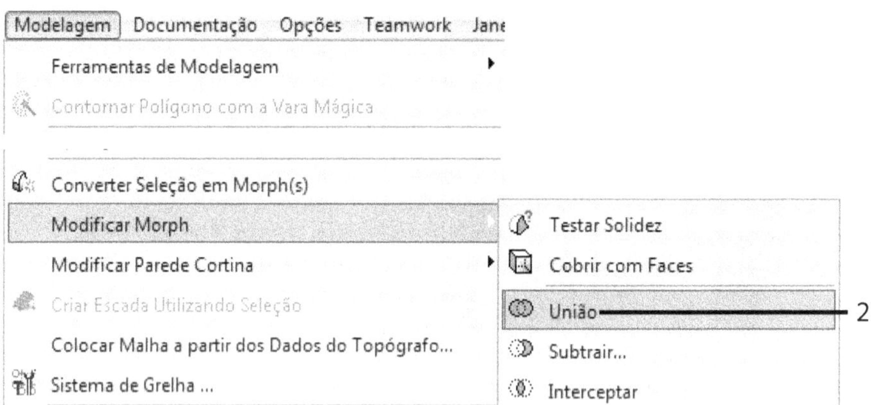

3. Note que os morphs foram agrupados como um elemento único (as arestas internas desaparecem).

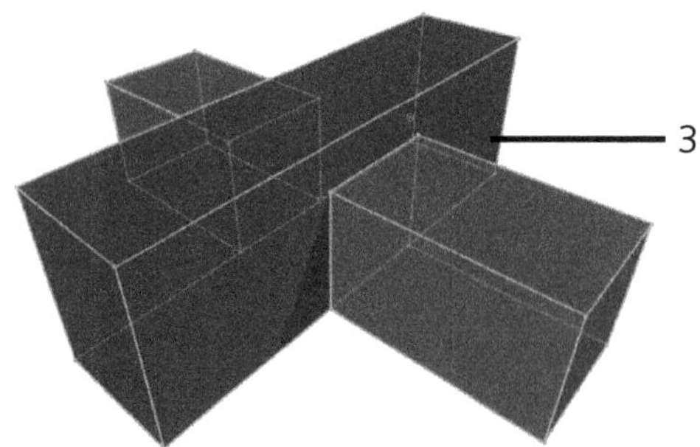

para subtrair um morph de outro

1. Selecione os morphs.

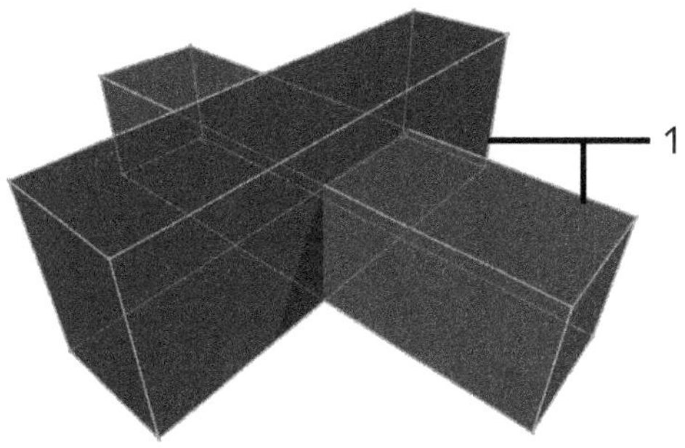

2. Vá ao menu **Modelagem/Modificar Morph/Subtrair...** (*Design/Modify Morph/Subtract...*).

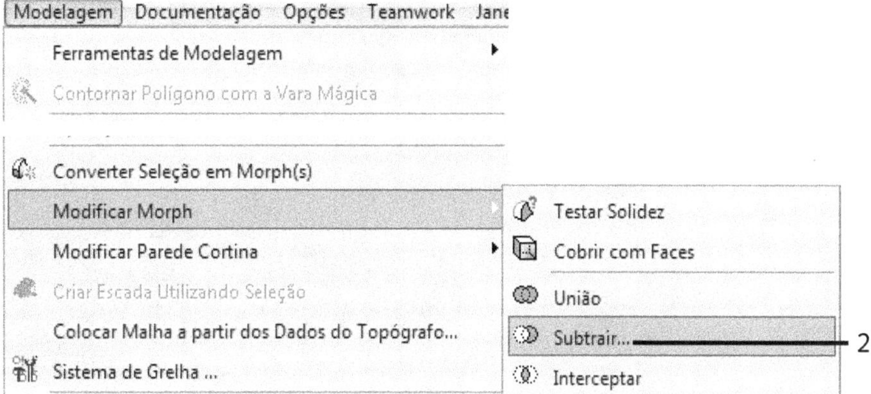

3. Clique no morph que vai permanecer.
4. Note que o ArchiCAD subtraiu o morph que interceptava do morph que permaneceu.

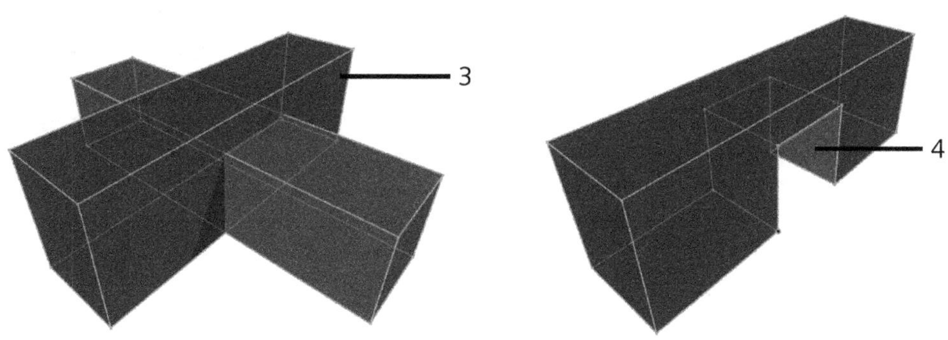

para criar um morph resultante do volume comum a dois morphs

1. Selecione os morphs.

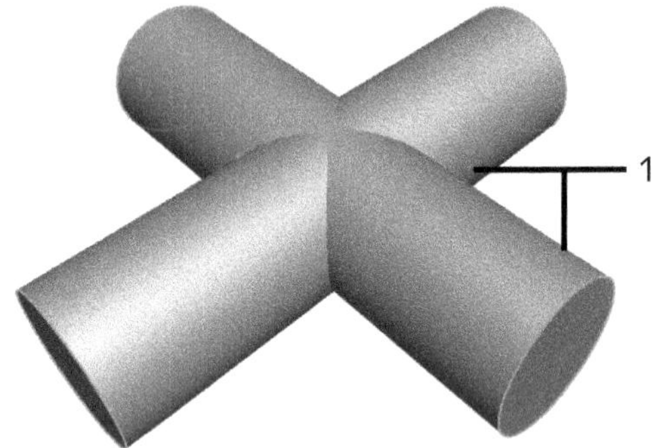

2. Vá ao menu **Modelagem/Modificar Morph/Interceptar** (*Design/Modify Morph/Intersect*).

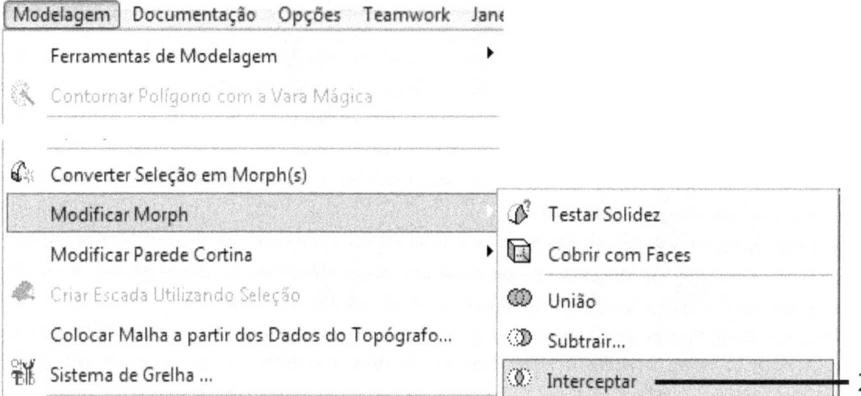

3. O ArchiCAD mantém apenas a geometria comum aos morphs que foram selecionados.

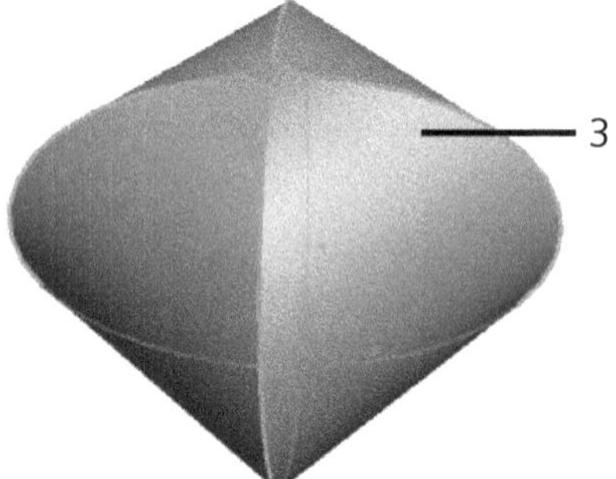

como identificar se um morph é sólido

Ao modelar elementos muito complexos pode ser que, sem intenção, você crie morphs ocos ou com pequenas aberturas difíceis de encontrar. Isso pode trazer problemas quando for preciso gerar o cálculo do volume do elemento, exibir sua vista em corte ou executar uma operação de sólidos. O ArchiCAD pode identificar e corrigir erros de solidez de um morph.

1. Selecione um ou mais morphs que deseja testar.
2. Vá ao menu **Modelagem/Modificar Morph/Testar Solidez** (*Design/Modify Morph/Check Solidity*).

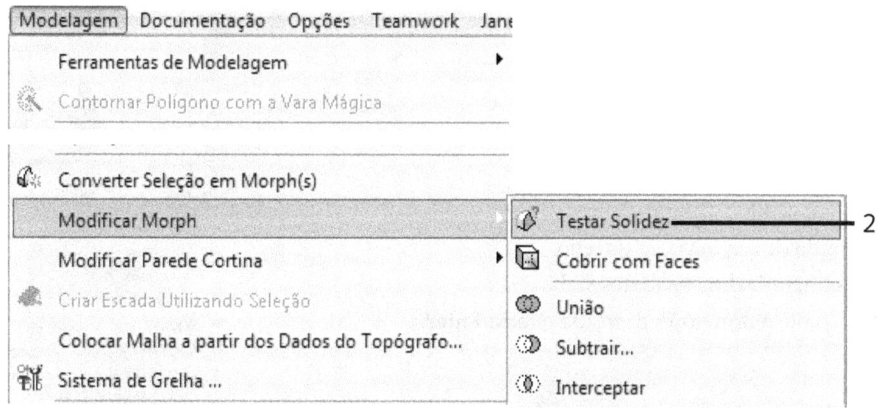

3. Caso esteja tudo bem, o ArchiCAD mostra a mensagem **Todos os Morphs na seleção atual são sólidos** (*All Morphs in the current selection are solid*). Clique em **OK**.

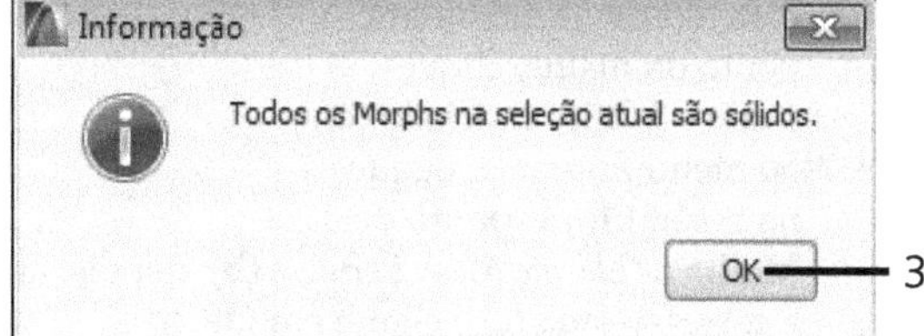

4. Caso haja algum morph não sólido o ArchiCAD emite o aviso e realça as arestas "abertas".

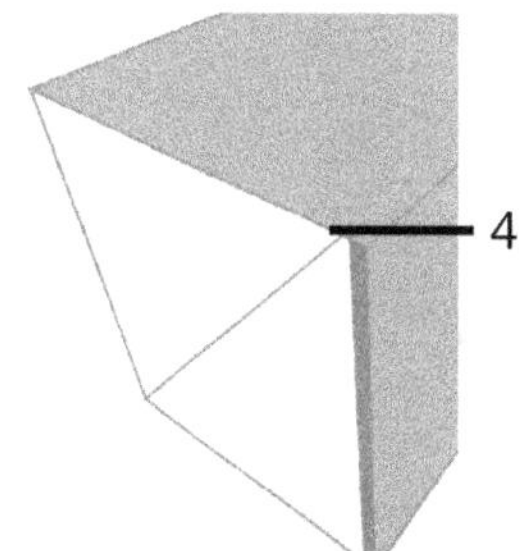

5. Para corrigir os erros clique em **Solidificar** (*Solidify*).

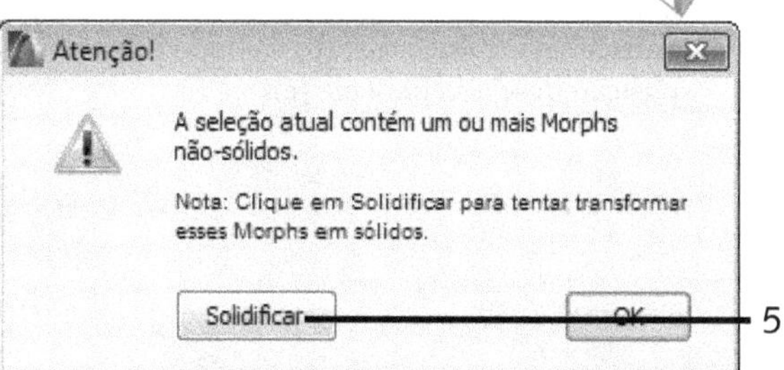

6.4 Modelagem e edição de terrenos

como criar um terreno

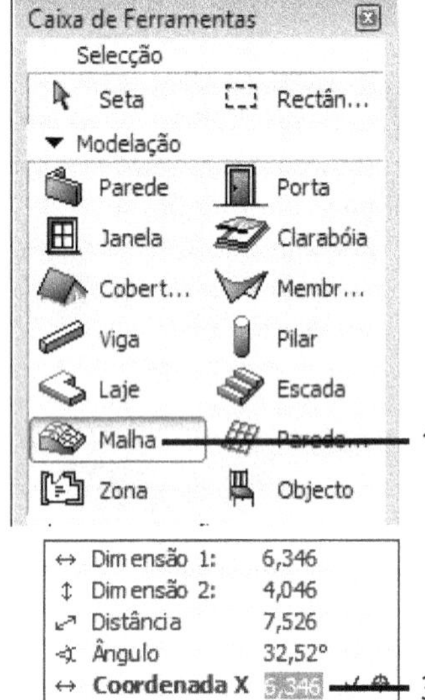

1. Na **Caixa de Ferramentas** (*Toolbox*), clique na ferramenta **Malha** (*Mesh*).

2. Clique onde deseja iniciar o terreno.
3. Tecle X e digite a dimensão desejada.
4. Tecle Y, digite a dimensão desejada e tecle **Enter**.

Dimensão 1: 6,346
Dimensão 2: 4,046
Distância 7,526
Ângulo 32,52°
Coordenada X 6,346 — 3
Coordenada Y -4,046 — 4
Coordenada Z 0,000

5. Para alterar a cota de um ponto da malha, clique sobre o vértice desejado (**a**); no menu flutuante, clique no botão **Elevar ponto de Malha...** (*Elevate Mesh Point...*) (**b**); depois, atribua a cota desejada (**c**) e clique em **OK** (**d**).

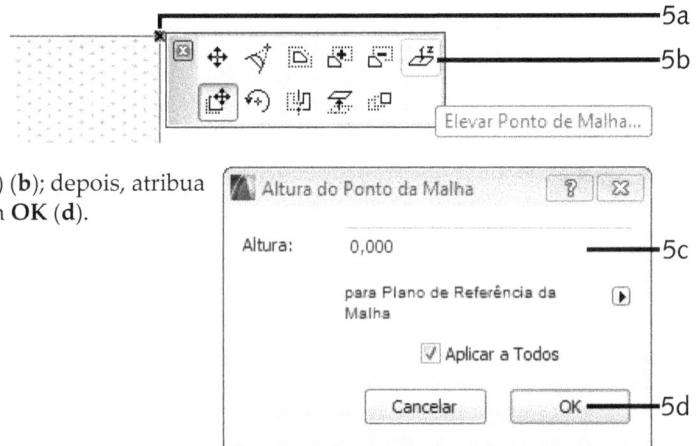

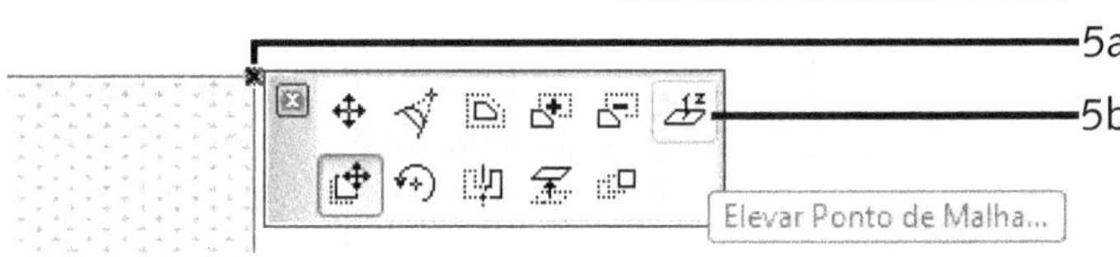

Altura do Ponto da Malha
Altura: 0,000 — 5c
para Plano de Referência da Malha
Aplicar a Todos
Cancelar
OK — 5d

6. Se quiser adicionar mais pontos, clique na posição onde estará o novo vértice (**a**), clique em **Inserir novo vértice** (*Insert new node*) (**b**) e clique novamente na posição desejada para ele (**c**).

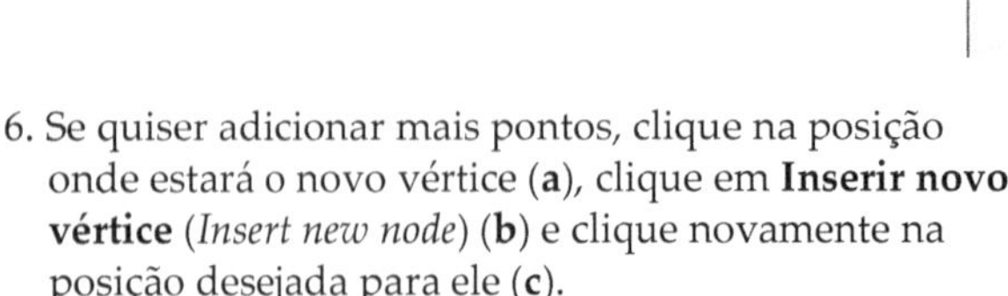

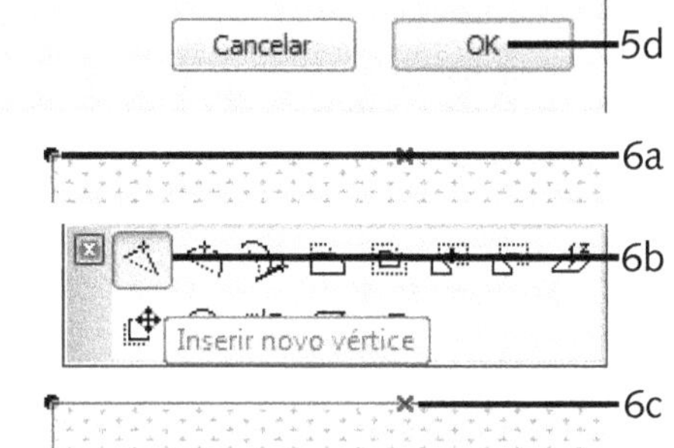

como criar um terreno a partir das curvas de nível de um DWG

1. Vá ao menu **Arquivo/Conteúdo Externo/Colocar Desenho Externo...** (*File/External Content/Place External Drawing...*).

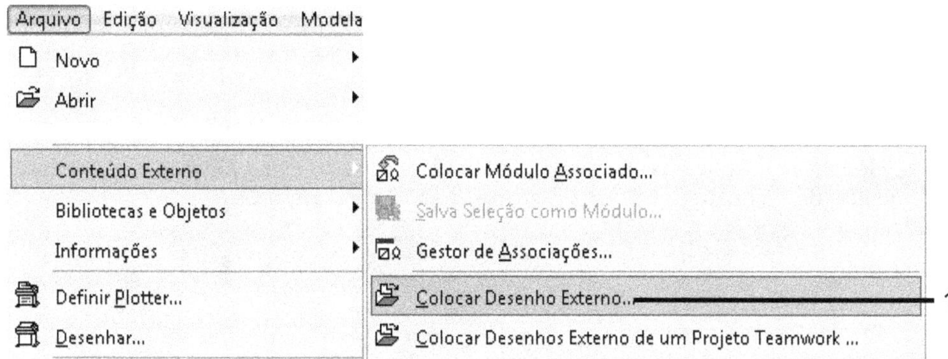

2. Na janela que se abre, clique na barra indicada para escolher o formato de arquivo .dwg (**a**); em seguida, escolha o arquivo que será importado (**b**) e depois clique em **Abrir** (*Open*) (**c**).

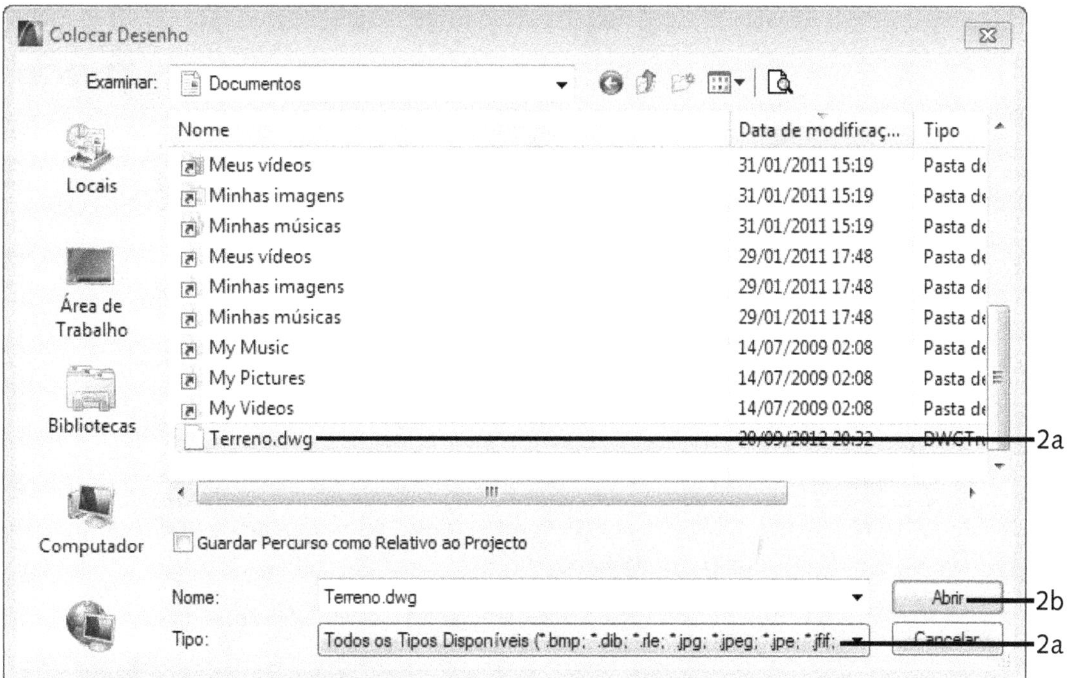

3. Clique na barra indicada para informar ao ArchiCAD qual a unidade de desenho utilizada no arquivo original (**a**). Clique em **Colocar** (*Place*) (**b**) para inserir o desenho.

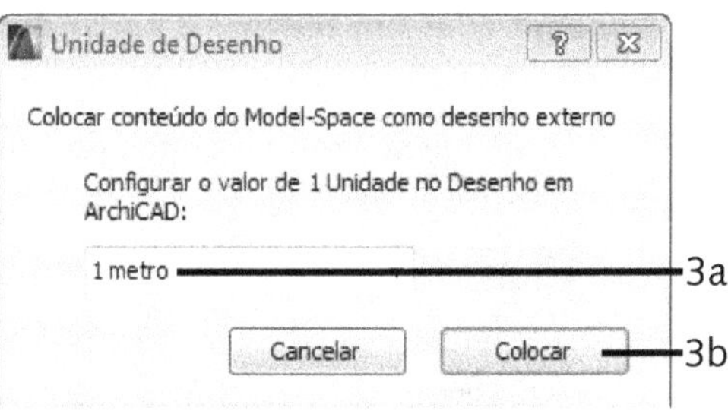

4. Selecione o desenho que você acabou de importar e vá ao menu **Edição/Dar nova forma/Explodir dentro da Vista Atual** (*Edit/Reshape/Explode into Current View*) Ctrl + =.

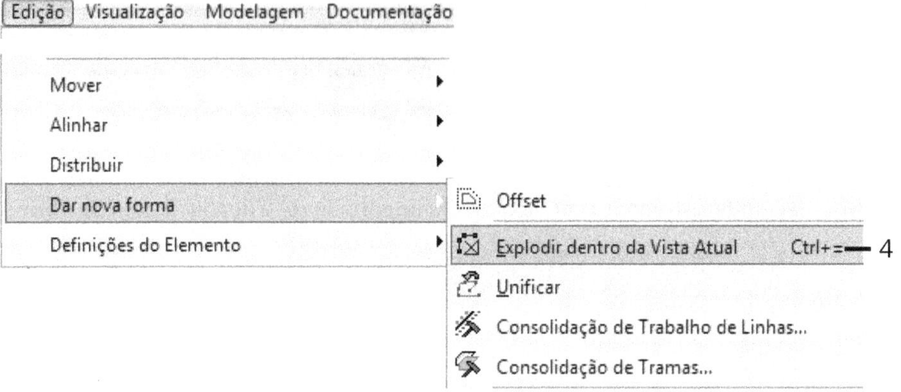

5. Na janela que se abre, clique em **Manter apenas as primitivas de desenho** (*Keep drawing primitives only*) (**a**) e depois clique em **OK** (**b**).

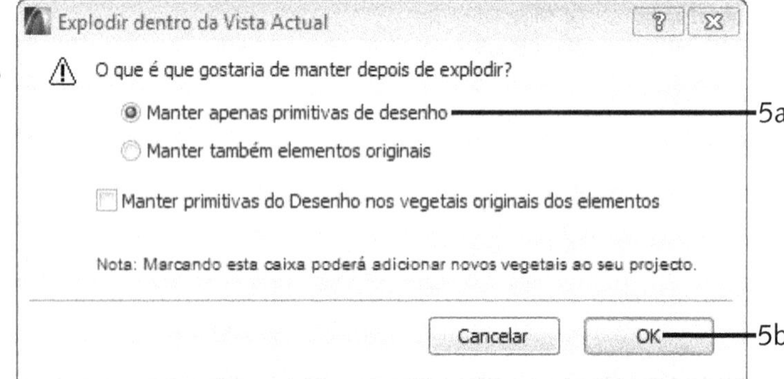

6. Na **Caixa de Ferramentas** (*Toolbox*), clique na ferramenta **Malha** (*Mesh*).

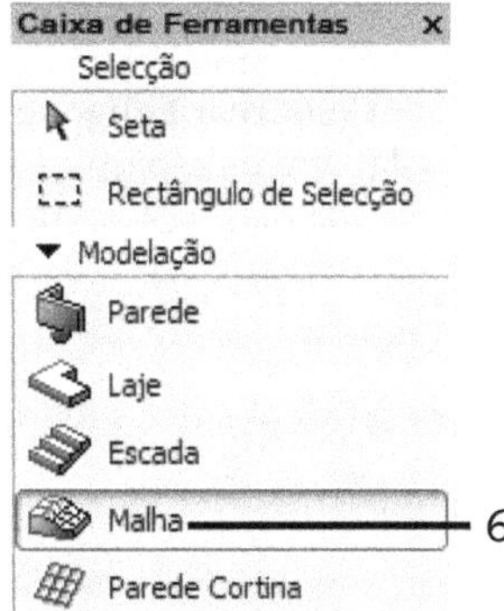

7. Na **Caixa de Informações** (*Default Settings*), clique na opção indicada, para fazer uma malha **Retangular**.

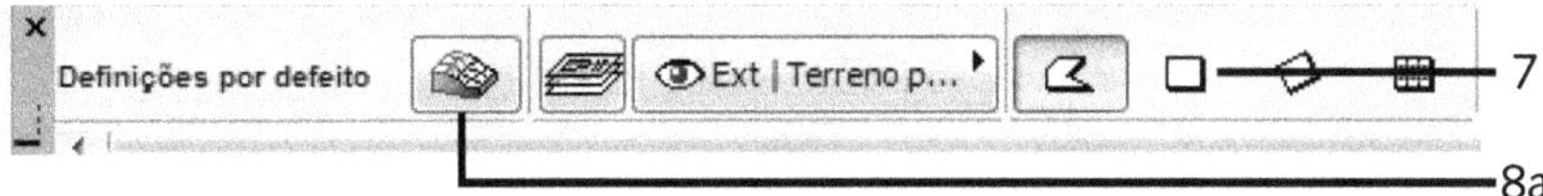

8. Nas **Caixa de Informações** (*Info Box*), clique no **Diálogo de Definições** (*Settings Dialog*) (**a**); na aba **Planta e Corte** (*Floor Plan and Section*) desabilite a opção **Trama de Superfície** (*Cover Fills*) (**b**); clique em **OK** (**c**).

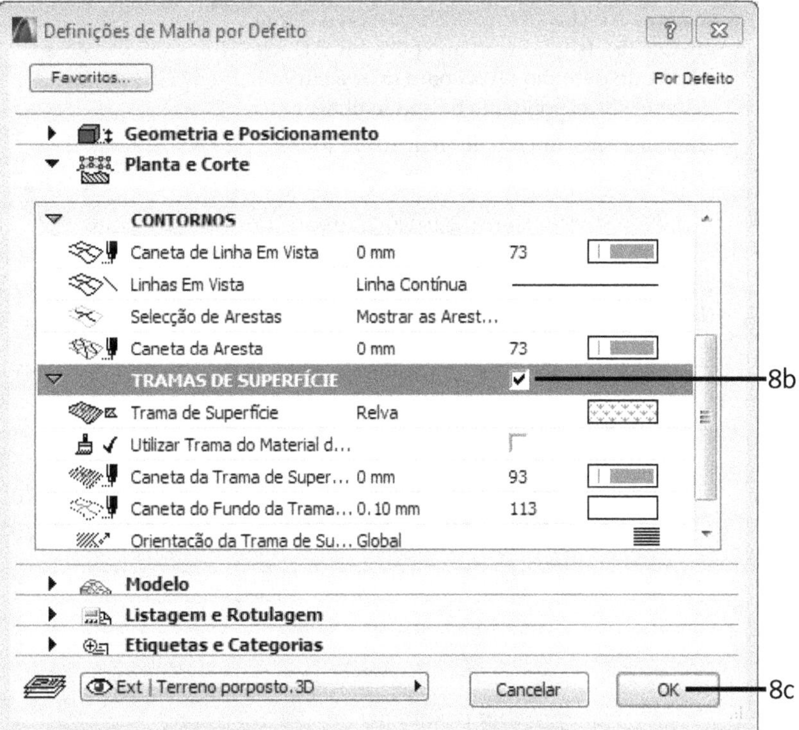

9. Com a ferramenta de **Malha** (*Mesh*) ainda ativa, vá ao menu **Modelagem/ Contornar Polígono com a Vara Mágica** (barra de espaço) (*Design/Outline Polygon with Magic Wand*) (**a**) e selecione uma das curvas de nível (**b**).

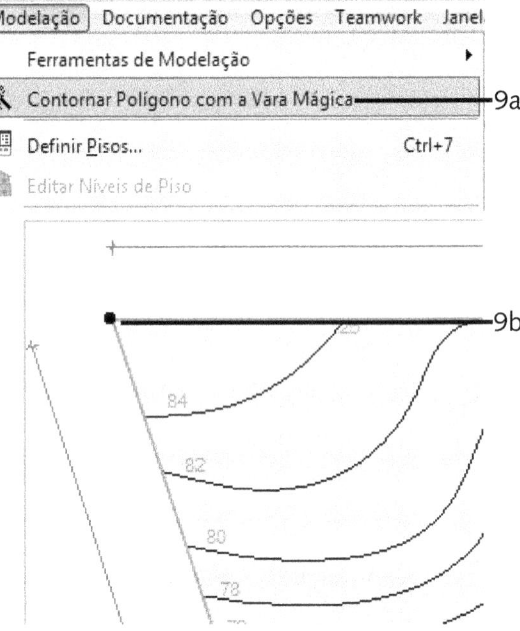

10. Na janela aberta escolha a opção **Adaptar a todas as Arestas** (*Fit to All Ridges*) (**a**) e clique em **OK** (**b**). Isto faz com que o ArchiCAD use a linha do desenho DWG para criar a curva de nível correspondente na sua malha.
11. Repita procedimento do item **10** em todas as curvas.

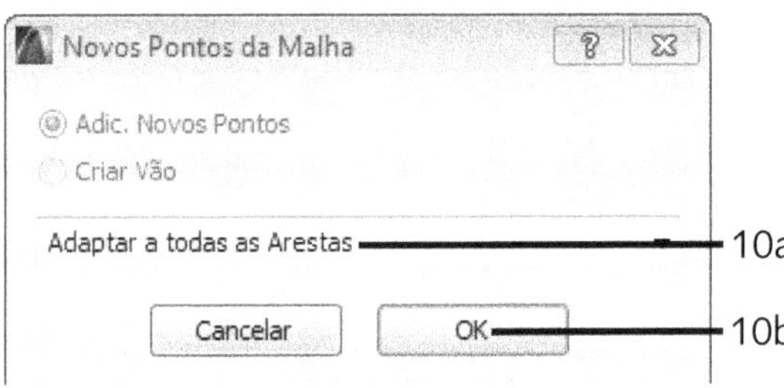

12. Se você achar que o desenho original está atrapalhando a visibilidade do seu trabalho, pode clicar com o botão direito do mouse em cima dele e escolher a opção **Vegetais/Esconder Vegetal** (*Layer/Hide Layer*).

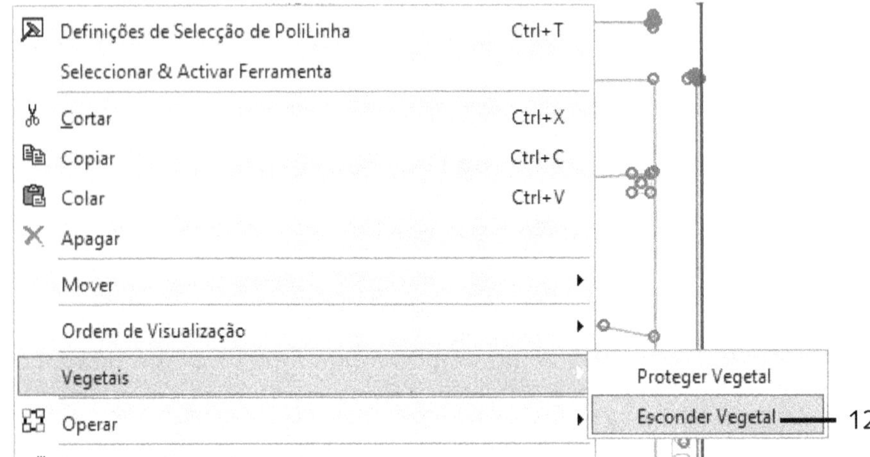

13. Agora será necessário informar ao ArchiCAD qual é a altura de cada curva de nível. Para isso, clique sobre um ponto qualquer da curva que você quer definir a cota (**a**) e, na barra flutuante, clique no botão **Elevar ponto de Malha...** (*Elevate Mesh Point*) (**b**).

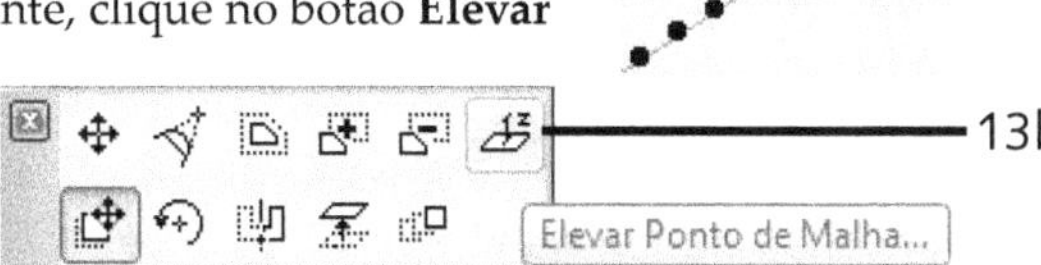

14. Defina a altura do ponto que você clicou (**a**) e habilite a opção **Aplicar a Todos** (*Apply to All*) (**b**) e clique em **OK** (**c**). Repita o procedimento descrito no item anterior nas demais curvas.

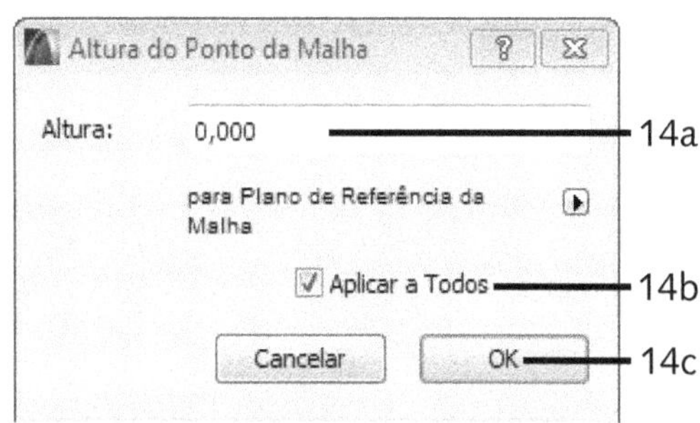

15. Se quiser ajustar o terreno ponto a ponto, vá à paleta **Navegador/Mapa de Projeto** (*Navigator - Project Map*) e clique em **Perspectiva Cônica Genérica** (*Generic Perspective*) (**a**); depois clique no ponto que deseja movimentar e veja a alteração provocada no terreno (**b**).

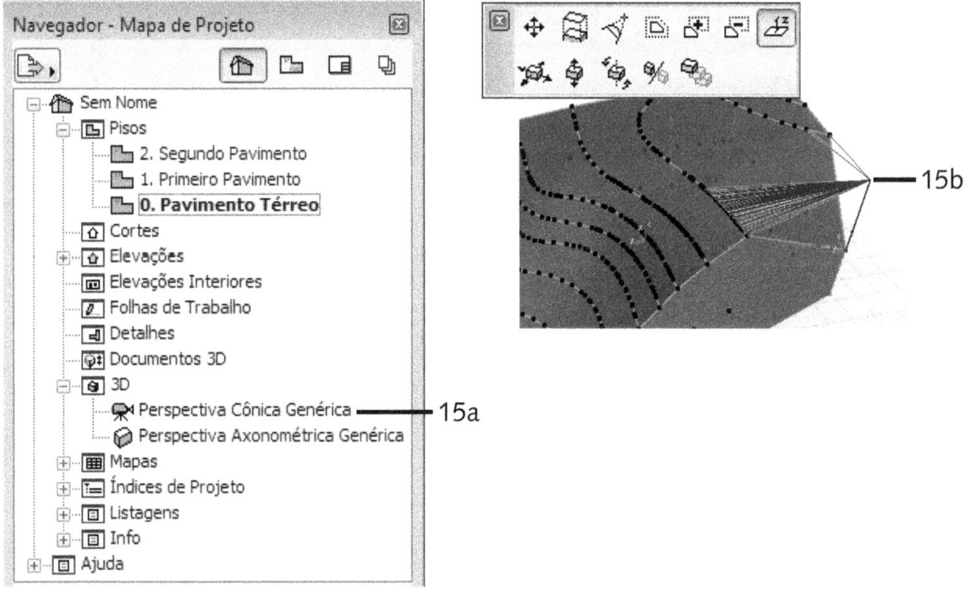

OBS Para terrenos muito grandes é recomendável introduzir os ponto altimétricos manualmente (pois, se usar a vara mágica, pode ser que muitos pontos sejam criados, e como consequência o terreno fique muito pesado). Desse modo o terreno ficará com o detalhamento necessário para a sua finalidade.

como criar um platô

1. Desenhe com a ferramenta **Laje** (*Slab*) o perímetro desejado para o platô e posicione-o na cota desejada.
2. Vá ao menu **Modelagem/Operações Elementos Sólidos...** (*Design/Connect/Solid Element Operations*).

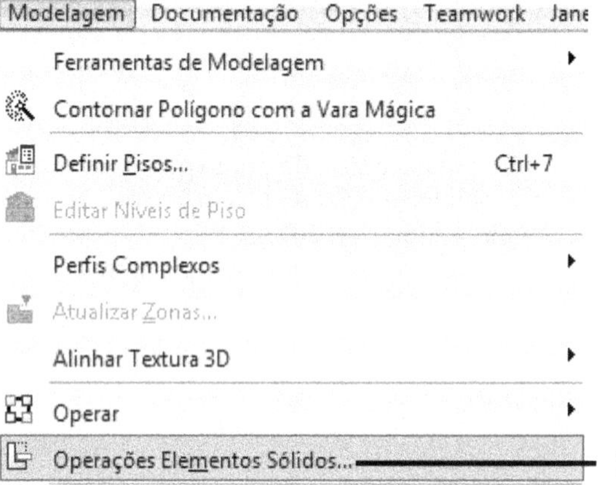

3. Selecione o terreno e clique em **Obter Elementos do Alvo** (*Get Target Elements*).
4. Selecione a laje e clique em **Obter Elementos do Operador** (*Get Operator Elements*).
5. Escolha a operação **Subtração com extrusão para cima** (*Subtraction with upward extrusion*) (**a**) e clique em **Executar** (*Execute*) (**b**).

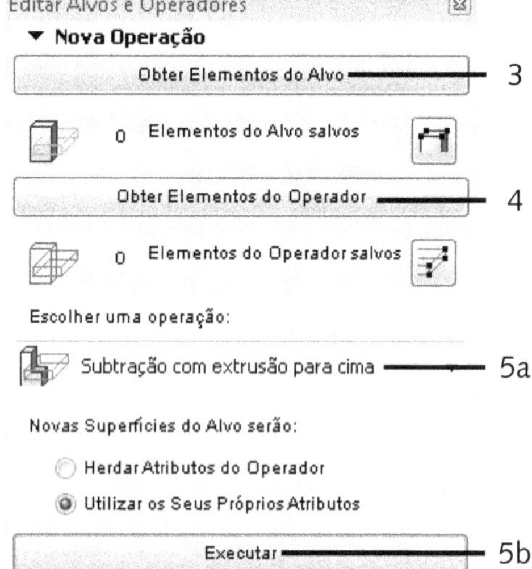

Destaques deste capítulo

como criar uma caixa com a ferramenta Morph (pág 139)

Na **Caixa de Ferramentas** (*ToolBox*) selecione a ferramenta **Morph**. Na **Caixa de Informações** (*Info Box*) escolha o **Método de Geometria Caixa** (*Geometry Method Box*). Desenhe a caixa em vista em planta, utilizando o menu pop-up para determinar as dimensões 2D; depois digite o valor da extrusão da caixa. Clique em **OK**. Selecione o morph e vá ao menu **Visualização/Elementos Vista 3D/Mostrar Seleção/ Marca em 3D** (*View/Elements in 3D view/Show Selection/ Marquee in 3D*) F5. Note que a caixa foi criada com todas as dimensões determinadas.

sub-elementos do morph (pág 149)

Ative a ferramenta **Seta** (*Arrow*) e na **Barra de Informações** (*Info Box*), mude o **Tipo de Seleção** (*Selection Type*) para **Subelem** (ou pressione a combinação Ctrl+Shift no teclado). Clique na aresta ou face que deseja selecionar. Acesse o menu de definições através da **Barra de Informações** (*Info Box*) ou pressionando Ctrl+T; na aba **Modelo** (*Model*) determine as alterações desejadas. Clique em **OK**.

para unir morphs (pág 154)

Selecione os morphs que deseja unir. Vá ao menu **Modelagem/Modificar Morph/União** (*Design/Modify Morph/Union*). Note que os morphs foram agrupados como um elemento único.

como alterar um morph com a opção Empurrar-Puxar (pág 142)

Clique na face que deseja alterar. Na paleta flutuante selecione e opção **Empurrar-Puxar** (*Push/ Pull*). Arraste a face para a direção desejada e defina a distância através do menu flutuante. Tecle **Enter** para confirmar a alteração.

como criar um terreno (pág 158)

Na **Caixa de Ferramentas** (*Toolbox*), clique na ferramenta **Malha** (*Mesh*). Clique onde deseja iniciar o terreno. Tecle X e digite a dimensão desejada. Tecle Y, digite a outra dimensão e tecle **Enter**. Para alterar a cota de um ponto da malha, clique sobre o vértice desejado; no menu flutuante, clique no botão **Elevar ponto de Malha...** (*Elevate Mesh Point...*); depois, atribua a cota desejada e clique em **OK**. Se quiser adicionar mais pontos, clique na posição onde estará o novo ponto e clique em **Inserir novo vértice** (*Insert new node*); clique novamente na posição desejada para confirmar.

como criar um terreno a partir das curvas de nível de um DWG (pág 159)

Vá ao menu **Arquivo/Conteúdo Externo/Colocar Desenho Externo...** (*File/External Content/Place External Drawing...*) e selecione o arquivo .dwg; clique em **Abrir** (*Open*). Determine a unidade de desenho utilizada. Clique em **Colocar** (*Place*). Selecione o desenho e vá ao menu **Edição/Dar nova forma/Explodir dentro da Vista Atual** (*Edit/Reshape/Explode into Current View*). Clique em **Manter apenas as primitivas de desenho** (*Keep drawing primitives only*). Na **Caixa de Ferramentas** (*ToolBox*), selecione a ferramenta **Malha** (*Mesh*). Na **Caixa de Informações** (*Info Box*), escolha a geometria retangular. No Menu de **Definições/Planta e Corte** (*Settings/Floor Plan and Section*) desabilite a opção **Trama de Superfície** (*Cover Fills*). Com a ferramenta de **Malha** (*Mesh*) ativa, vá ao menu **Modelagem/Contornar Polígono com Vara Mágica** (*Design/Outline Polygon with Magic Wand*) e selecione uma das curvas de nível. Escolha a opção **Adaptar a todas as Arestas** (*Fit to All Ridges*). Repita esse procedimento em todas as curvas. Para informar qual é a altura de cada curva de nível clique sobre um ponto qualquer da curva e, na barra flutuante, clique no botão **Elevar ponto de Malha...** (*Elevate Mesh Point...*). Defina a altura do ponto que você clicou e habilite a opção **Aplicar a Todos** (*Apply to All*). Repita o procedimento nas demais curvas.

como usar bibliotecas e módulos

O que você vai ler neste capítulo

7.1 Criação e gerenciamento de objetos e bibliotecas

7.2 Como e porque usar módulos

7.1 Criação e gerenciamento de objetos e bibliotecas

O gerenciamento de objetos e bibliotecas do ArchiCAD é simples mas requer atenção. Para entender como o processo funciona é preciso conhecer os seguintes conceitos:

1. **Objeto** (*Object*) (extensão .gsm): Todo objeto que pode ser usado em um projeto (portas, janelas, cadeiras, escadas, etc.) é um arquivo que usa a extensão .gsm. Você pode criar um objeto a partir de uma modelagem feita no seu projeto (usando outros objetos, ferramentas de **Parede** (*Wall*), **Laje** (*Slab*), **Viga** (*Beam*) ou a ferramenta **Morph**, por exemplo); também pode criar um objeto inteiro usando apenas a linguagem de programação interna do ArchiCAD, chamada **GDL**, ou então combinar as duas técnicas, modelando uma parte e programando a outra. Um objeto sempre é salvo com a extensão .gsm; pode estar em uma pasta normal do seu computador ou pode ficar guardado em um arquivo chamado **Recipiente de Biblioteca** (*Container Library*).
2. **Recipiente de Biblioteca** (*Container Library*) (extensão .lcf): Esse tipo de arquivo é capaz de armazenar uma enorme quantidade de objetos .gsm, imagens, texturas e macros. Esses arquivos podem estar em uma ou mais pastas do seu computador, e quando você cria um arquivo .lcf a estrutura de pastas originais é mantida dentro dele. É um modo prático de levar todos esses recursos de um computador a outro, por exemplo. Também é um modo de proteger a integridade da organização de sua biblioteca, pois um arquivo .lcf não pode ter seu conteúdo modificado.
3. A **Biblioteca Embebida** (*Embedded Library*) é aquela que armazena os objetos dentro de seu arquivo de projeto. A biblioteca pode conter objetos configurados e salvos por você no formato .gsm, arquivos de imagem (.png, .jpeg, .pdf, etc) usados para configurar texturas, materiais e objetos adicionados ao projeto vindos de uma fonte externa.
4. Uma **Biblioteca Vinculada** (*Linked Library*) que aparece na lista do seu **Gestor de Bibliotecas** pode ser formada por uma ou mais pastas do seu computador, ou um ou mais arquivos (.pla ou principalmente .lcf) que contém diversos objetos que podem ser utilizados em qualquer arquivo de projeto do ArchiCAD. Para ver quais bibliotecas estão vinculadas ao seu ArchiCAD, vá ao menu **Arquivo/Bibliotecas e Objetos/Gestor da Biblioteca** (*File/Libraries and Objects/ LibraryManager*).
5. O **Gestor da Biblioteca** (*Library Manager*) é um painel que controla quase todos os recursos de organização e gestão de objetos .gsm, a biblioteca embebida e também as pastas de objetos e recipientes de biblioteca .lcf vinculados ao seu projeto. Para ter uma noção completa das funções do **Gestor da Biblioteca**, veja o item **12.4 Gestor da Biblioteca**, na página **274**.

como criar um objeto (.gsm) a partir de uma seleção

Para criar um objeto a partir de uma seleção:

1. Modele o objeto com as ferramentas normais do ArchiCAD. Você pode usar os objetos de modelagem arquitetônica, como a parede, a laje (**a**) e o pilar (**b**), combinados (ou não) com objetos criados com as ferramentas de morph (**c**), como você pode ver nas imagens abaixo.

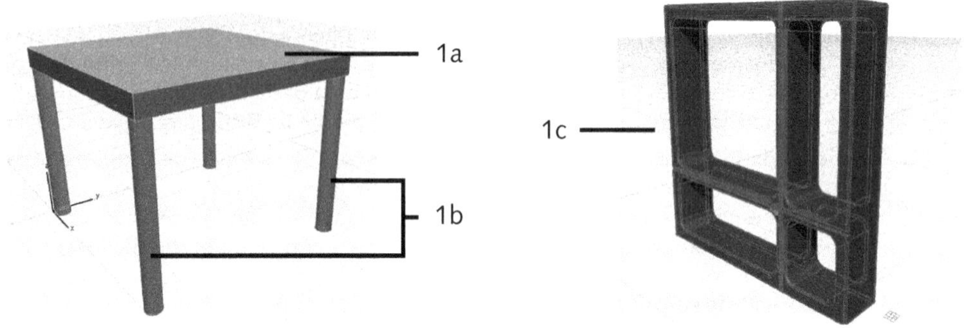

2. Em planta, selecione o objeto modelado, vá ao menu **Arquivo/ Bibliotecas e Objetos/ Salvar Seleção como...** (*File/Libraries and Objects/Save Selection As...*) e escolha entre as opções:

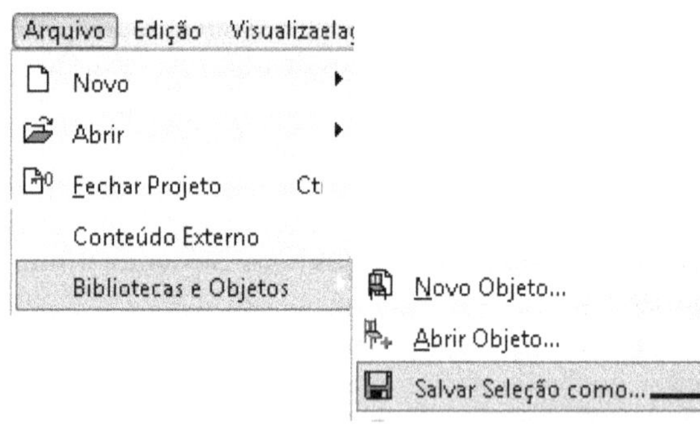

a. **Objeto...** (*Object...*): Salva os elementos modelados como um objeto normal;

b. **Porta...** (*Door...*): Salva os elementos modelados como uma porta. Diferente de um objeto, uma porta pode fazer aberturas automáticas em paredes, entre outros atributos;

c. **Janela...** (*Window...*): Salva os elementos modelados como uma janela. Diferente de um objeto, uma janela pode fazer aberturas automáticas em paredes, entre outros atributos;

d. **Título de Desenho...** (*Drawing Title...*): Salva os elementos como um título de desenho; esse objeto deverá ser utilizado para compor a documentação em pranchas de leiaute;

e. **Caixilho de Janela...** (*Window Sash...*): Salva os elementos modelados como uma opção de caixilho que pode ser usada em todos os tipos de janela; você pode conferir onde seu novo caixilho irá aparecer ao usar o menu de **Definições/Definições de Janela/Opções de Caixilho** (*Settings/Basic Window Settings/ Sash Options*) da ferramenta na **Janela** (*Window*);

f. **Capa de Parede Cortina...** (*Curtain Wall Cap...*): Salva os elementos modelados como uma opção de capa para parede cortina, que pode ser usada na criação de uma parede cortina; você pode conferir onde sua nova capa irá aparecer ao usar o menu de **Definições de Seleção Parede Cortina/Moldura/Definições de Moldura de Parede Cortina/Geometria/Capa** (*Curtain Wall Default Settings/Boundary/Curtain Wall Frame Settings/Geometry/Cap*) da ferramenta **Parede Cortina** (*Curtain Wall*);

g. **Folha Porta...** (*Door Leaf...*): Salva os elementos modelados como uma opção de folha de porta, que pode ser usada em todos os tipos de porta; você pode conferir onde sua nova folha irá aparecer ao usar o menu de **Definições/Definições de Porta/Tipo de Folha de Porta e Puxador/Definição de Painel** (*Settings/Hinged Door Settings/Door Leaf Type and Handle/Custom*) da ferramenta **Porta** (*Door*);

h. **Maçaneta...** (*Door Handle...*): Salva os elementos modelados como uma opção de maçaneta, que pode ser usada em todos os tipos de porta; você pode conferir onde sua nova maçaneta irá aparecer ao usar o menu de **Definições/Definições de Porta/Tipo de Folha de Porta e Puxador/ Puxador** (*Settings/Hinged Door Settings/Door Leaf Type and Handle/Handle*) da ferramenta **Porta** (*Door*);

i. **Moldura de Parede Cortina...** (*Curtain Wall Frame...*): Salva os elementos modelados como uma opção de moldura de parede cortina, que pode ser usada em na criação de uma parede cortina; você pode conferir onde sua nova moldura irá aparecer ao usar o menu de **Definições de Seleção Parede Cortina/Moldura/Tipo de Moldura e Geometria da ferramenta Parede Cortina** (*Curtain Wall*);

j. **Painel de Parede Cortina...** (*Curtain Wall Panel...*): Salva os elementos modelados como uma opção de painel de parede cortina, que pode ser usada em na criação de uma parede cortina; você pode conferir onde seu novo painel irá aparecer ao usar o menu de **Definições de Seleção Parede Cortina/Painéis/Tipo de Painel e Geometria da ferramenta Parede Cortina**;

k. **Painel de Portada...** (*Shutter Panel*): Salva os elementos modelados como uma opção de painel de pára-sol, que pode ser usada em na criação de uma veneziana de uma porta ou janela; você pode conferir onde seu novo painel irá aparecer ao usar o menu de **Definições/Definições de Porta/Definições de Vitrines/Definições de Pára-Sol/Estilo do Painel/Pessoal** da ferramenta **Porta**;

l. **Porta de Armário...** (*Cabinet Door...*): Salva os elementos modelados como uma opção de porta de armário, que pode ser usada em na criação de um armário; você pode conferir onde sua nova porta de armário irá aparecer ao usar o menu de **Definições de Objeto Padrão**, nas pastas **Móveis e Estantes** e **Móveis Cozinha** da ferramenta **Objeto**;

m. **Puxador...** (*Knob*): Salva os elementos modelados como uma opção de puxador, que pode ser usada em na criação de portas; você pode conferir onde seu novo puxador irá aparecer ao usar o menu de **Definições/Definições de Porta/Tipo de Folha de Porta e Puxador/Puxador** da ferramenta **Porta** (*Door*).

3. Na janela que se abre, configure:
   a. **Nome** (*Name*): Dê um nome ao objeto;
   b. **Salvar para** (*Save to*): Escolha entre salvar o objeto na **Biblioteca Embebida** (*Embedded Library*) (e, neste caso, você pode escolher alguma pasta interna ou criar uma nova pasta) ou salvar o **Arquivo em uma pasta selecionada** (*File in a Selected Folder*);
   c. **Guardar/Listar...** (*Save*): Se você salvar o objeto na **Biblioteca Embebida**, clique em **Guardar** para finalizar; caso contrário, clique em **Listar...** (*Browse...*) para escolher a pasta onde seu objeto será guardado.

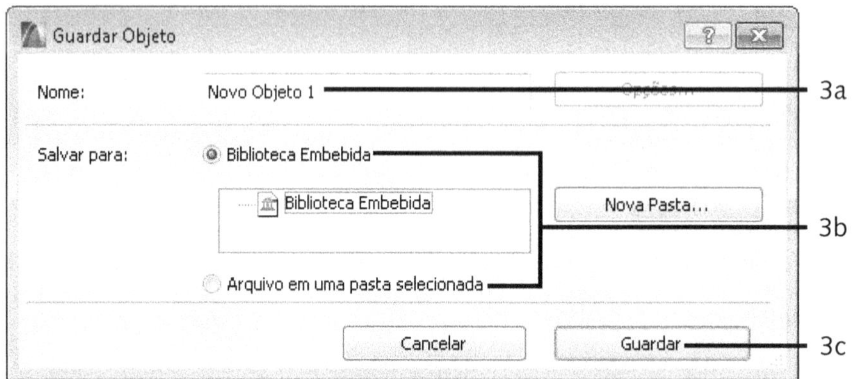

como adicionar objetos à biblioteca do seu arquivo

Para adicionar objetos à biblioteca do seu arquivo:

1. Vá ao menu **Arquivo/ Bibliotecas e Objetos/ Gestor da Biblioteca...** (*File/Libraries and Objects/ Library Manager...*).

2. Na janela que se abre, clique em **Adicionar...** (*Add...*).

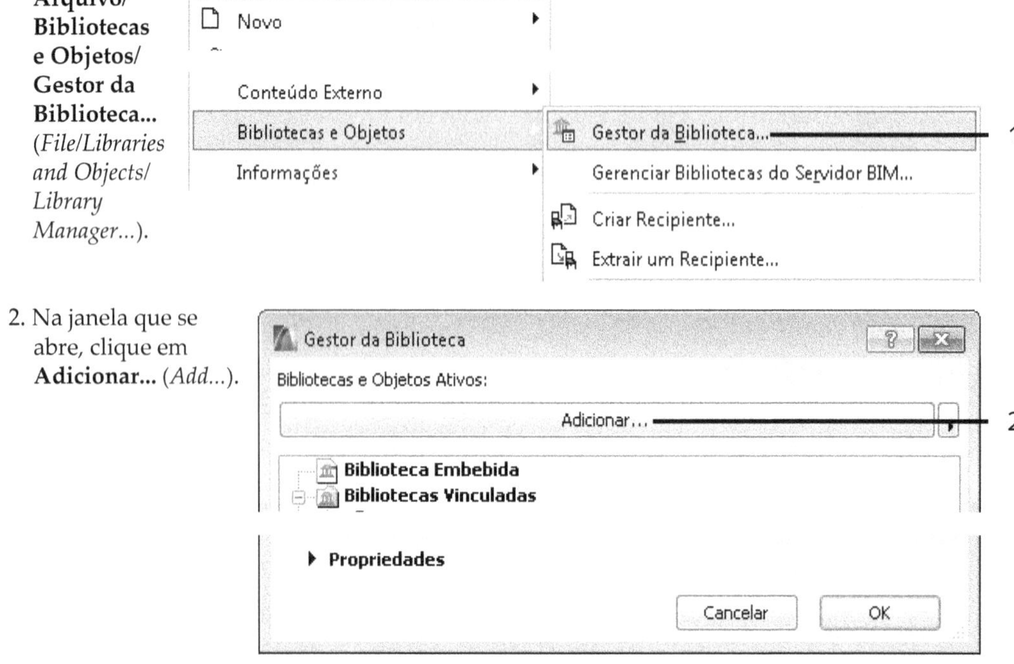

3. Na janela que se abre, clique na barra indicada para escolher o formato de arquivo .gsm (**a**); em seguida, escolha o arquivo que será importado (**b**) e depois clique em **Abrir** (*Open*) (**c**).

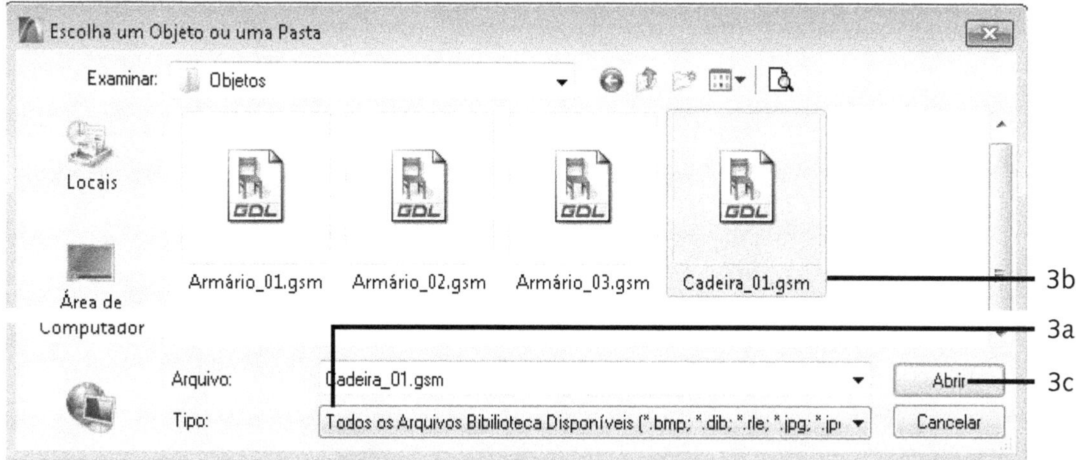

4. Observe que objeto passa a constar da lista de objetos da biblioteca embebida (ou seja a biblioteca de objetos do projeto aberto e ativo) (**a**). Você pode repetir o procedimento para adicionar mais objetos ou clicar em **OK** (**b**) para concluir.

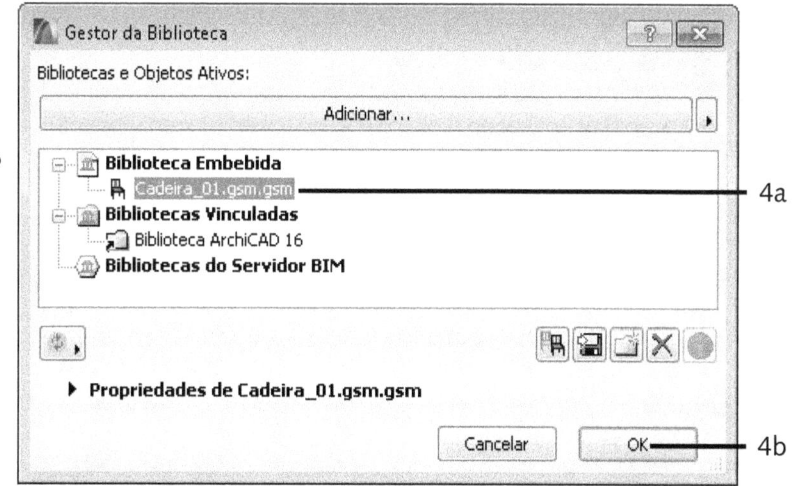

como vincular bibliotecas ao seu arquivo

Neste ponto do programa, o ArchiCAD interpreta como bibliotecas dois diferentes tipos de estruturas: uma pasta comum do seu computador é entendida com uma biblioteca, assim como um arquivo .lcf, que também pode ser chamado pelo seu nome em extenso, Contentor de Biblioteca. Só depois de vincular uma biblioteca ao seu arquivo é que você terá acesso aos objetos que estão dentro dela, para então inserí-los em seu arquivo.

O ato de vincular uma biblioteca (pasta comum ou arquivo .lcf) a um arquivo não faz com que este fique com um tamanho maior; isso porque um vínculo é apenas um atalho, e portanto não copia nenhum objeto para dentro do seu projeto.

Uma vez que as bibliotecas vinculadas não fazem parte do seu arquivo, se precisar copiar um arquivo de projeto de ArchiCAD para outro computador, lembre-se de que essas bibliotecas e seus objetos não serão transferidas junto com ele. Para transferir as bibliotecas de um computador a outro, você precisa copiá-las via sistema operacional, Windows ou Mac OS.

para vincular bibliotecas ao seu arquivo

1. Vá ao menu **Arquivo/ Bibliotecas e Objetos/ Gestor da Biblioteca...** (*File/Libraries and Objects/ Library Manager*).

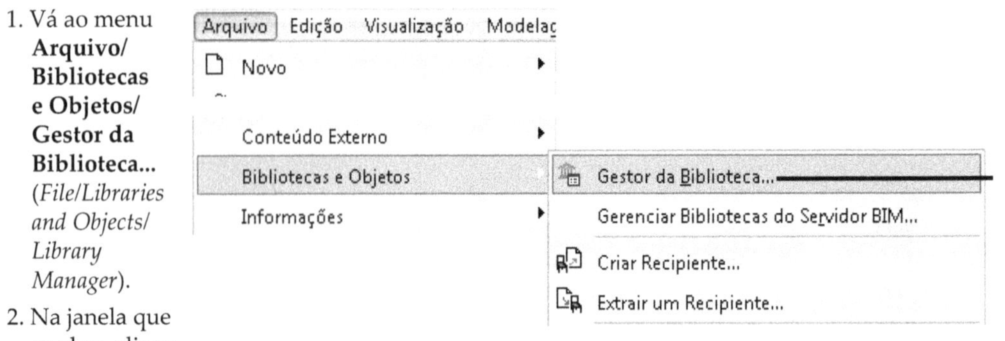

2. Na janela que se abre, clique na seta indicada (**a**) e depois em **Vincular Biblioteca ...** (*Link Library*) (**b**).

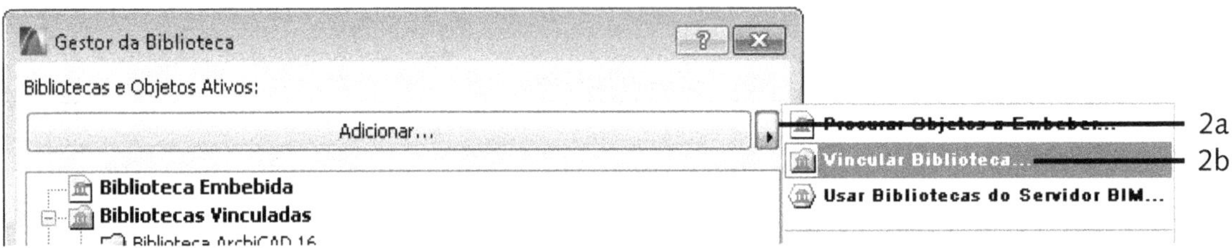

3. Nesta janela, escolha a pasta ou o arquivo .lcf (**a**) e depois clique em **Escolher** (*Choose*) (**b**).

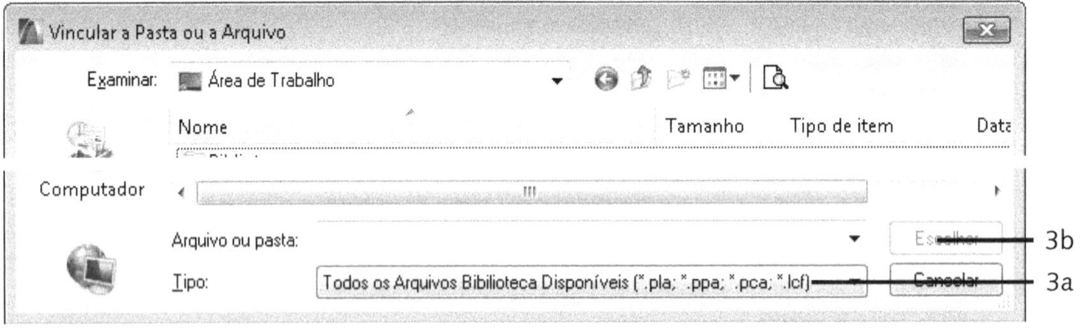

OBS Para saber como inserir um objeto das bibliotecas veja o item **5.4 Outros objetos**, na página **134**.

4. Perceba que a biblioteca passa a aparecer na lista de bibliotecas vinculadas (**a**). Você pode repetir o procedimento para vincular mais bibliotecas ou então finalizar, clicando em **OK** (**b**).

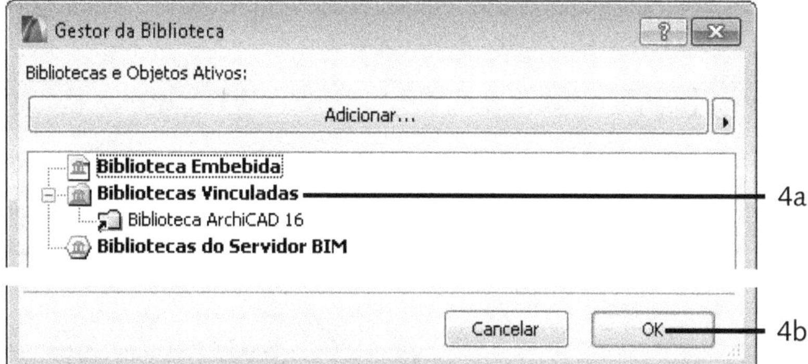

porquê e como criar um recipiente de biblioteca

Imagine que tenha que levar muitos objetos (tanto embebidos quanto os que estão em bibliotecas vinculadas) de um computador a outro, e você quer que tais objetos sejam sempre movimentados em bloco, com a hierarquia de pastas preservada. Suponha também que você não quer que essa estrutura não seja alterada, muito menos que objetos sejam retirados ou incluídos nesta futura biblioteca. O caminho para isso é criar um recipiente (ou contentor) de biblioteca. Conforme explicado no item **7.1 Criação e gerenciamento de objetos e bibliotecas, na página 167**, um recipiente de biblioteca é um arquivo .lcf que guarda diversos objetos, mantendo a estrutura de pastas existente no momento de sua criação. O arquivo .lcf não pode ser alterado; sendo assim, não é possível adicionar nem apagar itens de dentro dele.

Para criar um recipiente de biblioteca:

1. Vá ao menu **Arquivo/ Bibliotecas e Objetos/ Criar Recipiente...** (*File/Libraries and Objects/ Create Container...*).

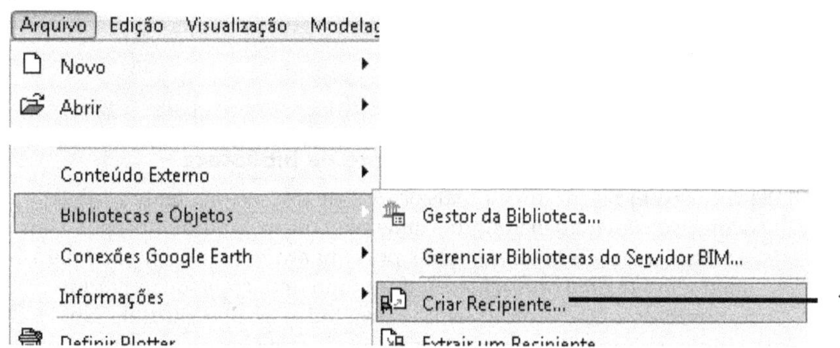

2. Na janela que se abre, selecione uma ou mais bibliotecas (a embebida e/ou qualquer uma vinculada) que você quer que sejam convertidas em um único arquivo .lcf.
3. Clique em **Criar** (*Create*).

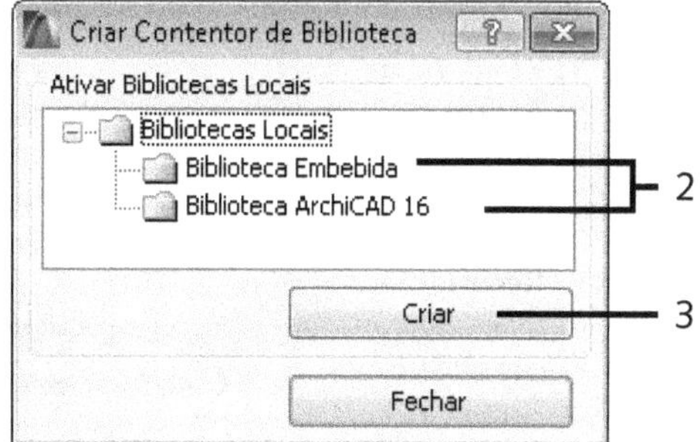

4. Na janela que se abre, escolha onde o arquivo será gravado (**a**); em seguida, dê um nome a ele (**b**) e depois clique em **Salvar** (*Save*) (**c**).

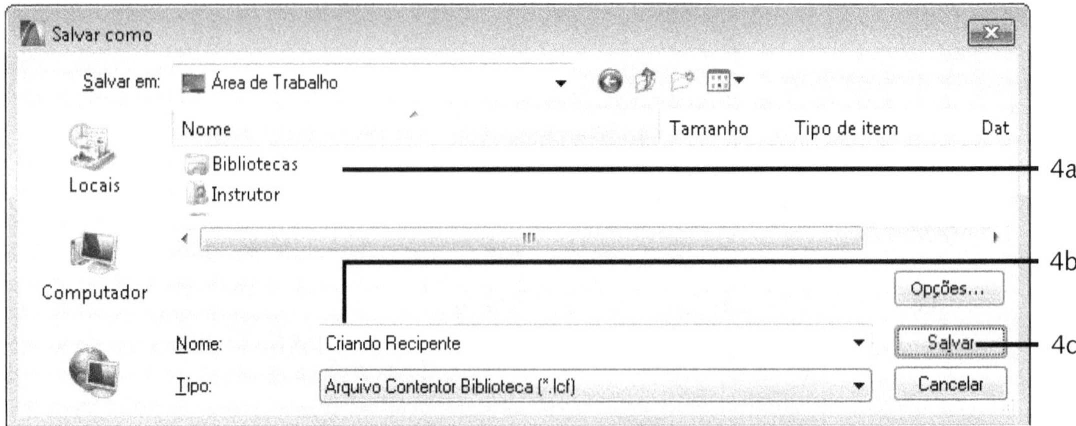

5. O ArchiCAD salva o arquivo .lcf no local indicado e leva você de volta à janela anterior, para que você possa fazer outros arquivos .lcf, se precisar. Se tiver terminado, clique em **Fechar** (*Close*).

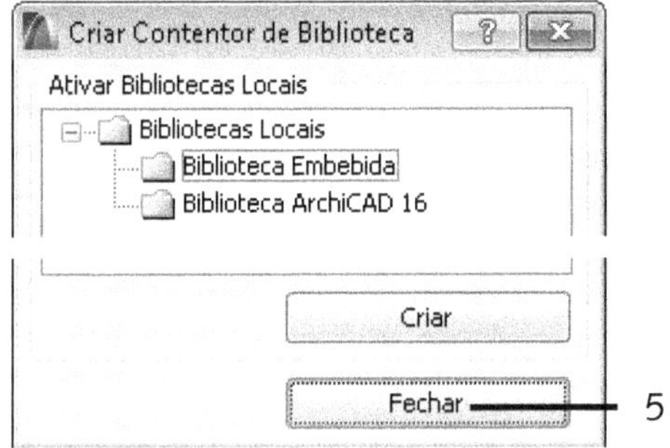

porquê e como extrair um recipiente de biblioteca

Se você quiser copiar um ou mais objetos de um recipiente de biblioteca .lcf (desejo comum quando é preciso copiar apenas alguns itens para outro computador, por exemplo), vai perceber que não é possível fazer isso diretamente, pois um arquivo .lcf é travado para essas operações. De outro modo, existe uma operação que desmonta uma cópia de um arquivo .lcf em uma pasta do seu computador. Esse procedimento extrai todos os elementos de um .lcf com a mesma hierarquia do recipiente original. A partir daí você pode selecionar o que quiser para copiar de um computador a outro ou até mesmo criar um novo arquivo .lcf, baseado no anterior.

Para extrair um recipiente de biblioteca:

1. Vá ao menu **Arquivo/ Bibliotecas e Objetos/ Extrair um Recipiente...** (*File/Libraries and Objects/ Extract a Container...*).

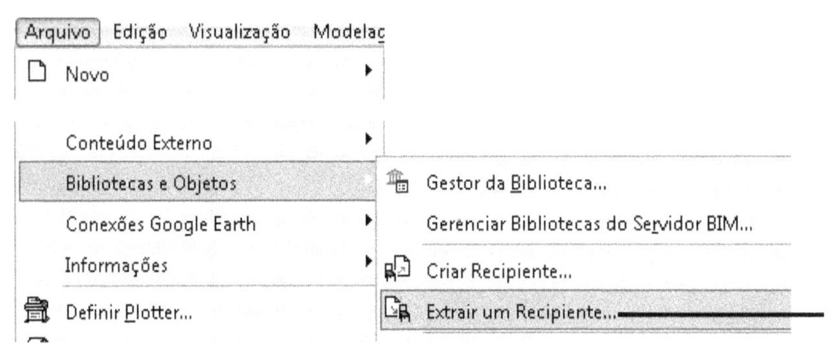

2. Na janela que se abre, localize o arquivo .lcf (**a**) e depois clique em **Abrir** (*Open*) (**b**).

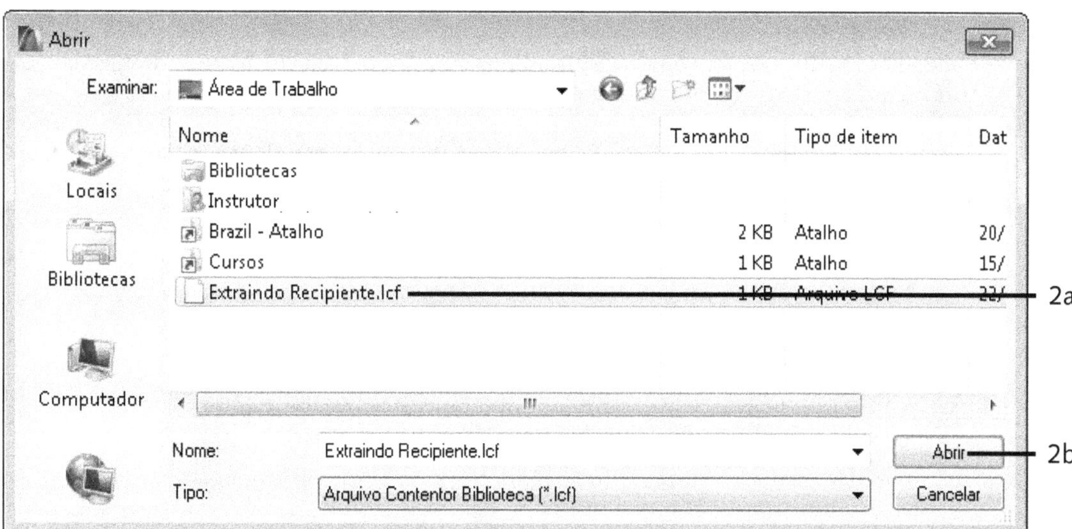

3. Nesta janela, escolha a pasta onde o ArchiCAD vai criar uma nova pasta para onde serão copiados os pastas que estão dentro do arquivo .lcf escolhido (**a**). Se quiser criar uma nova pasta para colocar as pastas de objetos, clique no botão indicado (**b**).
4. Clique em **OK**.

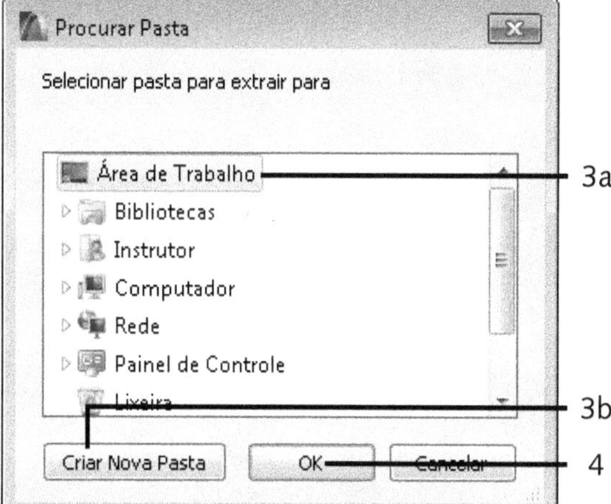

5. Você pode verificar, pelo seu sistema operacional, na pasta escolhida, que o ArchiCAD extraiu todas as pastas que formavam o arquivo .lcf original com a mesma hierarquia utilizada no momento da criação do arquivo .lcf.

7.2 Como e porque usar módulos

o que são módulos

Os módulos são úteis sempre que você precisar usar estruturas repetitivas ou padronizadas em um ou mais projetos. Você cria um módulo desenhando normalmente uma só vez e pode usá-lo quantas vezes quiser em qualquer projeto. A vantagem é que, se for necessário fazer alguma alteração no módulo, esta modificação poderá ser atualizada em todos os arquivos que contém cópias deste.

Para criar um módulo existem duas maneiras: salvar um projeto como um módulo ou salvar elementos selecionados de um projeto como um módulo. Um módulo é salvo pelo ArchiCAD com a extensão .mod.

para salvar um projeto como módulo

1. Após a construção do modelo que será transformado em módulo, em planta, vá ao menu **Arquivo/Salvar Como...** (*File/Save As...*) Ctrl+Shift+S.

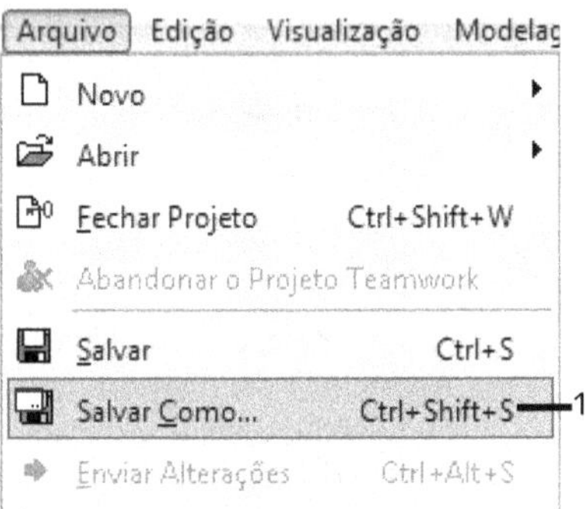

2. No menu **Salvar Planta** (*Save Plan*) dê um nome (**a**) para seu arquivo e escolha o formato (**b**) **Arquivo Módulo** (*Module File*) (*.mod).

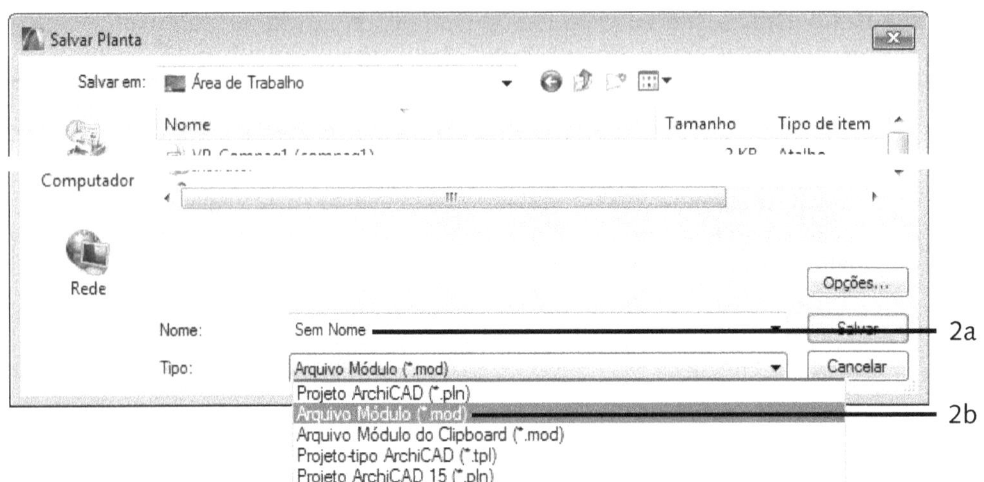

3. Clique no botão **Opções...** (*Options*) e, na janela que se abre, escolha:

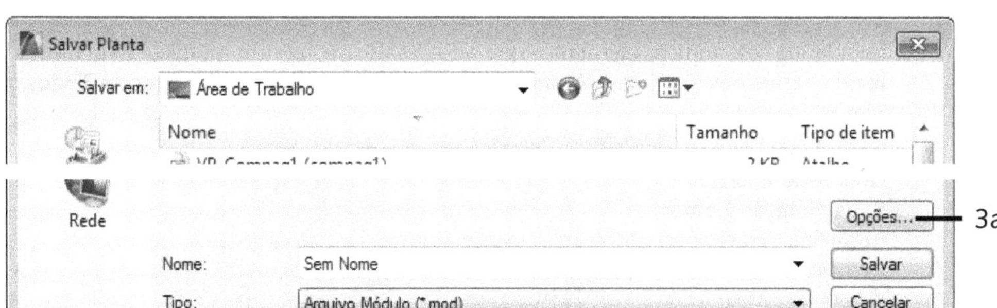

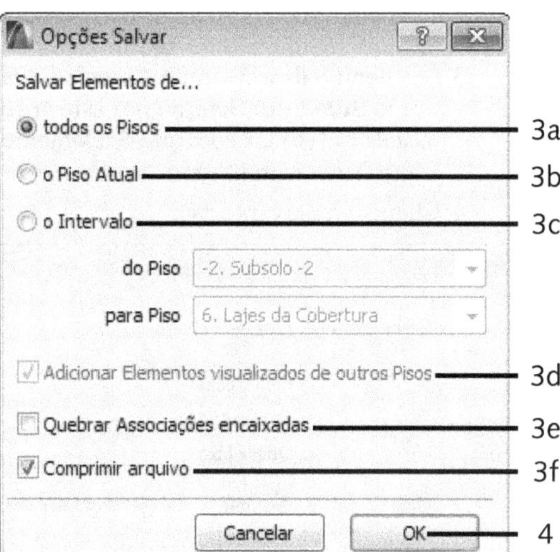

a. **todos os Pisos** (*all Stories*): Salva os elementos de todos os pisos do projetos;

b. **o Piso Atual** (*the Current Story*): Salva os elementos do piso ativo;

c. **o Intervalo** (*the Range*): Permite a escolha de um intervalo de pisos determinado;

d. **Adicionar Elementos visualizados de outros Pisos** (*Add displayed Elements of other Stories*): Adiciona ao arquivo salvo além dos elementos que pertencem ao piso selecionado, os elementos de outros pisos mas que estão sendo visualizados nele;

e. **Quebrar Associações encaixadas** (*Break nested Hotlinks*): Se na vista já existir algum módulo, ao salvar, essa associação será desfeita;

f. **Comprimir arquivo** (*Compress file*): Esta opção vem selecionada por default no ArchiCAD e reduz em até 7% o tamanho dos arquivos. Deve ser desativada apenas se o tempo de gravação do arquivo se estender demais.

4. Clique em **OK**.
5. Clique em **Salvar** (*Save*).

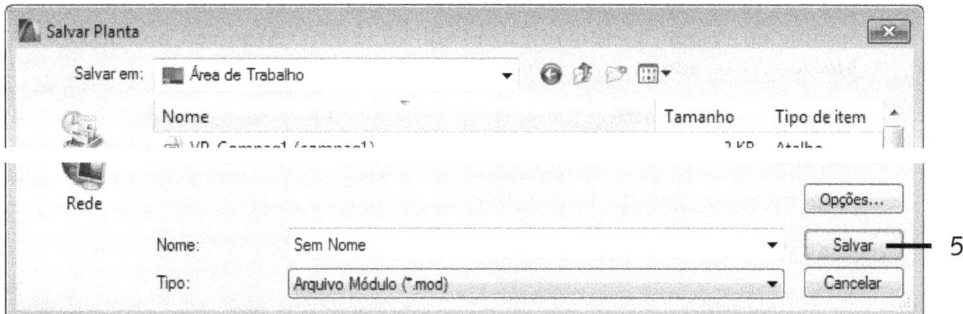

como salvar elementos selecionados como um módulo

1. Em planta, selecione os elementos que deseja salvar como um módulo. Para uma seleção que inclua vários pisos utilize o **Retângulo de Seleção** (*Marquee Tool*) no modo **Todos os Pisos** (*all Stories*).
2. Vá ao menu **Arquivo/ Conteúdo Externo/ Salva Seleção Como Módulo...** (*File/ External Content/Save Selection as Module...*).

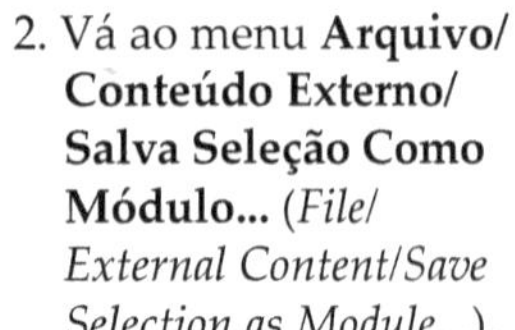

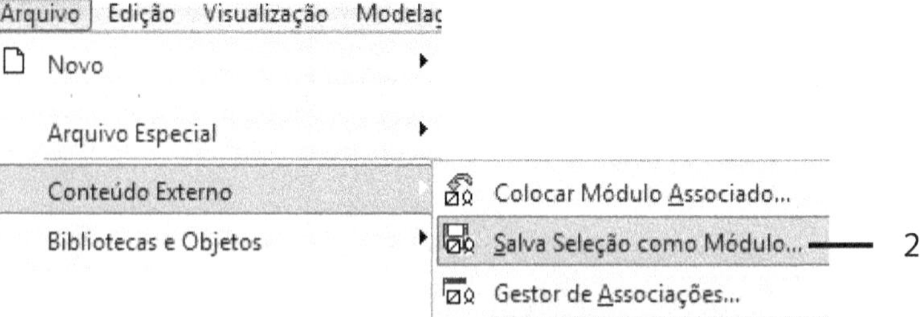

3. No menu **Salvar Módulo Associado** (*Save Hotlinked Module*) dê um nome para o arquivo (**a**). A opção **Substituir Seleção por este arquivo módulo associado** (*Replace Selection with this hotlinked module file*) (**b**) faz com que os elementos selecionados, após serem salvos como módulo, se transformem em só um.
4. Clique em **Salvar** (*Save*).

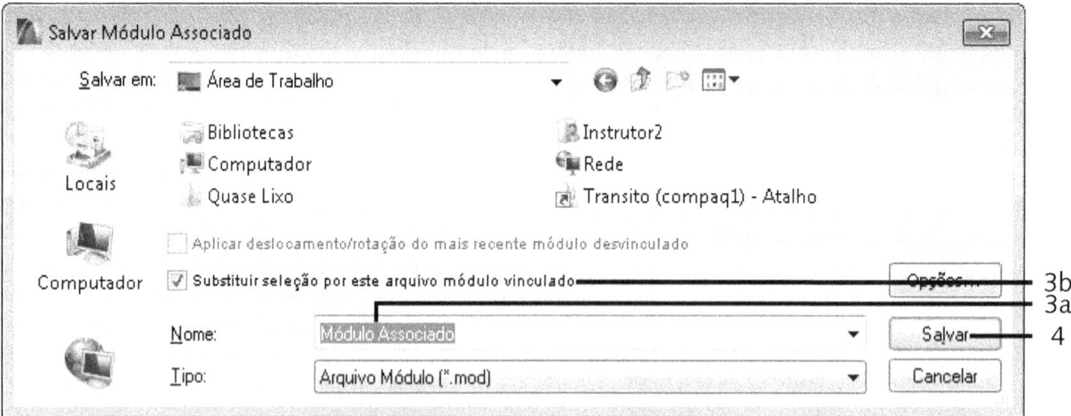

como colocar um módulo

1. No arquivo em que deseja inserir o módulo vá ao menu **Arquivo/Conteúdo Externo/Colocar Módulo Associado...** (*Place Hotlinked module...*).

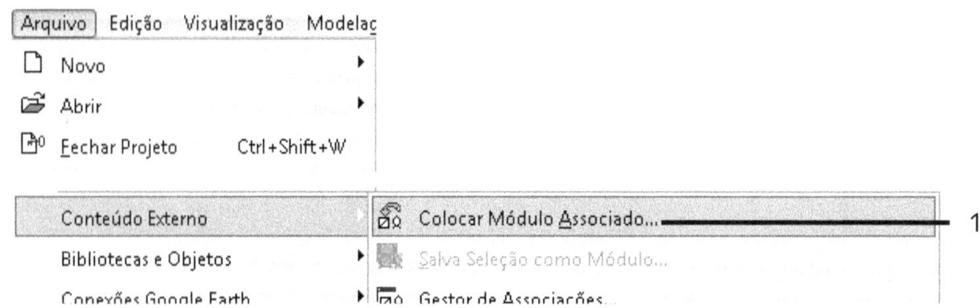

2. No menu **Colocar Módulo** (*Place Module*) clique no botão **Escolher Associação...** (*Choose Hotlink...*).

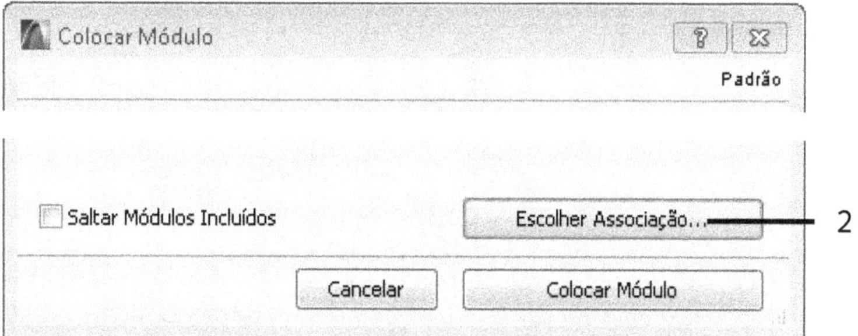

3. Clique em **Nova Associação...** (*New Hotlink...*) (**a**) e, em seguida, escolha a opção do **Arquivo** (*from File*) (**b**); se estiver trabalhando com um modulo que faz parte de um Teamwork, clique no botão indicado (**c**).

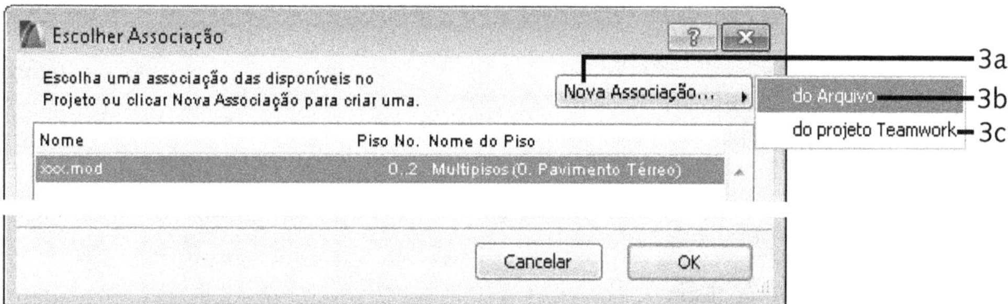

4. Localize e escolha o arquivo desejado (**a**) e clique em **Selecionar** (*Select*) (**b**).

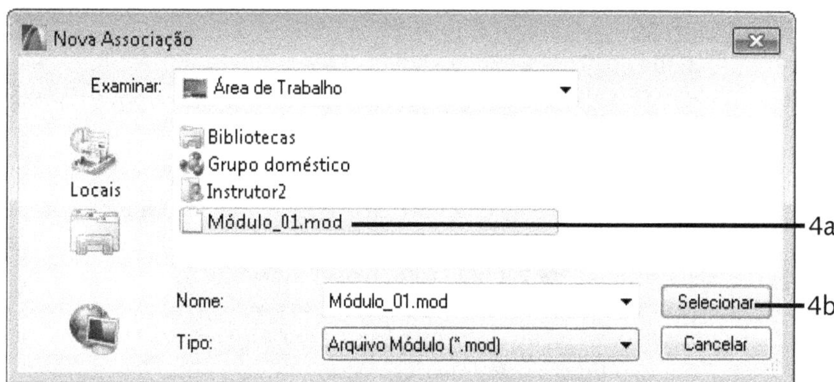

5. De volta ao menu anterior, selecione o módulo (**a**) clique em **OK** (**b**).

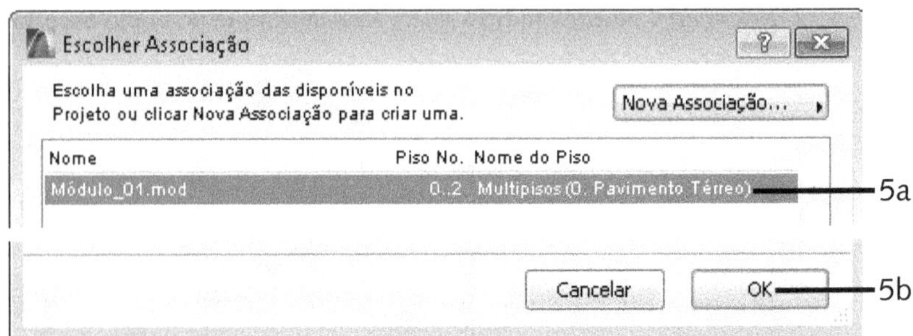

6. Na janela **Colocar Módulo** (*Place Module*) defina:

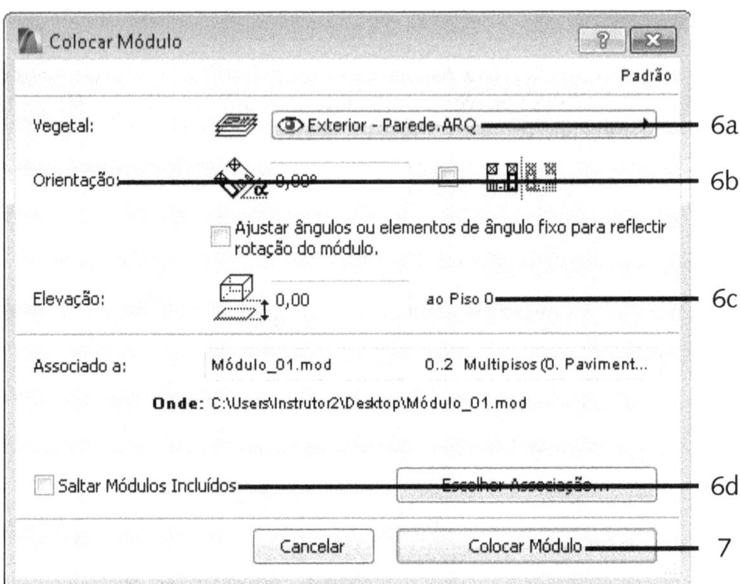

   a. **Vegetal** (*Master Layer*): Escolha o vegetal onde o módulo ficará vinculado;

   b. **Orientação** (*Orientation*): Se necessário, determine para o módulo um ângulo diferente do definido no arquivo original. Os elementos que por padrão ficam com ângulos fixos (tais como rótulos ou selos de **Zona** definidos para **Ângulo Fixo**) não serão atingidos pelo ângulo determinado a não ser que a opção **Ajustar o ângulo de elementos de ângulo fixo para refletir a rotação do módulo** esteja ligada. Para espelhar o módulo, tomando como referência o posicionamento do arquivo original ative a opção **Orientação** para colocar um **Módulo Simétrico**;

   c. **Elevação** (*Elevation*): Se preciso adicione uma elevação, em relação ao nível zero, que será somada ao valor definido no arquivo original;

   d. **Saltar Módulos incluídos** (*Skip Nested Modules*): Ative esta opção se desejar que os módulos associados ao módulo que está sendo inserido, caso existam, não sejam incluídos.

7. Clique em **Colocar Módulo** (*Place Module*).

Destaques deste capítulo

como criar um objeto (.gsm) a partir de uma seleção (pág 168)

Modele o objeto com as ferramentas normais do ArchiCAD. Em planta, selecione o objeto modelado, vá ao menu **Arquivo/Bibliotecas e Objetos/Salvar Seleção como...** (*File/Libraries and Objects/Save Selection as...*) e escolha a opção **Objeto...** (*Object...*). Clique em **Guardar** (*Save*).

como adicionar objetos à biblioteca do seu arquivo (pág 170)

Vá ao menu **Arquivo/Bibliotecas e Objetos/ Gestor da Biblioteca...** (*File/Libraries and Objects/Library Manager*). Clique em **Adicionar...** (*Add...*). Escolha o formato de arquivo .gsm; em seguida, escolha o arquivo que será importado e clique em **Abrir** (*Open*). Observe que objeto passa a constar da lista de objetos da biblioteca embebida.

como vincular bibliotecas ao seu arquivo (pág 171)

Vá ao menu **Arquivo/Bibliotecas e Objetos/ Gestor da Biblioteca...** (*File/Libraries and Objects/Library Manager...*). Na janela que se abre, clique na seta ao lado do botão **Adicionar...** (*Add...*) e depois em **Vincular Biblioteca** (*Link Library...*). Escolha a pasta ou o arquivo .lcf e depois clique em **Escolher** (*Choose*). Perceba que a biblioteca passa a aparecer na lista de bibliotecas vinculadas. Clique em **OK**.

porquê e como criar um recipiente de biblioteca (pág 173)

Vá ao menu **Arquivo/Bibliotecas e Objetos/ Criar Recipiente...** (*File/Libraries and Objects/Create Container...*). Selecione uma ou mais bibliotecas que você quer que sejam convertidas em um único arquivo .lcf. Clique em **Criar** (*Create*). Escolha onde o arquivo será gravado, dê um nome a ele e depois clique em **Salvar** (*Save*). O ArchiCAD salva o arquivo .lcf no local indicado e leva você de volta à janela anterior, para que você possa fazer outros arquivos .lcf, se precisar. Se tiver terminado, clique em **Fechar** (*Close*).

como salvar elementos selecionados como um módulo (pág 178)

Em planta, selecione os elementos que deseja salvar como um módulo. Vá ao menu **Arquivo/Conteúdo Externo/Salva Seleção Como Módulo...** (*File/External Content/Save Selection as Module...*). No menu **Salvar Módulo Associado** (*Save Hotlinked Module*) dê um nome para o arquivo. Clique em **Salvar** (*Save*).

como colocar um módulo (pág 178)

No arquivo em que deseja inserir o módulo vá ao menu **Arquivo/Conteúdo Externo/Colocar Módulo Associado...** (*Place Hotlinked module...*). No menu **Colocar Módulo** (*Place Module*) clique no botão **Escolher Associação...** (*Choose Hotlink...*).

Clique em **Nova Associação...** (*New Hotlink...*) e, em seguida, escolha a opção **do Arquivo** (*from File*). Localize e escolha o arquivo desejado e clique em **Selecionar** (*Select*). De volta ao menu anterior, selecione o módulo e clique em **OK**. No menu **Colocar Módulo** (*Place Module*) defina **Vegetal** (*Master Layer*), **Orientação** (*Orientation*), **Elevação** (*Elevation*) e **Saltar Módulos incluídos** (*Skip Nested Modules*). Clique em **Colocar Módulo** (*Place Module*).

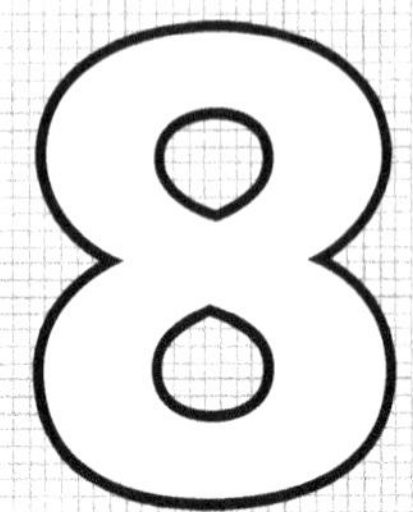

8 visualização 3D e ajustes para renderização

O que você vai ler neste capítulo

8.1 Visualização 3D

como observar seu projeto em 3D

1. Vá ao menu **Janelas/3D** (*Window/3D*) F3, para observar seu desenho em 3D.
2. Vá ao menu **Janelas/Planta** (*Window/Floor Plan*) F2, para retornar ao seu desenho em planta.

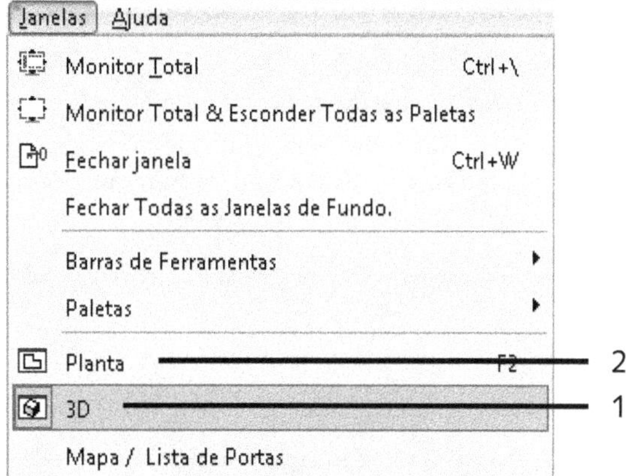

OBS1 Na paleta **Mini Navegador** (*Mini Navigator*), clique no botão 3D que fica na barra.

OBS2 Na paleta **Navegador - Mapa de Projeto** (*Navigator - Project Map*), dê dois cliques em uma das opções de visualização 3D: **Perspectiva Cônica Genérica** (*Generic Perspective*) ou **Perspectiva Axonométrica Genérica** (*Generic Axonometry*).

como orbitar pelo projeto

1. Em uma vista 3D, vá ao menu **Visualizar/Orbitar** (*View/Orbit*) O.
2. Clique e arraste o cursor pelo desenho para visualizar seu projeto.

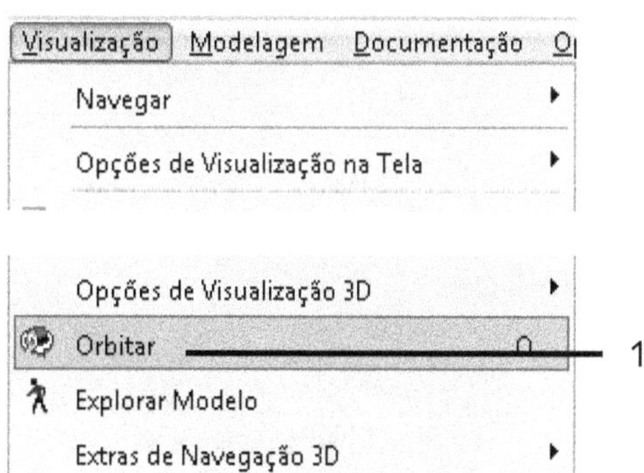

OBS Na paleta **Mini Navegador** (*Mini Navigator*), clique no botão **Orbitar** (*Orbit*) O.

como observar parte do seu projeto em 3D

1. Vá ao piso do que deseja ver isolado na vista 3D.
2. Na **Caixa de Ferramentas** (*Toolbox*), clique na ferramenta **Retângulo de Seleção** (*Marquee*).

3. Faça o retângulo de seleção contendo a área parte do projeto que deseja visualizar.

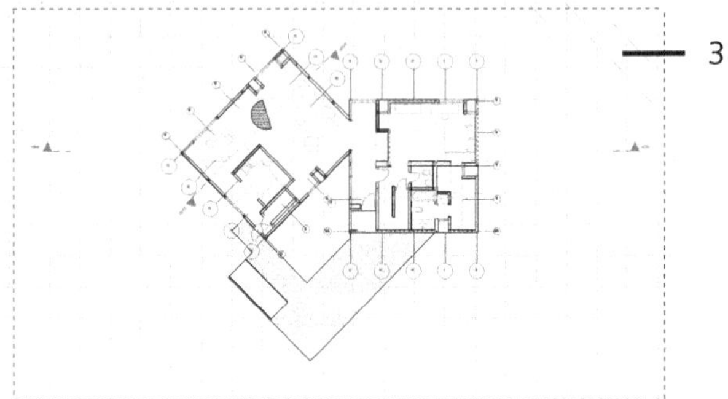

4. Vá ao menu **Visualização/ Elementos Vista 3D/ Mostrar Seleção/Marca em 3D** (*View/Elements in 3D View/Show Selection/Marquee in 3D*) F5.

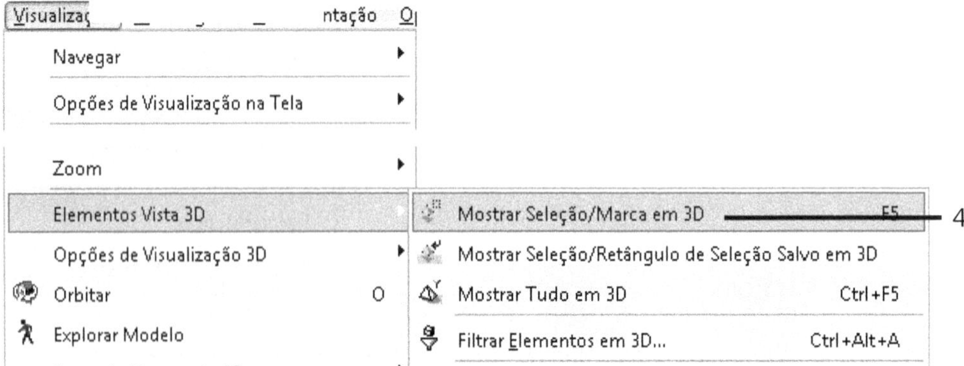

5. Vá ao menu **Janelas/Planta** (*Window/Floor Plan*) F2, para retornar ao seu desenho em planta.

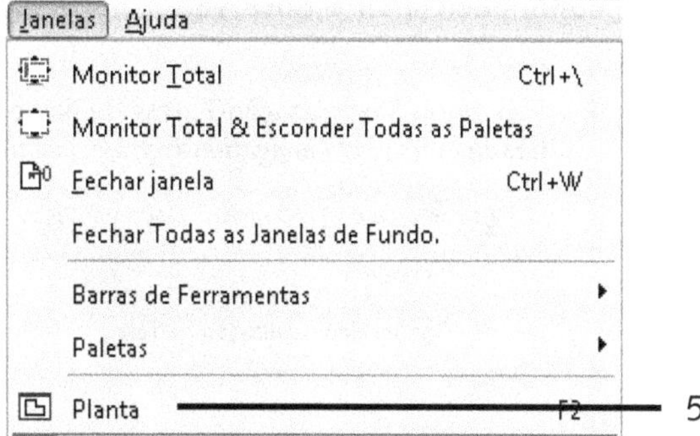

como exibir uma vista com Perspectiva Cônica Genérica

1. Vá ao **Navegador - Mapa de Projeto** (*Navigator - Project Map*).
2. Dê um duplo clique sobre a vista **Perspectiva Cônica Genérica** (*Generic Perspective*).

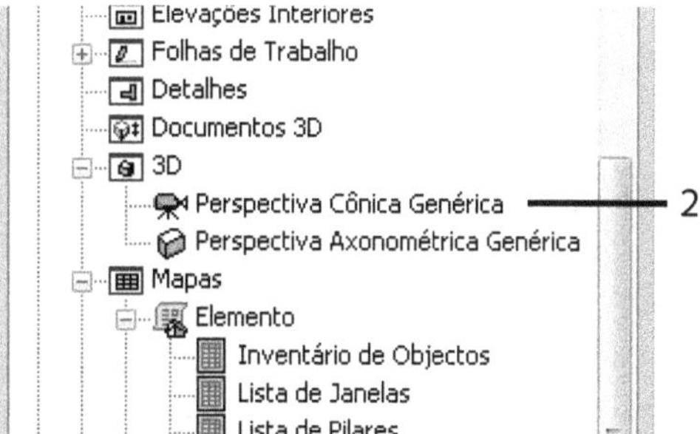

OBS Para ajustar a visualização use a ferramenta orbitar em **Visualizar/Orbitar** (*View/Orbit*) O.

como exibir uma vista axonométrica

1. Vá ao **Navegador - Mapa de Projeto** (*Navigator - Project Map*).
2. Dê um duplo clique sobre a vista **Perspectiva Axonométrica Genérica** (*Generic Axonometry*).

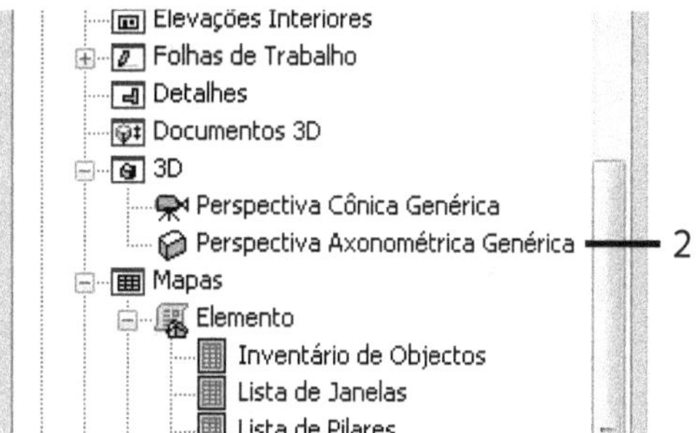

OBS Para ajustar a visualização use a ferramenta orbitar em **Visualização/Orbitar** (*View/Orbit*) O.

como posicionar o observador perpendicular a uma superfície

1. Vá ao menu **Visualização/Extras de Navegação 3D/Olhar para Perpendicular de Superfície Clicada** (*View/3D Navigation Extras/Look to Perpendicular of Clicked Surface*).

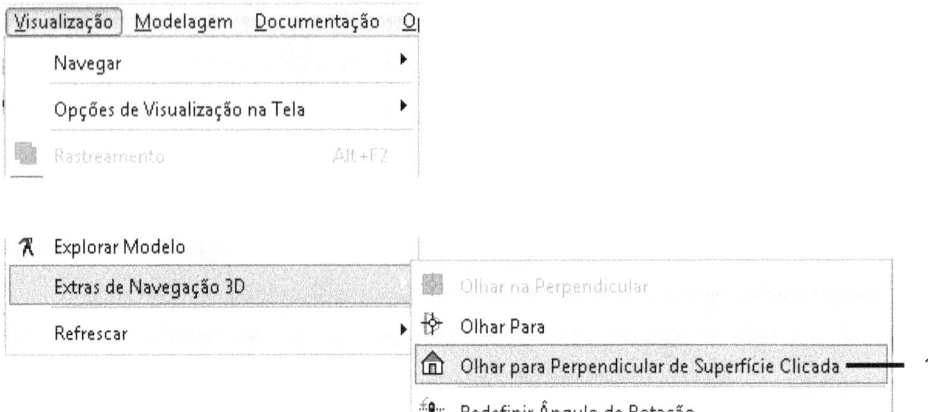

2. Clique na superfície desejada.

como caminhar

Só é possível caminhar pelo projeto quando você está em uma **Perspectiva Cônica Genérica** (*Generic Perspective*).

1. Vá ao menu **Visualização/Explorar Modelo** (*View/Explore Model*).

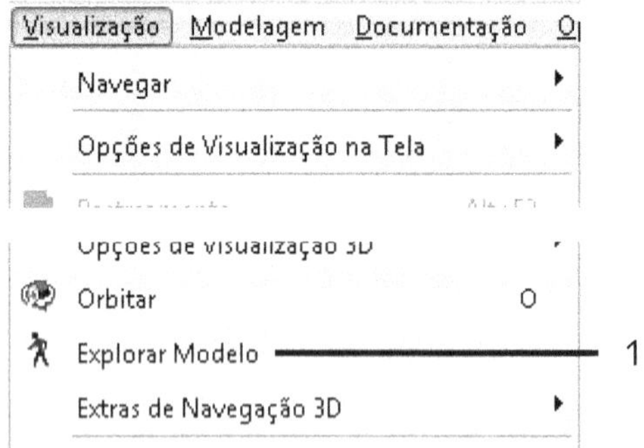

2. Na janela que se abre, observe as instruções para a movimentação. Se não quiser ver mais esta janela de ajuda, clique na caixa indicada (**a**). Para começar a caminhar pelo projeto, clique em **Explorar 3D** (*3D Explore*) (**b**).

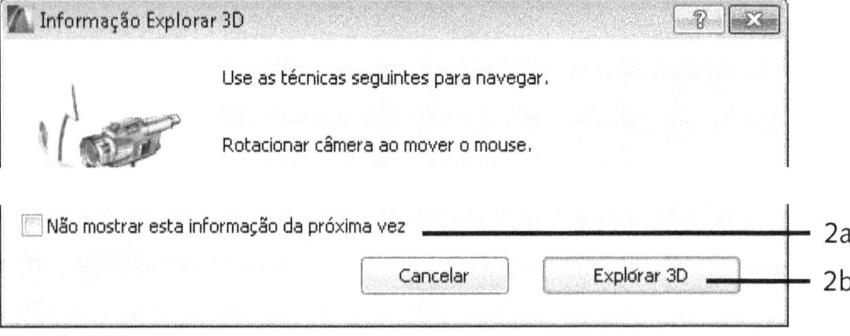

3. Mova o cursor para alterar a origem do observador para todos os lados.
4. Para se deslocar para frente, para trás e fazer outros movimentos, combine a movimentação do observador com os atalhos descritos a seguir:
   a. Para **Deslocar para à frente** (*Walk Forward*) pressione a seta para cima ou a tecla **W**;
   b. Para **Deslocar para à trás** (*Walk Backward*) pressione a seta para baixo ou a tecla **S**;
   c. Para **Deslocar lateral esquerda** (*Lateral move Left*) pressione a seta para a esquerda ou a tecla **A**;
   d. Para **Deslocar lateral direita** (*Lateral move Right*) pressione a seta para a direita ou a tecla **D**;
   e. Para habilitar o **Modo Vôo** (*Fly Mode*) pressione a tecla **F**;
   f. Para aumentar a velocidade dos deslocamentos pressione a tecla **+** ou **.** ;
   g. Para diminuir a velocidade dos deslocamentos pressione a tecla **-** ou **,**.
5. Para sair do modo de caminhar dê um clique em qualquer ponta da tela ou pressione **Esc**.

como salvar uma vista a partir de uma visualização 3D

1. Faça a visualização desejada para vista: pode ser uma **Perspectiva Cônica Genérica** (*Generic Perspective*), uma **Perspectiva Axonométrica Genérica** (*Generic Axonometry*) ou outra posição qualquer.
2. No **Navegador - Mapa de Projeto** (*Navigator - Project Map*) clique com o botão direito sobre o nome da vista genérica usada.
3. Vá à opção **Salvar Vista Atual...** (*Save Current View...*).

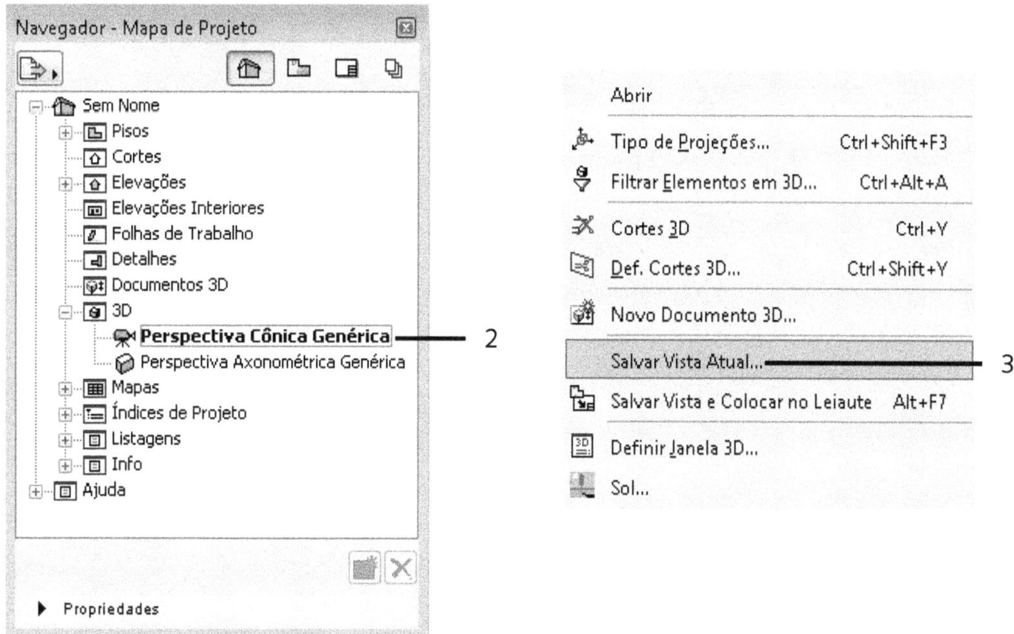

4. Na janela que se abre altere a opção **Nome** para **Pessoal** (*Name: Custom*) (**a**) e no campo ao lado dê um nome à sua imagem (**b**).
5. Faça as demais configurações necessárias e clique em **Criar** (*Create*).

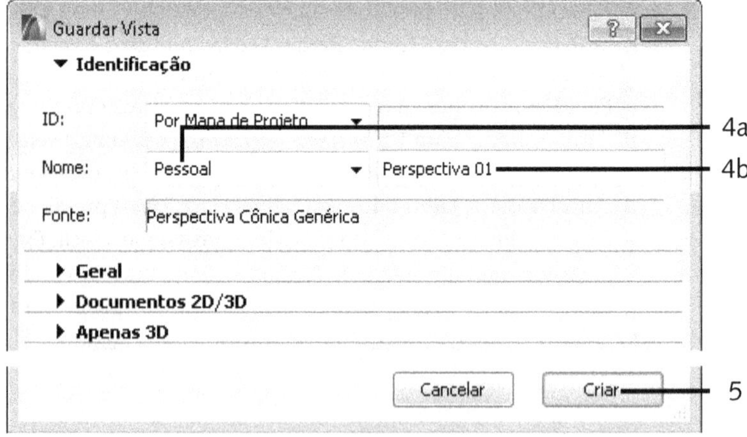

como visualizar uma vista salva

1. Vá à paleta **Navegador** (*Navigator*) e clique no botão **Mapa de Vistas** (*View Map*).
2. Procure a vista desejada e dê um duplo clique sobre ela.

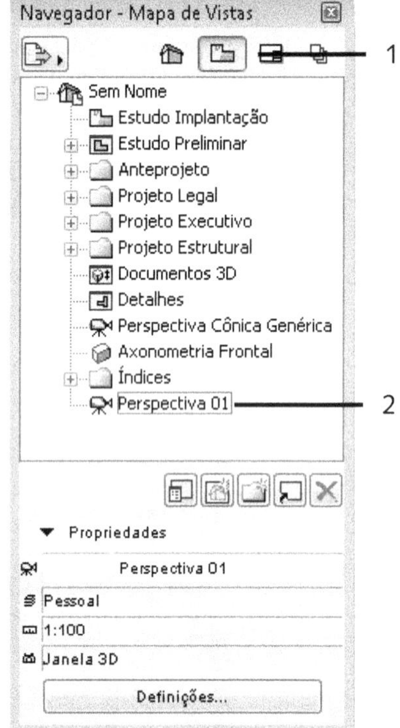

8.2 Como usar materiais

como escolher um material

1. Selecione o objeto que receberá o material.
2. Na **Caixa de Informações** (*Info Box*), clique no botão **Diálogo de Definições** (*Settings Dialog*).

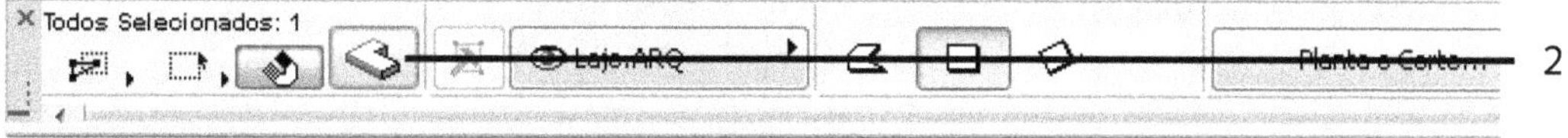

3. Na aba **Modelo** (*Model*), veja quais partes dos objetos podem receber o material. Clique na seta ao lado da indicação da parte do objeto e selecione o material desejado.
4. Clique em **OK**.

como criar um material a partir de uma imagem

1. Vá ao menu **Opções/Atributos do Elemento/Materiais...** (*Options/Element Attributes/Materials...*).

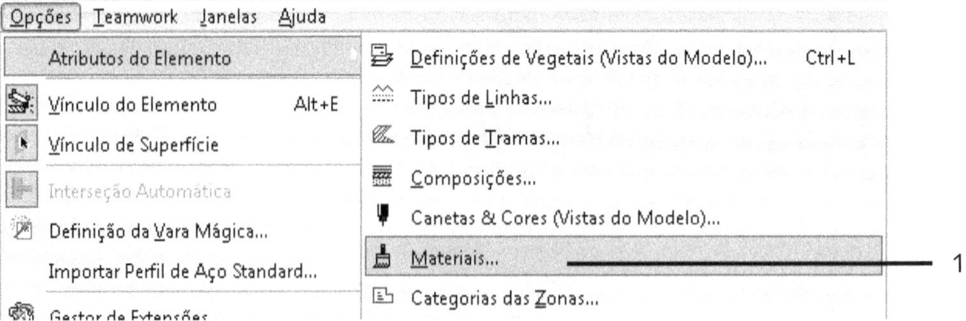

2. Clique em um material (**a**), clique em **Duplicar...** (*Duplicate...*) (**b**), em seguida no botão **Renomear...** (*Rename...*) (**c**).

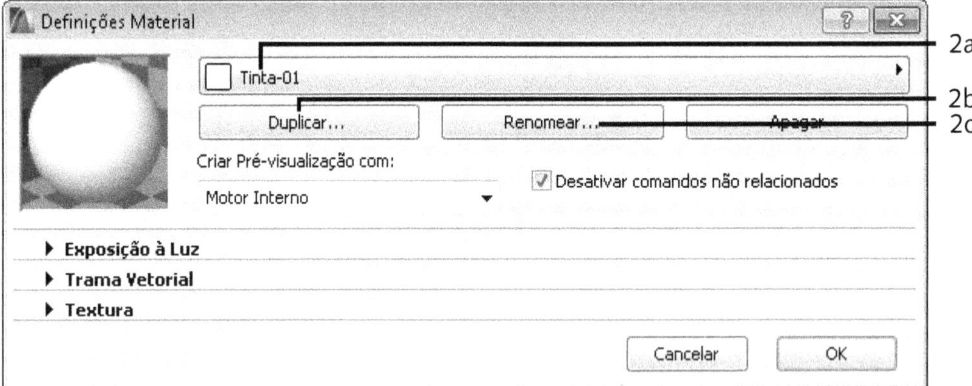

3. Atribua um nome (**a**) e clique em **OK** (**b**).

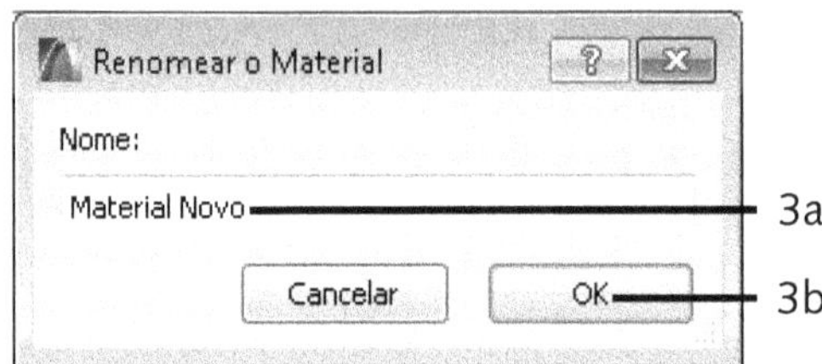

4. Na aba **Exposição à Luz** (*Exposure to Light*), defina os parâmetros desse material (transparência, reflexão, brilho e outros).

▼ Exposição à Luz — 4

Cor de Superfície:

Transparência
Transmitância: 0
Atenuância: 0

Reflexão
Ambiente: 80
Difusa: 89
Brilho: 28

Emissão
Atenuância: 0
Cor emissão:

Brilho
Especular: 9
Cor especular:

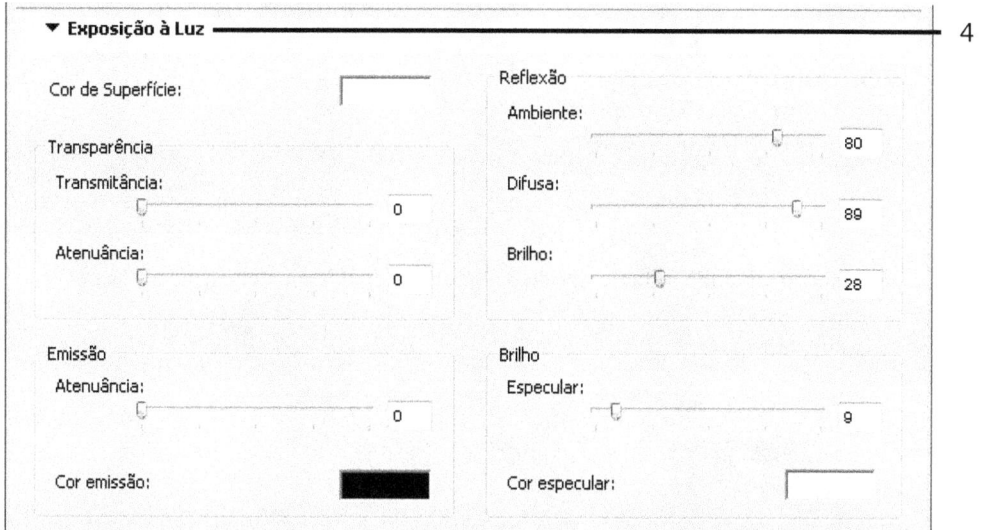

5. Para associar uma trama a esse material (que é o preenchimento usado para representá-lo em vistas que não estão renderizadas) vá a aba **Trama Vetorial** (*Vectorial Hatching*) e selecione a trama.

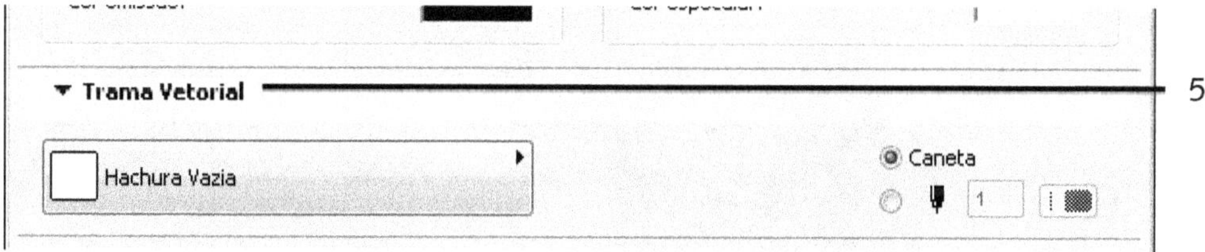

6. Na aba **Textura** (*Texture*) (**a**) clique no botão **Procurar** (*Search...*) (**b**).

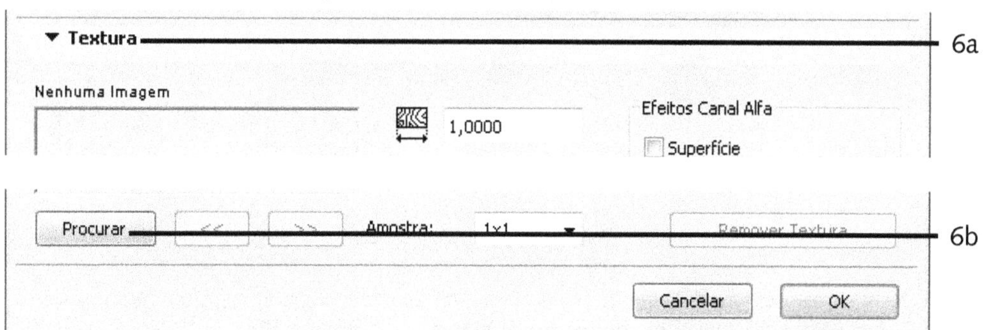

7. Clique no botão **Carregar Outro Imagem...** (*Load Other Picture*) (**a**) e selecione a opção **da Janela de Diálogo do Arquivo** (*from File Dialog Box*) (**b**). Selecione a imagem desejada e clique em **Abrir** (*Open*). O ArchiCAD mostra novamente a janela anterior, clique em **OK** (**c**) para confirmar a importação.

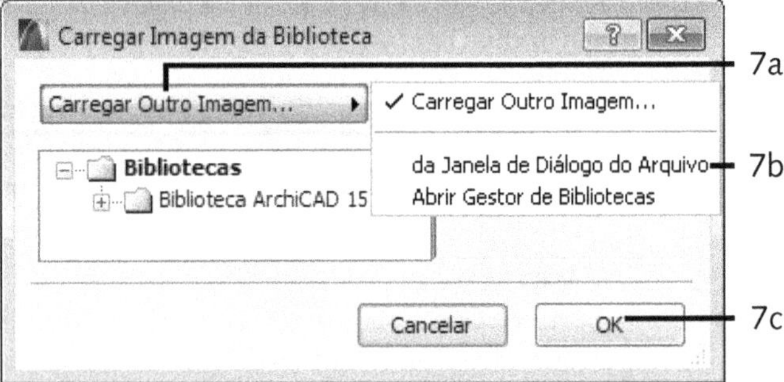

8. Defina o tamanho, rotação, modo de repetição da imagem, entre outros ajustes.
9. Clique em **OK**.

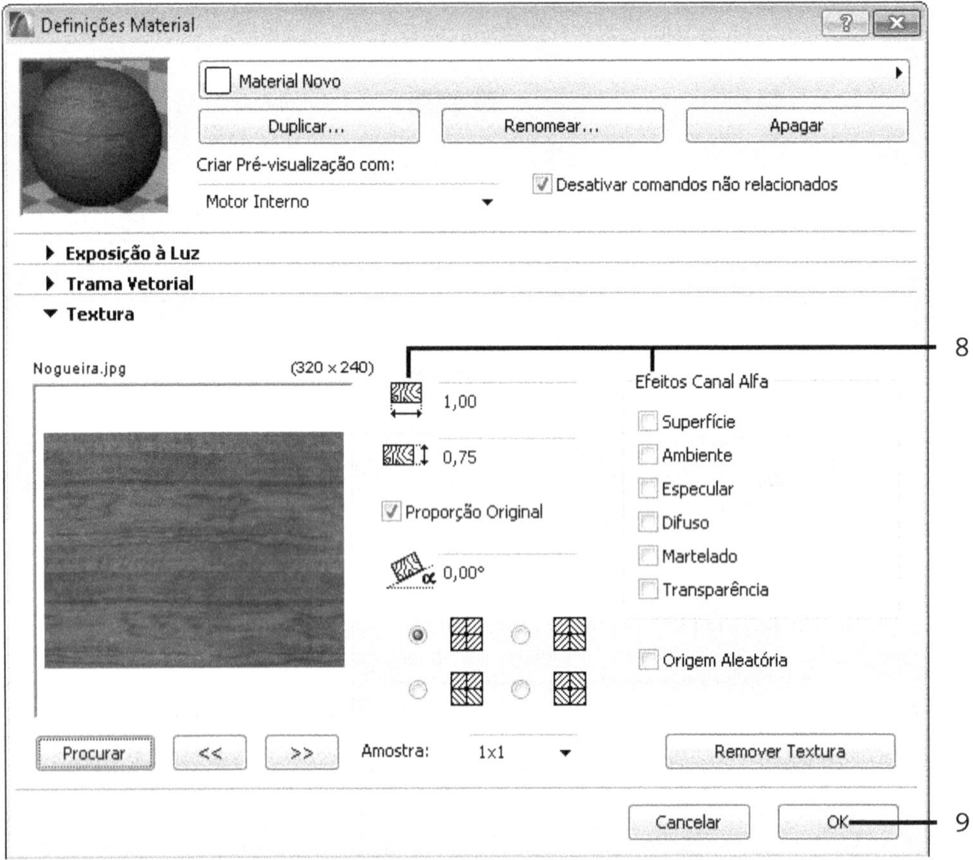

10. Agora esse material está disponível na lista de materiais do programa; para inseri-la, siga a explicação do item **como escolher um material, na página 189** .

8.3 Como usar luzes

como configurar a iluminação natural

1. Vá ao menu **Visualização/Opções de Visualização 3D/Tipo de Projeções** (*View/3D View Options/3D Projection Settings*) Ctrl+Shift+F3.

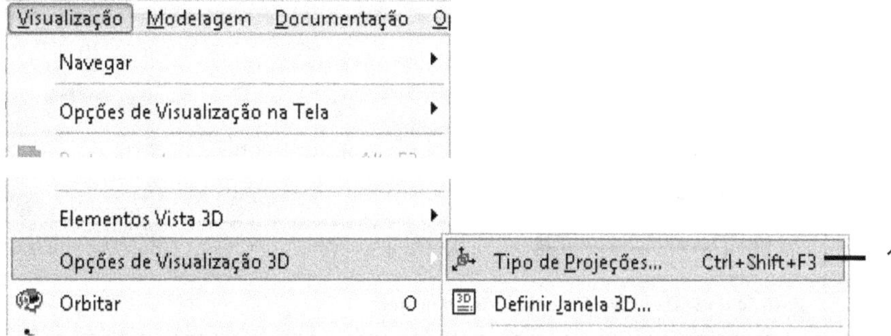

2. Uma nova janela se abre, para que se façam os ajustes na perspectiva. Pode ser que seja aberta a janela **Perspectivas Cônicas** (*Perspective Settings*) ou a **Definir Projeções Paralelas** (*Parallel Projections*) (**a**) (vai depender da projeção utilizada pelo observador naquele momento). Em qualquer uma delas, existe o botão **Sol...** (*Sun...*) (**b**). Clique nele.

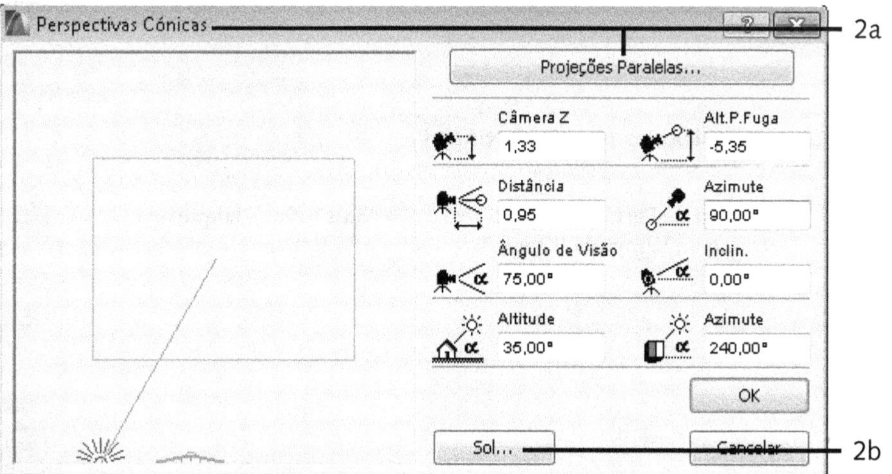

3. Defina a cor e intensidade para a **Luz Solar** (*Sunlight*) e sua **Contribuição para Ambiente**.
4. Ajuste a porcentagem de **Luz Ambiente** (*Ambient Light*) e a **Névoa** (*Fog*).
5. Escolha o local (**a**), a data (**b**) e a direção do norte do projeto (**c**).
6. Clique em **OK**.

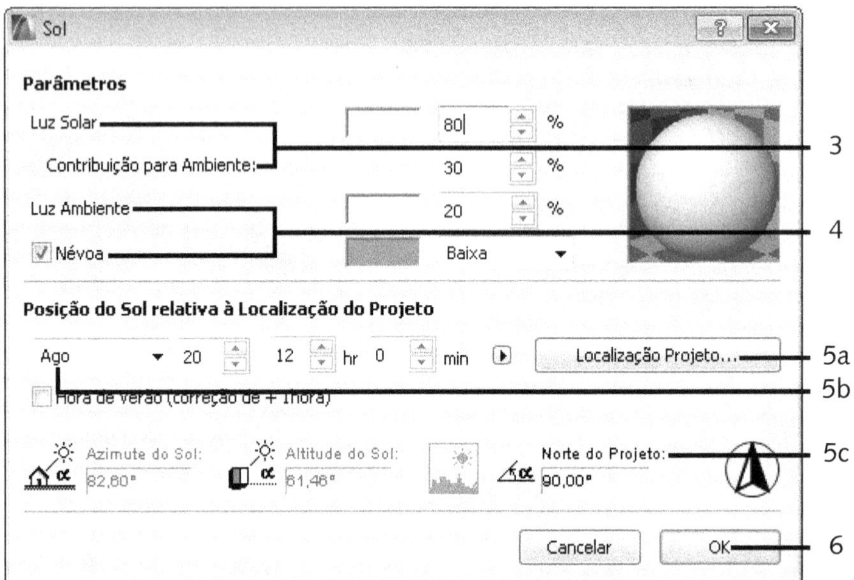

como posicionar uma luz artificial

1. Na **Caixa de Ferramentas** (*Toolbox*), aba **Mais** (*More*), clique na ferramenta **Lâmpada** (*Lamp*).

2. Na **Caixa de Informações** (*Info Box*), clique no botão **Diálogo de Definições** (*Settings Dialog*) Ctrl+T.

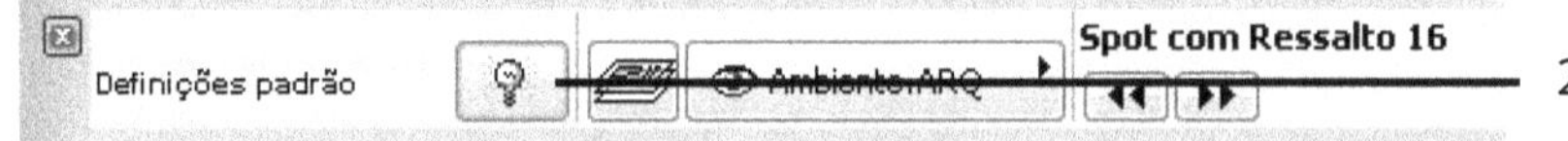

3. Clique em **Bibliotecas Vinculadas** (*Linked Libraries*) para selecionar a **Biblioteca ArchiCAD 16/Biblioteca Objeto 16/Fontes de Luz Gerais8 16** (*ArchiCAD Library 16/ArchiCAD Library 16.lcf/General Light Sources 16*).
4. Selecione a luz desejada, por exemplo a **Luz Geral 16** (*General Light 16*).

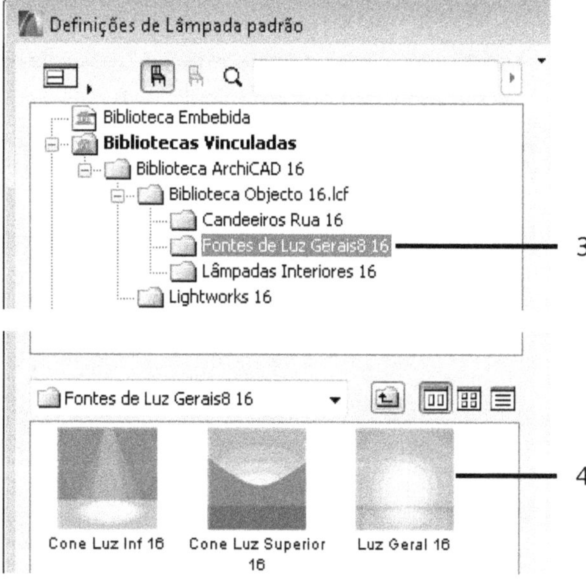

5. Defina a **Altura Relativa da Base** (*Relative Base Height*) (**a**), a **Intensidade** (*Light Intensity*) (**b**) e **Cor** (*Color*) (**c**) da luz.
6. Clique em **OK**.
7. Clique onde deseja posicionar a luz.

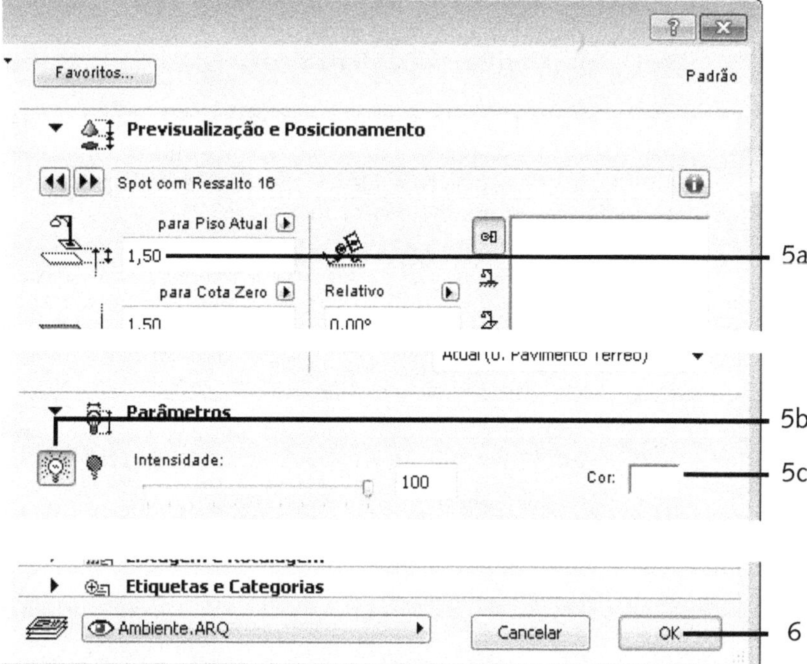

8.4 Renderização

como configurar a apresentação (renderização) de uma vista

Veja a seguir quais os principais passos para configurar a renderização de uma vista do seu projeto em 3D.

1. Vá ao menu **Documentação/Imagem Final 3D/Definir Rendering...** (*Document/Create Imaging/ PhotoRendering Settings...*).

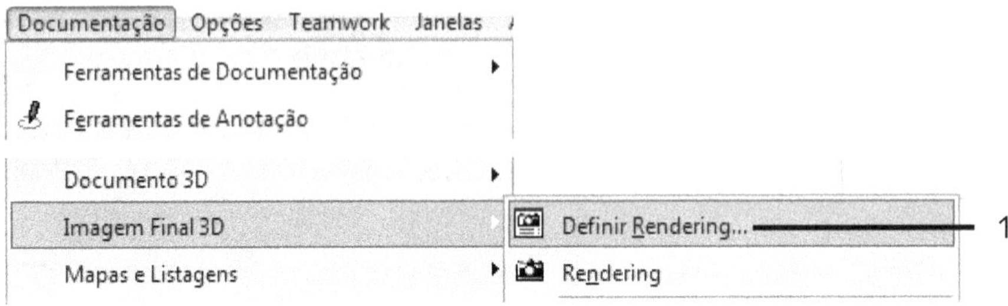

2. Escolha o **Motor** (*Engine*) e configure as opções de efeitos, que variam de acordo com o motor de renderização selecionado:

   a. **Motor Interno de Rendering** (*Internal Rendering Engine*): É adequado para produzir imagens simples, apresentando sombras e transparências;

   b. **Esboço** (*Sketch*): É uma opção de render não-realista, com acabamento semelhante a um desenho feito à mão; o ArchiCAD possui arquivos com estilos pré-definidos e arquivos de textura com linhas;

   c. **Motor de Rendering LightWorks** (*LightWorks Rendering Engine*): Para criar imagens com a melhor qualidade disponível no ArchiCAD, por utilizar ray-tracing, sombras suaves, reflexos e edição complexa de materiais. Ele usa sistemas de multiprocessamento e por isso é geralmente mais rápido que outros motores de Rendering.

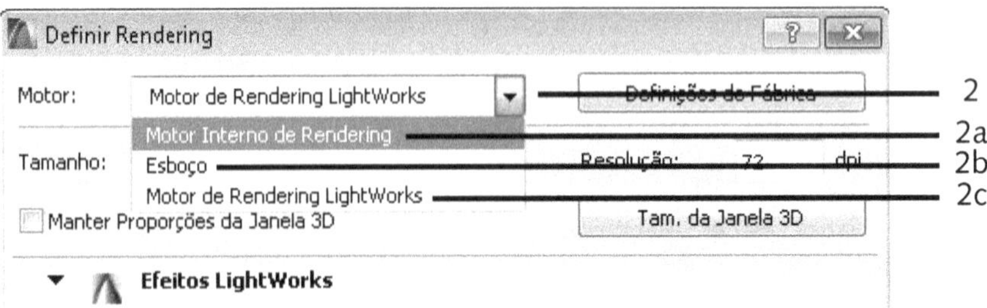

3. Escolha o **Tamanho** (*Size*) (**a**) e **Resolução da imagem** (*Resolution*) (**b**).
4. Abra a aba **Efeitos** (*Effects*) para ligar, desligar os ajustes de transparência, uso de luz solar, luzes artificiais, texturas e outros atributos que alteram significativamente a qualidade da imagem.
5. Configure o **Fundo** (*Background*) da imagem.
6. Clique em **OK**.

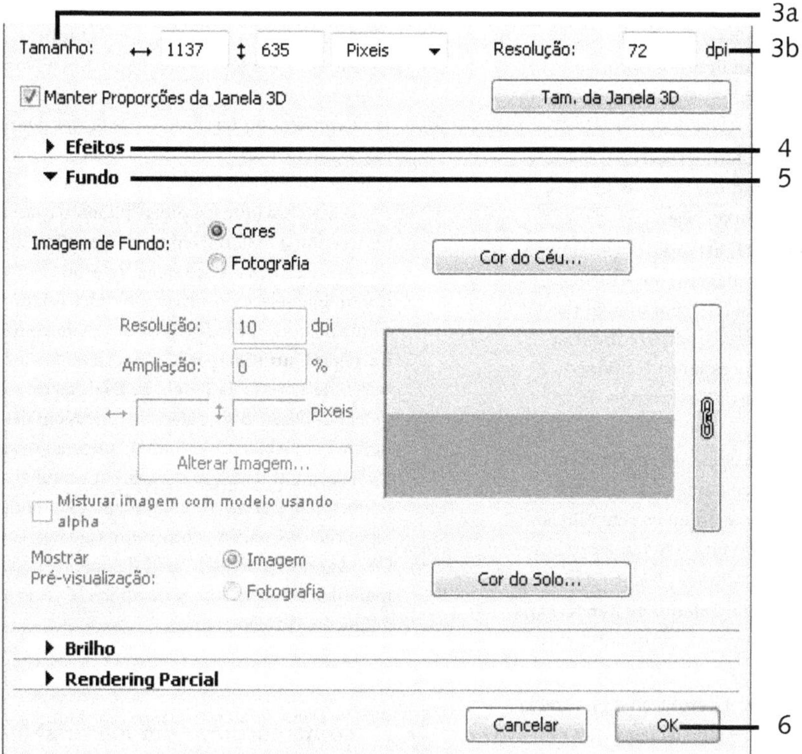

Destaques deste capítulo

como configurar a apresentação (renderização) de uma vista (pág 196)

Vá ao menu **Documentação/Imagem Final 3D/ Definir Rendering** (*Document/Creative Imaging/ PhotoRendering Settings*). Escolha o motor de **Renderização** (*Rendering*) e configure as opções de efeitos que variam de acordo com o motor de renderização selecionado:

a. **Motor Interno de Rendering** (*Internal Rendering Engine*): É adequado para produzir imagens simples, apresentando sombras e transparências;

b. **Motor de Rendering LightWorks** (*LightWorks Rendering Engine*): Para criar imagens com a melhor qualidade disponível no ArchiCAD, por utilizar ray-tracing, sombras suaves, reflexos e edição complexa de materiais. Ele usa multiprocessamento e por isso é geralmente mais rápido que outros motores de Rendering;

c. **Esboço** (*Sketch*): É uma opção de render não-realista, com acabamento semelhante a um desenho feito à mão; o ArchiCAD possui arquivos com estilos pré-definidos e arquivos de textura com linhas;

d. **Motor de Rendering Z-buffer** (*Z-buffer Rendering Engine*): É semelhante ao **Motor Interno de Rendering**, mas é mais rápido por usar uma grande quantidade de memória física.

Escolha o **Tamanho** (*Size*) e **Resolução da imagem** (*Resolution*). Abra a aba **Efeitos** (*Effects*) para ligar e desligar os ajustes de transparência, ajustar uso de luz solar, luzes artificiais, texturas e outros atributos que alteram significativamente a qualidade da imagem. Configure o **Fundo** (*Background*) da imagem.

como observar parte do seu projeto em 3D (pág 184)

Vá ao pavimento que deseja ver isolado na vista 3D. Na **Caixa de Ferramentas** (*Tool Box*), clique na ferramenta **Retângulo de Seleção** (*Marquee*). Faça o retângulo de seleção contendo a área parte do projeto que deseja visualizar. Vá ao menu **Visualização/ Elementos Vista 3D/Mostrar Seleção/Marca em 3D** (*View/Elements in 3D View/Show Selection/Marquee in 3D*).

Vá ao menu **Janelas/Planta** (*Window/Floor Plan*), para retornar ao seu desenho em planta.

como criar um material a partir de uma imagem (pág 190)

Vá ao menu **Opções/Atributos do Elemento/ Materiais...** (*Options/Elements Attributes/Materials...*) Clique em um material, clique em **Duplicar...** (*Duplicate...*), em seguida no botão **Novo Nome** (*Rename*). Atribua um nome e clique em **OK**. Na aba **Exposição à Luz** (*Exposure to Light*), defina os parâmetros desse material (transparência, reflexão, brilho e outros). Para associar uma trama a esse material (que é o preenchimento usado para representar o material em vistas que não estão renderizadas) vá a aba **Trama Vetorial** (*Vectorial Hatching*) e selecione a trama. Na aba **Textura** (*Texture*) clique no botão **Procurar** (*Search...*). Clique no botão **Carregar Outro Imagem...** (*Load Other Picture...*) e selecione a opção **da Janela de Diálogo do Arquivo** (*from File Dialog Box*). Selecione a imagem desejada e clique em **Abrir**. O ArchiCAD mostra novamente a janela anterior, clique em **OK** para confirmar a importação. Defina o tamanho, rotação, modo de repetição da imagem, entre outros ajustes. Clique em **OK**. Agora esse material está disponível na lista de materiais do programa; para aplicá-la vá ao menu de definições do elemento.

como escolher um material (pág 189)

Selecione o objeto que receberá o material. Na **Caixa de Informações** (*Info Box*), clique no botão **Diálogo de Definições** (*Settings Dialog*). Na aba **Modelo** (*Model*), veja quais partes dos objetos podem receber o material. Clique na seta ao lado da indicação da parte do objeto e selecione o material desejado. Clique em **OK**.

como orbitar pelo projeto (pág 183)

Em uma vista 3D, vá ao menu **Visualizar/Orbitar** (*View/Orbit*) O. Clique e arraste o cursor pelo desenho para visualizar seu projeto.

como caminhar (pág 186)

Só é possível caminhar pelo projeto quando você está em uma **Perspectiva Cônica Genérica** (*Generic Perspective*). Vá ao menu **Visualização/Explorar Modelo** (*View/Explore Model*). Na janela que se abre, observe as instruções para a movimentação. Para começar a caminhar pelo projeto, clique em **Explorar 3D** (*3D Explore*). Mova o cursor para alterar a origem do observador para todos os lados. Para se deslocar para frente, para trás e fazer outros movimentos, combine a movimentação do observador com os atalhos: **Deslocar para à frente** (*Walk Forward*) pressione a seta para cima ou a tecla W; **Deslocar para à trás** (*Walk Backward*) pressione a seta para baixo ou a tecla S; **Deslocar lateral esquerda** (*Lateral move Left*) pressione a seta para a esquerda ou a tecla A e **Deslocar lateral direita** (*Lateral move Right*) pressione a seta para a direita ou a tecla D. Para habilitar o **Modo Vôo** (*Fly Mode*) pressione a tecla F; para aumentar a velocidade dos deslocamentos pressione a tecla **+** ou **.** ; para diminuir a velocidade dos deslocamentos pressione a tecla **-** ou **,**. Para sair do modo de caminhar dê um clique em qualquer ponta da tela ou pressione **Esc**.

como salvar uma vista a partir de uma visualização 3D (pág 187)

Faça a visualização desejada para vista: pode ser uma **Perspectiva Cônica Genérica** (*Generic Perspective*), uma **Perspectiva Axonométrica Genérica** (*Generic Axonometry*) ou outra posição qualquer. No **Navegador - Mapa de Projeto** (*Navigator - Project Map*) clique com o botão direito sobre o nome da vista genérica usada. Vá à opção **Salvar Vista Atual...** (*Save Current View...*). Na janela que se abre altere a opção **Nome** para **Pessoal** (*Custom*) e no campo ao lado dê um nome à sua imagem. Faça as demais configurações necessárias e clique em **Criar** (*Create*).

como visualizar uma vista salva (pág 188)

Vá à paleta **Navegador** (*Navigator*) e clique no botão **Mapa de Vistas** (*View Map*). Procure a vista desejada e dê um duplo clique sobre ela.

como configurar a iluminação natural (pág 193)

Vá ao menu **Visualização/Opções de Visualização 3D/Tipo de Projeções** Ctrl+Shift+F3 (*View/3D View Options/3D Projection Settings*). Uma nova janela se abre, para que se façam os ajustes na perspectiva. Pode ser que seja aberta a janela **Perspectivas Cônicas** (*Perspective Settings*) ou a **Definir Projeções Paralelas** (*Parallel Projections*), vai depender da projeção utilizada pelo observador naquele momento. Em qualquer uma delas, existe o botão **Sol...** (*Sun...*). Clique nele. Defina a cor e intensidade para a **Luz Solar** e sua **Contribuição para Ambiente**. Defina a porcentagem de **Luz Ambiente** e **Névoa**. Defina o local, a data e a direção do norte. Clique em **OK**.

como posicionar uma luz artificial (pág 194)

Na **Caixa de Ferramentas** (*Toolbox*), aba **Mais** (*More*), clique na ferramenta **Lâmpada** (*Lamp*). Na **Caixa de Informações** (*Info Box*), clique no botão **Diálogo de Definições** (*Settings Dialog*). Clique em **Bibliotecas Vinculadas** (*Linked Libraries*) para selecionar a **Biblioteca ArchiCAD 16/Biblioteca Objeto 16/Fontes de Luz Gerais8 16** (*ArchiCAD Library 16/ArchiCAD Library 16.lcf/General Light Sources 16*). Selecione a luz desejada, por exemplo a **Luz Geral 16** (*General Light 16*). Defina a **Altura Relativa da Base** (*Relative Base Height*), a **Intensidade** (*Light Intensity*) e **Cor** (*Color*) da luz. Clique em **OK**. Clique onde deseja posicionar a luz.

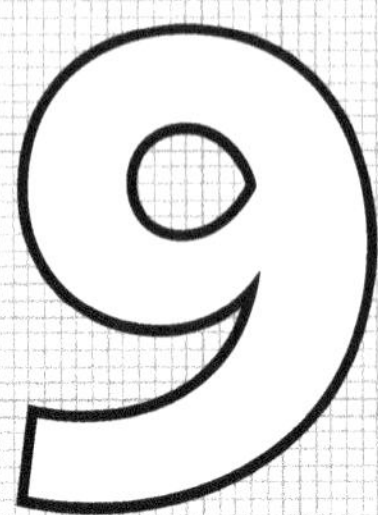

9 cortes, elevações, documentos 3D, detalhes e tabelas

O que você vai ler neste capítulo

9.1 Cortes e elevações

como criar cortes

1. Vá ao piso de um dos pavimentos, elevação ou outro corte existente.
2. Na **Caixa de Ferramentas** (*Toolbox*), clique na ferramenta **Corte** (*Section*).

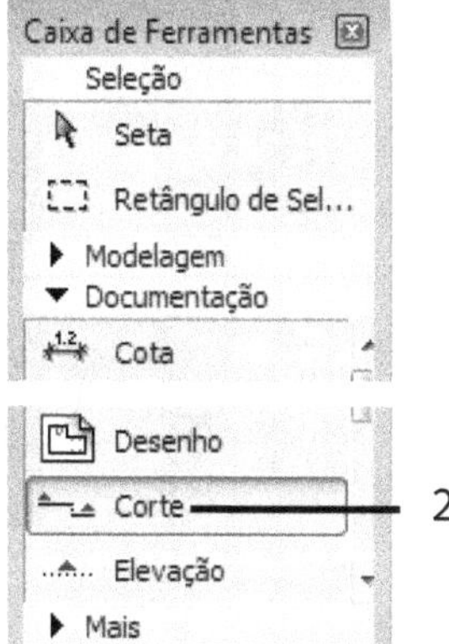

3. Na **Caixa de Informações** (*Default Settings*), clique no botão de alcance horizontal desejado: **Profundidade Infinita** (*Infinite Depth*) (**a**), **Limitada** (*Limited Depth*) (**b**) ou **Zero** (*Zero Depth*) (**c**).
4. Se você desejar fazer o corte de apenas um trecho do projeto, na **Caixa de Informações** (*Default Settings*), clique no botão **Alcance Vertical** (*Vertical Range*) (**a**) e pressione a tecla T para definir a altura do topo do corte (**b**) e pressione a tecla B para definir a altura da base do corte (**c**).

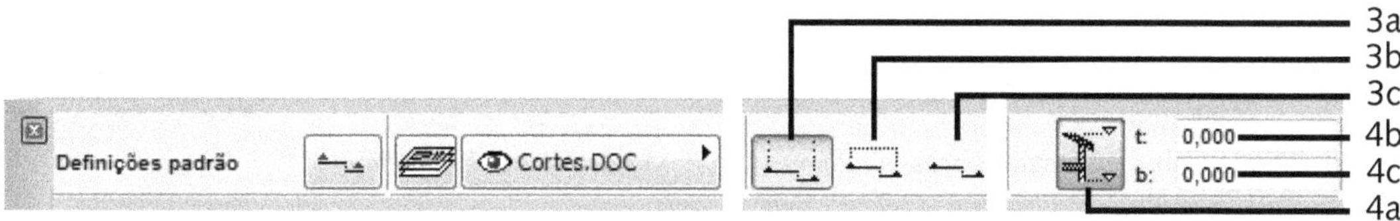

5. Clique em um ponto e em outro (**a** e **b**) para definir a linha de corte.

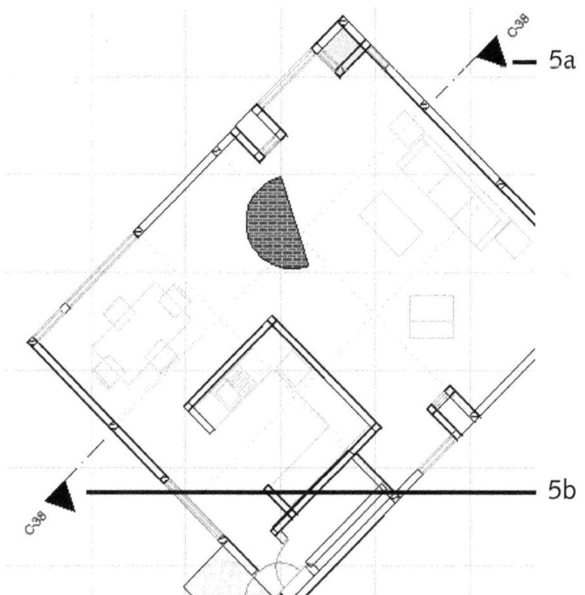

6. Para visualizar o corte, vá a paleta **Navegador – Mapa de Projeto** (*Navigator – Project Map*) e dê dois cliques sobre o nome do corte que quer ver.

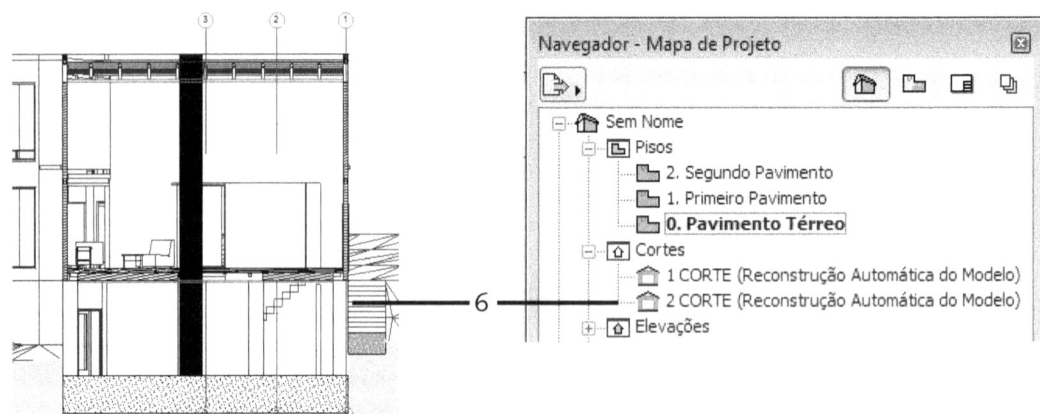

como criar elevações

1. Vá ao piso de um dos pavimentos, corte ou outra elevação existente.
2. Na **Caixa de Ferramentas** (*Toolbox*), clique na ferramenta **Elevação** (*Elevation*).

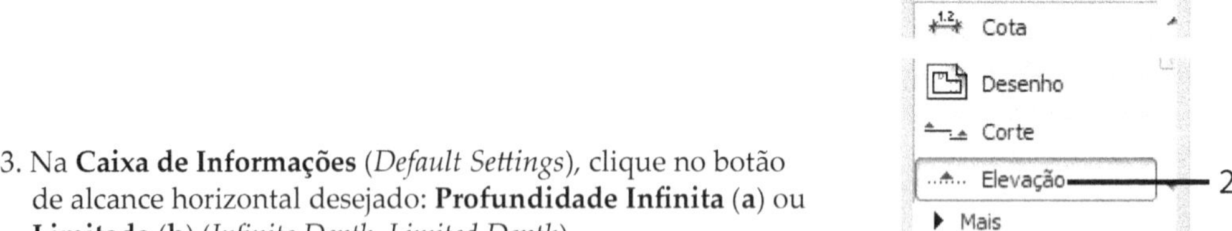

3. Na **Caixa de Informações** (*Default Settings*), clique no botão de alcance horizontal desejado: **Profundidade Infinita** (**a**) ou **Limitada** (**b**) (*Infinite Depth, Limited Depth*).

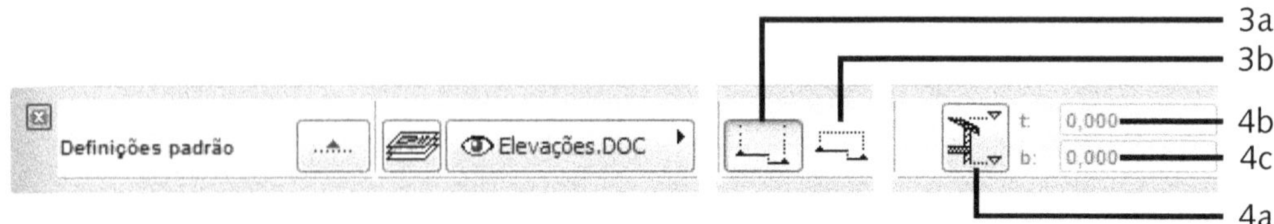

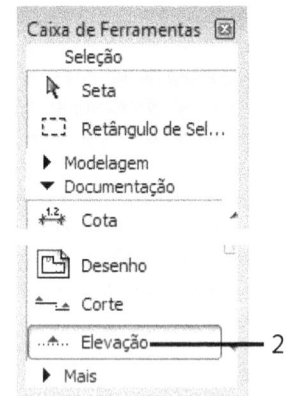

4. Se você desejar fazer a elevação de apenas um trecho do projeto, na **Caixa de Informações** (*Default Settings*), clique no botão **Alcance Vertical** (*Vertical Range*) (**a**) e pressione a tecla T (**b**) para definir a altura do topo da elevação e pressione a tecla B (**c**) para definir a altura da base da elevação.

5. Clique em um ponto e em outro (**a** e **b**) para definir a linha de elevação.

6. Para ver a elevação, vá a paleta **Navegador – Mapa de Projeto** (*Navigator – Project Map*) e dê dois cliques sobre o nome da elevação que quer ver.

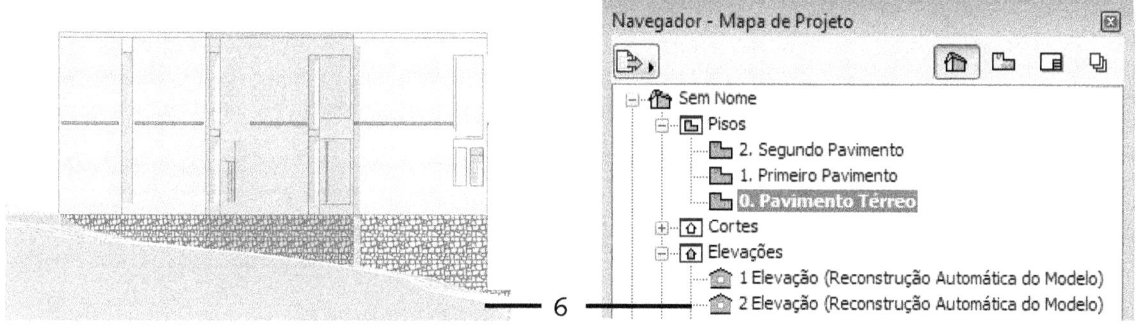

como criar elevações interiores

1. Vá ao piso de um dos pavimentos, corte ou outra elevação existente.
2. Na **Caixa de Ferramentas** (*Toolbox*), clique na ferramenta **Elevação Interior** (*Interior Elevation*).

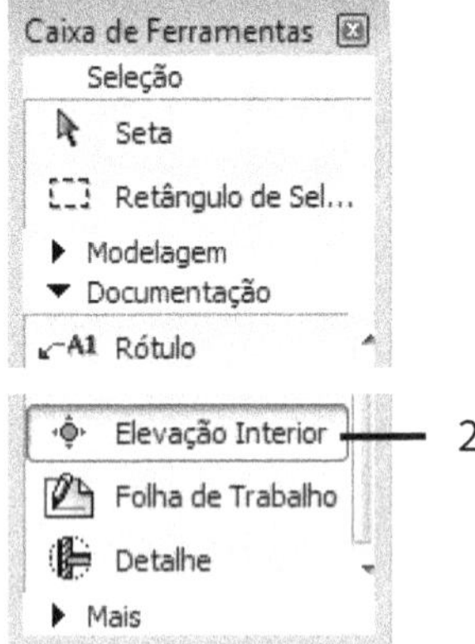

3. Na **Caixa de Informações** (*Default Settings*), clique no botão do **Método de Geometria** (*Geometry Method*) que será usado para a obtenção das elevações internas:
   a. **Simples** (*Single*): Indicado para fazer uma elevação interior;
   b. **Poligonal** (*Polygonal*): Indicada para fazer elevações de vários lados de um ambiente não retangular;
   c. **Retangular** (*Retangular*): Use-o para fazer rapidamente as 4 elevações de um ambiente retangular;
   d. **Retangular Rodada** (*Rotated Retangular*): Para fazer rapidamente as 4 elevações de um ambiente retangular rotacionado.
4. Para definir o **Limite Vertical da Elevação Interior** (*Interior Elevation Vertical Range*), clique no botão indicado (**a**) e escolha a opção de limite vertical **Limitado** (2º opção); pressione a tecla T (**b**) para definir a altura do topo da elevação; pressione a tecla B (**c**) para definir a altura da base da elevação. Se preferir, pode digitar os valores nos campos indicados, na paleta **Informações** (*Info Box*).

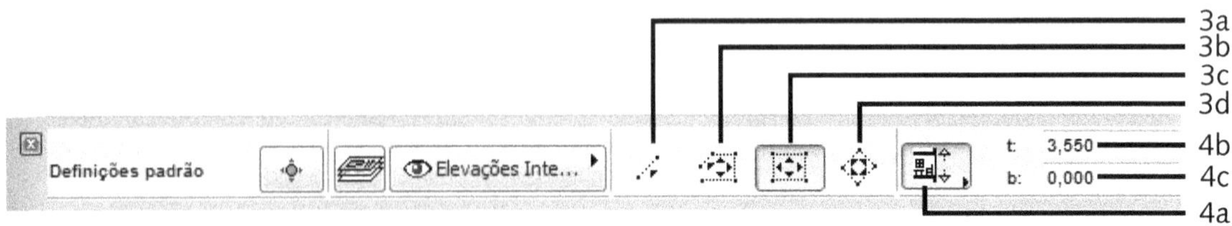

5. Desenhe o tipo de geometria escolhido (item 3) no limite do ambiente que será representado na elevação interna (**a**) e depois clique onde deseja posicionar as indicações das elevações (**b**).

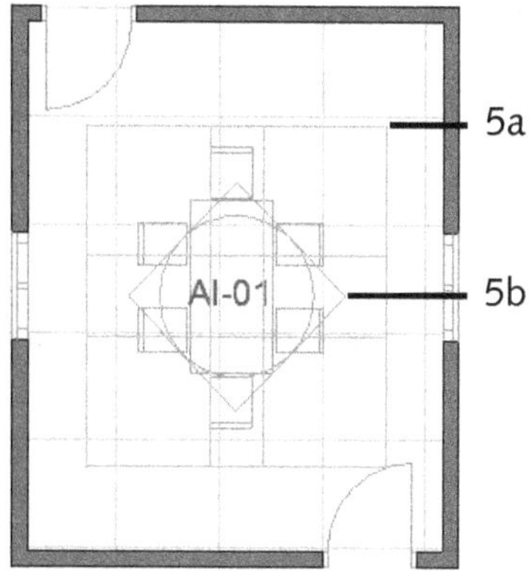

6. Para ver o corte vá a paleta **Navegador – Mapa de Projeto** (*Navigator – Project Map*), e dê dois cliques sobre o nome da elevação interior que quer ver.

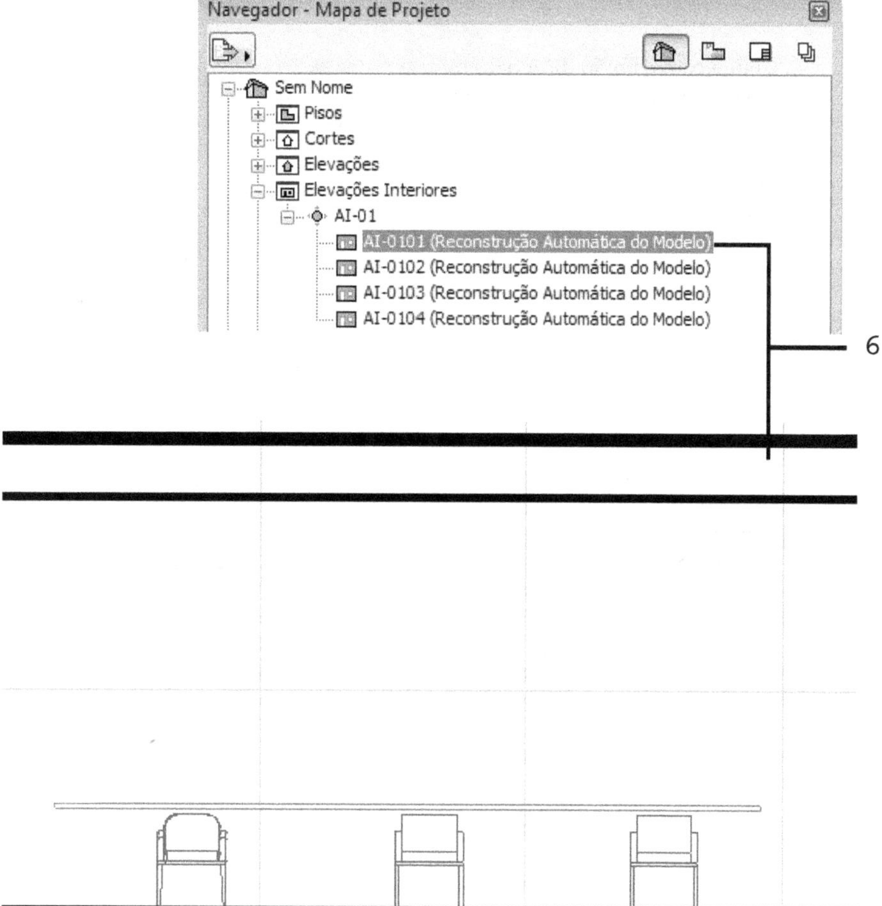

9.2 Documentos 3D

O **Documento 3D** é uma vista onde você pode adicionar cotas, rótulos e outros elementos 2D. Em um documento 3D, você pode selecionar qualquer elemento 3D e acessar seu menu de definições, porém não é possível fazer alterações.

como criar um documento 3D

1. Com a **Janela 3D** (*3D Window*) ativa em qualquer vista, posicione o modelo como desejar.

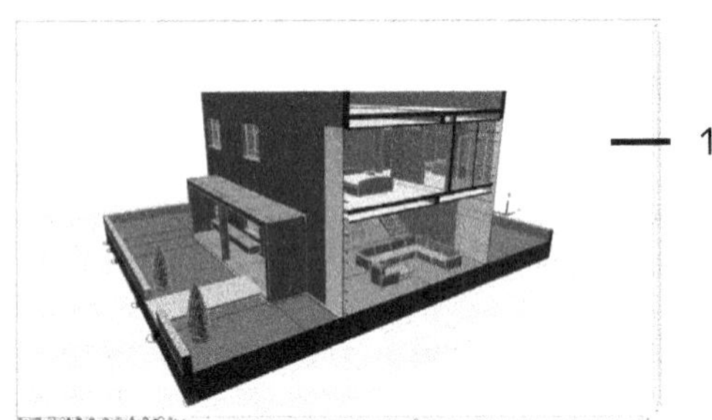

2. Clique com o botão direito do mouse em qualquer área vazia da janela 3D e no menu que se abre selecione a opção **Capturar Janela para Documento 3D...** (*Capture window for 3D Document...*).

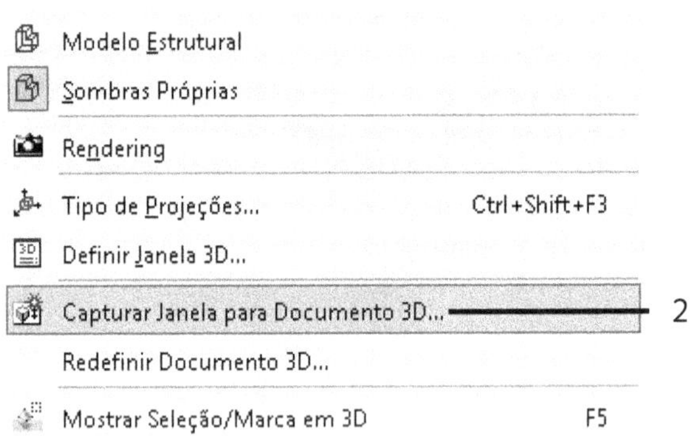

3. No menu **Novo Documento 3D** (*New 3D Document*) defina o **ID de Referência** (*Reference ID*) (**a**), o **Nome** (*Name*) (**b**) do seu documento 3D e clique em **Criar** (*Create*) (**c**).

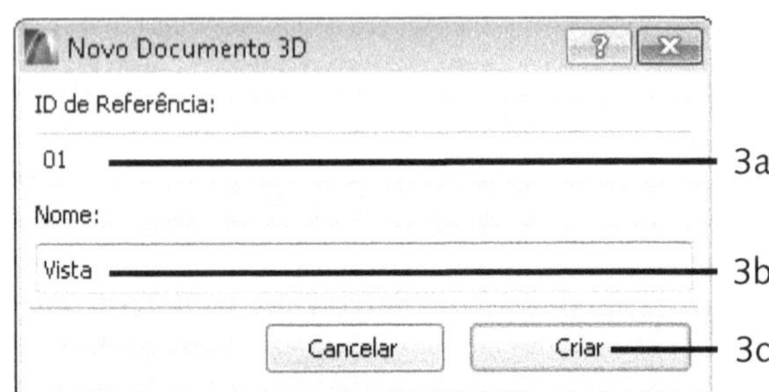

4. O documento foi criado. Note que agora ele fica disponível na lista do **Navegador/Mapa de Projeto/Documentos 3D** (*Navigator/Project Map/3D Documents*).

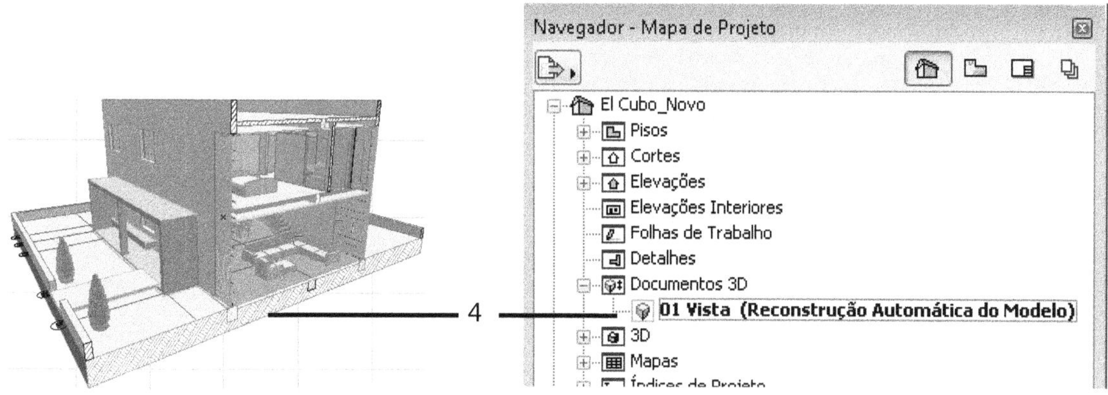

como alterar elementos e atualizar o Documento 3D

Por padrão, assim que você faz uma alteração no modelo automaticamente, os documentos 3D são atualizados. Caso um documento 3D não seja atualizado de modo automático ou você não queira que a atualização seja automática é possível alterar essas definições.

1. Na paleta **Navegador/Mapa de Projeto** (*Navigator/Project Map*), clique com o botão direito do mouse em cima do nome do Documento 3D, e no menu que se abre selecione a opção **Definições Documento 3D...** (*3D Document Settings...*).

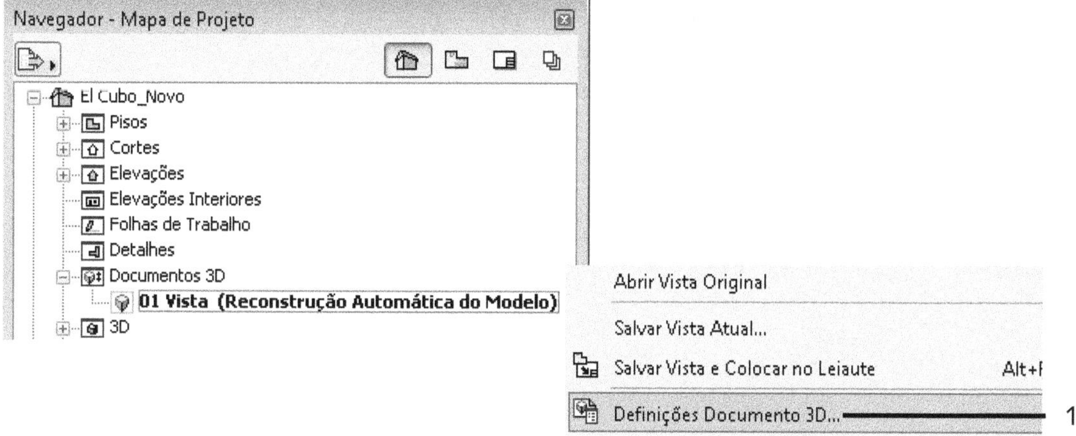

2. Na janela **Definições da Seleção do Documento 3D** (*3D Document Selection Settings*), no item **Estado** (*Status*), selecione a opção desejada:

   a. **Reconstrução-Manual de Modelo** (*Manual-rebuild Model*): Impede que um documento 3D seja atualizado quando é feita qualquer alteração no modelo. Se, em algum momento, você quiser atualizar este documento, é preciso clicar com o botão direito em qualquer lugar da tela (quando estiver editando o documento) e no menu que segue selecionar a opção **Reconstruir a partir do Modelo** (*Rebuild from Model*);

   b. **Reconstrução Automática do Modelo** (*Auto-rebuild Model*): sempre que for feita qualquer alteração no modelo automaticamente o ArchiCAD vai atualizar o documento 3D.

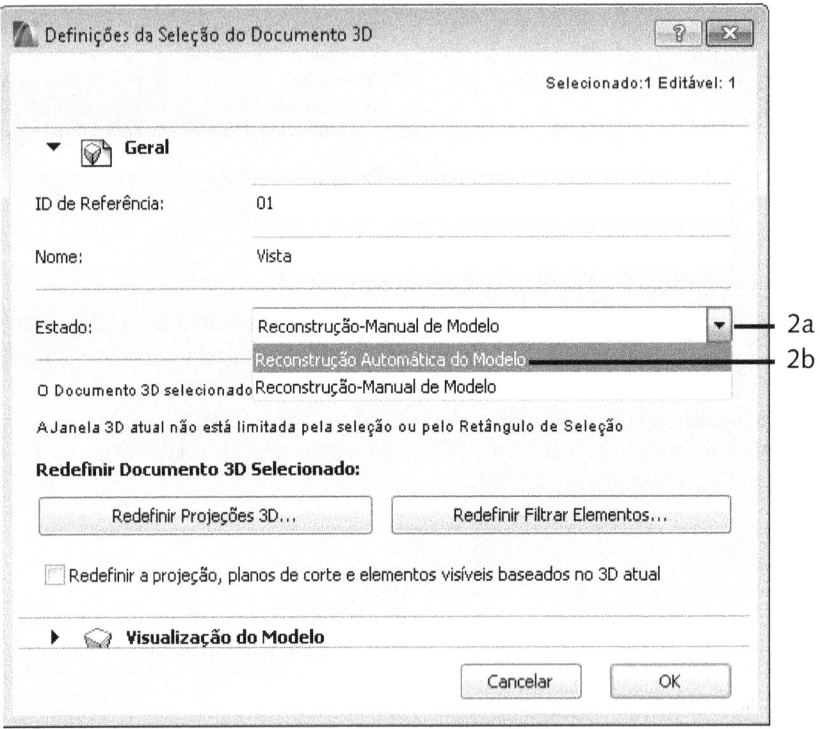

9.3 Detalhes

como criar detalhes

Para criar um detalhe em um projeto, é preciso indicar primeiro em que vista (planta, corte ou elevação) ele está. A partir daí, o ArchiCAD cria uma nova vista para você detalhar a área assinalada.

1. Vá para a vista (planta, corte ou elevação) que contém a área que você deseja detalhar.
2. Na **Caixa de Ferramentas** (*Toolbox*), clique na ferramenta **Detalhe** (*Detail*).

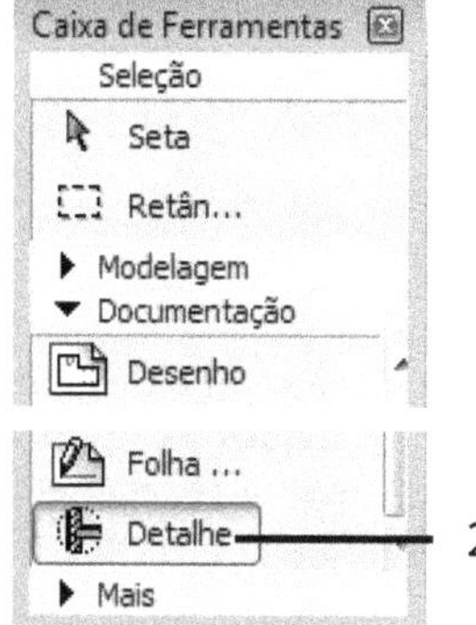

3. Na **Caixa de Informações** (*Default Settings*), escolha o **Método de Geometria: Sem Limite** (**a**), **Poligonal** (**b**), **Retangular** (**c**) ou **Retangular Rodado** (**d**) (*Geometry Method: No Boundary, Polygonal, Retangular, Rotated Retangular*).

4. Desenhe com o método de geometria escolhido a área que será contida no detalhamento (**a**). Depois de desenhar a área, veja que o cursor assume o formato de um martelo; clique para confirmar a posição do identificador do detalhe (**b**).

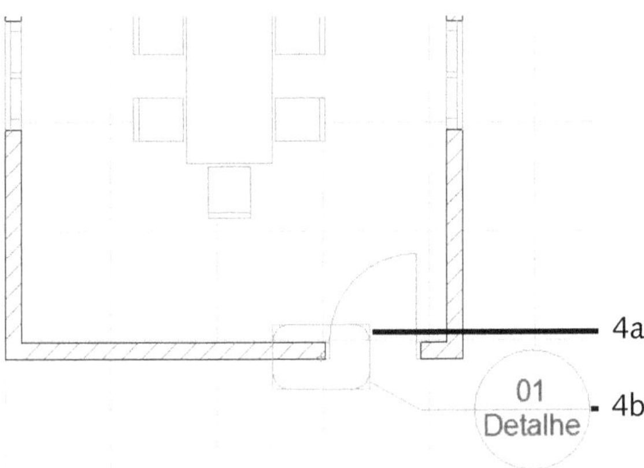

5. Para ver o detalhe vá a paleta **Navegador – Mapa de Projeto** (*Navigator – Project Map*), e dê dois cliques sobre o nome do **Detalhe** (*Detail*) que quer ver; perceba que a forma do detalhe não seguirá exatamente a forma desenhada.
6. Nesta vista faça o detalhamento desejado com as ferramentas de desenho 2D.

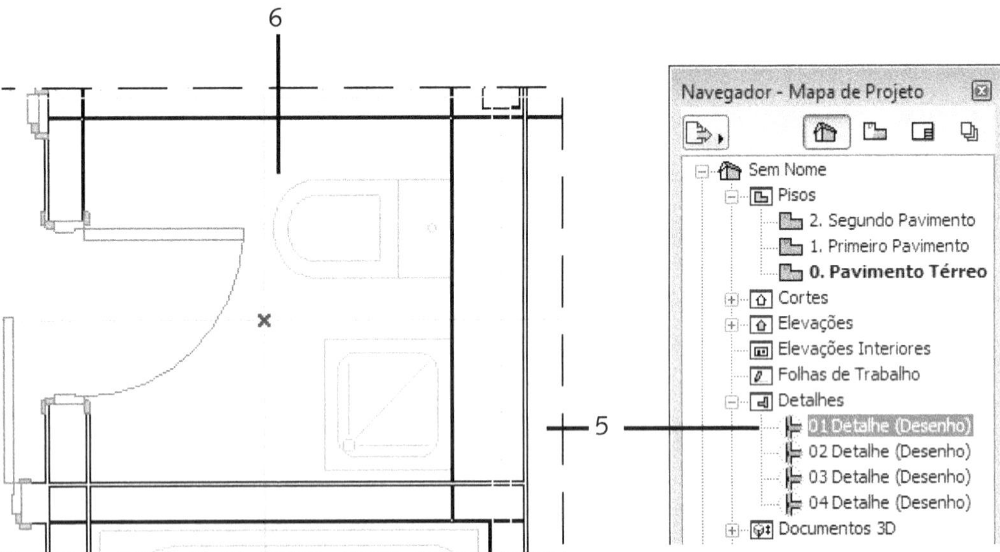

9.4 Tabelas

como criar tabelas

1. Vá ao menu **Documentação/Mapas e Listagens/Mapas** (*Document/Schedules and Lists/Schedules*).
2. Selecione o tipo de tabela desejado:
   a. **Definições do Esquema...** (*Scheme Settings...*): Permite a criação de uma nova tabela, determinando o critério dos objetos que participaram dessa tabela e os campos para ela;
   b. **Inventário de Objetos** (*Object Inventory*): Tabela com os objetos usados no projeto e as informações relativas a eles;
   c. **Lista de Janelas** (*Window List*): Tabela com as janelas, quantidade de cada modelo, tamanho, altura, orientação, símbolo 2D e vista 3D;
   d. **Lista Paredes** (*Wall List*): Tabela com os tipos de paredes, material, espessura, altura, volume, área, perímetro, comprimento e superfície;
   e. **Lista Portas** (*Door List*): Tabela com as portas, quantidade de cada modelo, tamanho, altura, orientação, símbolo 2D e vista 3D;
   f. **Componentes por Vegetais** (*Components by Layers*): Tabela do volume dos elementos construtivos organizados de acordo com os vegetais;
   g. **Conta de Quantidades** (*Components by Elements*): Tabela com nome espessura e volume dos elementos de parede, pilar, laje, viga e cobertura;
   h. **Todos os Componentes** (*All Components*): Tabela do volume total dos elementos construtivos.

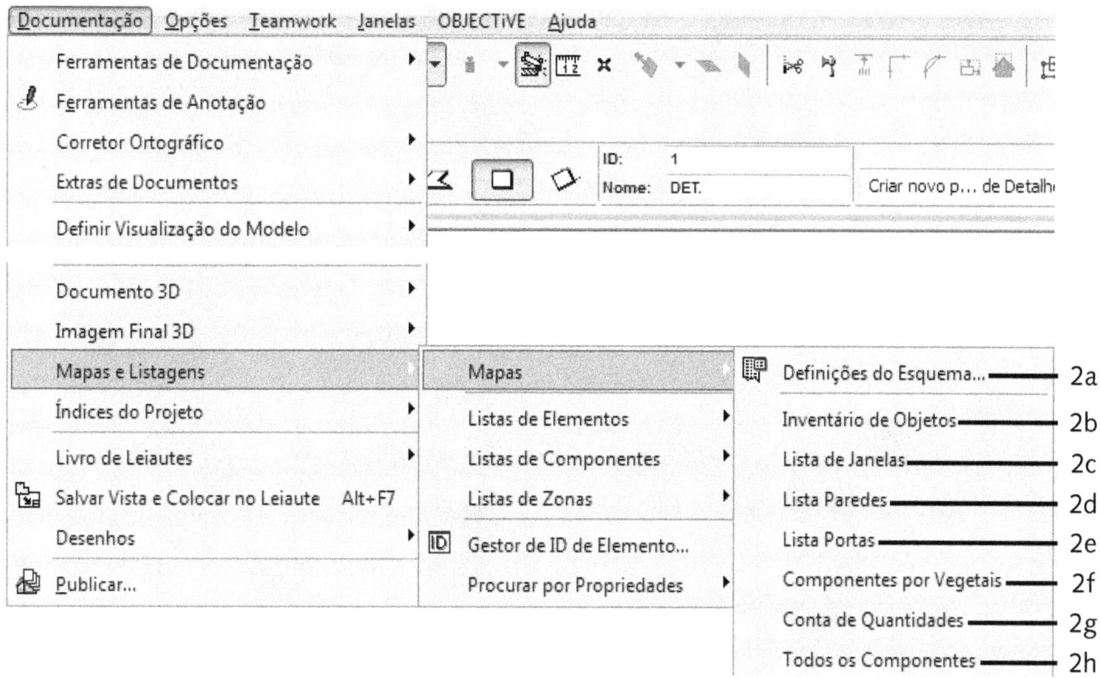

3. Veja que na tela aparece uma nova vista com a tabela (**a**) e que foram criados novos itens na paleta **Navegador – Mapa de Projeto/Mapas** (*Navigator – Project Map/Maps*) (**b**).

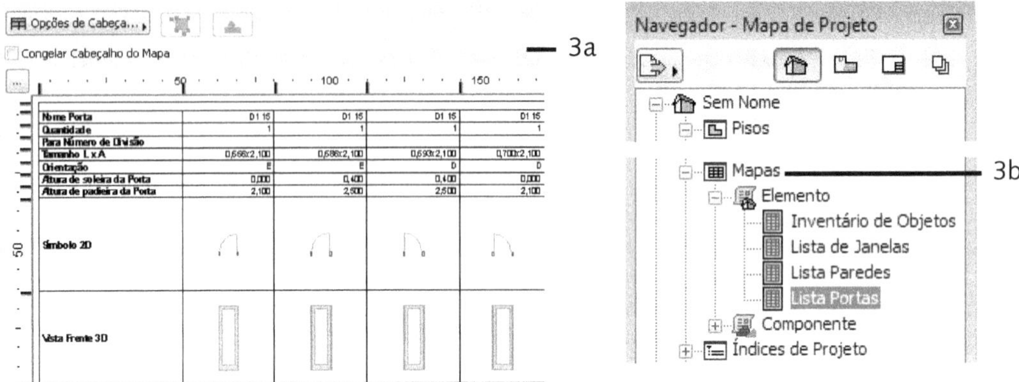

4. Ao lado da tabela aparece uma paleta para configurar a aparência da tabela. É possível ocultar o cabeçalho, alterar o tipo, cor e estilo da fonte, entre outros ajustes.

como criar listas

1. Vá ao menu **Documentação/Mapas e Listagens** (*Document/Schedules and Lists*) e selecione o tipo de lista desejado:

   a. **Listas de Elementos** (*Elements Lists*): Exibe uma lista de elementos da construção, com os dados básicos como componentes, descritores e parâmetros;

   b. **Listas de Componentes** (*Component Lists*): Exibe uma lista dos materiais, quantidades ou valores de cada tipo de componente;

   c. **Listas de Zonas** (*Zone Lists*): Exibe a lista dos elementos e parâmetros identificados pela zona onde estão localizados.

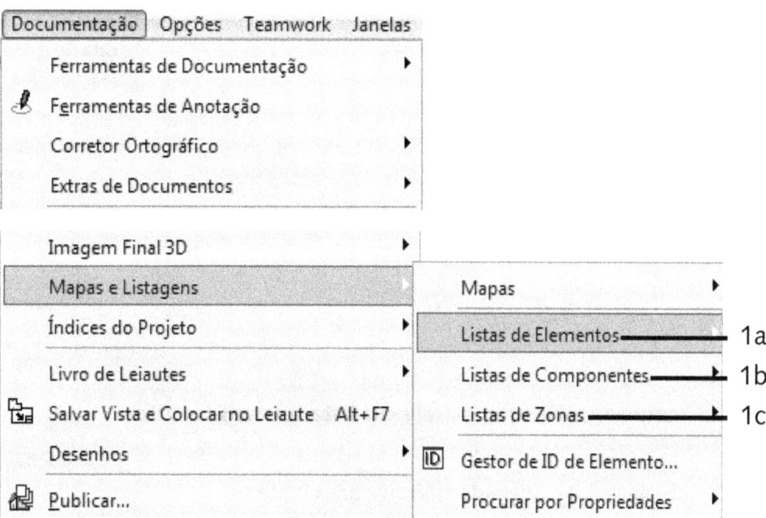

2. Uma janela se abre, mostrando a listagem pedida no item anterior.

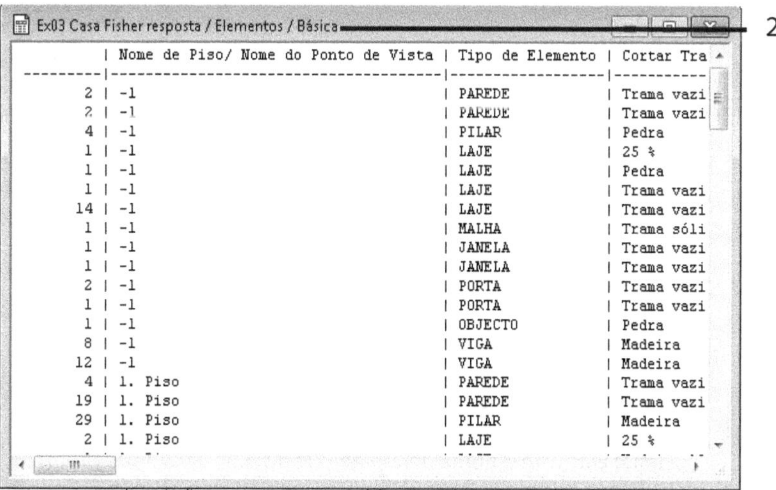

	Nome de Piso/ Nome do Ponto de Vista	Tipo de Elemento	Cortar Tra
2	-1	PAREDE	Trama vazi
2	-1	PAREDE	Trama vazi
4	-1	PILAR	Pedra
1	-1	LAJE	25 %
1	-1	LAJE	Pedra
1	-1	LAJE	Trama vazi
14	-1	LAJE	Trama vazi
1	-1	MALHA	Trama sóli
1	-1	JANELA	Trama vazi
1	-1	JANELA	Trama vazi
2	-1	PORTA	Trama vazi
1	-1	PORTA	Trama vazi
1	-1	OBJECTO	Pedra
8	-1	VIGA	Madeira
12	-1	VIGA	Madeira
4	1. Piso	PAREDE	Trama vazi
19	1. Piso	PAREDE	Trama vazi
29	1. Piso	PILAR	Madeira
2	1. Piso	LAJE	25 %

3. Observe que a listagem foi incluída na paleta **Navegador – Mapa de Projeto/Listagens** (*Navigator – Project Map/Lists*).

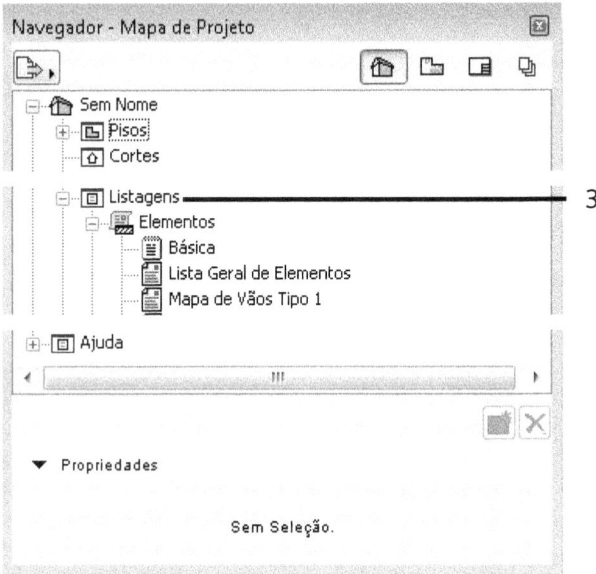

como inserir uma tabela ou lista em um leiaute

1. Na caixa **Navegador** (*Navigator*), clique no botão **Livro de Leiaute** (*Layout Book*).
2. Clique no leiaute que você quer que receba a tabela (ou lista).

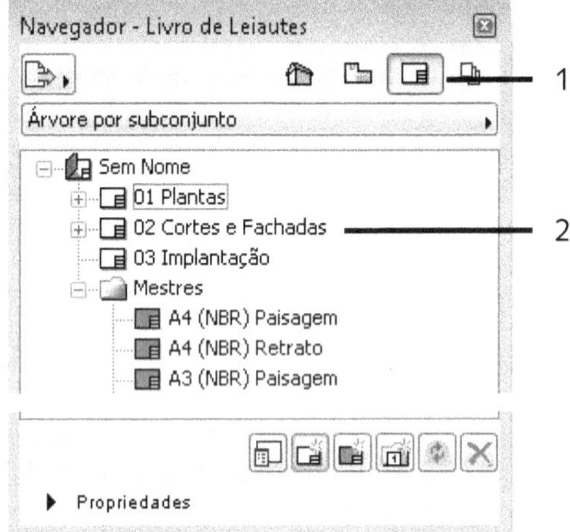

3. Procure a tabela (ou lista) que você quer colocar no leiaute; pode ser qualquer uma do **Mapa de Projeto** (*Project Map*) ou do **Mapa de Vistas** (*View Map*); clique e arraste o nome dela para o leiaute.

4. Observe que a tabela (ou lista) está colocada no leiaute.

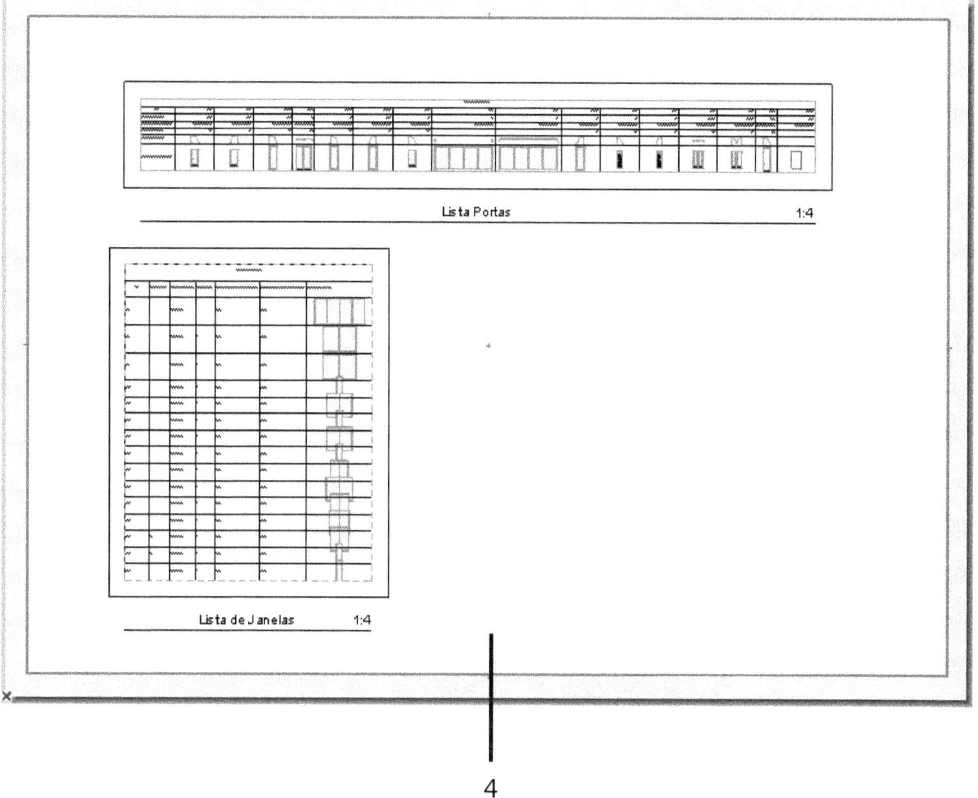

para editar a escala da tabela

1. Selecione a tabela ou lista.

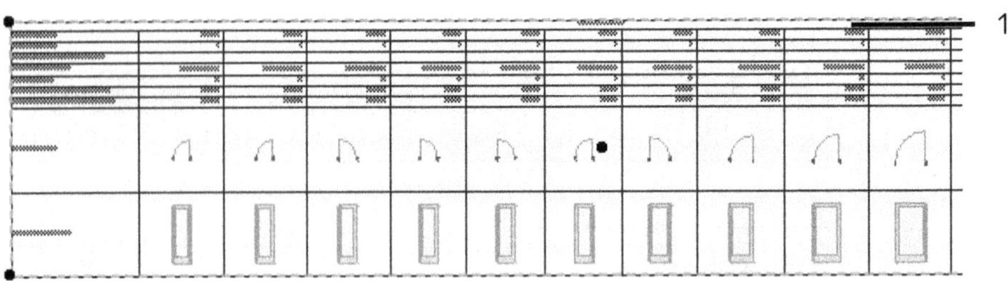

2. Na **Caixa de Informações** (*Default Settings*), vá ao **Diálogo de Definições** (*Settings Dialog*).

3. Na aba **Propriedades** (*Properties*), altere a **Escala de Desenho** (*Drawing Scale*) (**a**) e clique em **OK** (**b**).

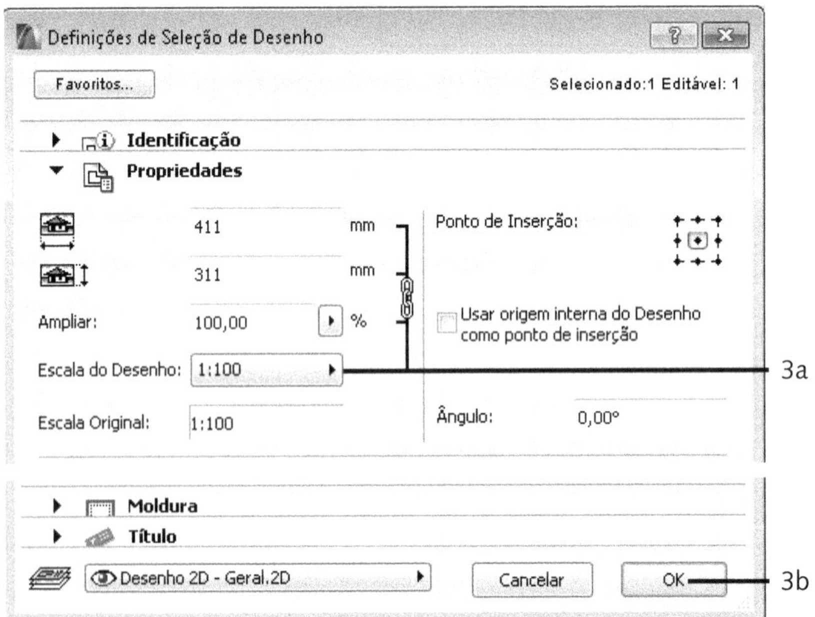

Destaques deste capítulo

como criar cortes (pág 201)

Vá para um dos pavimentos, elevação ou outro corte existente. Na **Caixa de Ferramentas** (*ToolBox*), clique na ferramenta **Corte** (*Section*). Na **Caixa de Informações** (*Info Box*), clique no botão de alcance horizontal desejado: **Profundidade Infinita** (*Infinite Depth*), **Limitada** (*Limited Depth*) ou **Zero** (*Zero Depth*). Se você desejar fazer o corte de apenas um trecho do projeto, na **Caixa de Informações** (*Info Box*) clique no botão **Alcance Vertical** (*Vertical Range*) e pressione a tecla T para definir a altura do topo do corte; pressione a tecla B para definir a altura da base do corte. Clique em um ponto e em outro para definir a linha de corte. Para visualizar o corte, vá a paleta **Navegador – Mapa de Projeto** (*Navigator – Project Map*) e dê dois cliques sobre o nome do corte que deseja visualizar.

como criar elevações (pág 202)

Vá para um dos pavimentos, corte ou outra elevação existente. Na **Caixa de Ferramentas** (*ToolBox*), clique na ferramenta **Elevação** (*Elevation*). Na **Caixa de Informações** (*Info Box*), clique no botão de alcance horizontal desejado: **Profundidade Infinita** (*Infinite Depth*) ou **Limitada** (*Limited Depth*). Se você desejar fazer a elevação de apenas um trecho do projeto, na **Caixa de Informações** (*Info Box*), clique no botão **Alcance Vertical** (*Vertical Range*) e pressione a tecla T para definir a altura do topo da elevação; pressione a tecla B para definir a altura da base da elevação. Clique em um ponto e em outro para definir a linha de elevação. Para visualizar o corte, vá a paleta **Navegador – Mapa de Projeto** (*Navigator – Project Map*) e dê dois cliques sobre o nome da elevação que deseja visualizar.

como criar detalhes (pág 209)

Para criar um detalhe em um projeto, é preciso indicar primeiro em que vista (planta, corte ou elevação) ele está. A partir daí, o ArchiCAD cria uma nova vista para você detalhar a área assinalada. Vá para a vista (planta, corte ou elevação) que contém a área que você deseja detalhar. Na **Caixa de Ferramentas** (*ToolBox*), clique na ferramenta **Detalhe** (*Detail*). Na **Caixa de Informações** (*Info Box*), escolha o **Método de Geometria: Sem Limite**, **Poligonal**, **Retangular** ou **Retangular Rodado** (*Geometry Method: No Boundary, Polygonal, Retangular, Rotate Retangular*). Desenhe com o método de geometria escolhido a área que que será contida no detalhamento. Depois de desenhar a área, veja que o cursor assume o formato de um martelo; clique para confirmar a posição do identificador do detalhe. Para ver o corte vá a paleta **Navegador – Mapa de Projeto** (*Navigator – Project Map*), dê dois cliques sobre o nome do detalhe que deseja visualizar; perceba que a forma do detalhe não seguirá exatamente a forma desenhada. Nesta vista faça o detalhamento desejado com as ferramentas de desenho 2D.

como criar tabelas (pág 211)

Vá ao menu **Documentação/Mapas e Listagens/Mapas** (*Document/Schedules and Lists/Schedules*). Selecione o tipo de tabela desejado. Veja que na tela aparece uma nova vista com a tabela e que foram criados novos itens na paleta **Navegador – Mapa de Projeto/Mapas** (*Navigator – Project Map/Schedules*). Ao lado da tabela aparece uma paleta de edição para configurar a aparência da tabela. É possível ocultar o cabeçalho, alterar o tipo, cor e estilo da fonte, entre outras configurações.

como criar um documento 3D (pág 206)

Com a **Janela 3D** (*3D Window*) ativa em qualquer vista, posicione o modelo como desejar. Clique com o botão direito do mouse em qualquer área vazia da Janela 3D e no menu que se abre selecione a opção **Capturar Janela para Documento 3D...** (*Capture window for 3D Document...*). No menu que se abre defina o **ID de Referência** (*Reference ID*), o **Nome** (*Name*) do seu documento 3D e clique em **Criar** (*Create*). O documento foi criado. Note que agora ele fica disponível na lista do **Navegador/Mapa de Projeto/Documentos 3D** (*Navigator/Project Map/3D Documents*).

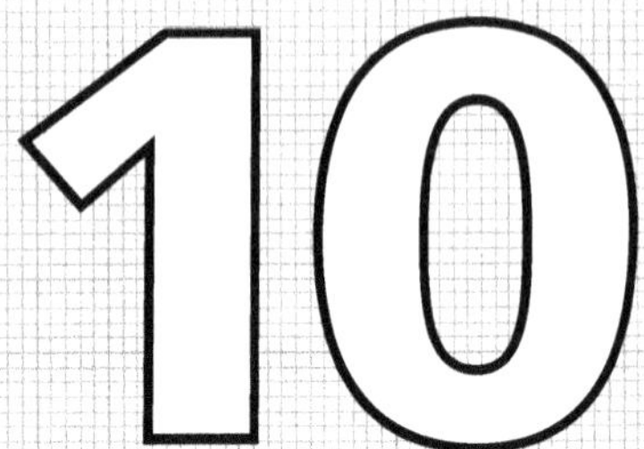

documentação e impressão

O que você vai ler neste capítulo

10.1 Criação e edição de vistas

10.2 Como usar os vegetais (layers)

10.3 Cotas

10.4 Cotas automáticas

10.5 Textos e rótulos

10.6 Criando legendas e carimbos inteligentes com textos automáticos

10.7 Criação e edição de leiautes

10.8 Como imprimir ou dar saída digital ao seu trabalho

10.1 Criação e edição de vistas

O ArchiCAD dá o nome de **Vista** (*View*) a todo desenho criado a partir de uma visualização de projeto. É possível salvar uma vista a partir de uma janela de Planta, Corte, Elevação, Detalhe, Documento 3D, Folha de Trabalho, Janela 3D, Mapa Interativo ou Listagem.

Para cada vista é possível salvar diferentes configurações de visualização. Para um piso térreo, por exemplo (que está no **Mapa de Projeto** (*Project Map*)), você pode criar uma ou mais vistas: uma que mostra apenas a estrutura, outra com as alvenarias, outra com alvenarias e mobiliário, mais uma indicando paredes a manter, demolir ou construir, e assim por diante. Veja a seguir como funcionam as configurações de visualização e como se dá o processo de criação e edição de vistas.

configurações gerais de visualização para documentação

1. As configurações gerais de visualização explicadas neste tópico funcionam apenas para vistas criadas a partir de plantas, cortes, elevações, detalhes e documentos 3D que estão no Mapa de Projeto. Tais configurações estão divididas em seis categorias, e a maior parte delas está explicada em mais detalhes em outros trechos do livro. Para ver onde estão estas categorias, você precisa selecionar uma vista (**a**), clicar com o botão direito do mouse e escolher **Tipo de Projeções...** (*View Settings...*) (**b**).

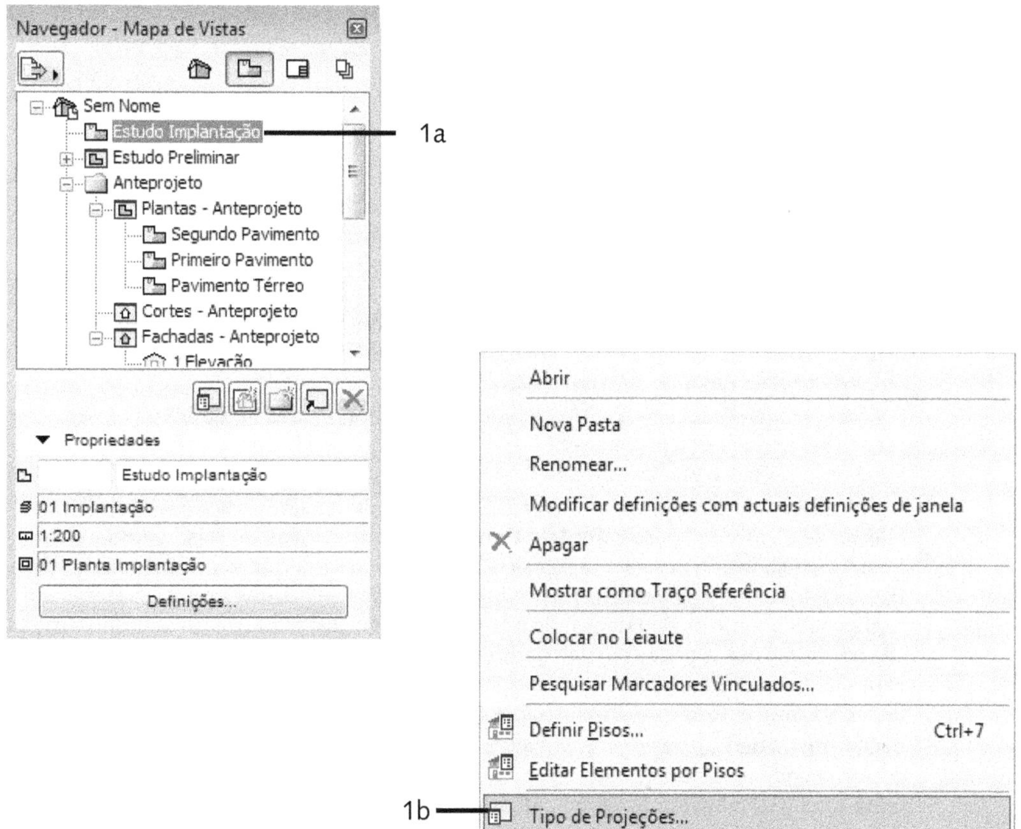

2. Estas mesmas categorias controlam a visualização de uso corrente no ArchiCAD (ou seja, o modo como você enxerga todos os objetos de desenho durante o uso de qualquer elemento do **Mapa de Projeto** (*Project Map*)). A configuração destas categorias para esta circunstância de desenho é feita pelo menu **Janelas/Paletas/Opções Rápidas** (*Window/Palletes/Quick Options*).

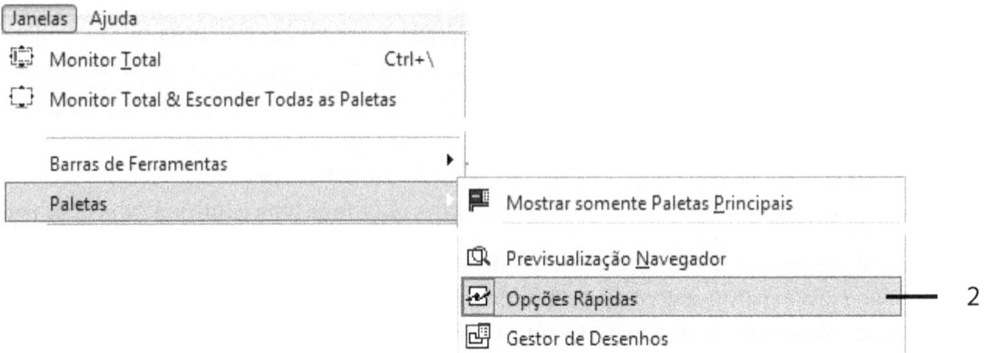

3. Em ambas as situações você irá encontrar as seguintes categorias:

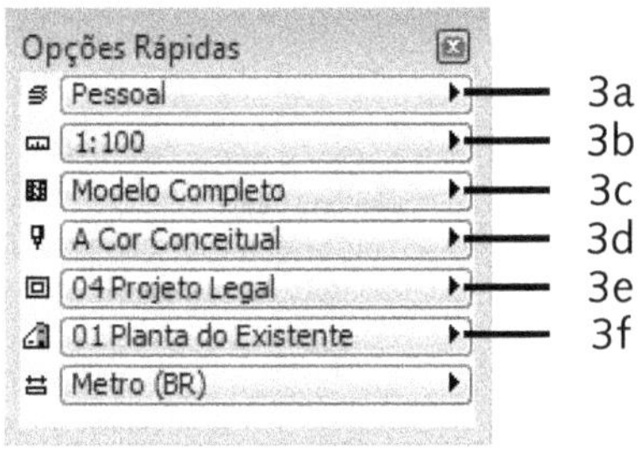

a. **Combinação Vegetais** (*Layer Combination*): Todos os elementos do ArchiCAD são classificados em um sistema de **Vegetais** (*Layers*). Normalmente, as portas são automaticamente classificadas em um vegetal chamado Portas, e assim automaticamente com todos os objetos. Você pode criar mais vegetais para alterar a classificação original dos objetos (por exemplo, um vegetal para Portas Externas e outro para Portas Internas). O você vai escolher nesta barra é uma **Combinação de Vegetais** (*Layer Combination*); uma combinação de vegetais é o salvamento de um estado de visibilidade de vegetais (quais tem que estar ativos e inativos para determinada combinação). Você pode saber mais sobre esse tema consultando o item **10.2 Como usar os vegetais (layers)**, na página **223**;

b. **Escala** (*Scale*): Para cada vista você precisa escolher uma escala. Embora isso seja simples, você precisa saber que existem uma série de objetos de ArchiCAD que são sensíveis à escala, isto é, tem a sua representação gráfica alterada de acordo com a aparência melhor para a escala ativa;

c. **Visualização da Estrutura** (*Structure Display*): Nesta categoria você deve escolher, para a vista selecionada, entre as opções: **Modelo Completo** (*Entire Model*), ou seja, todos os elementos que foram modelados; **Sem Acabamentos** (*Without Finishes*), em que você não enxerga elementos classificados como acabamentos; **Apenas Núcleo** (*Core Only*), que mostra os elementos configurados como núcleo dentro de outros elementos, estruturais, ou não; e por fim, como o próprio nome diz, **Apenas Núcleo de Elementos Estruturais** (*Core of Load-Bearing Elements Only*). Para saber onde e como classificar os elementos do modelo de acordo com estes critérios, veja o item **4.9 Como definir que objetos são estruturais, núcleos e acabamentos**, na página **11**;

d. **Conjuntos de Canetas** (*Pen Set*): Para cada vista você pode usar um conjunto de canetas. Cada conjunto pode ter até 256 canetas, com diferentes espessuras de traço e cores, para que você possa representar os elementos de projeto da maneira mais clara possível. Para criar e configurar os conjuntos de canetas, consulte o item **3.3 Como criar e editar Canetas e Cores**, na página **75**.

e. **Opções Visualiz. Modelo** (*Model View Options*): O ArchiCAD deixou, para este painel, opções de configuração de visualização avançadas para elementos construtivos, tramas e objetos GDL. Você tem acesso à essas ferramentas pelo menu **Documentação/Definir Visualização do Modelo/ Opções de Visualização do Modelo** (*Document/Set Model View/Model View Options...*). Nesta janela, você pode escolher entre mostrar ou esconder os marcadores de identificação de portas e janelas, decidir como serão representadas vigas e pilares em plantas, entre muitos outros ajustes;

f. **Filtro de Renovação** (*Renovation Filter*): O ArchiCAD tem um sistema chamado de **Renovação** (*Renovation*), que você irá utilizar sempre que precisar separar os elementos de projeto em elementos de uma construção existente, elementos novos de construção, em uma ou mais fases, outros a serem demolidos, e assim por diante. Para ter acesso à essas ferramentas, vá ao menu **Janelas/Paletas/Renovação** (*Window/Palletes/Renovation*).

como criar uma vista

1. Estando em uma das janelas de onde é possível salvar uma vista clique com o botão direito do mouse no nome da janela na paleta **Navegador** (*Navigator*).
2. Selecione a opção **Salvar Vista Atual...** (*Save Current View...*).

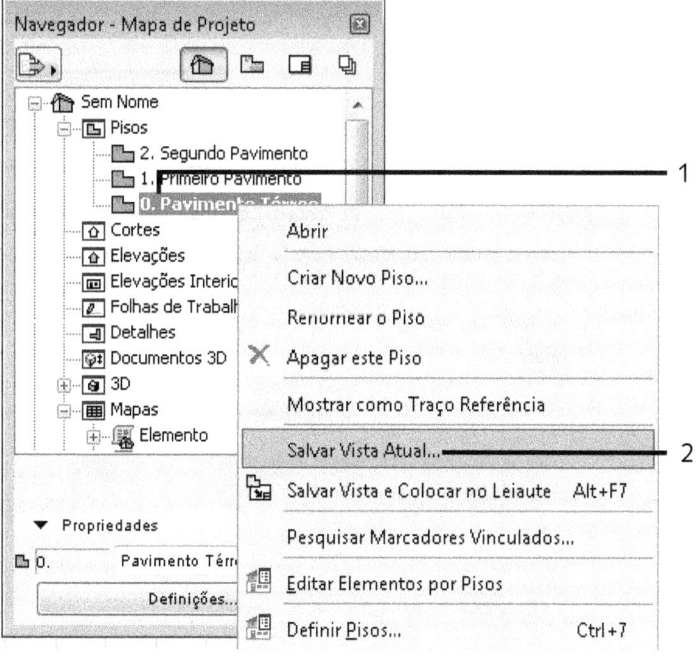

3. Na janela **Guardar Vista** (*Save View*) defina:
   a. **ID**: Defina a sequência pela qual as vistas serão ordenadas;
   b. **Nome** (*Name*): Nome da vista;
   c. **Combinação Vegetais** (*Layer Combination*): Selecione a combinação que deseja aplicar à vista salva;
   d. **Escala** (*Scale*): Selecione uma escala para aplicar à vista;
   e. **Visualização de Estrutura** (*Structure Display*): Selecione a definição de visualização de estrutura que deseja para a vista;
   f. **Conjunto de Canetas** (*Pen Set*): Selecione o conjunto de canetas a ser aplicado para a vista;
   g. **Opções de Visualiz. Modelo** (*Model View Options*): Selecione uma combinação de opções de visualização do modelo que deseja usar para esta vista;
   h. **Filtro de Renovação** (*Renovation Filter*): Escolha um filtro para ser aplicado à vista; Somente para **Janela 3D**;
   i. **Gerar em** (*Generate in*): **Janela 3D** (toda vez que essa vista for acessada será gerada na Janela 3D) ou **Janela de Rendering** (toda vez que a vista for acessada será gerada na **Janela de Rendering**).

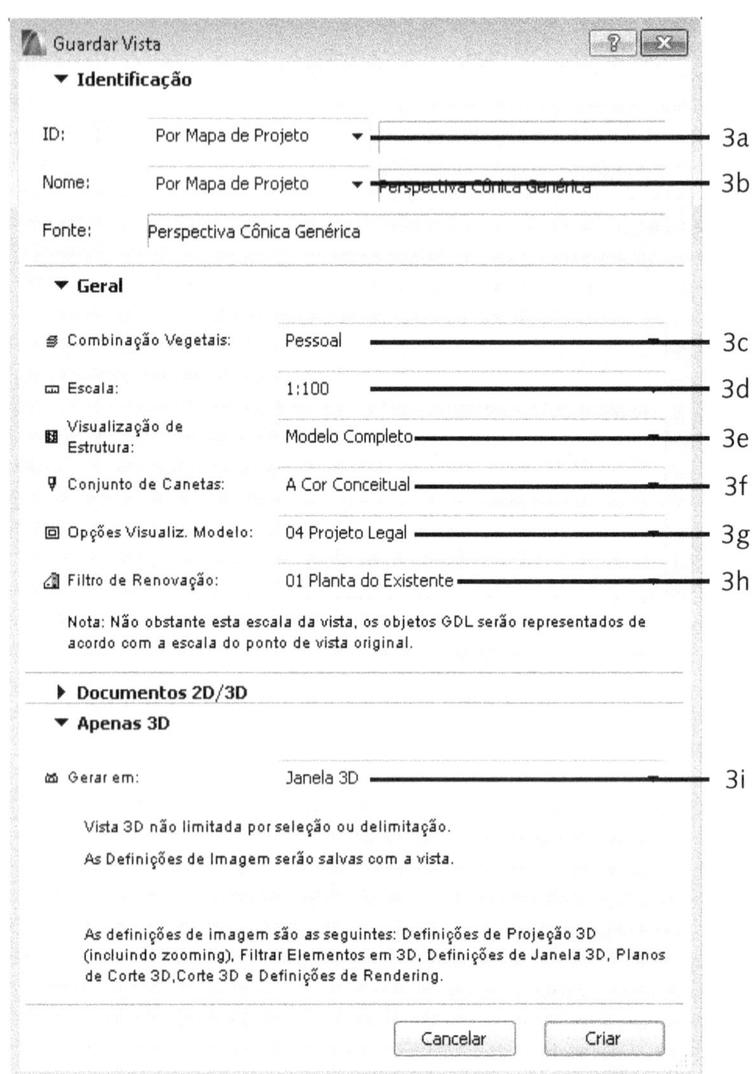

10.2 Como usar os vegetais (layers)

Você pode usar o sistema de vegetais (layers) do ArchiCAD para controlar a visibilidade, a mobilidade e a maneira como os objetos serão impressos, de acordo com a sua natureza. Os vegetais podem ser criados para separar os diversos tipos de desenho que existem em um projeto (terreno, paredes externas, paredes internas, lajes, forro, cobertura, entre outros). Essa separação é fundamental quando temos a intenção de ver ou imprimir partes do projeto. A visibilidade dos vegetais pode ser ajustada (usando as Combinações de Vegetais); tais combinações agilizam o processo de visualização dos vegetais e podem ser aproveitados na criação dos leiautes.

como criar um vegetal

1. Vá ao menu **Documentação/Vegetais/Definições de Vegetais...** (*Document/Layers/Layer Settings (Model Views...)* Ctrl+L.

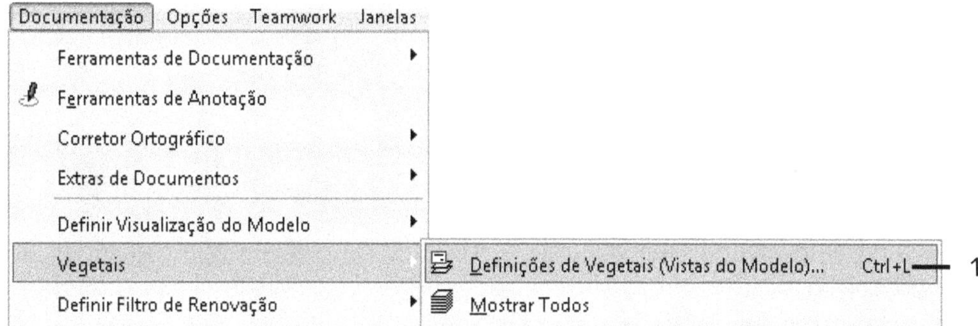

2. Na janela que se abre, clique em **Novo** (*New*) (**a**). Uma nova janela se abre, onde você vai definir o nome do vegetal (**b**); depois, clique em **OK** (**c**).

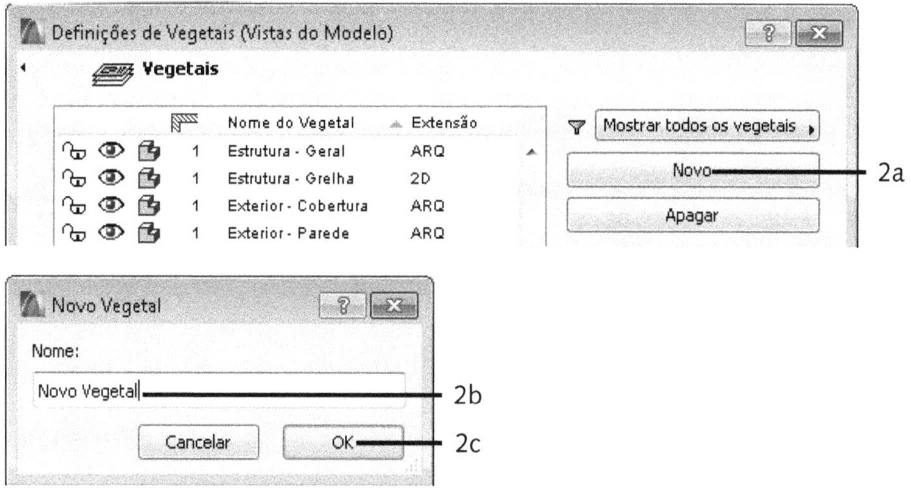

3. O ArchiCAD mostra novamente a janela anterior, em que você pode criar outros vegetais e fazer mais ajustes. Para finalizar, clique em **OK**.

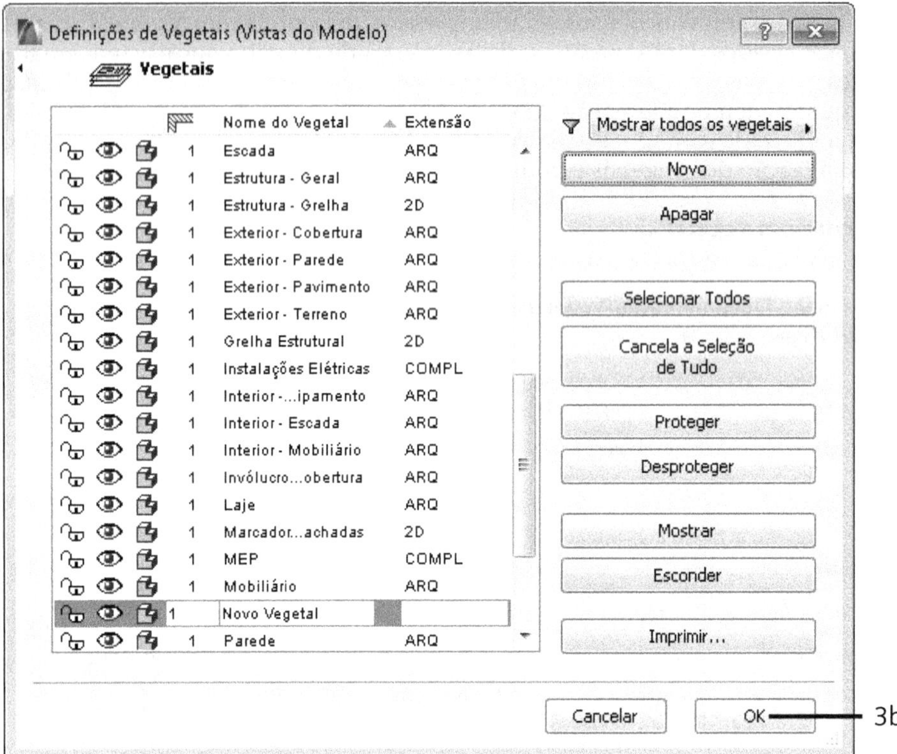

opções de ajuste de um vegetal

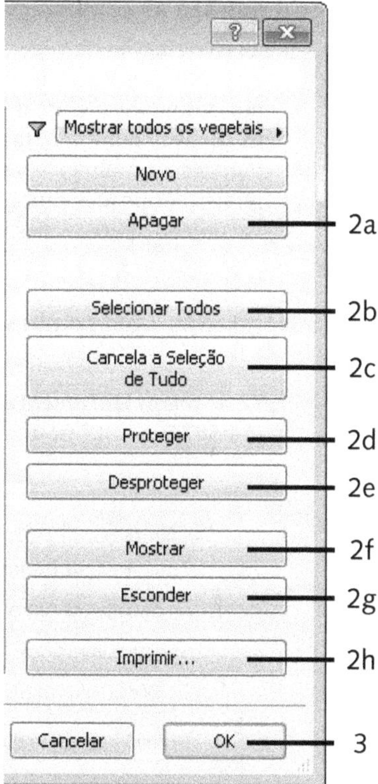

1. Vá ao menu **Documentação/Vegetais/Definição de Vegetais...** (*Document/Layers/Layer Settings (Model Views...)*) Ctrl+L.
2. Na janela que se abre, existem as seguintes opções, que podem ser aplicadas a um ou mais vegetais:
   a. **Apagar** (*Delete*): Apaga um ou mais vegetais;
   b. **Seleccionar Todos** (*Select All*): Seleciona todos os vegetais;
   c. **Cancela a Seleção de Tudo** (*Deselect All*): Deseleciona todos os vegetais;
   d. **Proteger** (*Lock*): Impede qualquer tipo de edição no(s) vegetal(is) selecionado(s);
   e. **Desproteger** (*Unlock*): Libera qualquer tipo de edição no(s) vegetal(is) selecionado(s);
   f. **Mostrar** (*Show*): Exibe o(s) vegetal(is) selecionado(s);
   g. **Esconder** (*Hide*): Esconde o(s) vegetal(is) selecionado(s);
   h. **Imprimir...** (*Print*): Imprime o(s) vegetal(is) selecionado(s).
3. Para confirmar todos os ajustes, clique em **OK**.

como escolher o vegetal para um objeto a ser desenhado

1. Escolha o que você vai desenhar: pode ser uma parede, uma laje, uma viga ou outro objeto que está na **Caixa de Ferramentas/Grupo Modelagem** (*Toolbox/Design*).
2. Depois de escolher a ferramenta, clique na barra indicada (**a**) e escolha o vegetal que receberá o objeto a ser desenhado (**b**).
3. Você pode alterar o vegetal atribuído a qualquer objeto já desenhado. Para isso, basta selecioná-lo e repetir os passos do item **2**.

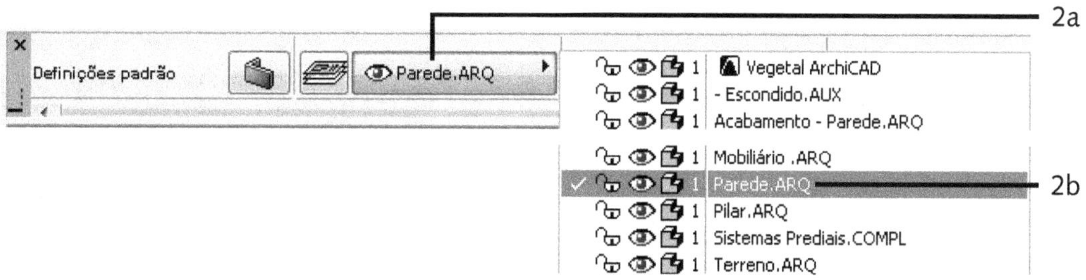

o que são as combinações de vegetais

Uma combinação de vegetais é uma maneira prática de alterar de uma vez só vários ajustes aplicados aos vegetais do seu arquivo. Por exemplo, você pode criar uma combinação de vegetais que automaticamente mostra as paredes e o projeto de elétrica, e que ao mesmo tempo esconde o mobiliário, pontos de hidráulica e outros equipamentos. Em outra combinação, você pode ligar as paredes e a mobília, e desligar os desenhos de elétrica e hidráulica. As combinações de vegetais podem ser usadas durante todo o desenvolvimento do projeto, e também para determinar o que vai ou não aparecer nas vistas que fazem parte dos leiautes (que são as pranchas para impressão).

como criar uma combinação de vegetais

1. Vá ao menu **Documentação/Vegetais/Definições de Vegetais...** (*Document/Layers/Layer Settings (Model Views...)*) Ctrl+L.

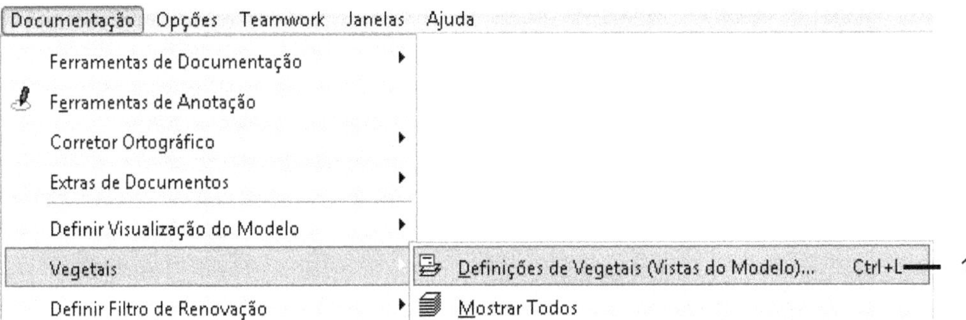

2. Na janela que se abre, clique em **Nova** (*New*) (**a**). Uma nova janela se abre, onde você vai definir o nome da combinação de vegetais (**b**); depois, clique em **OK** (**c**).

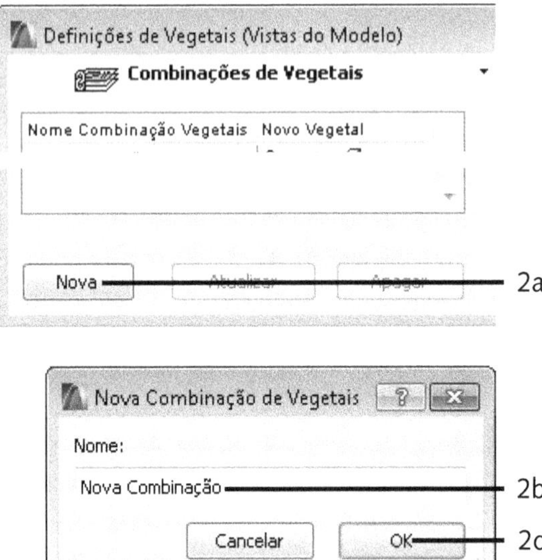

3. O ArchiCAD mostra novamente a janela anterior, em que você pode fazer mais ajustes. Para finalizar, clique em **OK**.

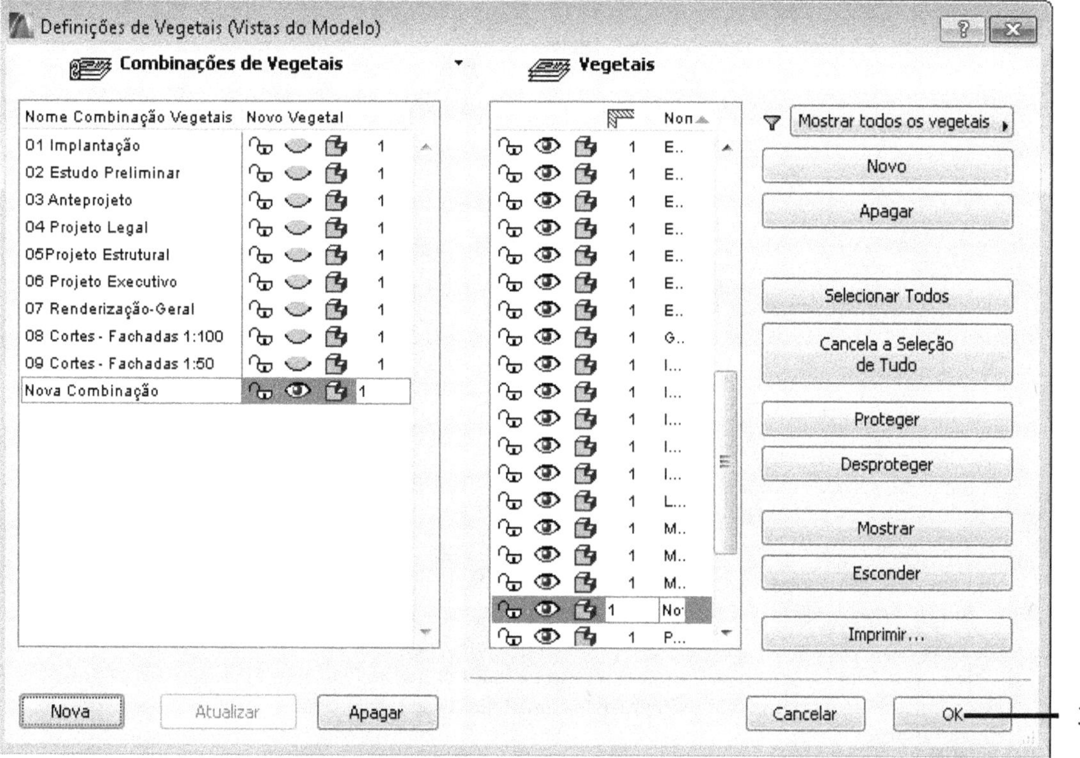

para associar os vegetais a uma combinação

1. Vá ao menu **Documentação/Vegetais/Definições de Vegetais...** (*Document/Layers/Layer Settings (Model Views...)*) Ctrl+L.

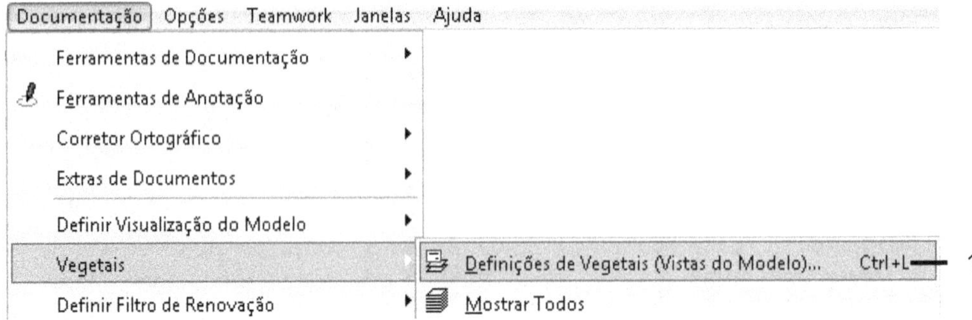

2. Clique no vegetal que terá a sua associação editada de acordo com cada combinação (**a**). Perceba que o nome dele passa a aparecer na coluna indicada (**b**).
3. A partir de agora, qualquer alteração que você fizer nos itens desta coluna serão gravados pelas combinações de vegetais. As alterações possíveis são:
   a. Cadeado: Trava e destrava a posição dos objetos deste vegetal;
   b. Olho: Mostra ou esconde os objetos deste vegetal;
   c. Bloco: Altera o tipo de renderização em vistas 3D dos objetos deste vegetal;
   d. Números: Cada número que você pode colocar nesta coluna define um grupo de interceptação; objetos que tem interação automática (como paredes com junções entre si, paredes e pilares, entre outros) só podem ter tais interações completadas se pertencerem a um mesmo grupo de interceptação.

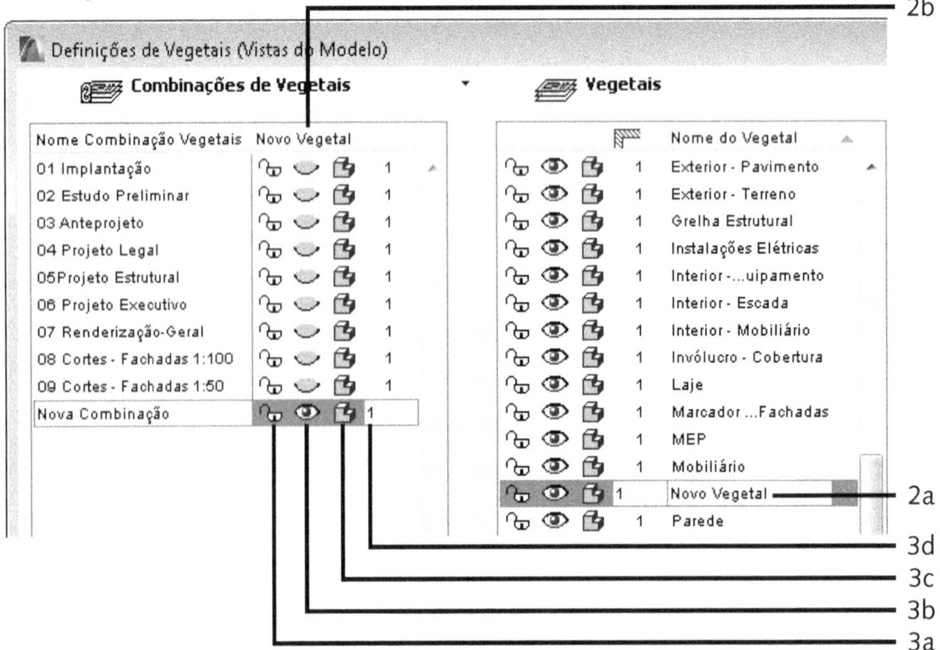

4. Observe que, ao clicar em um ajuste em qualquer uma das colunas, ele também é confirmado na parte direita da janela.
5. Para confirmar todos os ajustes, clique em **OK**.

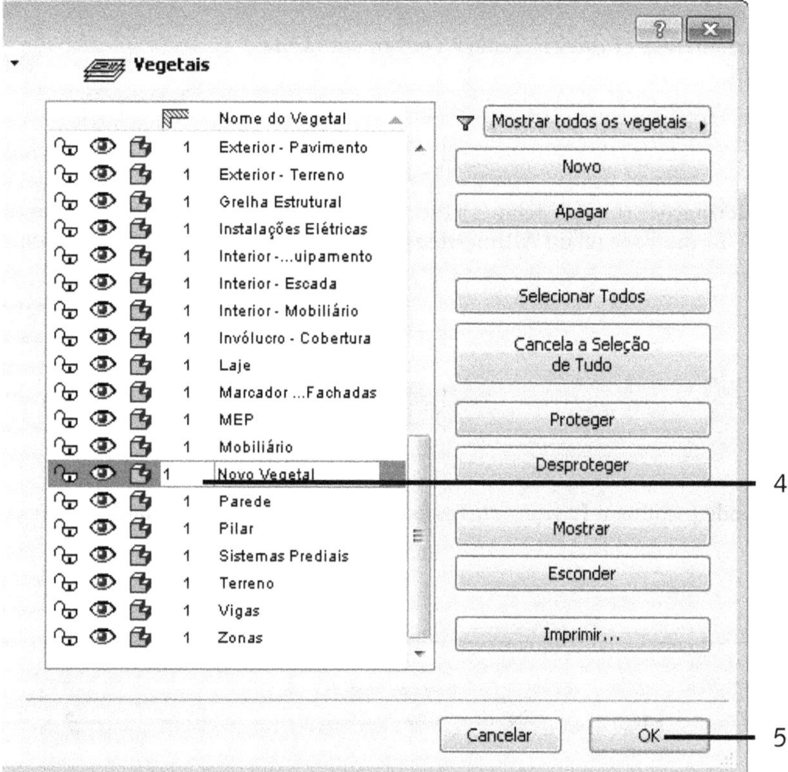

10.3 Cotas

como inserir uma cota simples

1. Na **Caixa de Ferramentas** (*Toolbox*), clique na ferramenta **Cota** (*Dimension*).

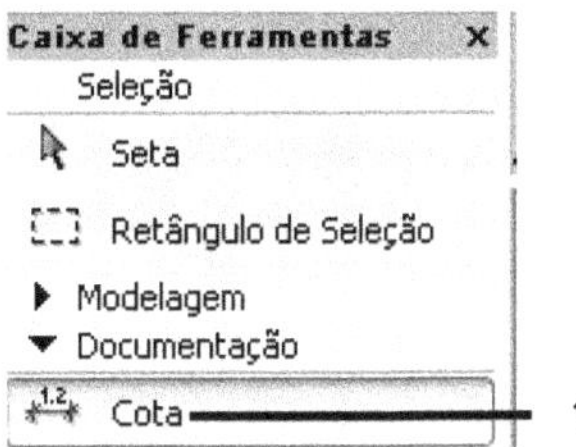

2. Na **Caixa de Informações** (*Default Settings*), escolha o **Método de Construção: Linear** (**a**), **Cumulativo** (**b**), **Linha-Base** (**c**) ou **Altimétrico** (**d**) (*Construction Method: Linear, Cumulative, Base-Line, Elevation*).

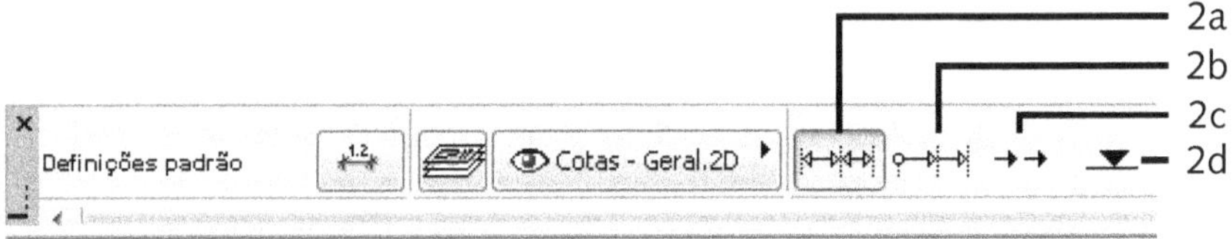

3. Você também pode escolher a **Posição do Texto** (*Text Position*) (**a**) e o **Tamanho do Texto** (*Font Size*) (**b**).

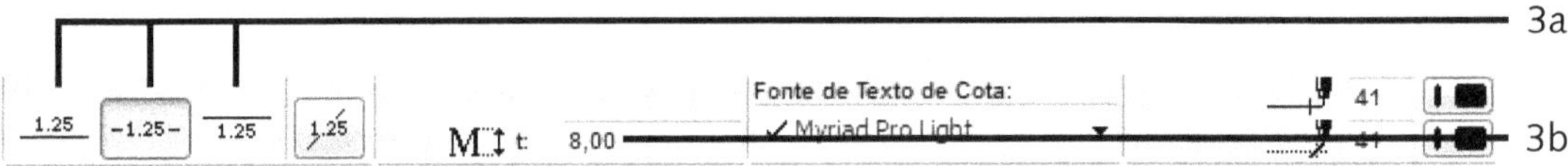

4. Faça um clique no primeiro ponto de referência da cota (**a**); mova o cursor e faça outro clique no segundo ponto de referência da cota (**b**); mova o cursor, afastando-o das cotas e faça um duplo-clique; perceba que o cursor assume o formato de um martelo (**c**). Mova-o para posicionar a linha da cota e clique para confirmar (**d**).

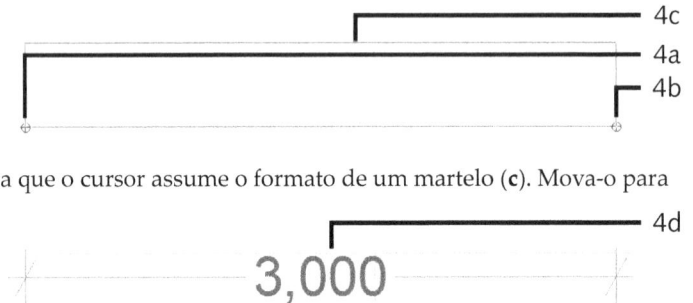

como cotar um raio

1. Na **Caixa de Ferramentas** (*Toolbox*), dentro da aba **Mais** (*More*), clique na ferramenta **Cota Radial** (*Radial Dimension*).

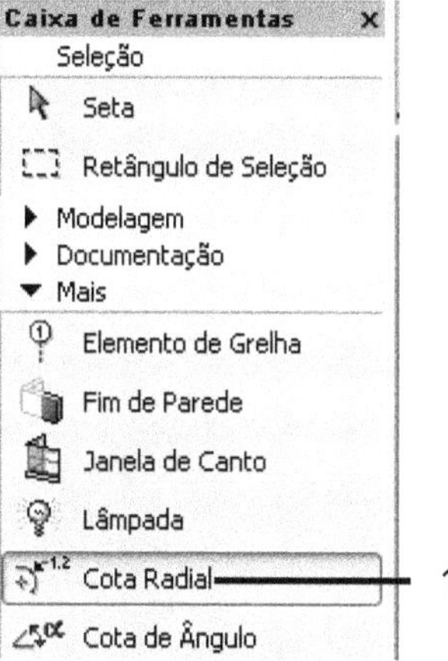

2. Na **Caixa de Informações** (*Default Settings*), escolha o **Método de Construção: Com** (**a**) ou **Sem** (**b**) **Ponto Central** (*Construction Method: With or Without Centerpoint*).

3. Você também pode escolher a **Linha e Texto do Apontador** (*Pointer Line and Text*) (**a**), a **Seta** (*Arrowhead*) (**b**), a **Posição do Texto** (*Text Position*) (**c**), o **Tamanho do Texto** (*Font Size*) (**d**), o **Tipo de Fonte** (*Font Type*) (**e**), entre outros ajustes.

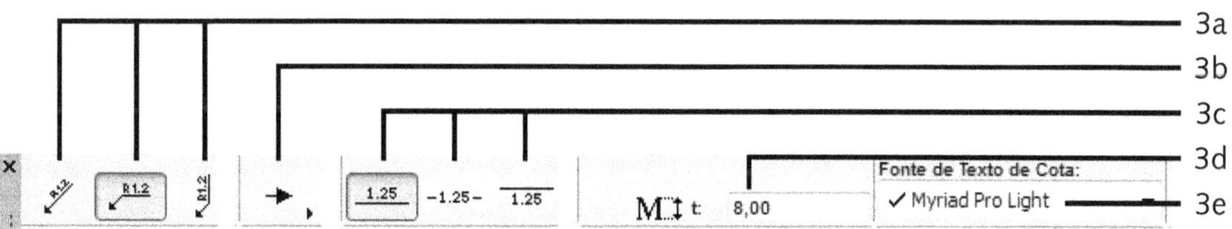

4. Posicione o cursor em cima de qualquer ponto do arco ou do círculo e dê um clique onde quer fixar a seta da cota (**a**); mova o cursor e faça outro clique para colocar o rótulo da cota (**b**).

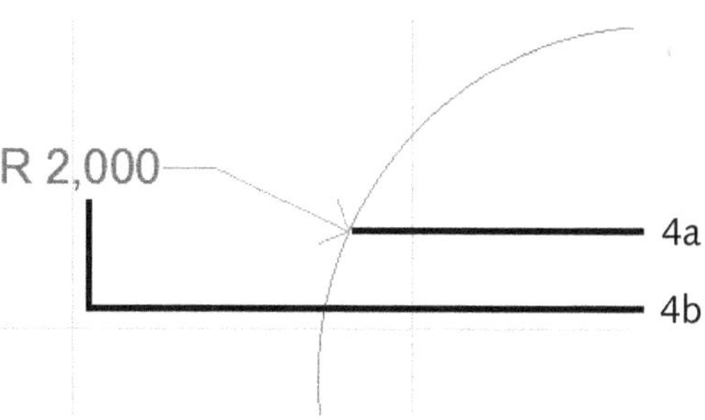

como cotar um ângulo

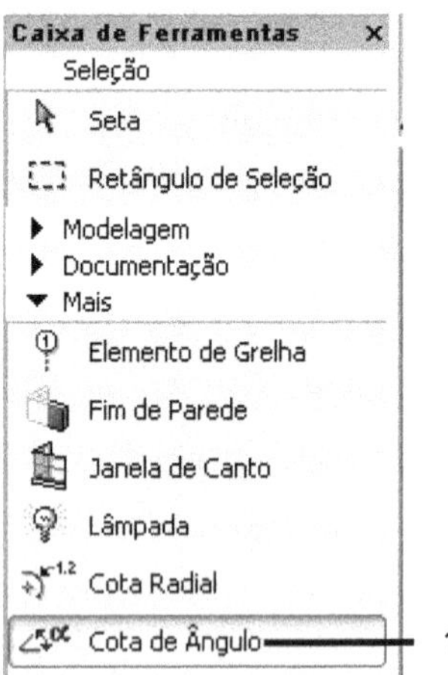

1. Na **Caixa de Ferramentas** (*Toolbox*), dentro da aba **Mais** (*More*), clique na ferramenta **Cota de Ângulo** (*Angle Dimension*).

2. Na **Caixa de Informações** (*Default Settings*), escolha o **Método de Construção: Cota Interior** (**a**) ou **Cota Exterior** (**b**) (*Construction Method: Inner Dimension, Outer Dimension*).

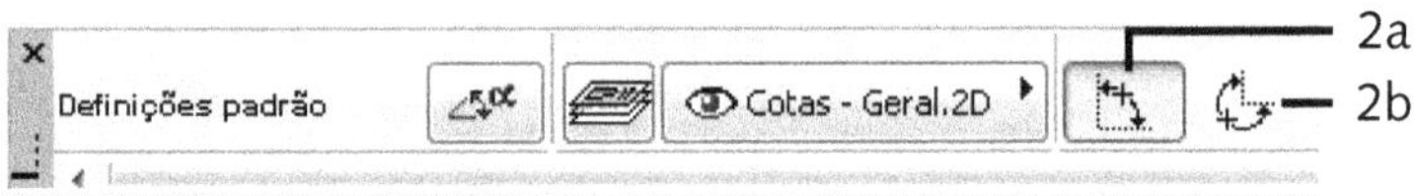

3. Você também pode escolher a **Seta** (*Arrowhead*) (**a**), a **Posição do Texto** (*Text Position*) (**b**), o **Tamanho do Texto** (*Font Size*) (**c**), o **Tipo de Fonte** (*Font Type*) (**d**) e a **Linha e Texto do Apontador** (*Pointer Line and Text*) (**e**).

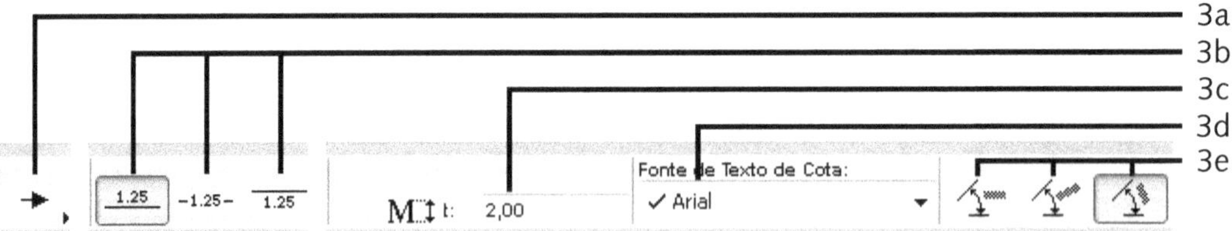

4. Se você for cotar um ângulo de um arco, posicione o cursor em cima de qualquer ponto dele e dê um clique (**a**); mova o cursor e faça outro clique para colocar o rótulo da cota (**b**).

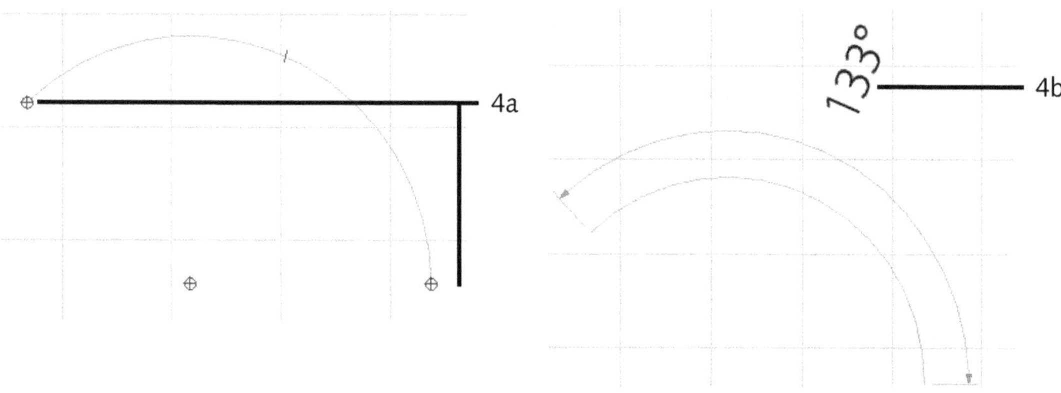

5. Se você for cotar um ângulo formado por duas arestas:
   a. Faça um clique em um ponto qualquer da primeira aresta (desde que não seja um dos extremos ou o ponto central);
   b. Faça outro clique em um ponto qualquer da segunda aresta (desde que não seja um dos extremos ou o ponto central);
   c. Perceba que o cursor assume o formato de um martelo. Mova-o para posicionar a linha da cota e clique para confirmar.

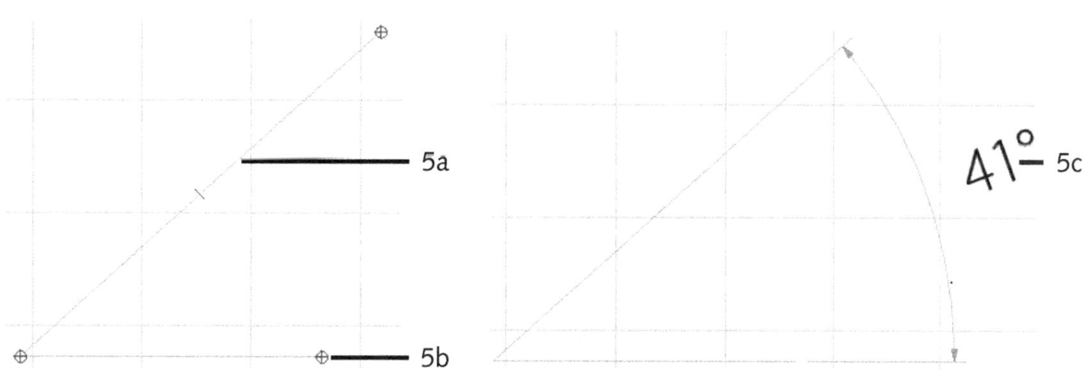

10.4 Cotas automáticas

cotagem automática exterior

A cotagem automática permite a criação de cotas lineares associadas a elementos que são previamente selecionados.

1. Em planta, selecione os elementos que serão cotados.

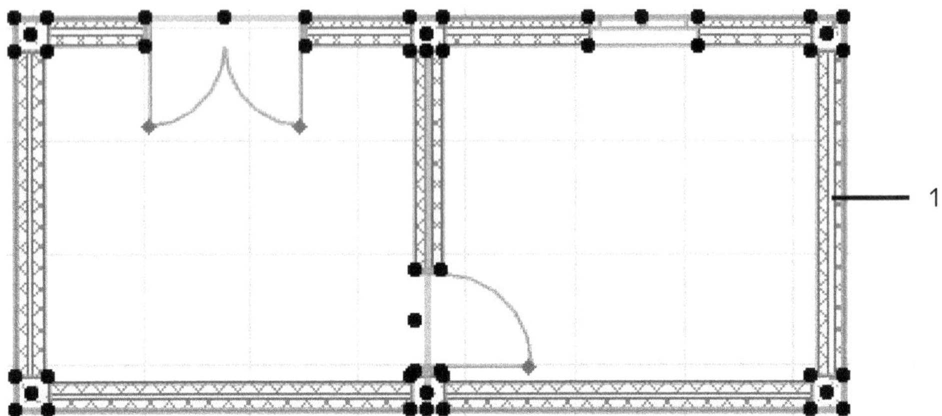

2. Vá ao menu **Documentação/Extras de Documentos/Cotagem Automática/Cotagem Exterior...** (*Document/Document Extras/Automatic Dimensioning/Exterior Dimensioning...*).

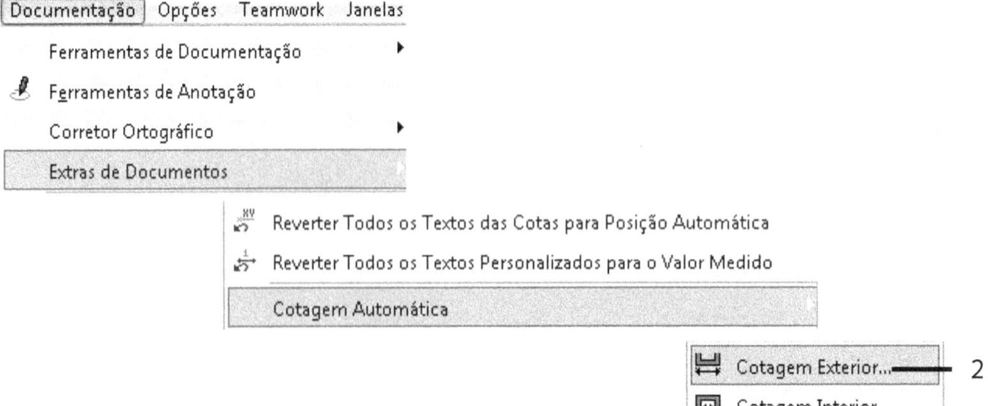

3. Na janela **Cotagem Automática** (*Automatic Dimensioning*) configure:
   a. **Cotar Aberturas** (*Dimension Openings*): Escolha esta opção se quiser cotar **Portas** e **Janelas**; **Centro Abertura** (*Opening Center*): As cotas serão colocadas no centro das **Portas** e **Janelas**; **Extremidades Abertura** (*Opening Endpoints*): As cotas serão colocadas em uma das extremidades das **Portas** e **Janelas** conforme as definições disponíveis;
   b. **Cotagem Estruturas** (*Dimension Structures*): Será cotada a estrutura do elemento, como por exemplo, a espessura de uma parede ou largura de um pilar;
   c. **Cotagem da Geometria Exterior** (*Dimension External Geometry*): Clique nesta caixa se quiser que sejam cotadas apenas as dimensões relativas à todo objeto selecionado;
   d. **Cotagem Geral** (*Overall Dimension*): Insere apenas uma linha de cota que envolve todo o comprimento do conjunto de elementos selecionados;
   e. **Distância entre linhas de Cota** (*Distance between dimension lines*): Determine a distância entre as linhas de cotas;
   f. **Colocar cotas nos quatro lados** (*Place dimensions on four sides*): Selecione se desejar que os quatro lados do conjunto de elementos selecionados sejam cotados.
4. Clique em **OK**.

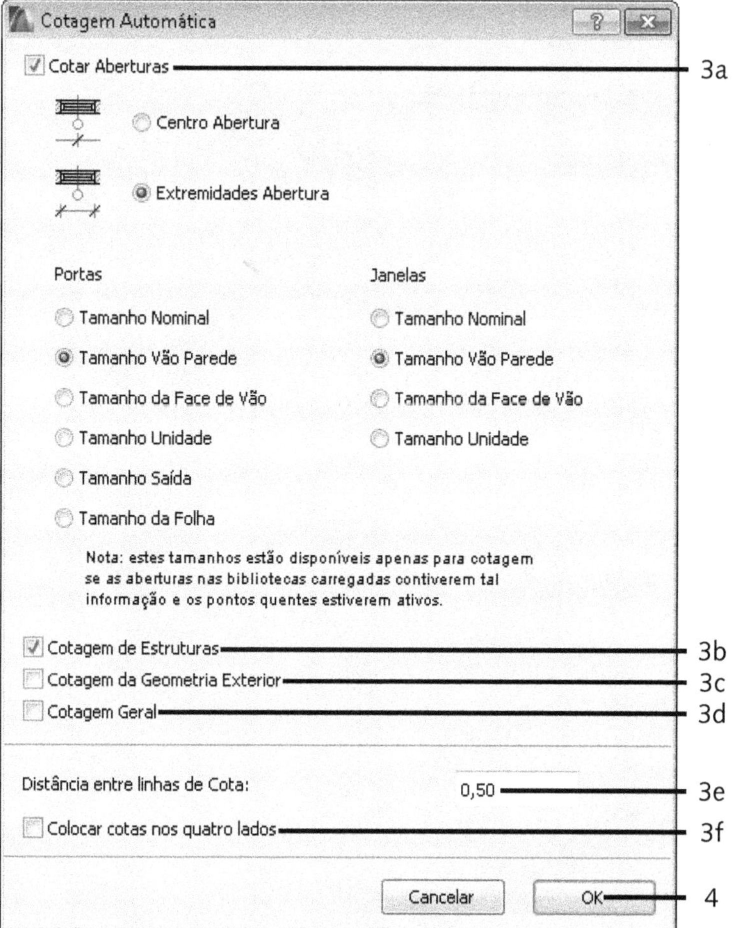

5. Em planta defina a direção das linhas de cota com dois cliques (**a** e **b**) nos elementos que serão cotados.

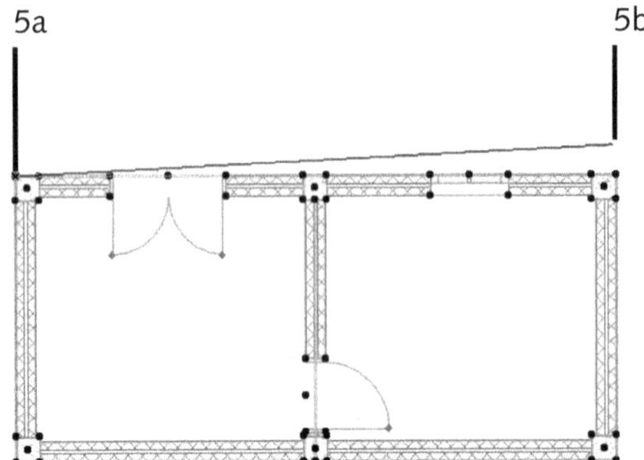

6. Com o cursor com o ícone de martelo dê um clique para definir a orientação das linhas de cotas.

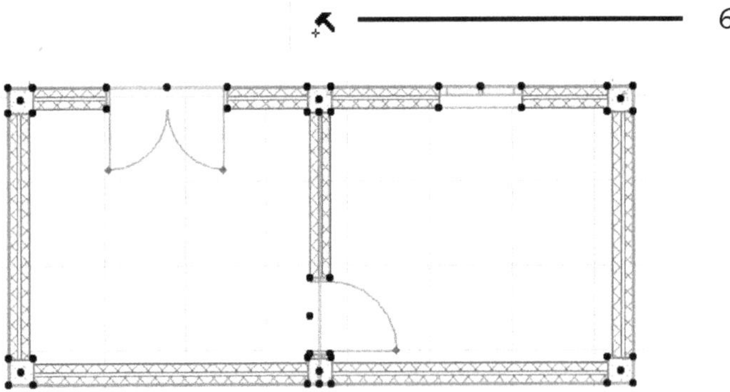

7. Observe as cotas colocadas.

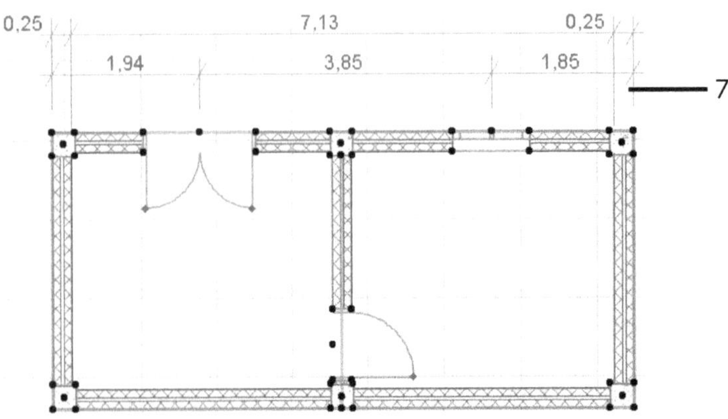

cotagem automática interior

A cotagem automática interior envolve pilares e elementos com composições ou perfis complexos.

1. Em planta selecione os elementos que serão cotados.

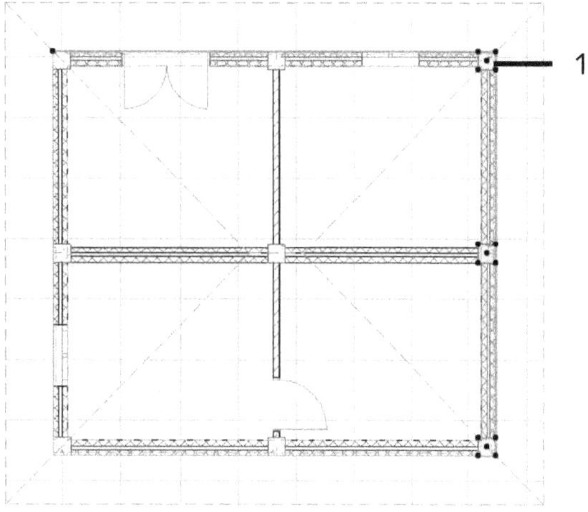

2. Vá ao menu **Documentação/Extras de Documentos/Cotagem Automática/Cotagem Interior...** (*Document/Document Extras/Automatic Dimensioning/Interior Dimensioning...*).

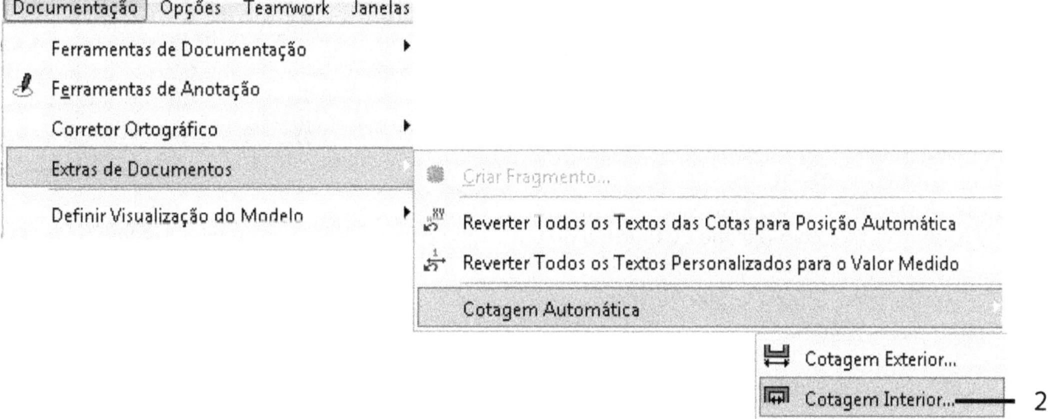

3. No menu **Cotagem Automática** (*Automatic Dimensioning*) configure a **Cotagem do Pilar** (*Column dimensioning*), para definir o modo como os pilares serão cotados:

   a. **Centro do Objeto** (*Object center*): Cota a partir do eixo do pilar;

   b. **Pontos Finais do Objeto** (*Object endpoints*): Cota as extremidades do pilar.

4. **Cotagem de Composto e Perfil** (*Composite and Profile dimensioning*): escolha a maneira como as composições e os perfis complexos serão cotados:

   a. **Cotar cada camada** (*Dimension each skin*): Cota cada camada da composição ou perfil complexo;

   b. **Cotar apenas núcleo** (*Dimension core only*): Cota apenas a camada definida como núcleo da composição ou do perfil complexo.

5. Clique em **OK**.

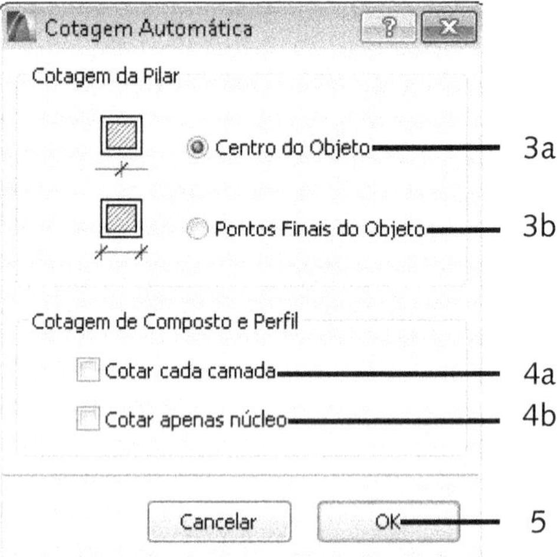

6. Em planta trace uma linha sobre os elementos que deseja cotar. Serão consideradas paredes, pilares, vigas, coberturas e malhas que sejam compostas ou de perfis complexos (**a**). A linha pode conter mais de um segmento. Com um clique duplo finalize a linha (**b**).

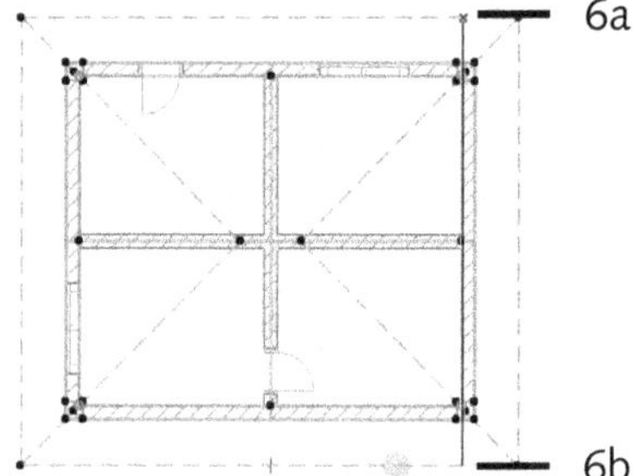

7. Com o cursor com o ícone de martelo dê um clique para definir a orientação das linhas de cotas.

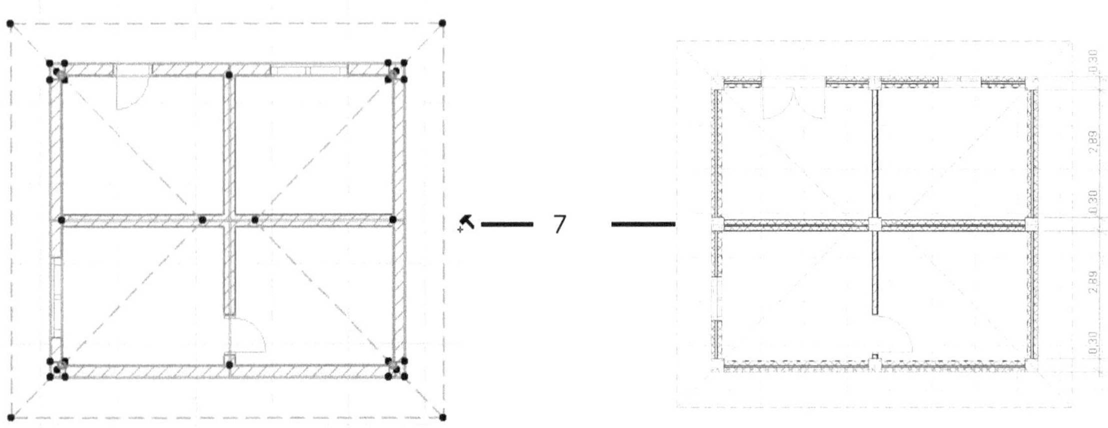

10.5 Textos e rótulos

como criar uma caixa de texto

1. Na **Caixa de Ferramentas** (*Toolbox*), clique na ferramenta **Texto** (*Text*).
2. Na **Caixa de Informações** (*Default Settings*), determine:
   a. **Tipo da Fonte** (*Font Type*): Escolha a fonte que será utilizada;
   b. **Tamanho** (*Font Size*) **e Rotação da Fonte** (*Rotation*): Digite o tamanho do texto em mm e a rotação da caixa de texto;
   c. **Estilo do Texto** (*Text Style*): Escolha entre **Carregado**, **Itálico**, **Sublinhado** e **Rasurado** (*Bold, Italic, Underline, Strikethrough*);

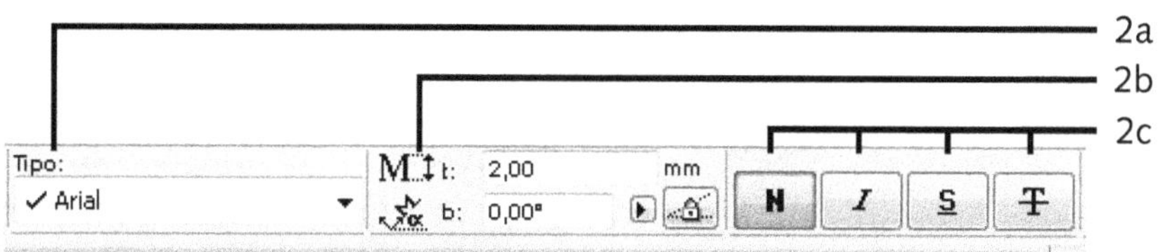

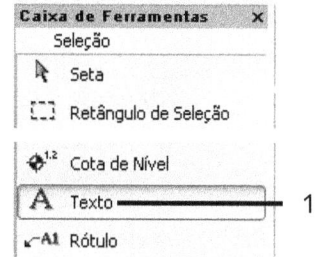

   d. **Alinhamento** (*Alignment*): Escolha entre **Esquerda**, **Centrar**, **Direita** e **Justificar** (*Left, Center, Right, Justify*);
   e. **Caneta do Texto** (*Text Pen*): Regule a espessura e a cor do texto.

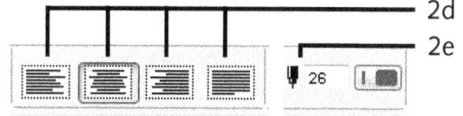

3. Faça um clique onde quer começar a escrever o texto (**a**); mova o cursor e faça outro clique onde quer terminar a caixa de texto (**b**).

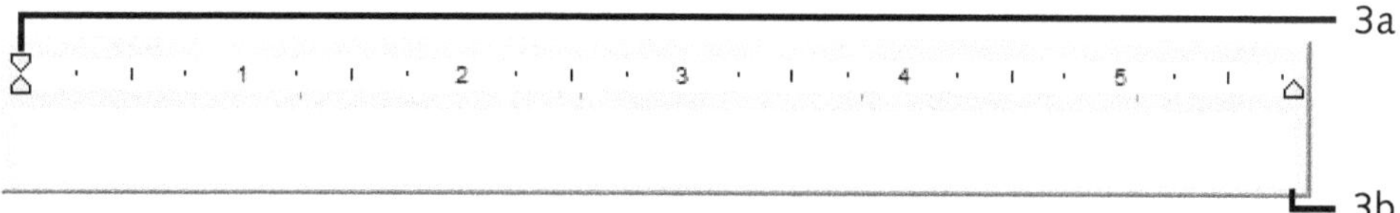

4. Perceba que a caixa de texto foi aberta e agora você pode escrever dentro dela; veja que uma paleta flutuante é posicionada em cima da caixa de texto para que você faça mais ajustes, se desejar (**a**). Depois que terminar de escrever, clique em qualquer ponto da janela de desenho para fechar a caixa de texto (**b**).

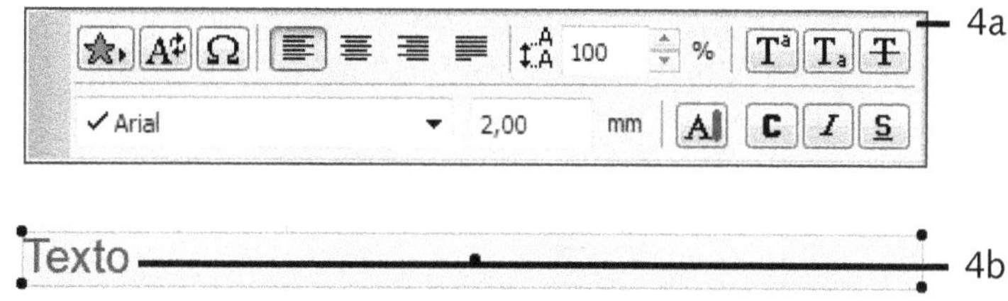

como criar um rótulo

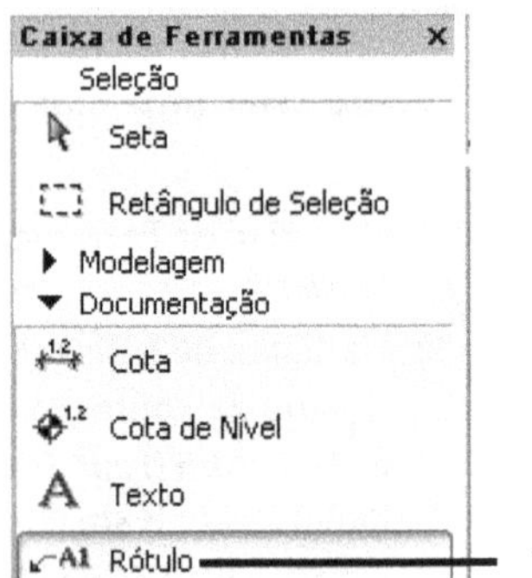

1. Na **Caixa de Ferramentas** (*Toolbox*), clique na ferramenta **Rótulo** (*Label*).
2. Na **Caixa de Informações** (*Default Settings*), determine:
   a. **Tipo da Fonte** (*Font Type*): Escolha a fonte que será utilizada;
   b. **Tamanho da Fonte** (*Font Size*): Digite o tamanho do texto em mm;
   c. **Caneta do Texto** (*Pen*): Regule a espessura e a cor do texto;
   d. **Estilo do Texto** (*Text Style*): Escolha entre **Carregado**, **Itálico**, **Sublinhado** e **Rasurado** (*Bold, Italic, Underline, Strikethrough*);
   e. **Alinhamento** (*Alignment*): Escolha entre **Esquerda**, **Centrar**, **Direita** e **Justificar** (*Left, Center, Right, Justify*).

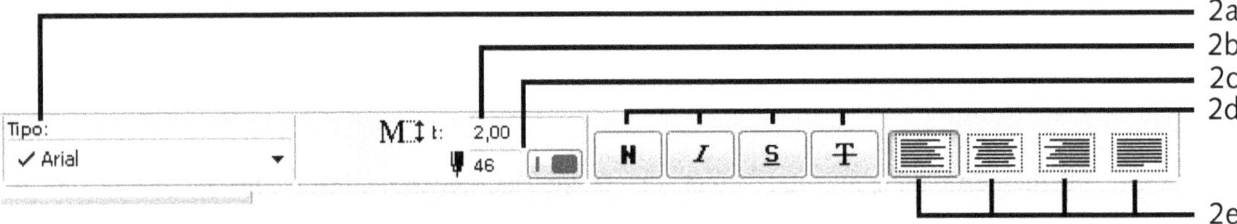

3. Faça um clique onde quer posicionar a seta do rótulo (**a**); mova o cursor e faça outro clique onde quer posicionar a linha do rótulo (**b**); mova o cursor novamente e clique para posicionar a caixa de texto (**c**); mova o cursor para determinar o tamanho da caixa de texto e clique novamente (**d**);

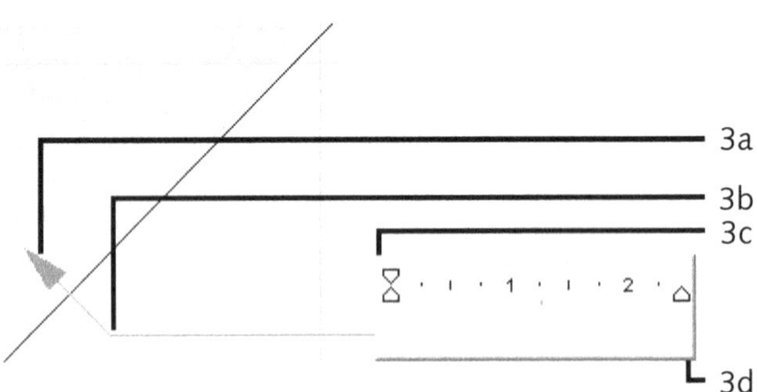

4. Perceba que a caixa de texto foi aberta e agora você pode escrever dentro dela; veja que uma paleta flutuante é posicionada em cima da caixa de texto para que você faça mais ajustes, se desejar. Depois que terminar de escrever, clique em qualquer ponto da janela de desenho para fechar a caixa de texto.

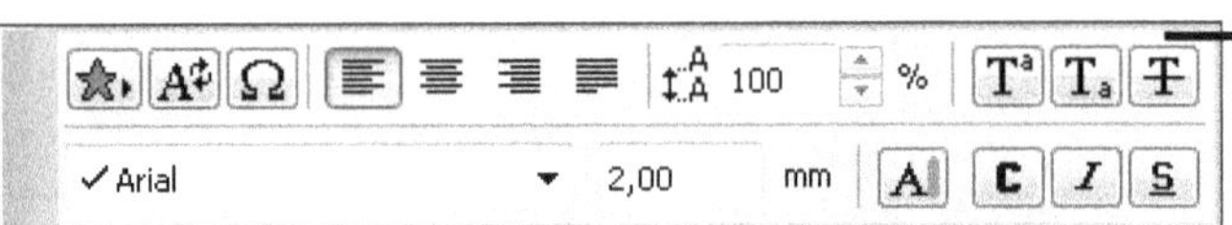

10.6 Criando legendas e carimbos inteligentes com textos automáticos

O ArchiCAD possui um sistema de preenchimento inteligente de legendas, carimbos e outras informações relevantes ao projeto usando um processo composto por dois passos: no primeiro, você preenche os dados do projeto (e outras informações); no seguinte, você usa a ferramenta de texto automático para inserir, em vistas e/ou leiautes, estas informações.

para preencher as informações do projeto (e outras)

1. Vá ao menu **Arquivo/Informações/Projeto Info...** (*File/Info/Project Info...*).

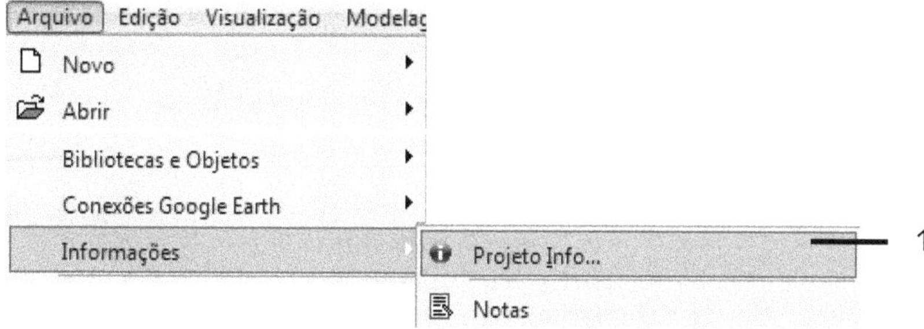

2. Na janela que se abre, escolha o campo que quer preencher (**a**) e, em seguida, digite a informação relacionada àquele campo (**b**). Se quiser ter mais espaço para escrever, clique no botão indicado (**c**).
3. Você pode preencher todos os campos, ou somente os que quiser. Se você precisar criar mais um campo, clique em **Adicionar** (*Add*) (**a**) e perceba que um novo campo é criado (**b**). Se quiser remover um campo que tenha criado, clique em **Remover** (*Remove*) (**c**).

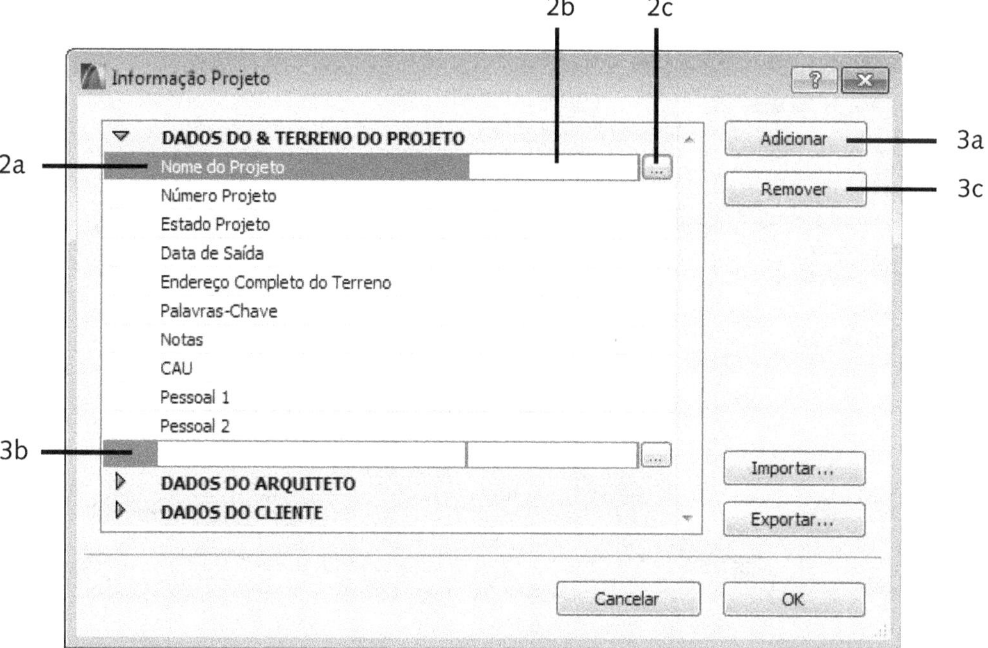

4. Se você quer que todos os dados de projeto que digitou aqui sejam aproveitados em outro arquivo (para não ter que escrever tudo de novo), clique em **Exportar...** (*Export...*) (**a**). Uma nova janela vai se abrir, para que você escolha um local para gravar o arquivo (**b**). Dê um nome a ele (**c**) e clique em **Salvar** (*Save*) (**d**).
5. Para recuperar as informações de outro arquivo, clique em **Importar...** (*Import...*) (**a**). Na janela que se abre, localize o arquivo e clique em **Abrir** (*Open*) (**b**).

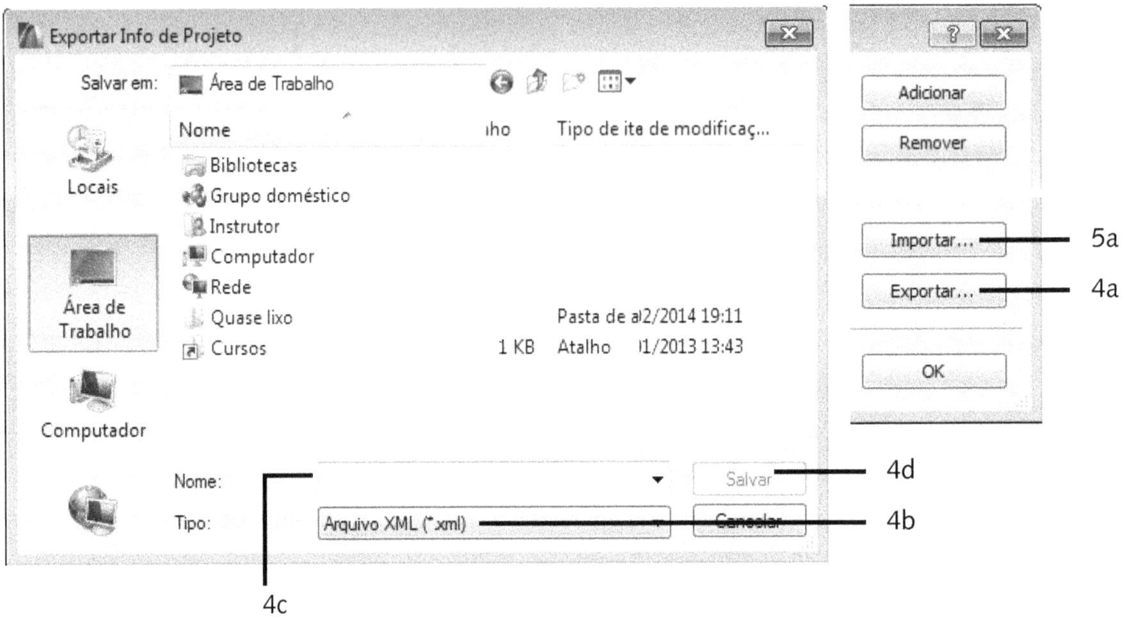

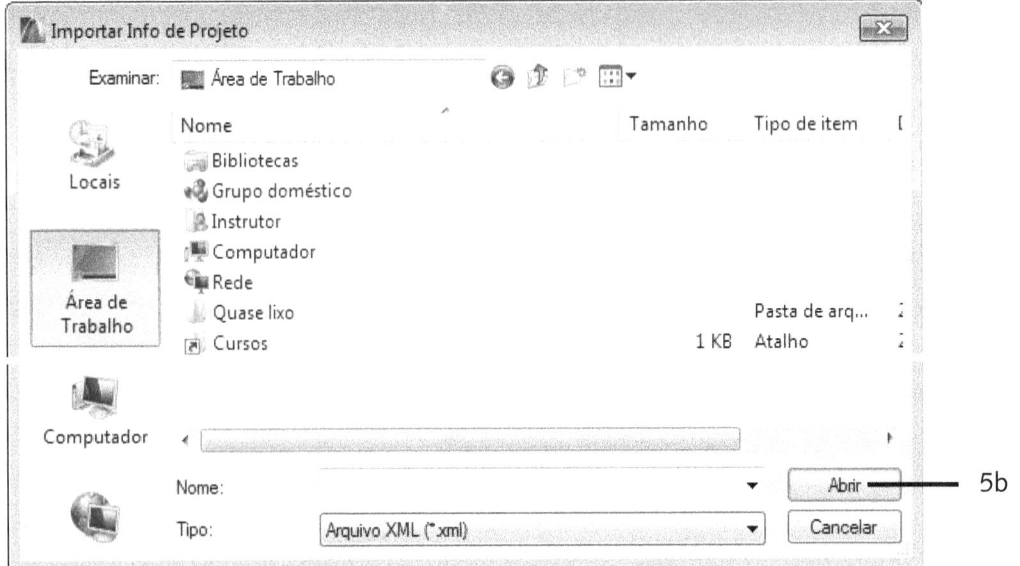

para inserir uma informação de projeto com um texto automático

1. Na **Caixa de Ferramentas** (*Toolbox*), clique na ferramenta **Texto** (*Text*).

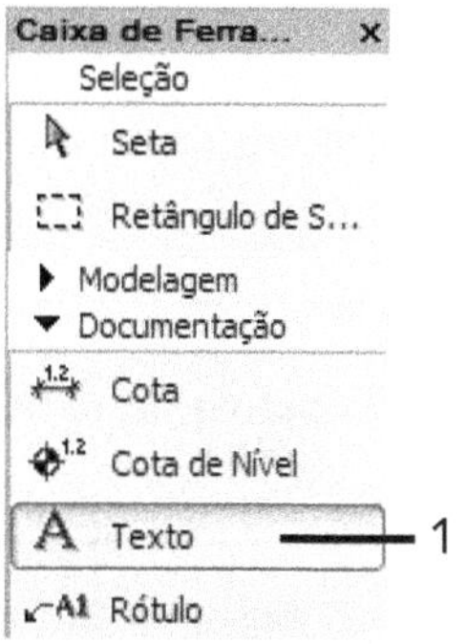

2. Faça um clique onde quer começar a escrever o texto (**a**); mova o cursor e faça outro clique onde quer terminar a caixa de texto (**b**).

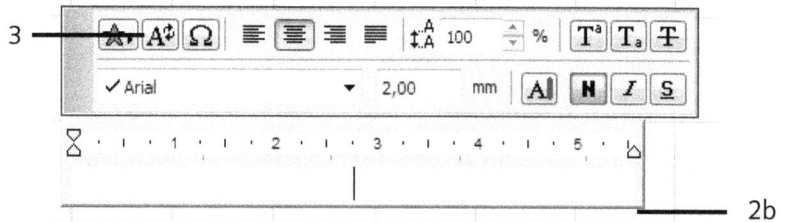

3. Na caixa flutuante, clique no botão Inserir **Texto Automático** (*Insert Autotext*).

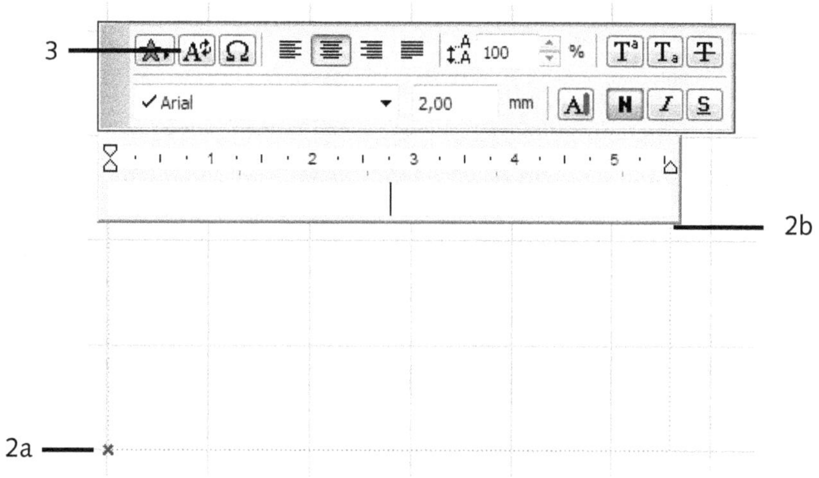

4. Na janela que se abre, clique na barra indicada para escolher a categoria onde está a informação que você pretende inserir (**a**). No quadro abaixo, clique na informação que será inserida (**b**). O quadro mais abaixo (**c**) mostra o texto que será inserido. Clique em **Inserir** (*Insert*) (**d**) para concluir.

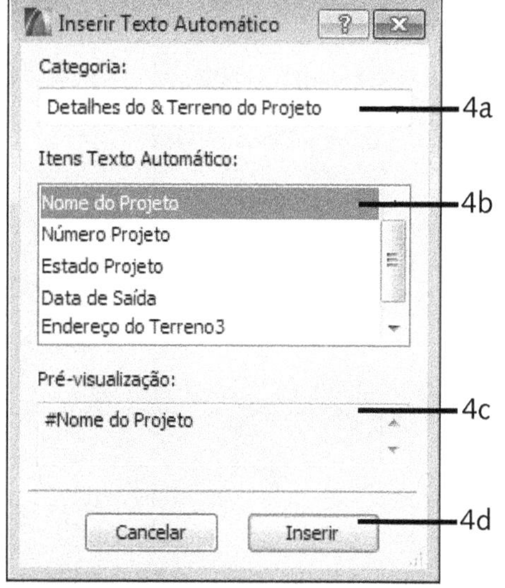

10.7 Criação e edição de leiautes

O ArchiCAD dá o nome de leiaute a cada folha que será criada para documentar o projeto. Cada leiaute (ou folha) que você pretende usar tem origem a partir de um leiaute mestre; cada leiaute mestre pode ter um determinado tamanho, além de margens e carimbo, por exemplo. Um leiaute pode conter uma ou mais vistas, em diferentes escalas, de qualquer posição do projeto (plantas, cortes, elevações, detalhes ou perspectivas). Os leiautes também podem receber tabelas e listas, imagens, desenhos em PDF, DWG e outros formatos, para que a documentação do seu projeto fique bem completa.

como criar um leiaute

1. Na caixa **Navegador** (*Navigator*), clique no botão **Livro de Leiautes** (*Layout Book*).
2. Clique no botão **Novo Leiaute...** (*New Layout*).

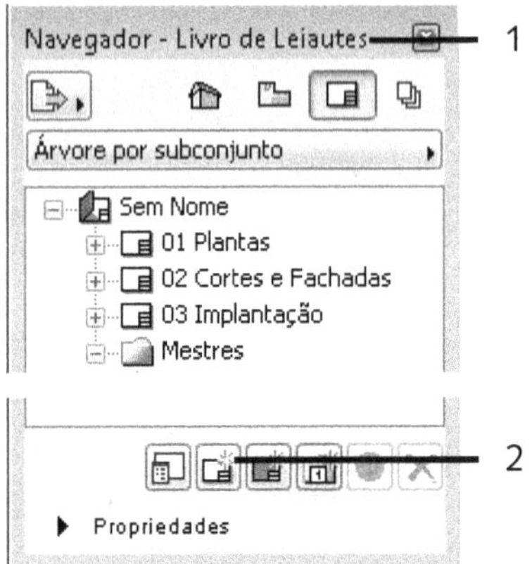

3. Na janela que se abre, dê um nome ao leiaute (**a**) e clique na barra indicada para escolher o leiaute mestre que será usado como referência (**b**).
4. Clique em **Criar** (*Create*) e veja que um novo leiaute foi colocado na lista de leiautes.

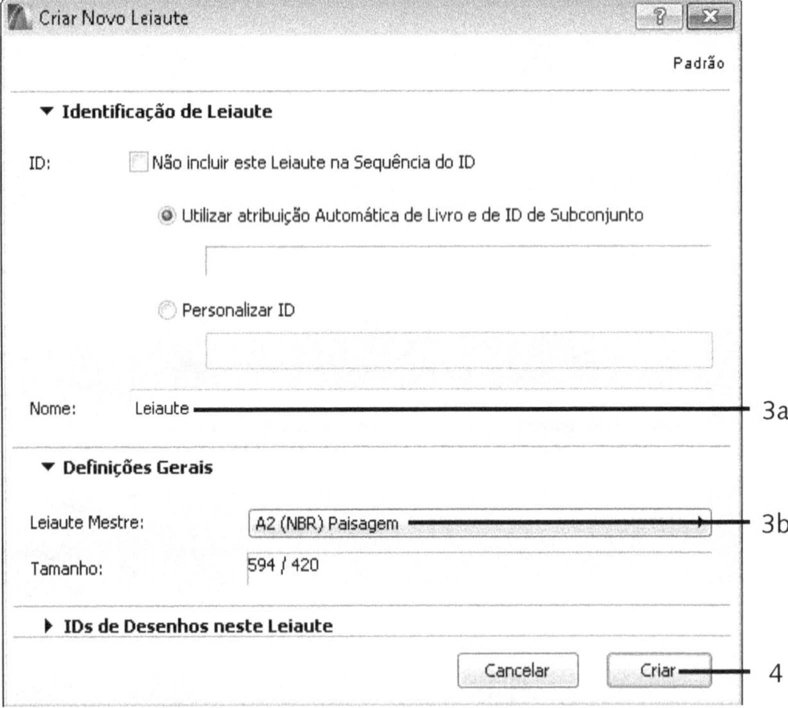

como colocar e ajustar uma vista em um leiaute

Existem diversas maneiras para colocar uma vista em um leiaute; uma das mais comuns é a seguinte:

1. Na caixa **Navegador** (*Navigator*), clique no botão **Livro de Leiautes** (*Layout Book*).
2. Clique no leiaute que você quer que receba a vista.
3. Procure a vista que você quer colocar no leiaute; pode ser qualquer uma do **Mapa de Projeto** (*Project Map*) ou do **Mapa de Vistas** (*View Map*); clique e arraste o nome da vista para o leiaute.

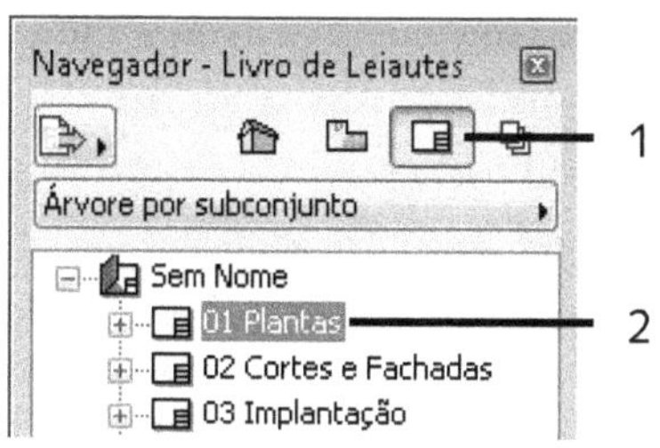

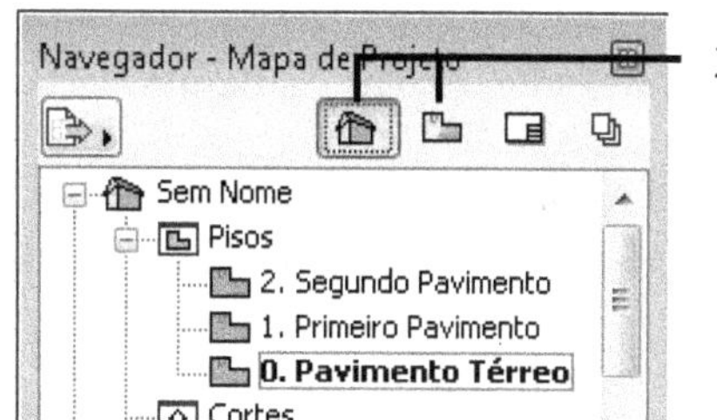

4. Observe que a vista está colocada no leiaute. Se for preciso alterar a escala da vista:
   a. Clique no botão de **Definições de Desenho** (*Drawing Selection Settings*);
   b. Clique na barra indicada para escolher a escala;
   c. Clique em **OK** para confirmar.

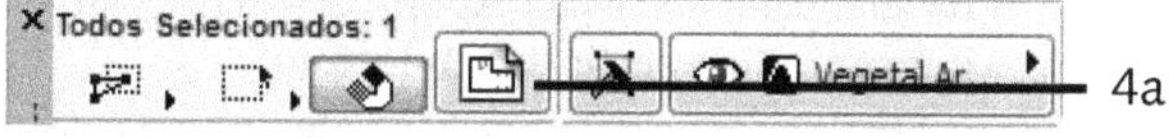

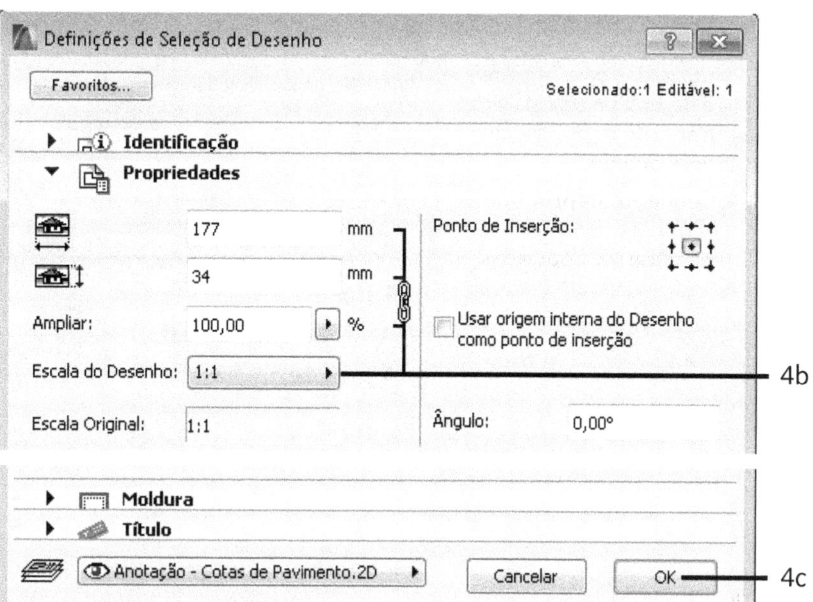

5. Para alterar o recorte da vista, ou movimentá-lo pela prancha, clique em uma das extremidades da vista e use as opções da barra flutuante:
   a. Clique neste botão para redimensionar o recorte da vista;
   b. Clique neste botão para movimentar a vista pela prancha.

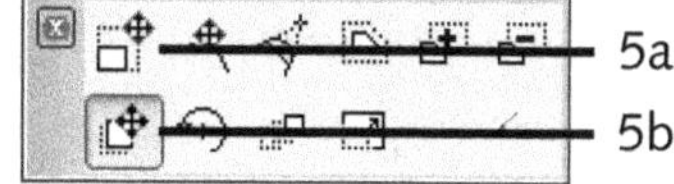

10.8 Como imprimir ou dar saída digital ao seu trabalho

Existem dois modos principais para você imprimir (ou dar saída digital) ao seu trabalho no ArchiCAD. No modo mais simples, basta escolher uma vista, ou um leiaute, e mandar imprimir (ou exportar para algum formato). A outra maneira é usar o Conjunto de Publicador, que é um sistema capaz de organizar de que maneira suas diversas vistas e leiautes serão impressos (ou exportados) e como esse processo será feito.

como imprimir a partir do Mapa de Projeto ou Mapa de Vistas

1. Na caixa **Navegador**, escolha e ative uma vista ou um leiaute.
2. Vá ao menu **Arquivo/Imprimir...** (*File/Print...*).
3. Na janela que se abre, dê atenção especial aos seguintes ajustes:
   a. **Definir Página...** (*Page Setup...*): Clique para escolher a impresora que será usada e o tamanho do papel;
   b. **Escala** (*Custom*): Determine a escala de impressão da sua vista; não está disponível se você estiver imprimindo a partir de um leiaute;
   c. **Disposição** (*Arrangement*): Este gráfico mostra quantas folhas da sua impressora serão utilizadas para imprimir o desenho na escala e com a área de impressão que você definiu.
4. Clique em **Imprimir...** (*Print...*) e aguarde seu desenho ser impresso.

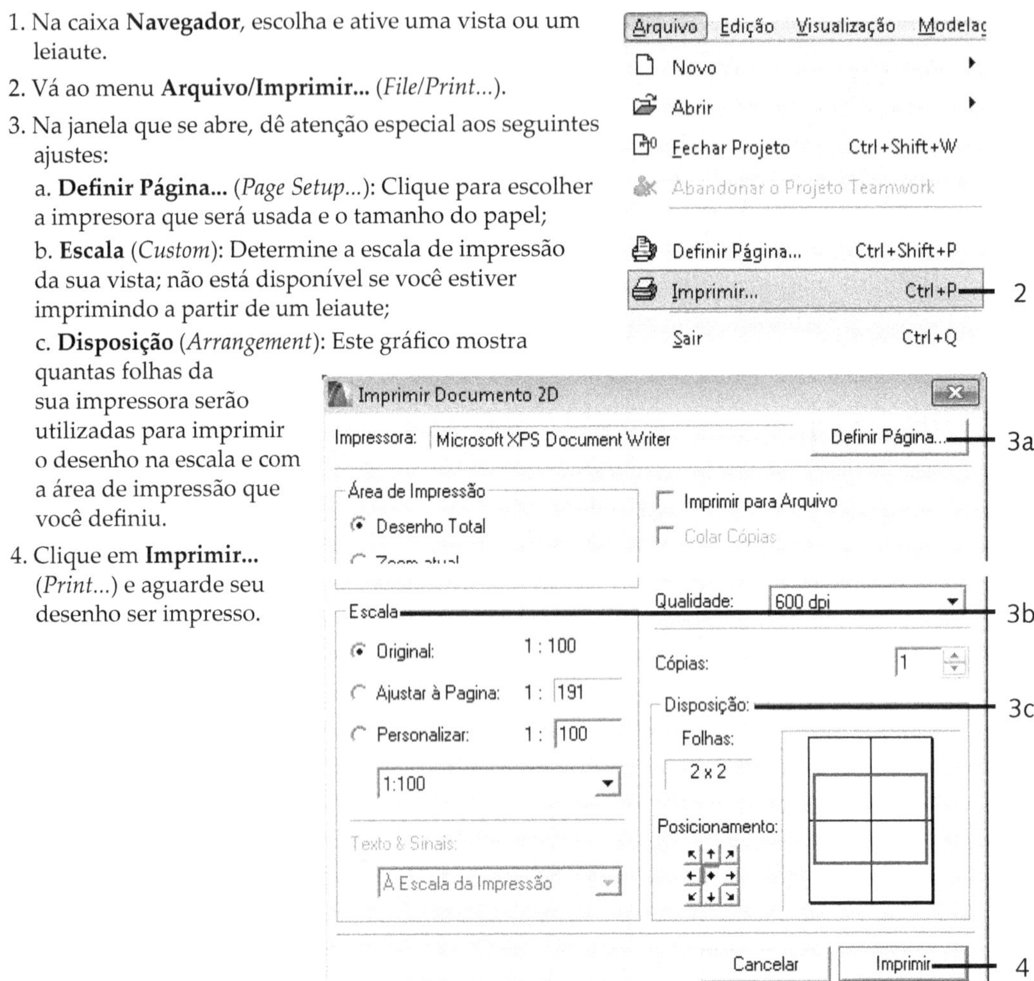

OBS Se quiser exportar uma vista ou um leiaute para .JPG, .PDF, .DWG, entre outros formatos, consulte o capítulo **11 importação e exportação**, na página **251**.

como imprimir a partir do Livro de Leiautes

1. Na caixa **Navegador** (*Navigator*), clique no botão **Livro de Leiautes** (*Layout Book*).
2. Clique na folha que você quer imprimir.

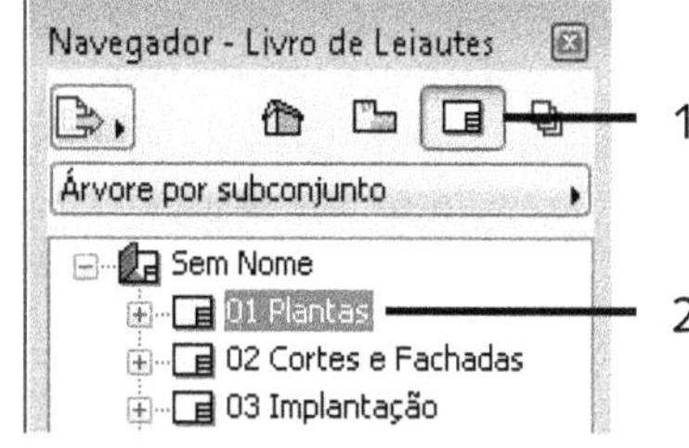

3. Vá ao menu **Arquivo/Imprimir...** (*File/Print...*).

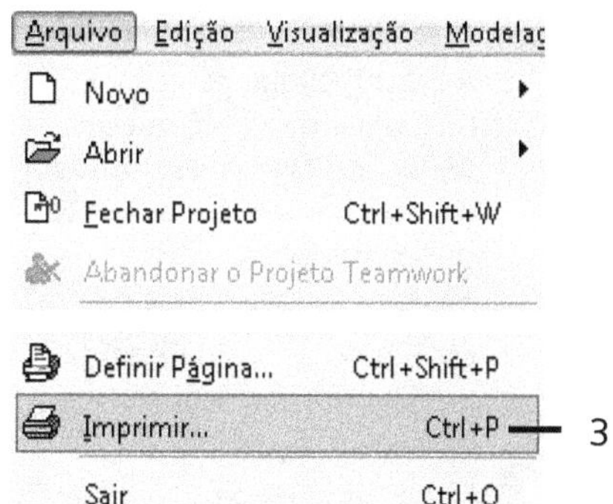

4. Na janela que se abre, dê atenção especial aos seguintes ajustes:
   a. **Definir Página...** (*Page Setup...*): Clique para escolher a impresora que será usada e o tamanho do papel;
   b. **Disposição** (*Arrangement*): Este gráfico mostra quantas folhas da sua impressora serão utilizadas para imprimir o desenho na escala e com a área de impressão que você definiu.
5. Clique em **Imprimir...** (*Print...*) e aguarde seu desenho ser impresso.

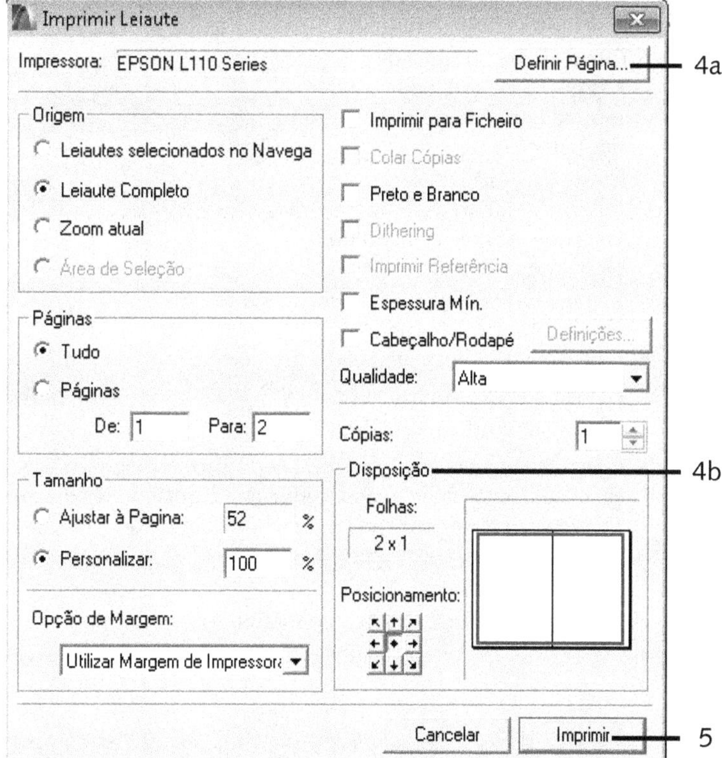

como usar o Conjunto de Publicador

O Conjunto de Publicador é sistema que organiza todos os tipos de saída que você precisa produzir, a partir das vistas e leiautes que estão em seu projeto. Damos o nome de saída a todo o tipo de informação ou desenho que pode ser impresso ou exportado de um arquivo digital, seja ele um modelo do ArchiCAD ou mesmo um texto em Word.

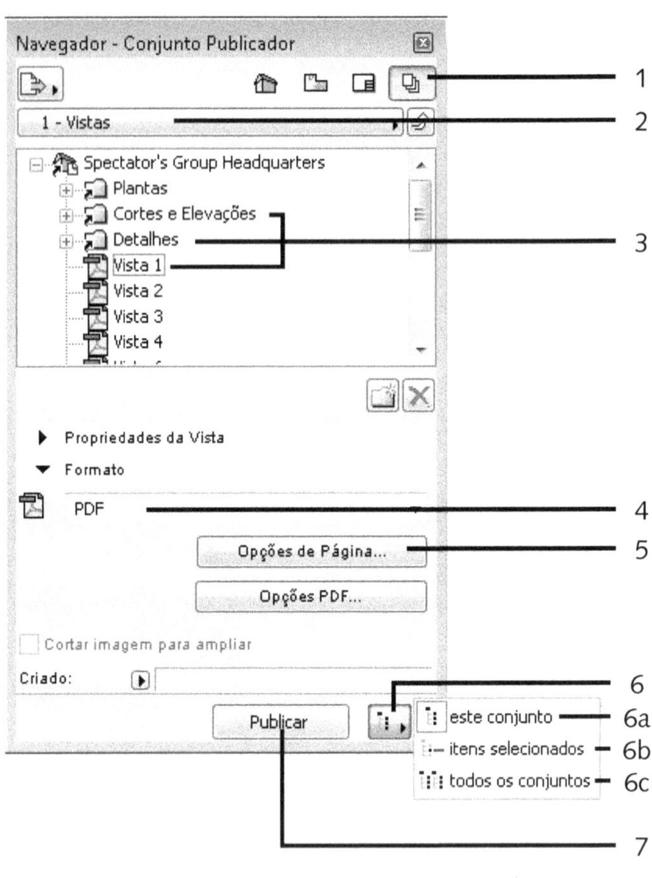

1. Na caixa **Navegador** (*Navigator*), clique no botão **Conjuntos de Publicador** (*Publisher Sets*).
2. Clique na barra indicada e escolha se o que você quer publicar são vistas ou leiautes.
3. A seguir, clique na vista ou leiaute que você quer publicar. Para selecionar mais de um, mantenha a tecla Ctrl pressionada.
4. Clique na barra indicada para escolher o formato de saída para a publicação dos itens selecionados em **3**.
5. Clique em **Opções...** (*Options...*) se quiser fazer ajustes avançados para a publicação.
6. Clique no botão **Itens de Output** (*Sets to Output*) e escolha o critério de publicação dos itens:

   a. **este conjunto** (*this set*): Publica apenas o conjunto de itens que está selecionado no momento;

   b. **itens selecionados** (*selected items*): Publica todos os conjuntos de itens selecionados (se houver mais de um);

   c. **todos os conjuntos** (*all the sets*): Publica todos os conjuntos existentes de uma vez só.
7. Clique em **Publicar** (*Publish*).
8. Pode ser que uma janela se abra, pedindo a localização de uma pasta onde os arquivos exportados serão colocados. Nesse caso, clique em **Propriedades do conjunto publicador** (*Publishing Properties...*) e, na próxima janela, clique em **Listar...** (*Browse...*) para escolher a pasta, e depois em **OK**. Esta janela não aparecerá mais, uma vez que você tenha definido a pasta onde os arquivos de saída serão gravados.
9. Perceba que o ArchiCAD passa a publicar os itens na pasta escolhida.

Destaques deste capítulo

como inserir uma cota simples (pág 230)

Na **Caixa de Ferramentas** (*ToolBox*), clique na ferramenta **Cota** (*Dimension*). Na **Caixa de Informações** (*Info Box*), escolha o **Método de Construção: Linear, Cumulativo, Linha-Base** ou **Altimétrico** (*Construction Method: Linear, Cumulative, Base-line ou Elevation*). Você também pode escolher a **Posição do Texto** (*Text Position*) e o **Tamanho do Texto** (*Font Size*).

como criar um rótulo (pág 240)

Na **Caixa de Ferramentas** (*ToolBox*), clique na ferramenta **Rótulo** (*Label*). Faça um clique onde quer posicionar a seta do rótulo; mova o cursor e faça outro clique onde quer posicionar a linha do rótulo; mova o cursor novamente e clique para posicionar a caixa de texto; mova o cursor para determinar o tamanho da caixa de texto e clique novamente.

como cotar um raio (pág 231)

Na **Caixa de Ferramentas** (*ToolBox*), dentro da aba **Mais** (*More*), clique na ferramenta **Cota Radial** (*Radial Dimension*). Na **Caixa de Informações** (*Info Box*), escolha o **Método de Construção: Com ou Sem Ponto Central** (*Construction Method: With or Without Centerpoint*). Posicione o cursor em cima de qualquer ponto do arco ou do círculo e dê um clique onde quer fixar a seta da cota; mova o cursor e faça outro clique para colocar o rótulo da cota.

como criar uma caixa de texto (pág 239)

Na **Caixa de Ferramentas** (*ToolBox*), clique na ferramenta **Texto** (*Text*). Na **Caixa de Informações** (*Info Box*), configure: **Tipo da Fonte** (*Font Type*), **Tamanho e Rotação da Fonte** (*Font Size and Rotation*), **Estilo do Texto** (*Text Style*), **Alinhamento** (*Alignment*) e **Caneta do Texto** (*Text Pen*). Faça um clique onde quer começar a escrever o texto; mova o cursor e faça outro clique onde quer terminar a caixa de texto;

Perceba que a caixa de texto foi aberta e agora você pode escrever dentro dela; veja que uma paleta flutuante é posicionada em cima da caixa de texto para que você faça mais ajustes, se desejar. Depois que terminar de escrever, clique em qualquer ponto da janela de desenho para fechar a caixa de texto.

como cotar um ângulo (pág 232)

Na **Caixa de Ferramentas** (*ToolBox*), dentro da aba **Mais** (*More*), clique na ferramenta **Cota de Ângulo** (*Angle Dimension*). Na **Caixa de Informações** (*Info Box*), escolha o **Método de Construção: Cota Interior** ou **Cota Exterior** (*Construction Method: Inner Dimension ou Other Dimension*). Se você for cotar um ângulo de um arco, posicione o cursor em cima de qualquer ponto dele e dê um clique; mova o cursor e faça outro clique para colocar o rótulo da cota. Se você for cotar um ângulo formado por duas arestas:

a. Faça um clique em um ponto qualquer da primeira aresta (desde que não seja um dos extremos ou o ponto central);

b. Faça outro clique em um ponto qualquer da segunda aresta (desde que não seja um dos extremos ou o ponto central);

c. Perceba que o cursor assume o formato de um martelo. Mova-o para posicionar a linha da cota e clique para confirmar.

como criar um leiaute (pág 244)

Na caixa **Navegador** (*Navigator*), clique no botão **Livro de Leiaute**. Clique no botão **Novo Leiaute...** (*New Layout...*).

Na janela que se abre, dê um nome ao leiaute e clique na barra indicada para escolher o leiaute mestre que será usado como referência. Clique em **Criar** (*Create*) e veja que um novo leiaute foi colocado na lista.

como criar um vegetal (pág 223)

Vá ao menu **Documentação/Vegetais/Definições de Vegetais...** (*Document/Layers/Layer Settings*) Ctrl+L.

Na janela que se abre, clique em **Novo** (*New*). Uma nova janela se abre, onde você vai definir o nome do vegetal; depois, clique em **OK**.

O ArchiCAD mostra novamente a janela anterior, em que você pode criar outros vegetais e fazer mais ajustes. Para finalizar, clique em **OK**.

como imprimir a partir do Livro de Leiautes (pág 247)

Na caixa **Navegador** (*Navigator*), clique no botão **Livro de Leiautes** (*Layout Book*). Clique na folha que você quer imprimir. Vá ao menu **Arquivo/Imprimir...** (*File/Print...*). Na janela que se abre, dê atenção especial aos seguintes ajustes:

a. **Definir Página...** (*Page Setup*): Clique para escolher a impresora que será usada e o tamanho do papel;

b. **Disposição** (*Arrangement*): Este gráfico mostra quantas folhas da sua impressora serão utilizadas para imprimir o desenho na escala e com a área de impressão que você definiu.

Clique em **Imprimir...** (*Print...*) e aguarde seu desenho ser impresso.

como imprimir a partir do Mapa de Projeto ou Mapa de Vistas (pág 246)

Na caixa **Navegador** (*Navigator*), escolha e ative uma vista ou um leiautes. Vá ao menu **Arquivo/Imprimir...**(*File/Print...*). Na janela que se abre, dê atenção especial aos seguintes ajustes:

a. **Definir Página...** (*Page Setup*): Clique para escolher a impresora que será usada e o tamanho do papel;

b. **Escala** (*Scale*): Determine a escala de impressão da sua vista; não está disponível se você estiver imprimindo a partir de um leiaute;

c. **Disposição** (*Arrangement*): Este gráfico mostra quantas folhas da sua impressora serão utilizadas para imprimir o desenho na escala e com a área de impressão que você definiu.

Clique em **Imprimir...** (*Print...*) e aguarde seu desenho ser impresso.

como colocar e ajustar uma vista em um leiaute (pág 245)

Existem diversas maneiras para colocar uma vista em um leiaute; uma das mais comuns é a seguinte:

Na caixa **Navegador** (*Navigator*), clique no botão **Livro de Leiautes** (*Layout Book*). Clique no leiaute que você quer que receba a vista. Procure a vista que você quer colocar no leiaute; pode ser qualquer uma do **Mapa de Projeto** (*Project Map*) ou do **Mapa de Vistas** (*View Map*); clique e arraste o nome da vista para o leiaute. Observe que a vista está colocada no leiaute. Se for preciso alterar a escala da vista, clique no botão de **Definições de Seleção de Desenho** (*Drawing Selection Settings*) e, na janela que se abre escolha a escala e clique em **OK**. Para alterar o recorte da vista, ou movimentá-lo pela prancha, clique em uma das extremidades da vista e use as opções da barra flutuante.

importação e exportação

O que você vai ler neste capítulo

11.1 Importação e exportação de imagens

como importar uma imagem

1. Vá ao menu **Arquivo/Conteúdo Externo/Colocar Desenho Externo...** (*File/External Content/Place External Drawing...*).

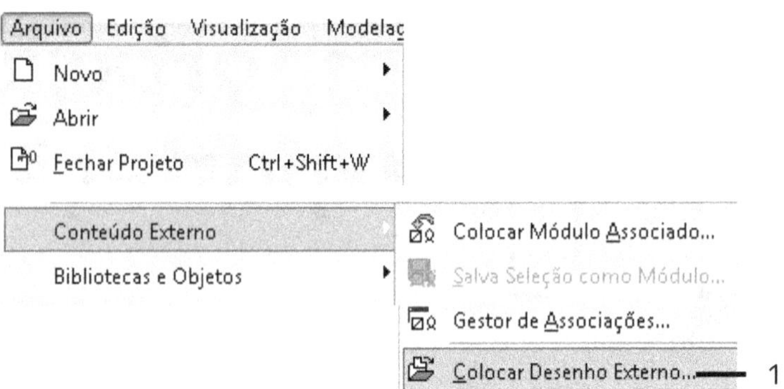

2. Na janela que se abre, clique na barra indicada para escolher o tipo de arquivo a ser aberto (**a**). Depois, escolha o arquivo de imagem que quer importar (**b**), e em seguida clique em **Abrir** (*Open*) (**c**).

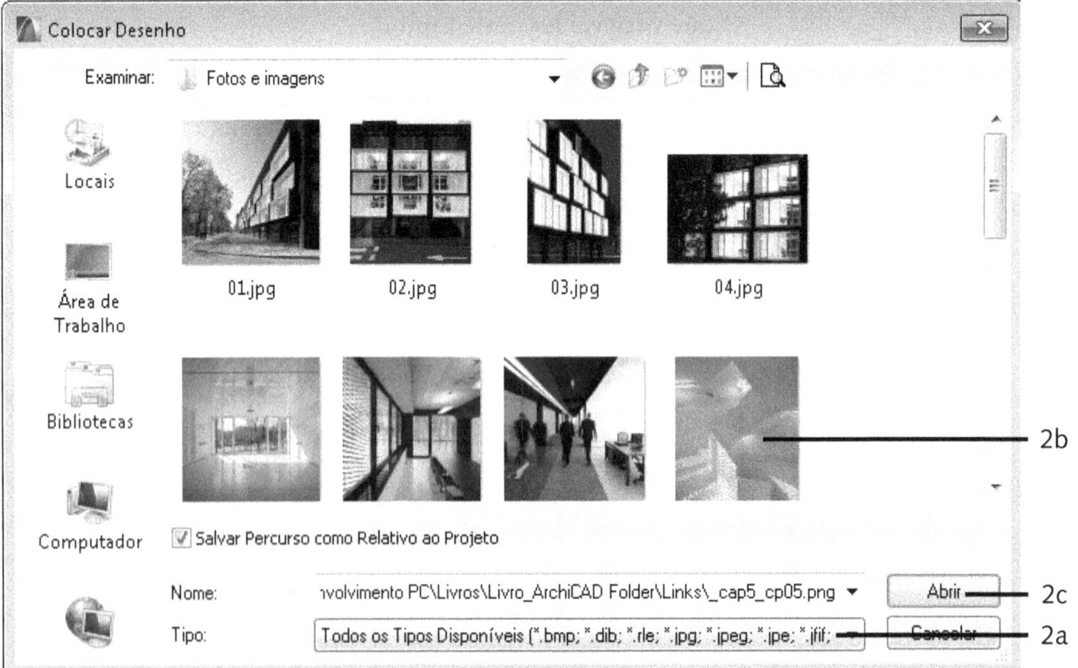

3. Clique para inserir a imagem.

como exportar uma imagem

Qualquer vista do ArchiCAD (plantas, elevações, detalhes, perspectivas renderizadas, tabelas, etc.) pode ser exportada como uma imagem. Para isso, basta que ela esteja ativa no momento da exportação. Depois, siga as instruções:

1. Vá ao menu **Arquivo/Salvar Como...** (*File/Save As...*) Ctrl+Shift+S.

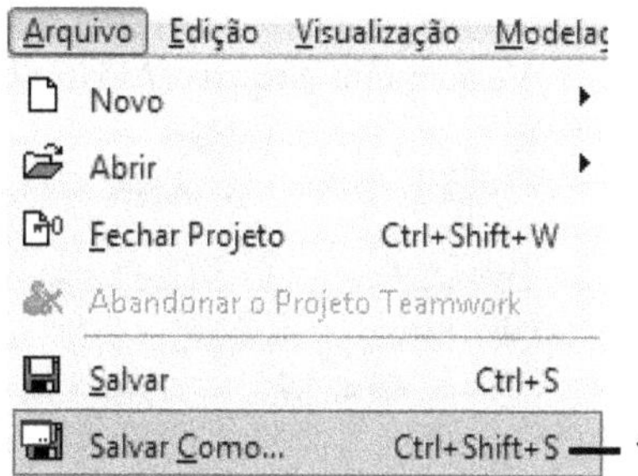

2. Na janela que se abre, clique na barra indicada para escolher o tipo de arquivo a ser salvo. Para imagens, escolha entre BMP, JPG, GIF, TIFF ou PNG.
3. Para configurar alguns detalhes a respeito da imagem a ser exportada, clique em **Opções...** (*Options...*). O conteúdo desta janela vai variar, dependendo do formato de arquivo escolhido no item anterior.
4. Escolha onde você quer salvar a imagem (**a**) e dê um nome a ela (**b**). A seguir, clique em **Salvar** (*Save*) (**c**) para terminar o processo.

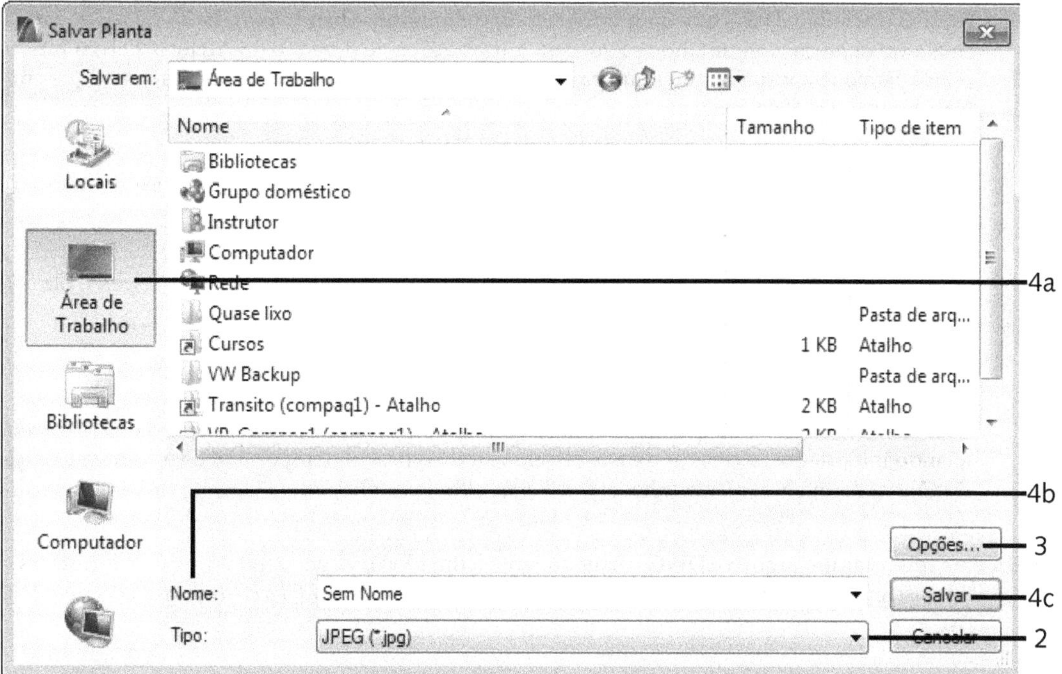

11.2 Importação e exportação de arquivos DWG

como importar um DWG

1. Vá ao menu **Arquivo/Abrir/Abrir...** (*File/Open/Open...*) Ctrl+O.

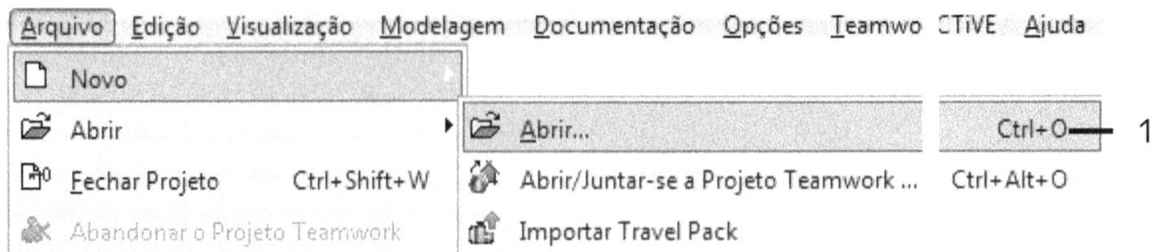

2. Na janela que se abre, clique na barra indicada para escolher o tipo de arquivo a ser aberto, ou seja, **Arquivo DWG** (*DWG File*) (*.dwg).
3. Escolha o tipo de tradutor .DWG que será utilização para interpretar os dados do arquivo. Geralmente a opção escolhida é a **02 Para importação editável** (*02 For editable import*).
4. Se quiser que o arquivo .DWG seja importado em uma nova janela do ArchiCAD (o que pode ser útil, para que você não traga o desenho diretamente no arquivo que está em uso), clique em **Lançar nova ocorrência do ArchiCAD** (*Launch a new instance of ArchiCAD*).
5. Para fazer ajustes avançados na importação .DWG, clique em **Definições...** (*Settings...*).
6. Escolha o arquivo .DWG que quer importar (**a**) e clique em **Abrir** (*Open*) (**b**). Pode ser que uma janela vai apareça, perguntando se você quer usar a área de desenho do ArchiCAD com fundo preto, para que a visualização fique parecida com o AutoCAD. Recomendamos que clique em **Não Alterar** (*Do Not Change*).

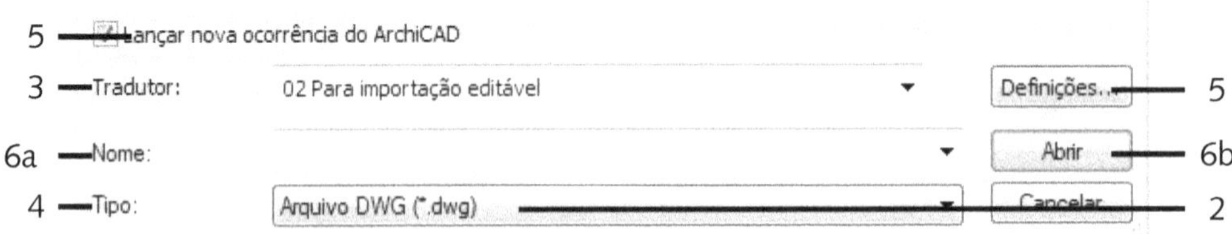

7. Veja que o arquivo .DWG foi aberto no ArchiCAD.
8. Pode ser o desenho tenha que ser redimensionado, pois nem sempre ele entra na escala correta quando importado. Se este for o caso, selecione todo o desenho importado e vá ao menu **Edição/ Dar Nova Forma/Novo Tamanho...** (*Edit/Reshape/Resize...*) Ctrl+K.

OBS Para importar um arquivo .DWG correpondente a um bloco, vá ao menu **Arquivo/Bibliotecas e Objetos/Importar Blocos a partir de DXF/DWG** (*File/Libraries and Objects/Import Blocks from DXF/ DWG*).

como exportar um DWG

1. Vá ao menu **Arquivo/Salvar Como...** (*File/Save As...*) Ctrl+Shift+S.

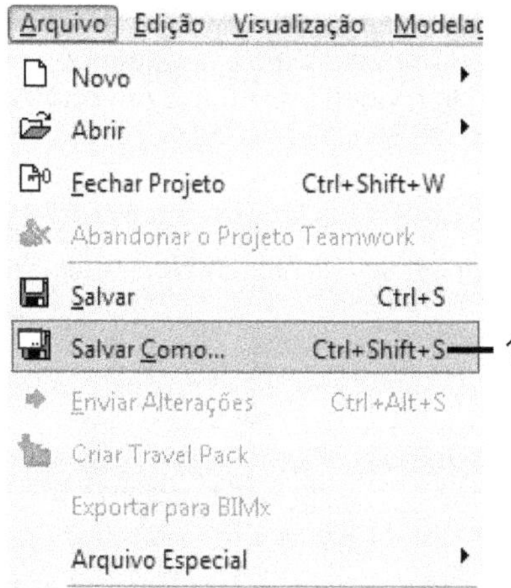

2. Na janela que se abre, clique na barra indicada para escolher o tipo de arquivo a ser salvo, ou seja, **Arquivo DWG** (*DWG File*) (*.dwg).
3. Escolha o tipo de tradutor .DWG que será utilização para interpretar os dados do arquivo. As opções mais utilizadas são a **01 Para posterior edição** (*01 For further editing*) (em que o foco é enviar o modelo para o Model Space) e a **03 Como se fosse Output** (*03 For as is output*) (usada quando você quer exportar uma vista ou leiaute para o Paper Space).
4. Para fazer ajustes avançados na exportação .DWG, clique em **Definições...** (*Settings...*).
5. Escolha onde você quer salvar o modelo e dê um nome a ele (**a**). A seguir, clique em **Salvar** (*Save*) (**b**) para terminar o processo.

11.3 Como anexar DWGs como Xrefs

Para trabalhar com arquivos DWG, você pode usar a importação simples do arquivo, como explicado no tópico anterior. É muito comum, porém, que no cotidiano do estudante ou do profissional existam um ou mais arquivos DWG que são recebidos de diversos colaboradores e que são frequentemente atualizados durante o processo de desenvolvimento de um projeto. Para que você, em seu arquivo de ArchiCAD, trabalhe com DWG referenciados, pode usar o recurso de utilizar tais arquivos como referências externas, ou Xrefs, de maneira similar à feita no AutoCAD.

para anexar um Xref

1. Vá ao menu **Arquivo/Conteúdo Externo/Anexar Xref...** (*File/External Content/Attach Xref...*).

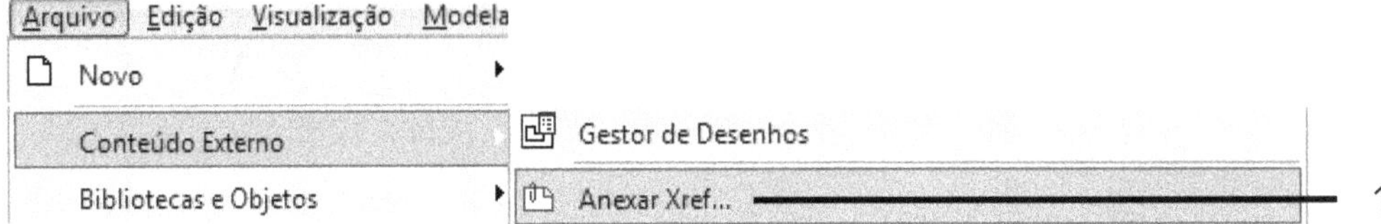

2. Na janela que se abre, configure os itens:
   a. **Nome Xref** (*Xref Name*): Exibe a lista de Xrefs já carregados anteriormente no projeto, caso exista;
   b. **Procurar...** (*Browse*): Permite a busca de arquivos .DWG ou .DXF para serem utilizados como Xrefs;
   c. **Caminho** (*Path*): Exibe o caminho do Xref escolhido;
   d. **Referência Tipo** (*Reference Type*): Caso o Xref escolhido tenha outros arquivos como referência é possível escolher entre visualizar o Xref e suas referências embutidas (**Anexo**) ou apenas o Xref (**Capa**);
   e. **Ponto de Inserção** (*Anchor Point*): Permite que você determine as coordenadas do canto inferior esquerdo do Xref em planta numericamente ou através de um clique na planta com o item **Especificar na Tela** (*Specify On-Screen*) ativo;
   f. **Escala** (*Scale*): Permite que você defina a escala do Xref escolhido a partir dos valores de X e Y ou em planta, com o item **Especificar na Tela** (*Specify On-Screen*) ativo;
   g. **Rotação**: Permite que você escolha um ângulo de rotação para o Xref ou o faça diretamente em planta, com o item **Especificar na Tela** (*Specify On-Screen*) ativo;

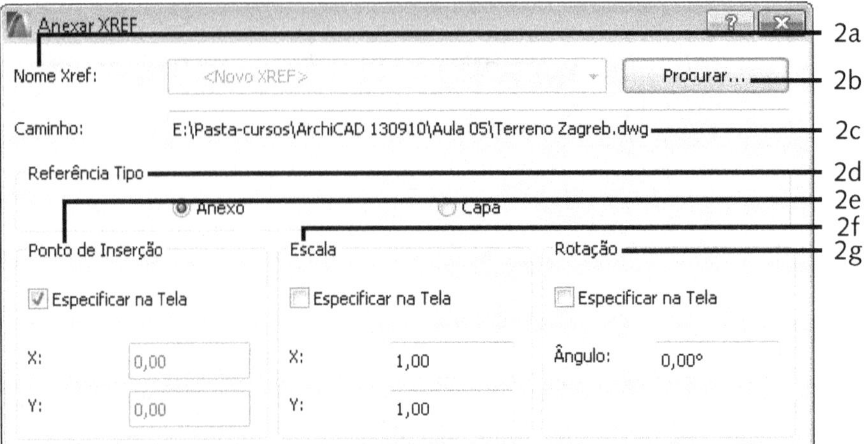

h. **Ponto de Inserção** (*Anchor Point*): As coordenadas de inserção definidas anteriormente serão consideradas a partir da opção escolhida neste item;

i. **Colocar no Piso** (*Place on story*): Escolha o piso no qual o Xref será colocado;

j. **Tradutor** (*Translate*): Permite que você escolha entre os tradutores disponíveis para a conversão do arquivo a partir do AutoCAD;

k. **Definições** (*Settings*): Apresenta a descrição do tradutor escolhido no item anterior.

3. Clique em **Anexar** (*Attach*) para confirmar os ajustes.

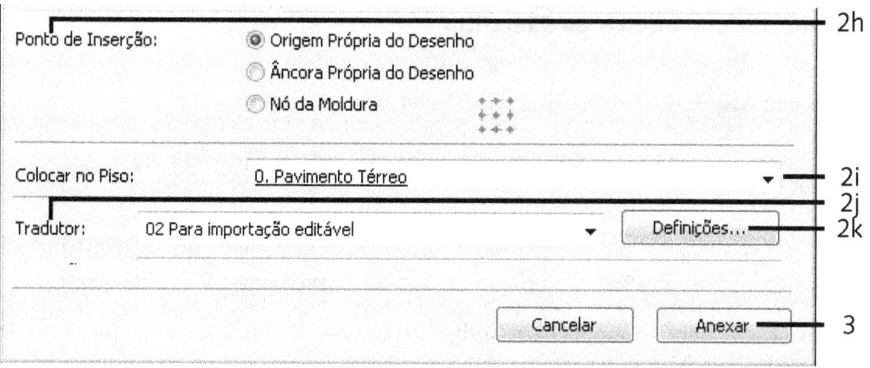

4. Uma nova janela se abre, onde você vai escolher como e quais camadas do arquivo serão entendidas como vegetais do ArchiCAD:

a. Clique na marca de cada uma das camadas que você quer utilizar como referência;

b. **Selecionar Todos** (*Select All*): Clique para selecionar de uma vez só todas as camadas do DWG;

c. **Desmarcar Todos** (*Deselect All*): Clique para retirar a seleção de todas as camadas do arquivo DWG.

5. Clique em **OK** para finalizar esses ajustes.

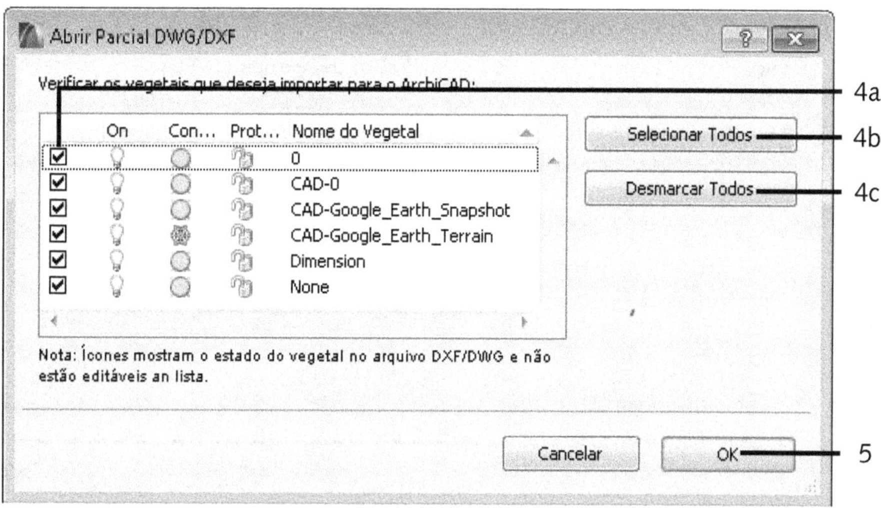

6. Perceba que o desenho a ser referenciado aparece preso ao seu cursor. Mova-o até o onde inserção desejado e clique para confirmar.

11.4 Importação e exportação de arquivos de SketchUp

Para importar um arquivo de SketchUp no ArchiCAD, é preciso baixar, do site da Graphisoft, um add-on (nome dado a comandos ou ferramentas que podem ser adicionados ao programa original) chamado **Google Earth Connections Tool**. Depois de baixar o **GE Connection**, instale-o (para isso, é preciso estar com o ArchiCAD desligado). Assim que o processo de instalação for concluído, você pode ligar o ArchiCAD novamente e então importar ou exportar seus desenhos para o SketchUp.

como importar um arquivo de SketchUp

1. Vá ao menu **Arquivo/Abrir/Abrir...** (*File/Open/Open...*) Ctrl+O.

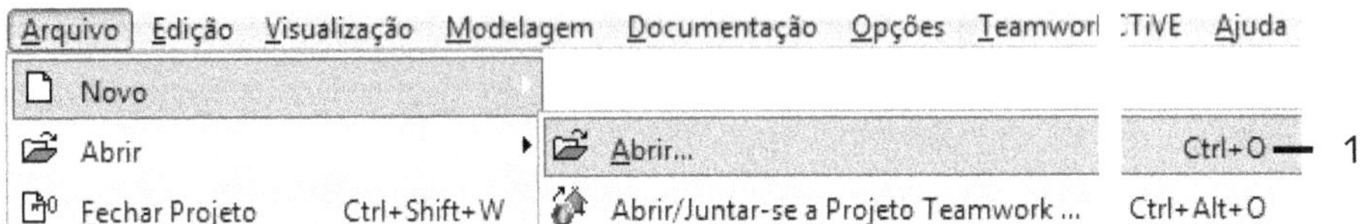

2. Na janela que se abre, clique na barra indicada para escolher o tipo de arquivo a ser aberto, ou seja, **Google SketchUp File** (.skp).
3. Se quiser que o arquivo .SKP seja importado em uma nova janela do ArchiCAD (o que pode ser útil, para que você não traga o desenho diretamente no arquivo que está em uso), clique em **Lançar nova ocorrência do ArchiCAD** (*Launch a new instance of ArchiCAD*).
4. Escolha o arquivo .SKP que quer importar (**a**) e clique em **Abrir** (*Open*) (**b**).
5. Veja que o arquivo .SKP foi aberto no ArchiCAD.

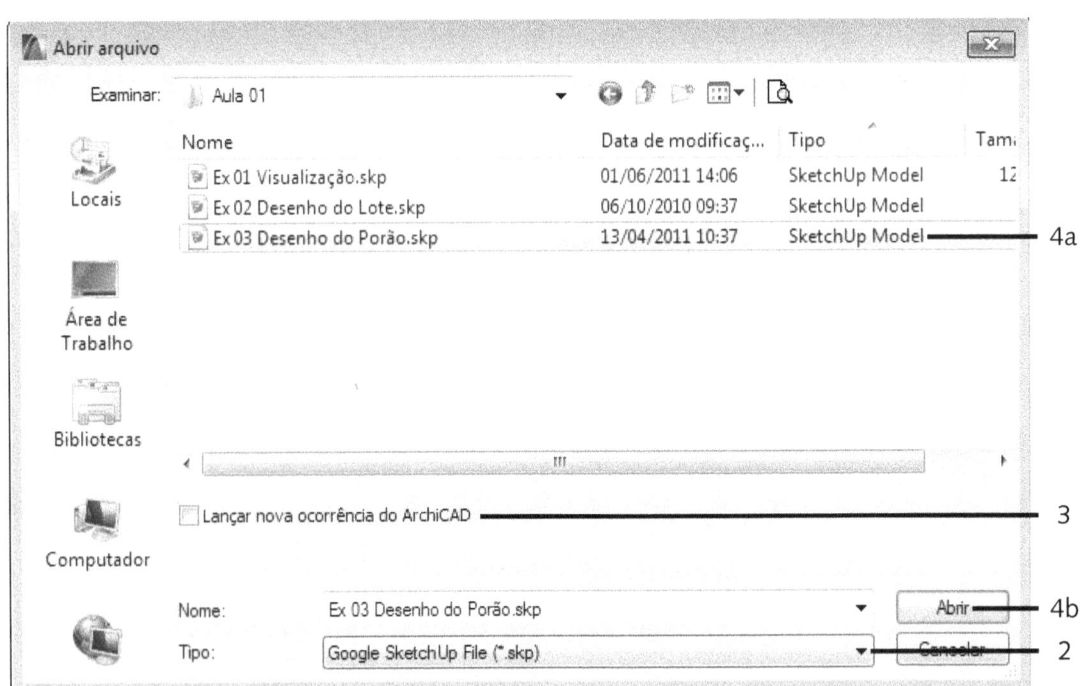

como exportar um arquivo de SketchUp

1. Vá até uma vista 3D (perspectiva ou axonometria) do seu projeto e em seguida vá ao menu **Arquivo/Salvar Como...** (*File/Save As...*) Ctrl+Shift+S.

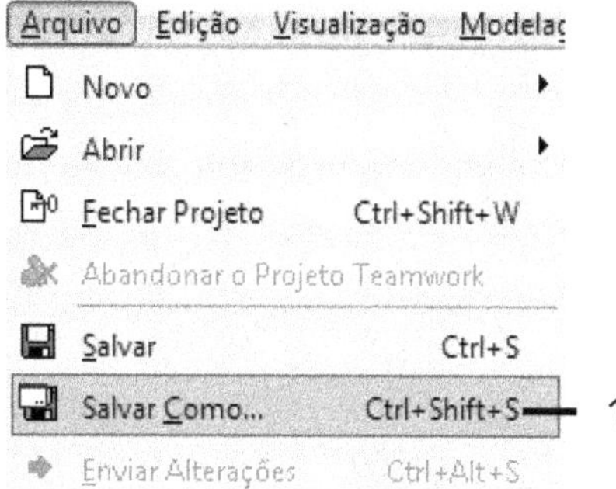

2. Na janela que se abre, clique na barra indicada para escolher o tipo de arquivo a ser salvo, ou seja, **Google SketchUp File** (.skp).
3. Escolha onde você quer salvar o modelo (**a**) e dê um nome a ele (**b**). A seguir, clique em **Salvar** (*Save*) (**c**) para terminar o processo.

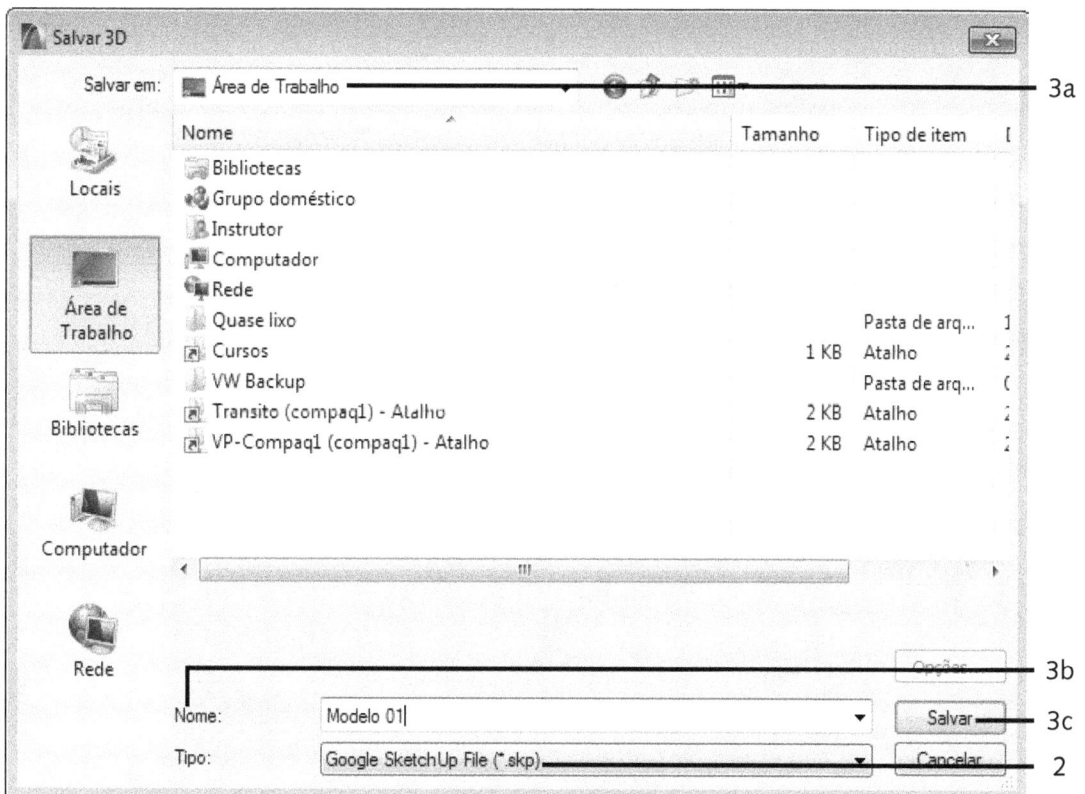

11.5 Importação e exportação de arquivos PDF

como importar um arquivo PDF

1. Vá ao menu **Arquivo/Conteúdo Externo/Colocar Desenho Externo...** (*File/External Content/Place External Drawing...*).

2. Na janela que se abre, clique na barra indicada para escolher o tipo de arquivo a ser aberto, ou seja, **Arquivo PDF** (*PDF File*) (.pdf).
3. Escolha o arquivo .PDF que quer importar (**a**) e clique em **Abrir** (*Open*) (**b**).
4. Veja que o arquivo .PDF foi aberto no ArchiCAD.

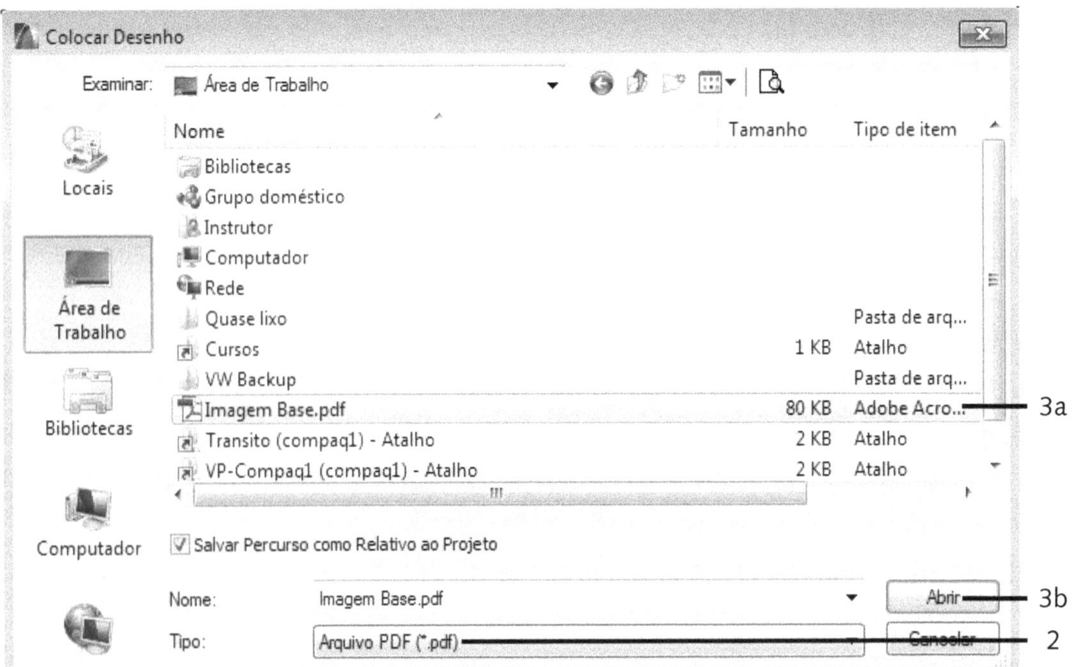

como exportar um arquivo PDF

1. Vá ao menu **Arquivo/Salvar Como...** (*File/Save As...*) Ctrl+Shift+S.

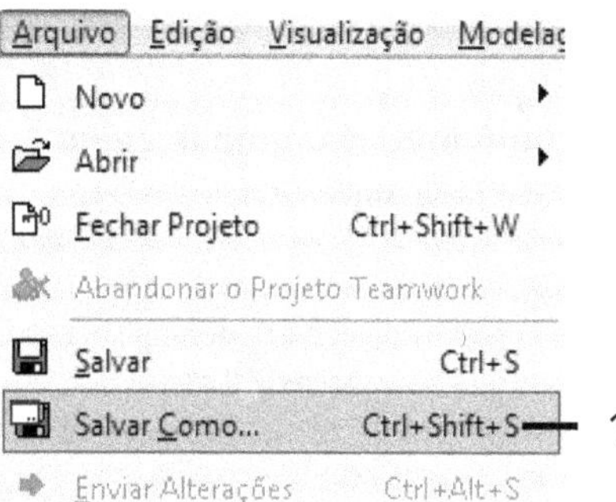

2. Na janela que se abre, clique na barra indicada para escolher o tipo de arquivo a ser salvo, ou seja, **Arquivo PDF** (*PDF File*) (.pdf).
3. Para fazer ajustes na escala de impressão, na quantidade de folhas a serem usadas e outros ajustes, clique em **Opções de Documento...** (*Document Options...*).
4. Escolha onde você quer salvar o modelo (**a**) e dê um nome a ele (**b**). A seguir, clique em **Salvar** (*Save*) (**c**) para terminar o processo.

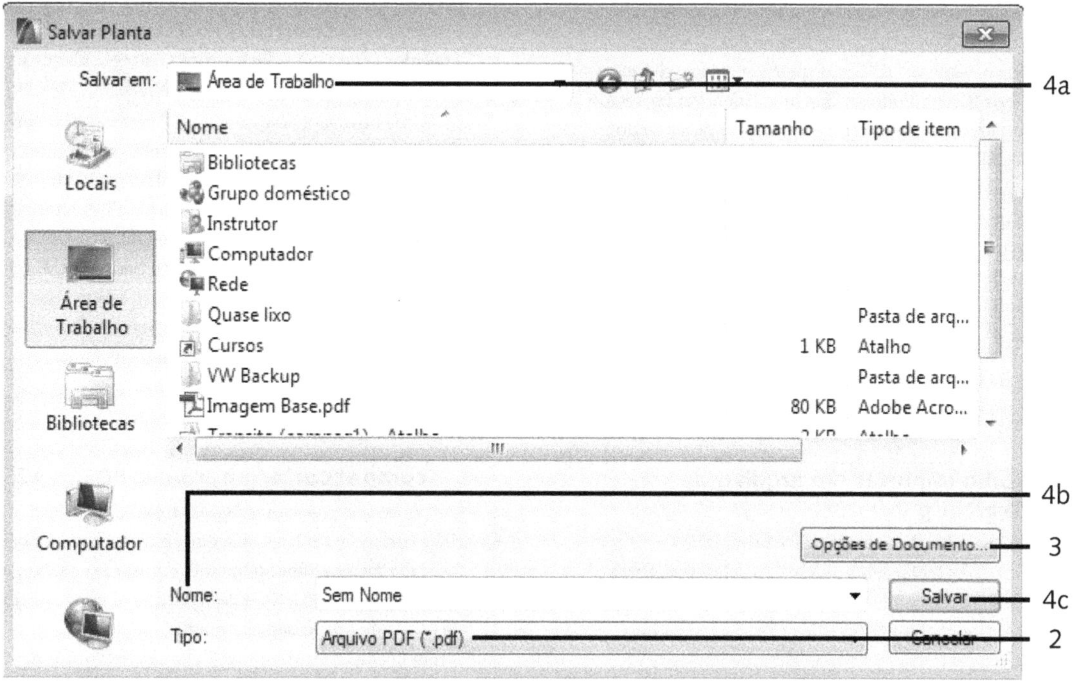

Destaques deste capítulo

como importar uma imagem (pág 252)

Vá ao menu **Arquivo/Conteúdo Externo/Colocar Desenho Externo...** (*File/External Content/Place External Drawing...*). Na janela que se abre, clique na barra indicada para escolher o tipo de arquivo a ser aberto, ou seja, **Todas as imagens** (*All images*). Depois, escolha o arquivo de imagem que quer importar, e em seguida clique em **Abrir** (*Open*). Clique para inserir a imagem.

como importar um DWG (pág 254)

Vá ao menu **Arquivo/Abrir/Abrir...** (*File/Open/Open...*) Ctrl+O. Na janela que se abre, clique na barra indicada para escolher o tipo de arquivo a ser aberto, ou seja, **Arquivo DWG** (*.dwg). Escolha o tipo de tradutor .DWG (**02 Para importação editável** (*02 For editable import*)). Para fazer ajustes avançados na importação .DWG, clique em **Definições...** (*Settings...*). Escolha o arquivo .DWG que quer importar e clique em **Abrir** (*Open*). Pode ser que uma janela vai apareça, perguntando se você quer usar a área de desenho do ArchiCAD com fundo preto, para que a visualização fique parecida com o AutoCAD. Pode ser o desenho tenha que ser redimensionado, pois nem sempre ele entra na escala correta quando importado. Se este for o caso, selecione todo o desenho importado e vá ao menu **Edição/Dar nova forma/Novo Tamanho...** (*Edit/Reshape/Resize...*) Ctrl+K.

como importar um arquivo de SketchUp (pág 258)

Vá ao menu **Arquivo/Abrir/Abrir...** (*File/Open/Open...*) Ctrl+O. Na janela que se abre, clique na barra indicada para escolher o tipo de arquivo a ser aberto, ou seja, **Google SketchUp File** (.skp). Se quiser que o arquivo .SKP seja importado em uma nova janela do ArchiCAD (o que pode ser útil, para que você não traga o desenho diretamente no arquivo que está em uso), clique em **Lançar nova ocorrência do ArchiCAD** (*Launch a new instance of ArchiCAD*). Escolha o arquivo .SKP que quer importar e clique em **Abrir** (*Open*).

como importar um arquivo PDF (pág 260)

Vá ao menu **Arquivo/Conteúdo Externo/Colocar Desenho Externo...** (*File/External Content/Place External Drawing...*) Ctrl+O. Na janela que se abre, clique na barra indicada para escolher o tipo de arquivo a ser aberto, ou seja, **Arquivo PDF** (.pdf). Escolha o arquivo .PDF que quer importar e clique em **Abrir** (*Open*). Veja que o arquivo .PDF foi aberto no ArchiCAD.

para anexar um Xref (pág 256)

Vá ao menu **Arquivo/Conteúdo Externo/Anexar Xref...** (*File/External Content/Attach Xref...*). Na janela que se abre, configure os itens: **Nome Xref** (*Xref Name*); **Procurar...** (*Browse*); **Caminho** (*Path*); **Referência Tipo** (*Reference Type*); **Ponto de Inserção** (*Anchor Point*); **Escala** (*Scale*); **Rotação** (*Rotation*); **Ponto de Inserção** (*Anchor Point*); **Colocar no Piso** (*Place on story*); **Tradutor** (*Translate*) e **Definições** (*Settings*). Clique em **Anexar** (*Attach*) para confirmar os ajustes.

Uma nova janela se abre, onde você vai escolher como e quais camadas do arquivo serão entendidas como vegetais do ArchiCAD: clique na marca de cada uma das camadas que você quer utilizar como referência; escolha entre **Selecionar Todos** (*Select All*) ou **Desmarcar Todos** (*Deselect All*). Clique em **OK** para finalizar esses ajustes. Perceba que o desenho a ser referenciado aparece preso ao seu cursor. Mova-o até o onde inserção desejado e clique para confirmar.

como exportar um arquivo PDF (pág 261)

Vá ao menu **Arquivo/Salvar Como...** (*File/Save As...*) Ctrl+Shift+S. Na janela que se abre, clique na barra indicada para escolher o tipo de arquivo a ser salvo, ou seja, **Arquivo PDF** (*PDF File*) (.pdf). Para fazer ajustes na escala de impressão, na quantidade de folhas a serem usadas e outros ajustes, clique em **Opções de Documento...** (*Document Options...*).

Escolha onde você quer salvar o arquivo e dê um nome a ele. A seguir, clique em **Salvar** (*Save*) para terminar o processo.

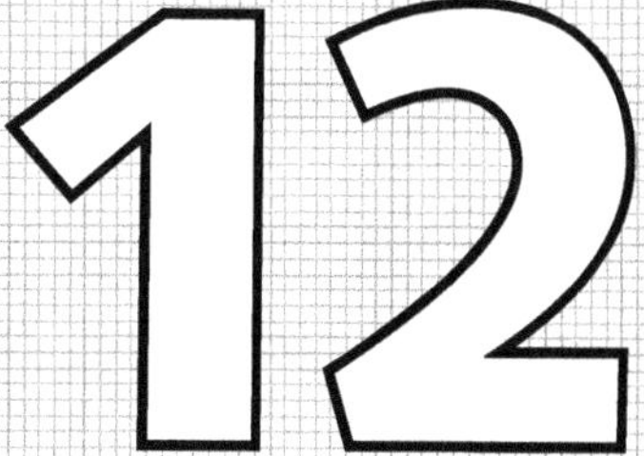

12 gestão do modelo

O que você vai ler neste capítulo

12.1 Gestor de Atributos

para que usar o gestor de atributos

O gestor de atributos permite que você veja os diversos atributos disponíveis no projeto e crie um ou mais arquivos .aat com aqueles que você mais usa para serem aproveitados em outros projetos.

1. Vá ao menu **Opções/Atributos do Elemento/Gestor de Atributos...** (*Options/Elements Attribute/ Attribute Manager...*).

2. Observe que os tipos de atributos estão organizados nas guias da parte superior da janela:

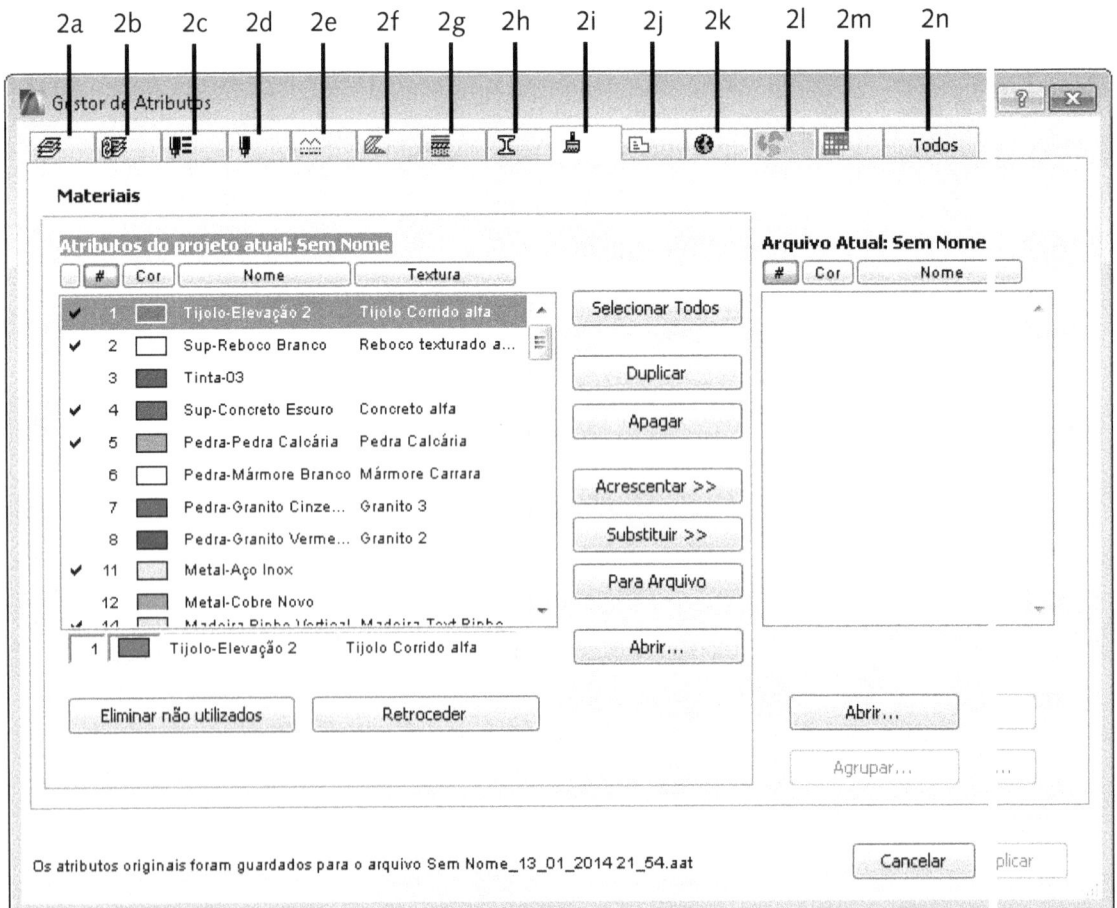

2a 2b 2c 2d 2e 2f 2g 2h 2i 2j 2k 2l 2m 2n

Gestor de Atributos

Todos

Materiais

Atributos do projeto atual: Sem Nome

	#	Cor	Nome	Textura
✔	1		Tijolo-Elevação 2	Tijolo Corrido alfa
✔	2		Sup-Reboco Branco	Reboco texturado a...
	3		Tinta-03	
✔	4		Sup-Concreto Escuro	Concreto alfa
✔	5		Pedra-Pedra Calcária	Pedra Calcária
	6		Pedra-Mármore Branco	Mármore Carrara
	7		Pedra-Granito Cinze...	Granito 3
	8		Pedra-Granito Verme...	Granito 2
✔	11		Metal-Aço Inox	
	12		Metal-Cobre Novo	

1 Tijolo-Elevação 2 Tijolo Corrido alfa

Selecionar Todos
Duplicar
Apagar
Acrescentar >>
Substituir >>
Para Arquivo
Abrir...

Arquivo Atual: Sem Nome

#	Cor	Nome

Eliminar não utilizados
Retroceder
Abrir...
Agrupar...

Os atributos originais foram guardados para o arquivo Sem Nome_13_01_2014 21_54.aat

Cancelar
plicar

a. **Vegetais** (*Layers*): Você pode realizar algumas operações de edição de vegetais nesta janela, assim como na janela original de vegetais, e também pode escolher quais serão copiados para seu arquivo .aat;
b. **Combinação de Vegetais** (*Layer Combinations*): Aqui você consegue gerenciar as combinações de vegetais e decidir quais serão exportadas para seu arquivo de atributos;
c. **Conjunto de Canetas** (*Pen Sets*): Faça a edição dos seus conjuntos de canetas e exporte as que desejar para um arquivo .aat;
d. **Canetas & Cores** (*Pens & Colors*): Nesta guia você pode selecionar canetas, dos vários conjuntos, para configurar ou exportar para um arquivo de atributos .aat;
e. **Tipos de Linha** (*Line Types*): Faça o gerenciamento dos tipos de linha e exporte as que desejar para um arquivo de atributos;
f. **Tipos de Tramas** (*Fill Types*): Aqui você pode fazer algumas operações de edição de tramas, assim como escolher uma ou mais delas para exportar para o formato .aat;
g. **Composições** (*Composite Structures*): Gerencie as composições de seu projeto e escolha quais você quer exportar em um arquivo de atributos .aat;
h. **Perfis** (*Profiles*): Faça a gestão dos perfis do projeto e decida quais devem ser exportados para um arquivo de atributos .aat;
i. **Materiais** (*Materials*): Nesta guia você pode fazer gerenciar os materiais do seu arquivo, e definir quais serão exportados para um arquivo de atributos;
j. **Categoria das Zonas** (*Zone Categories*); Aqui você consegue gerenciar as Categorias de Zonas, um atributo usado pela ferramenta **Zona** (*Zone*), e pode escolher aquelas que serão transferidas para um arquivo de atributos .aat;
k. **Cidades** (*Cities*): Aqui você pode gerenciar as listas de cidades do seu projeto, e escolher aquelas que serão exportadas para um arquivo de atributos .aat;
l. **Sistemas MEP** (*MEP Systems*): Esta opção só fica ativa quando o add-on **Modelador MEP** está instalado em seu ArchiCAD, e tem as mesmas características das outras guias;
m. **Perfis de Operação** (*Operations Profiles*): Nesta guia você consegue controlar as opções de edição dos perfis de operação, que são utilizados pelos filtros de renovação, assim como escolher aqueles que serão exportados para um arquivo de atributos .aat;
n. **Todos** (*All Attributes Types*): A última guia desta janela tem todos os atrbutos do arquivo para você gerenciar de uma só vez. Você também pode escolher quais desses atributos irão fazer parte de um arquivo .aat.

para salvar seus atributos favoritos

Vá ao menu **Opções/Atributos do Elemento/Gestor de Elementos...** (*Options/Elements Attribute/ Attribute Manager...*).

1. Você pode selecionar todos os atributos da aba selecionada clicando em **Selecionar Todos** (*Select All*) (**a**) ou apenas alguns clicando com a tecla **Ctrl** pressionada. Clique em **Acrescentar** (*Append*) (**b**) para adicionar os atributos selecionados à lista de atributos que serão salvos.

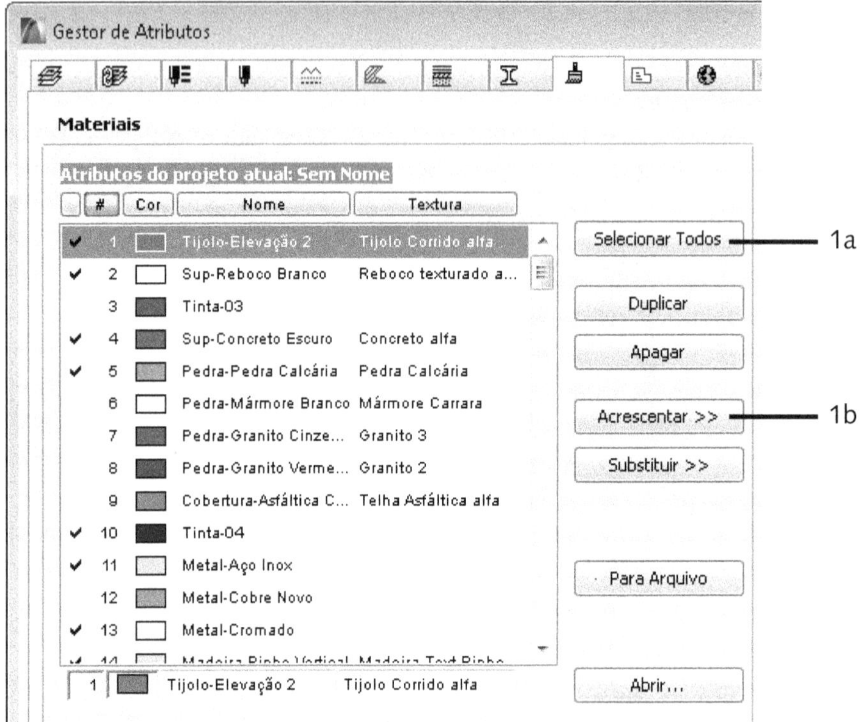

2. Clique em **Guardar como...** (*Save as...*) (**a**) para escolher o local em que seus atributos serão salvos no seu computador. Na janela que se abre, clique na barra indicada para escolher o nome do arquivo (**b**); em seguida, escolha a pasta em que o arquivo será salvo (**c**) e depois clique em **Salvar** (*Save*) (**d**).

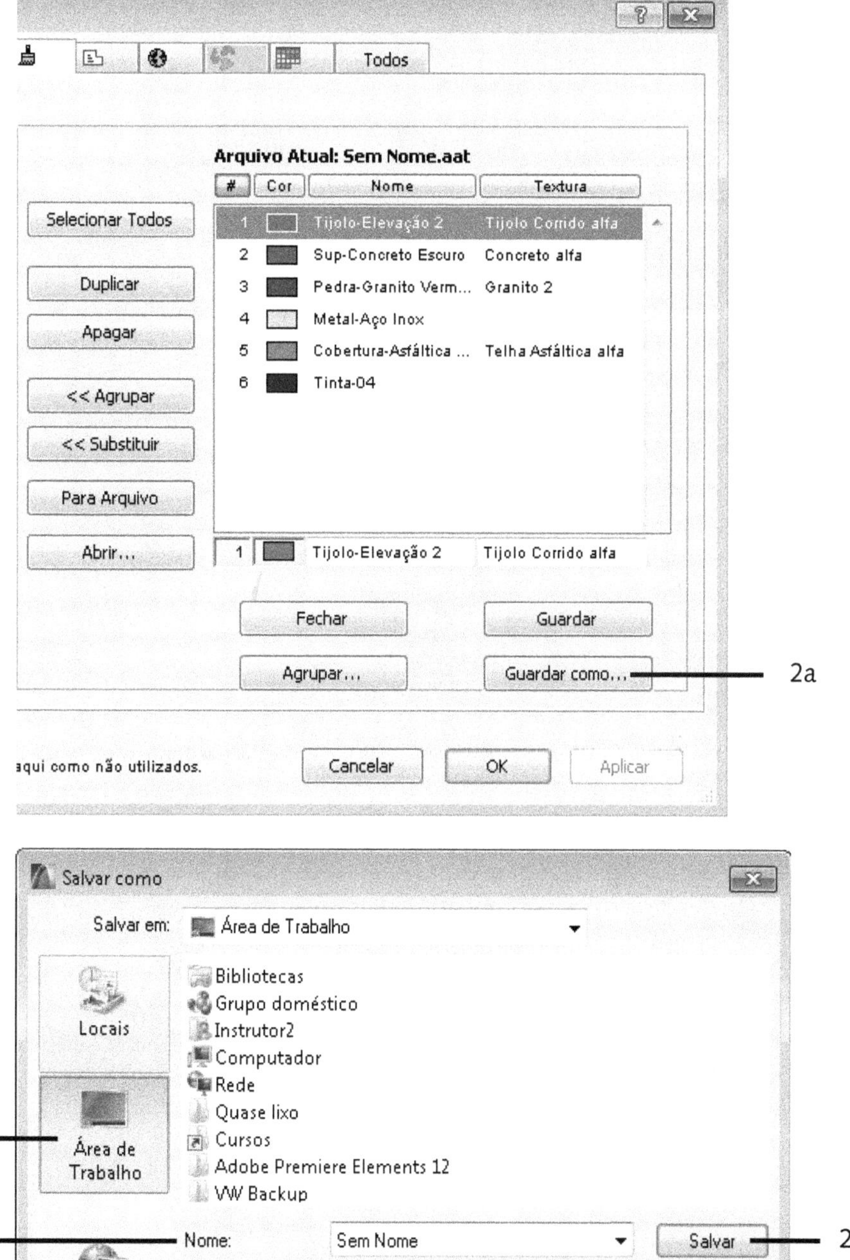

como carregar seus atributos preferidos

1. Vá ao menu **Opções/Atributos do Elemento/Gestor de Atributos...** (*Options/Element Attribute/ Attribute Manager...*).
2. Selecione a guia correspondente ao tipo de atributo (**a**) clique em **Abrir...** (*Open...*) (**b**).
3. Na janela que se abre, clique na barra indicada para escolher o formato de arquivo .aat (**a**); em seguida, escolha o arquivo que será importado (**b**) e depois clique em **Abrir** (*Open*) (**c**).

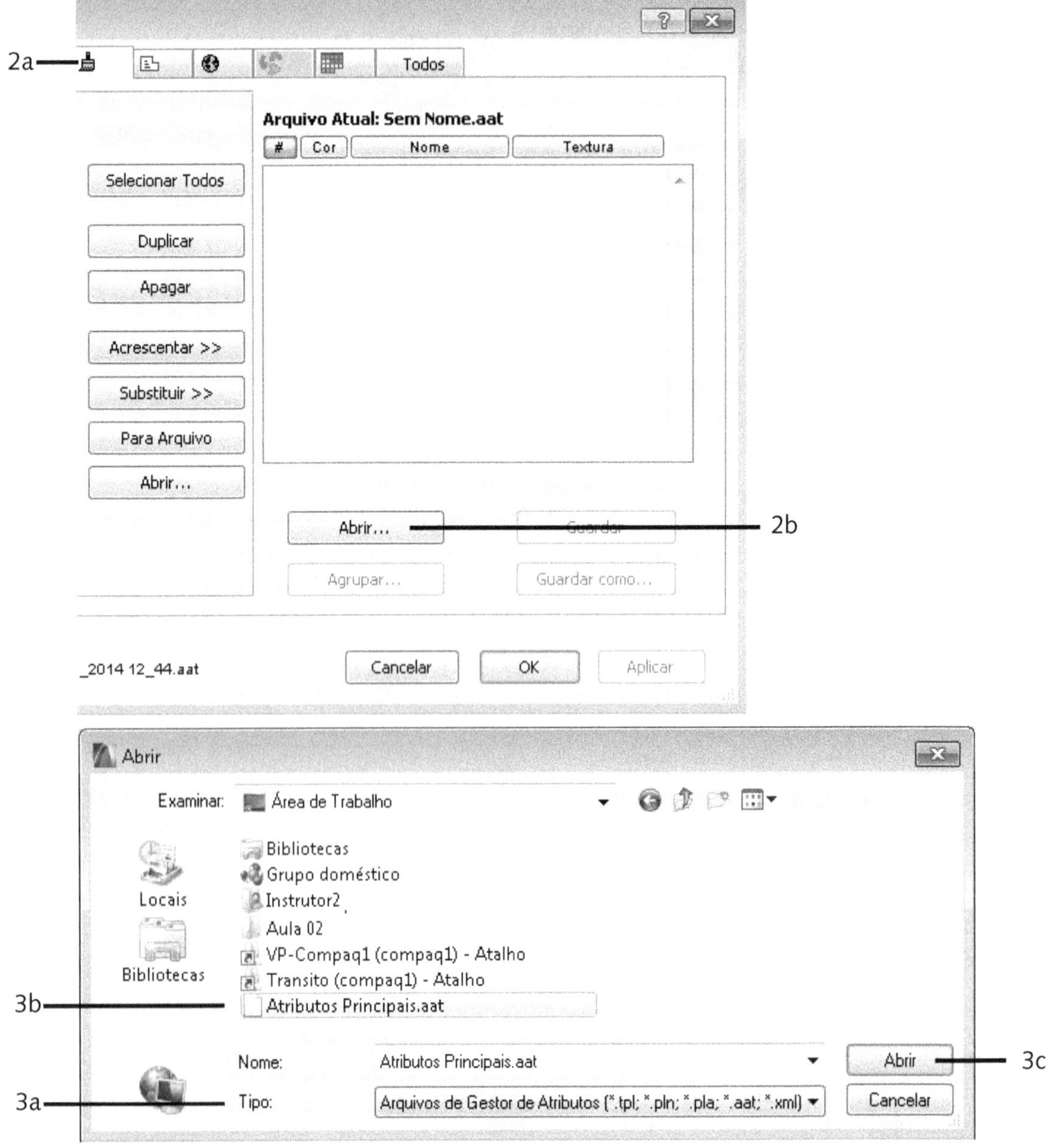

4. Note que os atributos importados ficam listados no painel da direita. Para incluí-los no projeto clique em **Selecionar Todos** (*Select All*) (**a**). Você pode escolher entre **Agrupar** (*Group*) (**b**), que acrescenta os novos atributos aos atributos existentes ou **Substituir** (*Overwrite*) (**c**), que substitui os atributos existentes pelos novos.
5. Clique em **Aplicar** (*Apply*) (**a**) e em seguida em **OK** (**b**).

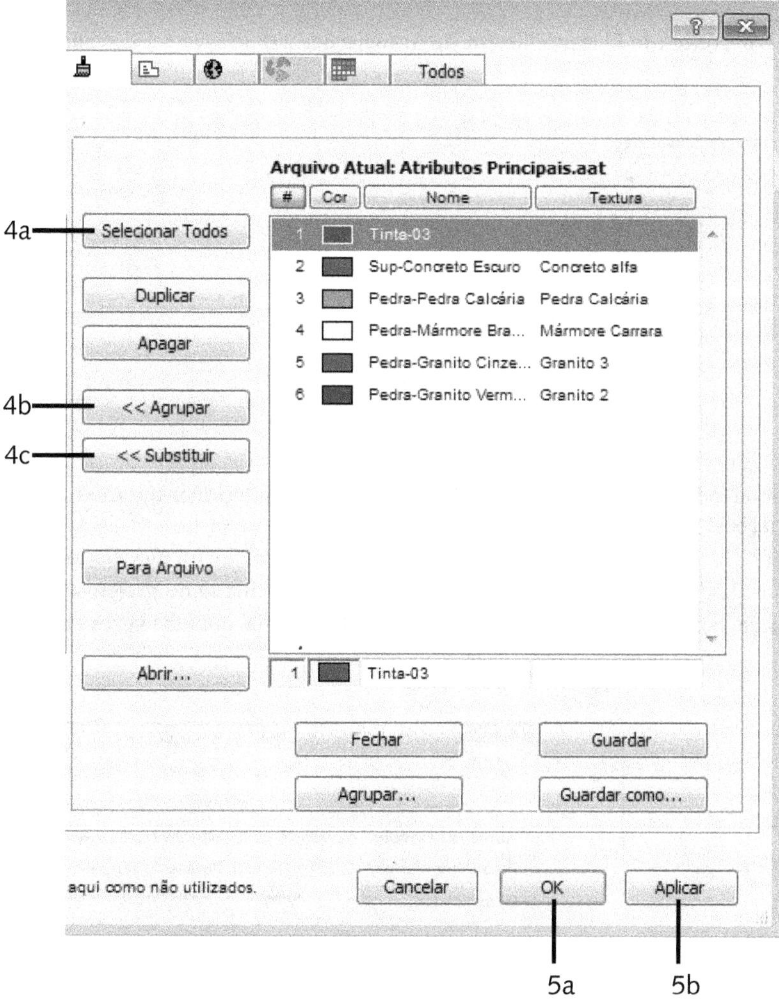

12.2 Gestor de Associações

O Gestor de Associações ajuda a gerenciar todos os módulos que estão associados ao seu projeto. Ele exibe a lista dos módulos e as informações pertinentes a cada um deles quando selecionados.

para usar o Gestor de Associações

1. Vá ao menu **Arquivo/Conteúdo Externo/Gestor de Associações...** (*File/External Content/Hotlink Manager...*).

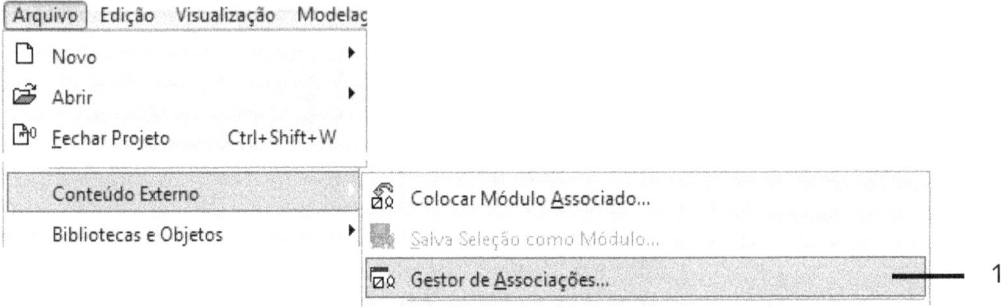

2. A lista indicada reúne todos os módulos associados ao projeto. Ao selecionar um módulo são exibidas as informações:
   a. **Nome do Módulo** (*Module Name*): O nome do módulo e o piso em que foi modelado;
   b. **Pisos Vinculados** (*Linked Stories*): Piso ao qual o módulo está vinculado no projeto atual;
   c. **Ocorrências** (*Instances*): Número de ocorrências do módulo, ou seja, quantas vezes ele se repete no projeto;

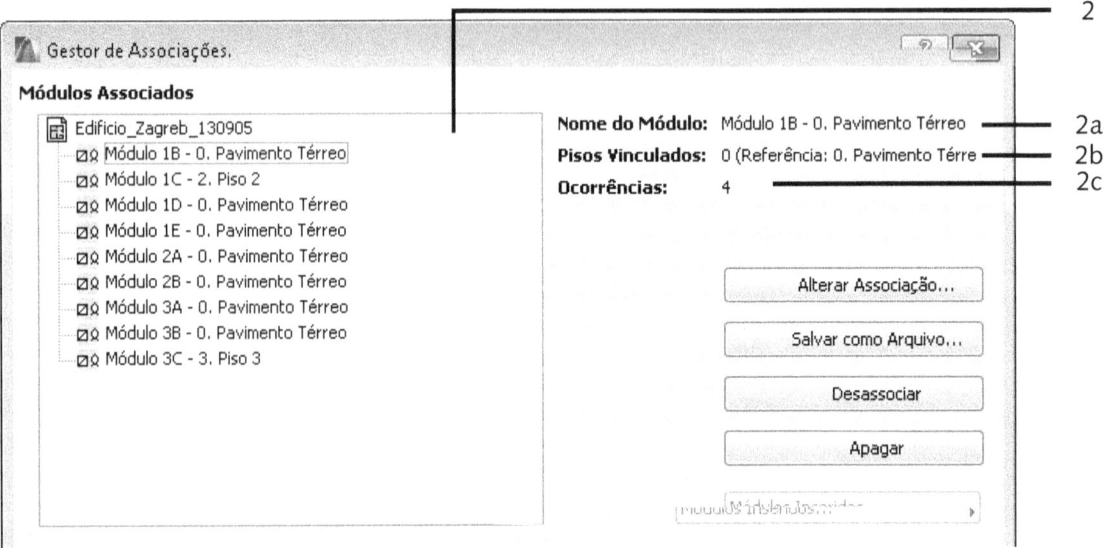

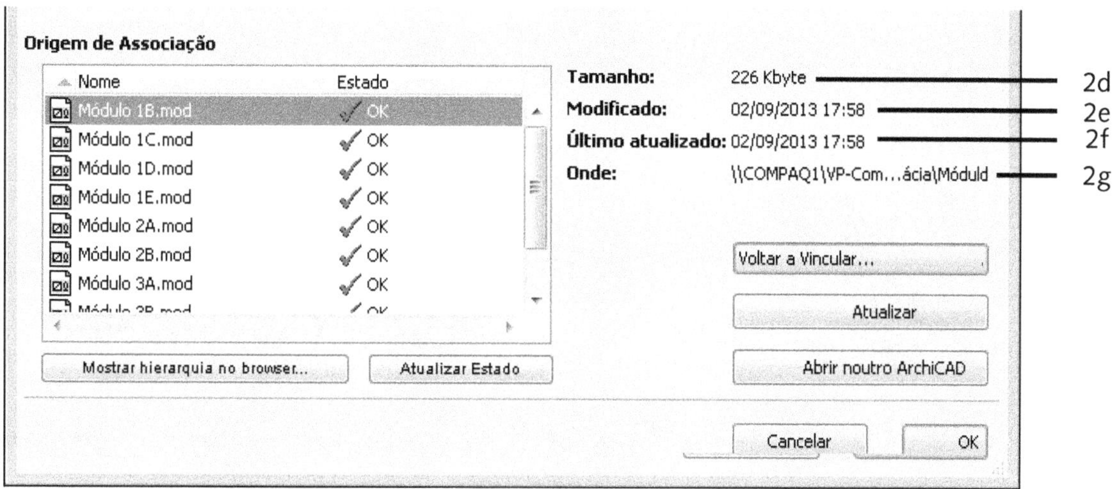

d. **Tamanho** (*File Size*): Tamanho do arquivo do módulo;

e. **Modificado** (*Modified*): Data da última modificação feita no arquivo do módulo;

f. **Último atualizado** (*Last Updated*): Data da última atualização do módulo feita no arquivo atual;

g. **Onde** (*Where*): Exibe o caminho do arquivo original do módulo.

3. Ainda com um módulo selecionado você tem as seguintes opções:

   a. **Alterar Associação...** (*Change Hotlink*): Permite que você escolha uma nova associação para o módulo selecionado;

   b. **Salvar como Arquivo...** (*Save as File...*): Salva o módulo selecionado como um novo arquivo ArchiCAD;

   c. **Desassociar** (*Break Hotlink*): Desfaz a associação do módulo como o arquivo de origem fazendo com que suas partes se tornem totalmente editáveis no projeto;

   d. **Apagar** (*Delete*): Apaga o módulo selecionado;

   e. **Módulos Inseridos...** (*Nested Modules...*): Você pode escolher entra **Ignorar** (*Skip*) ou **Incluir** (*Include*). Se você optar por ignorar, os módulos inseridos em todas as ocorrências do módulo selecionado serão ignorados (não serão apresentados na Planta). Se você optar por incluir, todos os módulos inseridos em todas as ocorrências do módulo selecionado são visíveis;

   f. **Voltar a Vincular...** (*Relocate*): Permite que você vincule um módulo dessasociado novamente a um arquivo .mod;

   g. **Atualizar** (*Update*): Atualiza o módulo selecionado caso o arquivo principal tenha sofrido qualquer tipo de alteração;

   h. **Abrir noutro ArchiCAD** (*Open in Separate ArchiCAD*): Abre e isola o módulo selecionado em um novo arquivo ArchiCAD.

4. Após concluir as edições desejadas clique em **OK**.

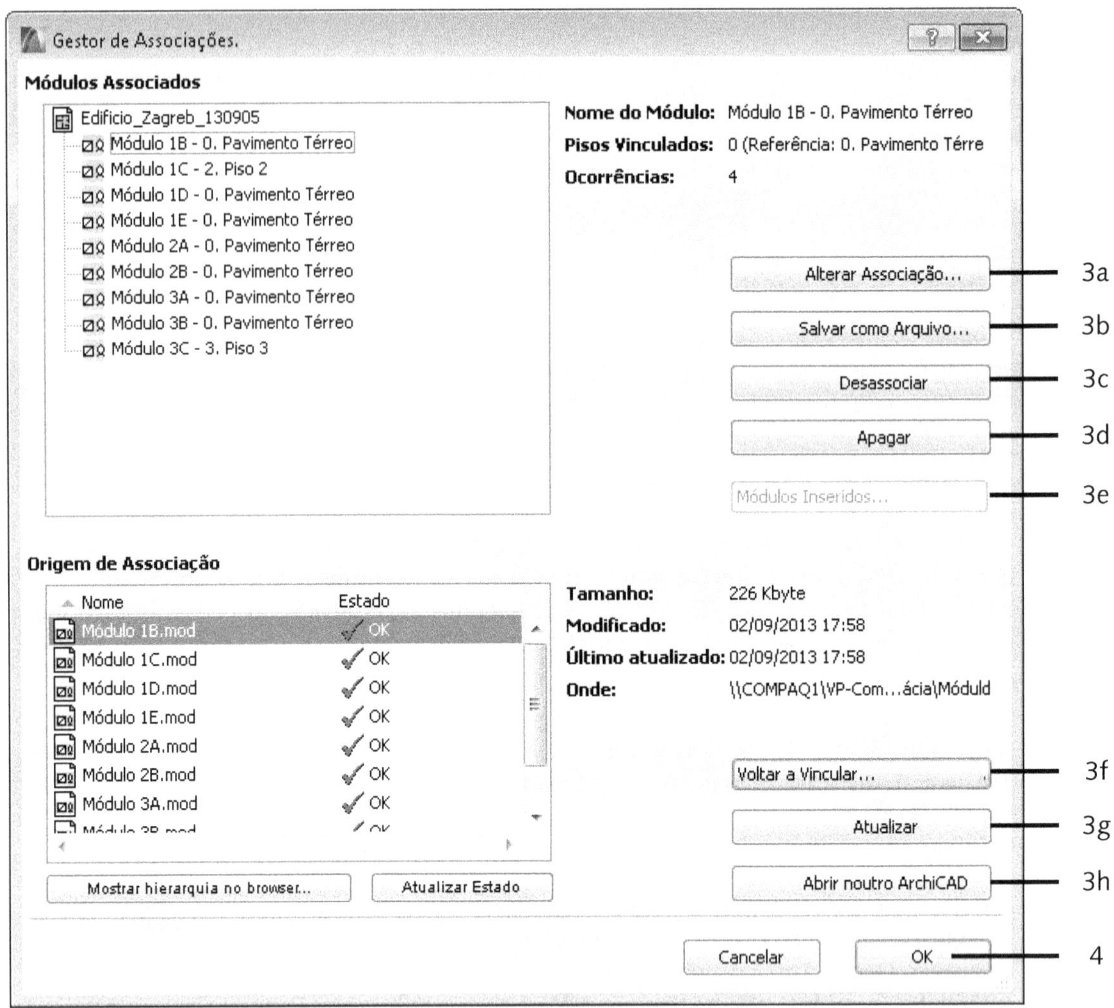
Gestor de Associações.
Módulos Associados
Edificio_Zagreb_130905
Módulo 1B - 0. Pavimento Térreo
Módulo 1C - 2. Piso 2
Módulo 1D - 0. Pavimento Térreo
Módulo 1E - 0. Pavimento Térreo
Módulo 2A - 0. Pavimento Térreo
Módulo 2B - 0. Pavimento Térreo
Módulo 3A - 0. Pavimento Térreo
Módulo 3B - 0. Pavimento Térreo
Módulo 3C - 3. Piso 3
Nome do Módulo: Módulo 1B - 0. Pavimento Térreo
Pisos Vinculados: 0 (Referência: 0. Pavimento Térre
Ocorrências: 4
Alterar Associação...
Salvar como Arquivo...
Desassociar
Apagar
Módulos Inseridos...
3a
3b
3c
3d
3e
Origem de Associação
Nome
Estado
Módulo 1B.mod OK
Módulo 1C.mod OK
Módulo 1D.mod OK
Módulo 1E.mod OK
Módulo 2A.mod OK
Módulo 2B.mod OK
Módulo 3A.mod OK
Tamanho: 226 Kbyte
Modificado: 02/09/2013 17:58
Último atualizado: 02/09/2013 17:58
Onde: \\COMPAQ1\VP-Com...ácia\Módulo
Voltar a Vincular...
Atualizar
Abrir noutro ArchiCAD
3f
3g
3h
Mostrar hierarquia no browser...
Atualizar Estado
Cancelar
OK
4

12.3 Gestor de Desenhos

O Gestor de Desenhos organiza e exibe as informações correspondentes a todos os desenhos contidos no arquivo que tenham sido importados, e também vistas salvas e colocadas nos leiautes.

para usar o Gestor de Desenhos

1. Vá ao menu **Arquivo/Conteúdo Externo/Gestor de Desenhos** (*File/External Content/Drawing Manager*).
2. Na janela **Gestor de Desenhos** (*Drawing Manager*):
   a. **Vincular Desenho a...** (*Link Drawing to...*): Vincula a uma fonte externa ou vista interna;
   b. **Quebra de Ligação** (*Break Link*): Quebra o vínculo do desenho selecionado fazendo com que ele seja embutido no projeto;
   c. **Atualizar Desenho(s)** (*Update Drawing(s)*): Atualiza o estado (*status*) do desenho;
   d. **Apagar Desenho** (*Delete Drawing*): Apaga o desenho selecionado;
   e. **Verificar Estado** (*Check Status*): Caso o estado do desenho seja **Necessita Verificação** (*Needs checking*) selecione esta opção para que o estado seja definido;
   f. **Exibição** (*Exibition*): Exibe uma lista onde você pode escolher quais informações de cada desenho deseja exibir;
   g. **Abrir Vista Original** (*Open Source View*): Abre a vista original do desenho selecionado;
   h. **Definições...** (*Settings...*): Exibe o menu **Definições de Seleção de Desenho** (*Drawing Selection Settings*).

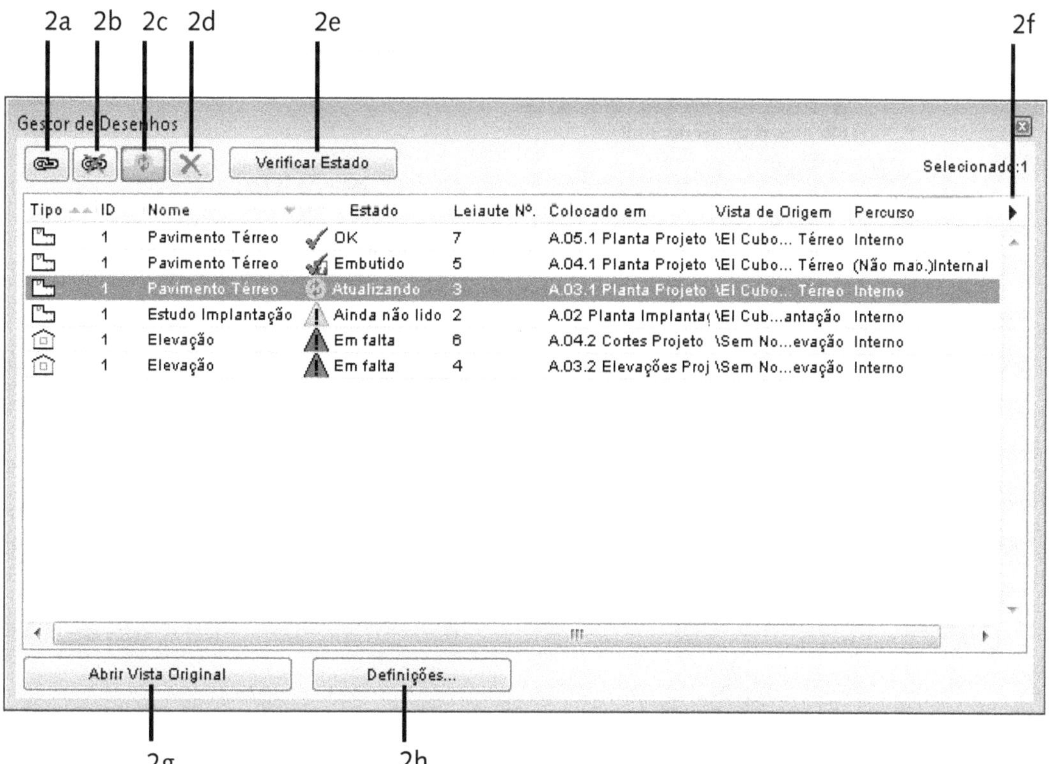

12.4 Gestor da Biblioteca

O Gestor da Biblioteca exibe todas as bibliotecas e itens embutidos no projeto. Através dele é possível adicionar e excluir bibliotecas e itens.

para abrir o Gestor de Biblioteca

1. Vá ao menu **Arquivo/Bibliotecas e Objetos/Gestor da Biblioteca...** (*File/Libraries and Objects/ Library Manager...*).
2. **Adicionar...** (*Add...*): Clique para adicionar bibliotecas, objetos e outros itens a partir do seu computador.
3. As bibliotecas, objetos e outros itens contidos no projeto são exibidos em lista.
4. **Propriedades** (*Properties*): exibe informações sobre um item selecionado.

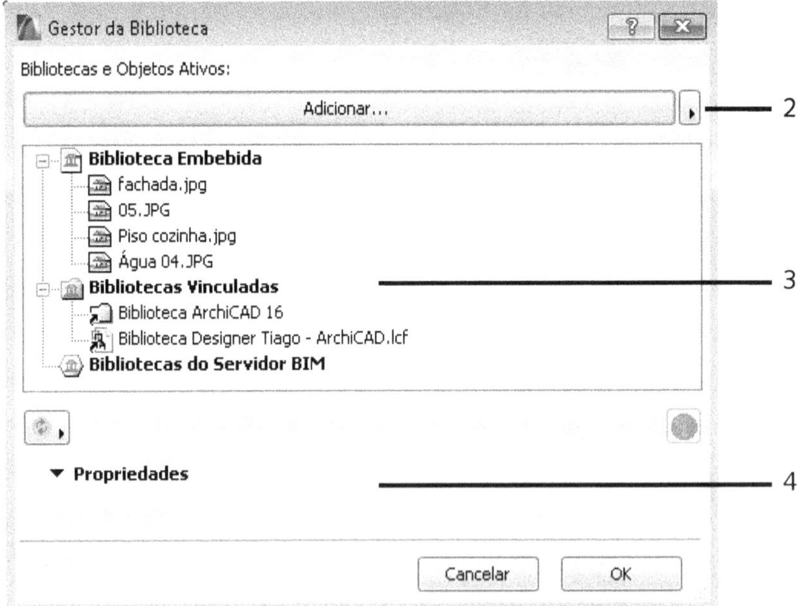

5. Para excluir um item, se ele estiver na aba **Biblioteca Embebida** (*Embedded Library*), clique no ícone **Apagar Item(s) de biblioteca selecionado(s)** (*Delete selected library item(s)*).

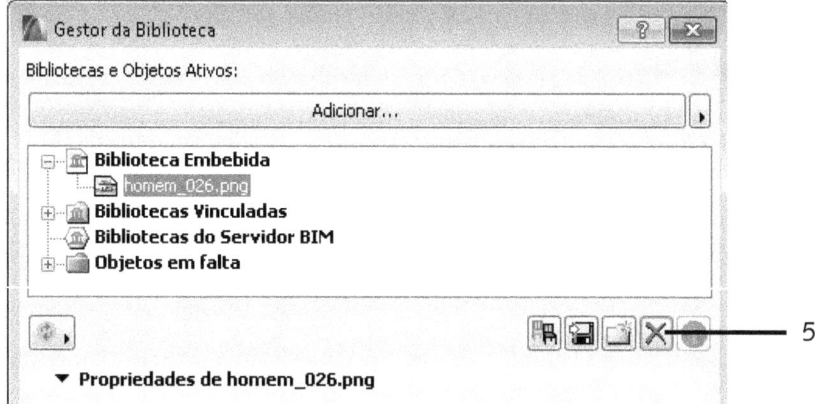

6. Para excluir um item, se ele estiver na aba **Biblioteca Vinculada** (*Linked Libraries*), clique no ícone **Remover elemento(s) de biblioteca selecionado(s)** (*Remove selected library element(s)*).

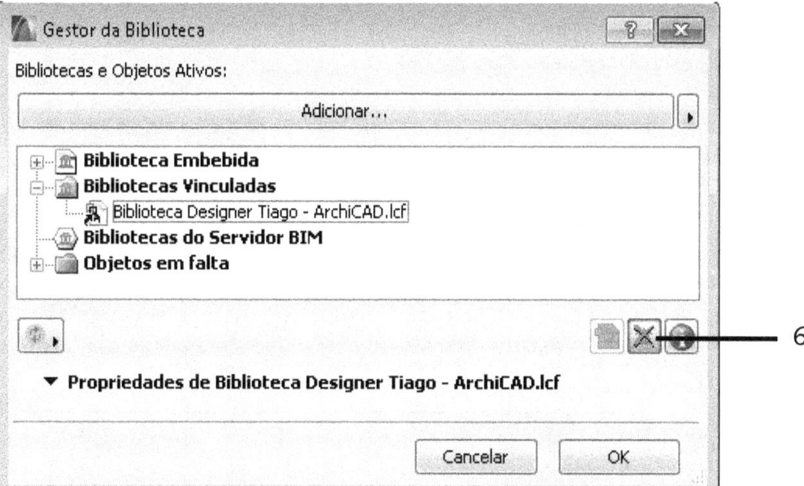

12.5 Gestor Xref

O Gestor Xref permite que você gerencie todos os arquivos Xrefs que estão anexados ao seu projeto.

para acessar o Gestor Xref

1. Vá ao menu **Arquivo/Conteúdo Externo/Gestor Xref...** (*File/External Content/Xref Manager...*).

2. No **Gestor Xref...**:
   a. **Vista em Lista/Vista em Árvore** (*List View/Tree View*): Escolha o melhor modo de exibição da lista de arquivo anexados ao projeto;
   b. **Anexar...** (*Attach*): Abre o menu **Anexar XREFs**;
   c. **Desanexar** (*Detach*): Desvincula o Xref do se projeto;
   d. **Recarregar** (*Reload*): Caso o arquivo utilizado como referência tenha sido alterado opte por recarregar para que as alterações apareçam no ArchiCAD;
   e. **Descarregar** (*Unload*): Oculta a visualização do arquivo utilizado como referência em planta mas não desfaz a ligação com seu projeto.
   f. **Ligar** (*Bind*): Agrupa o Xref ao seu projeto fazendo com que ele não seja mais um arquivo externo utilizado como referência e sim parte do seu projeto;
   g. **Procurar...** (*Browse*): Permite que você refaça o vínculo entre o Xref e seu projeto caso o arquivo original tenha sido alterado e salvo com um novo nome ou mesmo tenha mudado de lugar em seu computador;
   h. **Visualizar Tradutor...** (*View Translator...*): Exibe as opções de configuração do tradutor selecionado na importação do Xref.
3. Para salvar as alterações feitas clique em **OK**.

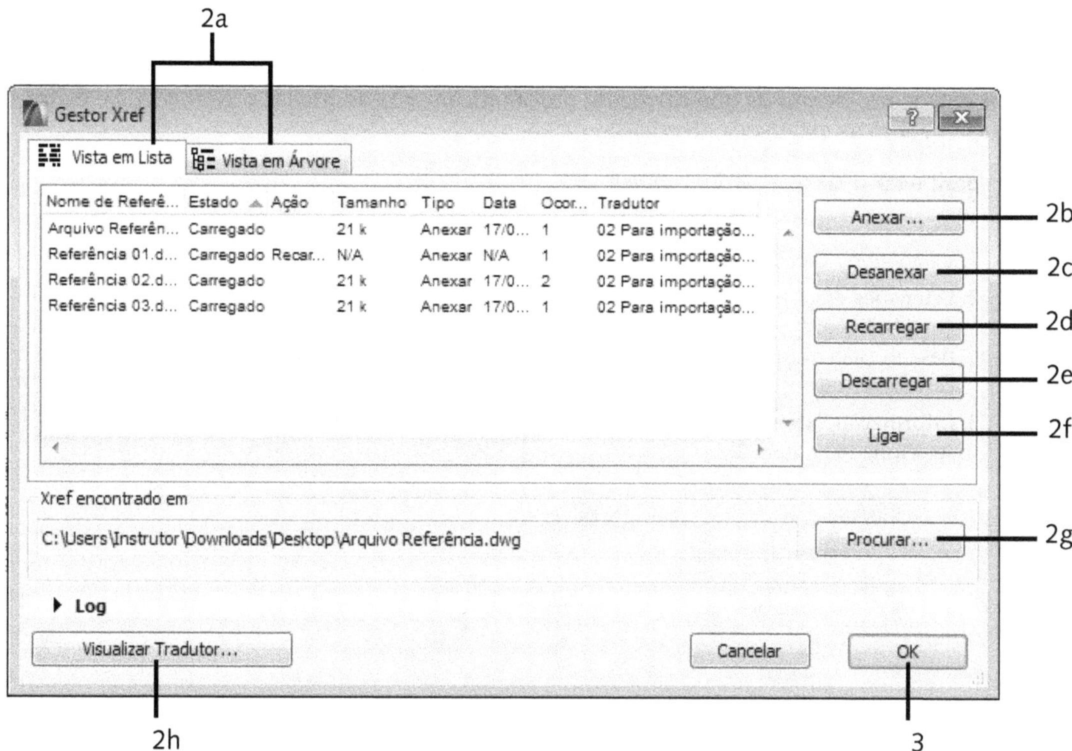
2a
Gestor Xref
Vista em Lista
Vista em Árvore
Nome de Referê... Estado Ação Tamanho Tipo Data Ocor... Tradutor
Arquivo Referên... Carregado 21 k Anexar 17/0... 1 02 Para importação...
Referência 01.d... Carregado Recar... N/A Anexar N/A 1 02 Para importação...
Referência 02.d... Carregado 21 k Anexar 17/0... 2 02 Para importação...
Referência 03.d... Carregado 21 k Anexar 17/0... 1 02 Para importação...
Anexar...
2b
Desanexar
2c
Recarregar
2d
Descarregar
2e
Ligar
2f
Xref encontrado em
C:\Users\Instrutor\Downloads\Desktop\Arquivo Referência.dwg
Procurar...
2g
Log
Visualizar Tradutor...
Cancelar
OK
2h
3

12.6 Gestor de Extensões

O Gestor de Extensões é utilizado para carregar novas extensões a partir de qualquer local, remover extensões, definir as que carregam automaticamente ao iniciar o ArchiCAD e exibir informações sobre as extensões carregadas.

para usar o Gestor de Extensões

1. Vá ao menu **Opções/Gestor de Extensões...** (*Options/Add-On Manager...*).
2. **Extensões disponíveis** (*Available Add-Ons*): Mostra a lista de extensões ativas no momento. Clique em **Abrir** (*Load*) para ligar ou desligar uma extensão. Muito cuidado, pois várias ferramentas de desenho são tratadas com extensões pelo ArchiCAD, por isso não use estes controles se não tiver certeza do que está fazendo.
3. **Informação Extensão** (*Add-On Info*): Nesta aba você vê a informação completa da extensão selecionada no item **2.**

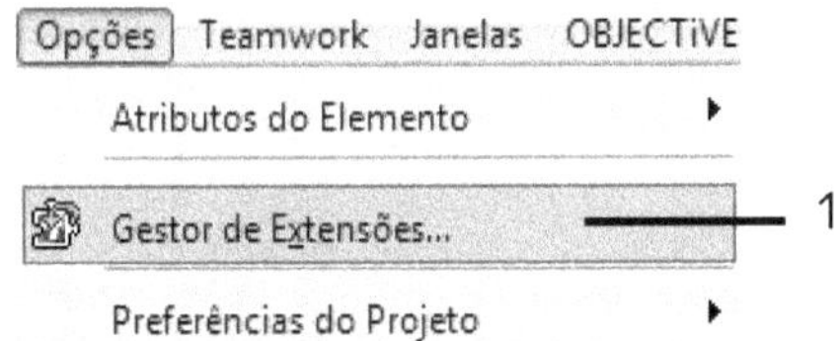

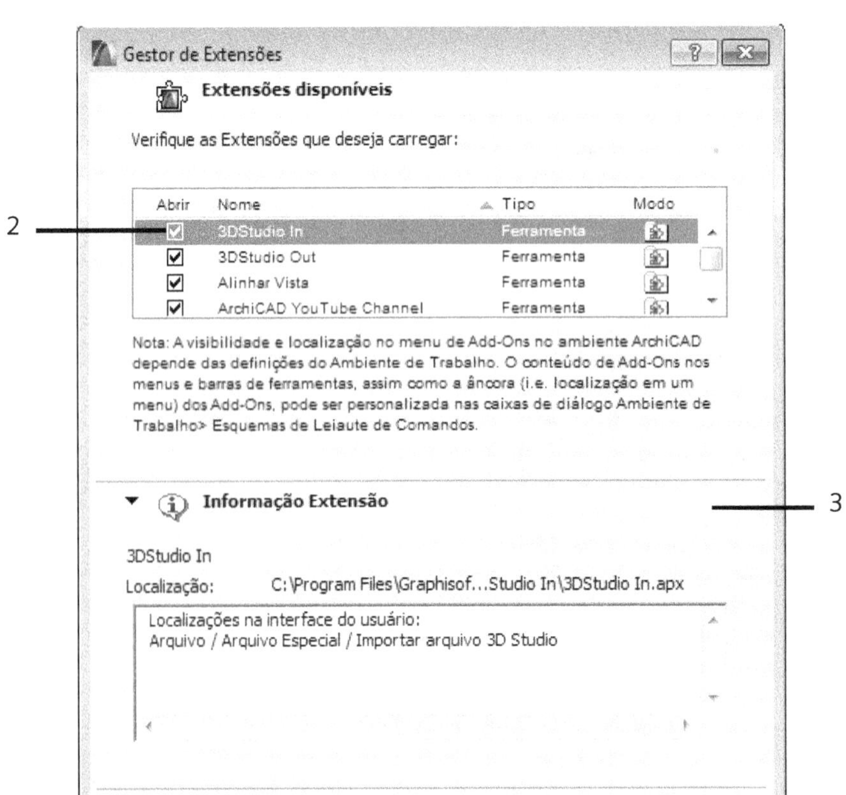

4. **Editar Lista de Extensões Disponíveis** (*Edit List of Available Add-Ons*): Clique em **Pesquise mais Extensões...** (*Search for more Add-Ons...*) (**a**) para procurar extensões que queira instalar. Clique na caixa indicada (**b**) para que o ArchiCAD use a pasta de extensões padrão do programa. Clique em **Alterar...** (*Change...*) (**c**) se quiser trocar a pasta padrão de extensões.

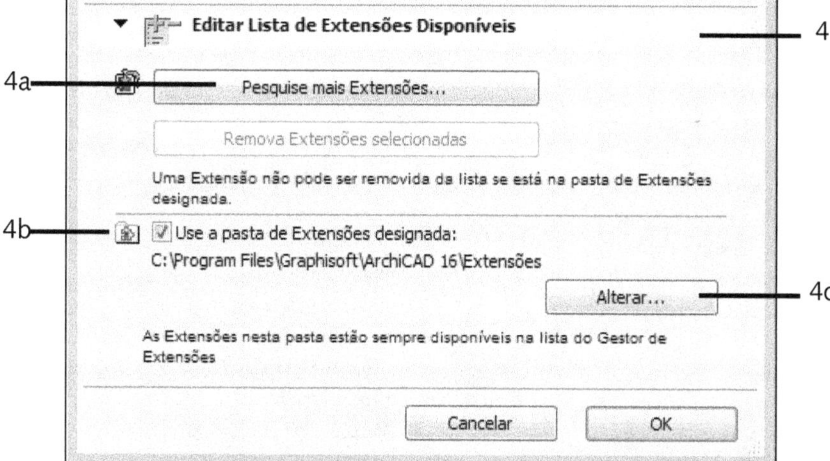

Destaques deste capítulo

para usar o Gestor de Associações (pág 270)

Vá ao menu **Arquivo/Conteúdo Externo/Gestor de Associações...** (*File/External Content/Hotlink Manager...*). Ao selecionar um módulo da lista você pode:

a. **Alterar Associação...** (*Change Hotlink*): Escolhe uma nova associação para o módulo selecionado;

b. **Salvar como Arquivo...** (*Save as File...*): Salva o módulo selecionado como um novo arquivo ArchiCAD;

c. **Desassociar** (*Break Hotlink*): Desfaz a associação do módulo como o arquivo de origem;

d. **Apagar** (*Delete*): Apaga o módulo selecionado;

e. **Módulos Inseridos...** (*Nested Modules...*): Você pode escolher entre **Ignorar** (*Skip*), para que os módulos inseridos em todas as ocorrências do módulo selecionado não sejam apresentadas em planta ou **Incluir** (*Include*) para que todas sejam visíveis;

f. **Voltar a Vincular...** (*Relocate*): Permite que você vincule um módulo dessasociado novamente;

g. **Atualizar** (*Update*): Atualiza o módulo selecionado para o caso de alterações no arquivo principal;

h. **Abrir noutro ArchiCAD** (*Open in Separate ArchiCAD*): Abre e isola o módulo selecionado em um novo arquivo ArchiCAD.

Após concluir as edições desejadas clique em **OK**.

para abrir o Gestor de Biblioteca (pág 274)

Vá ao menu **Arquivo/Bibliotecas e Objetos/ Gestor da Biblioteca...** (*File/Libraries and Objects/Library Manager...*). No **Gestor da Biblioteca** você pode:

a. **Adicionar...** (*Add...*): Clique para adicionar bibliotecas, objetos e outros itens;

b. **Propriedades**: exibe informações sobre um item;

c. Para excluir um item, se ele estiver na aba **Biblioteca Embebida** (*Embedded Library*) clique no ícone **Apagar Item(s) de biblioteca selecionado(s)** (*Delete selected library item(s)*);

d. Para excluir um item, se ele estiver na aba **Biblioteca Vinculada** (*Linked Libraries*) clique no ícone **Remover elemento(s) de biblioteca selecionado(s)** (*Remove selected library element(s)*).

para usar o Gestor de Desenhos (pág 273)

Vá ao menu Arquivo/Conteúdo **Externo/Gestor de Desenhos** (*File/External Content/Drawing Manager*). Na janela **Gestor de Desenhos** (*Drawing Manager*) você pode:

a. **Vincular Desenho a...** (*Link Drawing to...*): Vincula o desenho a uma fonte externa ou vista interna;

b. **Quebra de Ligação** (*Break Link*): Quebra o vínculo do desenho selecionado fazendo com que ele seja embutido no projeto;

c. **Atualizar Desenho(s)** (*Update Drawing(s)*): Atualiza o **Estado** (*Status*) do desenho;

d. **Apagar Desenho** (*Delete Drawing*): Apaga o desenho selecionado;

e. **Verificar Estado** (*Check Status*): Caso o estado do desenho seja **Necessita Verificação** (*Needs checking*) selecione esta opção para que o estado seja definido;

f. **Exibição** (*Exibition*): permite que voce escolha quais informações de cada desenho deseja exibir;

g. **Abrir Vista Original** (*Open Source View*): Abre a vista original do desenho selecionado;

h. **Definições...** (*Settings...*): Exibe o menu **Definições de Seleção de Desenho** (*Drawing Selection Settings*).

para salvar seus atributos favoritos (pág 266)

Vá ao menu **Opções/Atributos do Elemento/ Gestor de Elementos...** (*Options/Elements Attribute/ Attribute Manager...*). Você pode selecionar todos os atributos da aba selecionada clicando em **Selecionar Todos** (*Select All*) ou apenas alguns clicando com a tecla Ctrl pressionada. Clique em **Acrescentar** (*Append*) para adicionar os atributos selecionados à lista de atributos que serão salvos. Clique em **Guardar como...** (*Save as...*) para escolher o local em que seus atributos serão salvos no seu computador. Na janela que se abre, clique na barra indicada para escolher o nome do arquivo; em seguida, escolha a pasta em que o arquivo será salvo e depois clique em **Salvar** (*Save*).

como carregar seus atributos preferidos (pág 268)

Vá ao menu **Opções/Atributos do Elemento/ Gestor de Atributos...** (*Options/Element Attributes/ Attribute Manager...*). Selecione a guia correspondente ao tipo de atributo clique em **Abrir...** (*Open...*). Na janela que se abre, escolha o formato de arquivo .aat; em seguida, escolha o arquivo que será importado e depois clique em **Abrir** (*Open*). Note que os atributos importados ficam listados no painel da direita. Para incluí-los no projeto clique em **Selecionar Todos** (*Select All*). Você pode escolher entre **Agrupar** (*Group*) ou **Substituir** (*Overwrite*). Clique em **Aplicar** (*Apply*) e em seguida em **OK**.

para que usar o gestor de atributos (pág 264)

O gestor de atributos permite visualizar os atributos disponíveis no projeto e criar um arquivo .aat com aqueles que você mais usa para serem usados em outros projetos. Vá ao menu **Opções/Atributos do Elemento/Gestor de Atributos...** (*Options/Elements Attribute/Attribute Manager...*). Observe na janela que se abre que os tipos de atributos estão organizados nas guias que ficam na parte superior da janela. Sao eles: **Vegetais** (*Layers*); **Combinação de Vegetais** (*Layer Combinations*); **Conjunto de Canetas** (*Pen Sets*); **Canetas & Cores** (*Pens & Colors*); **Tipos de Linha** (*Line Types*); **Tipos de Tramas** (*Fill Types*); **Composições** (*Composite Structures*); **Perfis** (*Profiles*); **Materiais** (*Materials*); **Categoria das Zonas** (*Zone Categories*); **Cidades** (*Cities*); **Sistemas MEP** (*MEP Systems*); **Perfis de Operação** (*Operations Profiles*) e **Todos** (*All Attributes Types*).

para usar o Gestor de Extensões (pág 278)

Vá ao menu **Opções/Gestor de Extensões...** (*Options/Add-On Manager...*):

a. **Extensões disponíveis** (*Available Add-Ons*): Mostra a lista de extensões ativas no momento. Clique em **Abrir** (*Load*) (**a**) para ligar ou desligar uma extensão. Muito cuidado, pois várias ferramentas de desenho são tratadas com extensões pelo ArchiCAD, por isso não use estes controles se não tiver certeza do que está fazendo;

b. **Informação Extensão** (*Add-On Info*): Nesta aba você vê a informação completa da extensão selecionada;

c. **Editar Lista de Extensões Disponíveis** (*Edit List of Available Add-Ons*): Clique em **Pesquise mais Extensões...** (*Search for more Add-Ons...*) para procurar extensões que queira instalar. Clique em **Alterar...** (*Change...*) se quiser trocar a pasta padrão de extensões.

para acessar o Gestor Xref (pág 276)

O **Gestor Xref** permite que você gerencie todos os arquivos Xrefs que estão anexados ao seu projeto. Vá ao menu **Arquivo/Conteúdo Externo/Gestor Xref...** (*File/External Content/Xref Manager...*). No **Gestor Xref...** defina os itens: **Vista em Lista/Vista em Árvore** (*List View/Tree View*); **Anexar...** (*Attach*); **Desanexar** (*Detach*); **Recarregar** (*Reload*); **Descarregar** (*Unload*); **Ligar** (*Bind*); **Procurar...** (*Browse*) e **Visualizar Tradutor...** (*View Translator...*). Para salvar as alterações feitas clique em **OK**.

13 menus e paletas principais

O que você vai ler neste capítulo

13.1 Menus

Arquivo (File)

O menu **Arquivo** (*File*) cuida da abertura, fechamento e gerenciamento dos arquivos do ArchiCAD, gerenciamento de impressão e bibliotecas.

Novo (*New*) Ctrl+N: Cria um novo arquivo. Você pode escolher entre **Utilizar Arquivo-Base**, que contém todas as preferências, elementos colocados e definições de ferramentas do projeto editadas por você ou o original ArchiCAD, ou **Utilizar Últimas Definições de Projeto**, que utilizará as configurações da última vez em que o ArchiCAD foi usado.

Abrir (*Open*) Ctrl+O: Abre um arquivo.

Fechar Projeto (*Close Project*) Ctrl+Shift+W: Fecha o arquivo atual.

Abandonar o Projeto Teamwork (*Leave Teamwork Project*): Essa opção faz com que você deixe de participar do projeto em Teamwork. Recomenda-se que você abandone um projeto apenas quando não for realizar mais alterações nele. Uma vez vinculado ao servidor você pode abrir e fechar seu projeto normalmente sem precisar abandoná-lo para fechar.

Salvar (*Save*) Ctrl+S: Salva as alterações no arquivo.

Salvar Como... (*Save As...*) Ctrl+Shift+S: Permite salvar o arquivo ativo com outro nome e outro local. O arquivo com o novo nome passa a ser o ativo.

Enviar Alterações (*Send Changes*) Ctrl+Alt+S: Envia as alterações feitas no projeto desde o último envio para ou partir de um servidor BIM.

Criar Travel Pack (*Create Travel Pack*): Essa função permite que você salve uma cópia dos seus dados de um projeto Teamwork para serem usados em um computador que não esteja interligado com o servidor BIM.

Exportar para BIMx (*Export for BIMx*): Exporta o seu projeto ArchiCAD para leitura no aplicativo BIMx.

Arquivo Especial (*File Special*): É usado para importar arquivos IFC, DWF e DWG, permite configurar as opções de importação.

Conteúdo Externo (*External Content*): É usado para importar partes de outro projeto ArchiCAD e documentos nos formatos de imagem e DWG.

Bibliotecas e Objetos (*Libraries and Objects*): Cuida da organização das bibliotecas, cria, edita, abre e importa objetos.

Informações (*Info*): Reúne informações sobre o projeto que podem ser editadas.

Definir Plotter... (*Plot Setup...*): Esta opção dá acesso às opções de configuração da plotter a ser usada para impressão do seu trabalho.

Desenhar... (*Plot*): Dá acesso às definições do desenho que será plotado.

Definir Página... (*Page Setup...*) Ctrl+Shift+P: Abre o menu de definições de página para impressão, orientação da folha e tamanho.

Imprimir... (*Print...*) Ctrl+P: Abre o menu de definições de impressão.

Sair (*Exit*) Ctrl+Q: Fecha o ArchiCAD.

Edição (Edit)

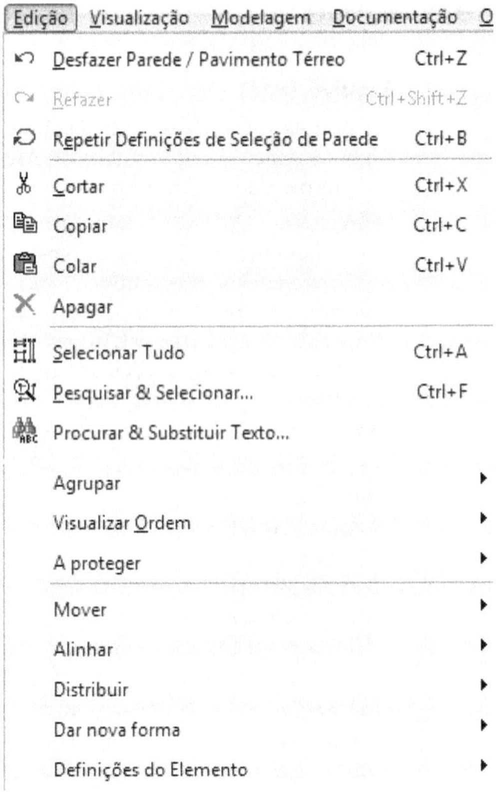

Edição | Visualização | Modelagem | Documentação | O

- Desfazer Parede / Pavimento Térreo — Ctrl+Z
- Refazer — Ctrl+Shift+Z
- Repetir Definições de Seleção de Parede — Ctrl+B
- Cortar — Ctrl+X
- Copiar — Ctrl+C
- Colar — Ctrl+V
- Apagar
- Selecionar Tudo — Ctrl+A
- Pesquisar & Selecionar... — Ctrl+F
- Procurar & Substituir Texto...
- Agrupar
- Visualizar Ordem
- A proteger
- Mover
- Alinhar
- Distribuir
- Dar nova forma
- Definições do Elemento

Contém os comandos que controlam a edição dos elementos do projeto.

Desfazer (*Undo*) Ctrl+Z: Desfaz o último comando ou ferramenta utilizada. A configuração padrão é de 20 ações.

Refazer (*Redo*) Ctrl+Shift+Z: Refaz o último comando ou ferramenta desfeita.

Repetir Último Comando (*Repeat Last Command*) Ctrl+B: Ativa o último comando utilizado.

Cortar (*Cut*) Ctrl+X: Remove os elementos selecionados e os mantém na área de transferência para serem futuramente colados em outro lugar.

Copiar (*Copy*) Ctrl+C: Faz com que uma cópia de um objeto, seleção de objetos ou grupo seja colocado na área de transferência do computador.

Colar (*Paste*) Ctrl+V: Insere uma cópia de um objeto, seleção de objetos ou grupo que estava colocado na área de transferência do computador.

Apagar (*Delete*): Apaga o objeto, vários objetos ou grupos que estejam selecionados.

Selecionar Tudo (*Select All Walls*) Ctrl+A: Seleciona todos os objetos que pertecerem ao piso, vista, janela ou ferramenta que estejam com os vegetais ativos.

Pesquisar & Selecionar... (*Find & Select*) Ctrl+F: Seleciona ou desseleciona elementos com base em critérios definidos por você.

Procurar & Substituir Texto... (*Search & Replace Text*): Realiza a procura de textos em todos os tipos de elementos legíveis no projeto. Pode ser usada nas janelas de desenhos em 2D, ou seja, em planta, vistas de corte e alçados, detalhes e folhas de trabalho. Não funciona com itens de texto automático.

Agrupar (*Grouping*): Reúne os elementos selecionados em um só grupo. É possível agrupar grupos menores em um só grupo maior, criando assim hierarquias de grupos.

Visualizar Ordem (*Display Order*): Define a ordem de sobreposição dos elementos.

A proteger (*Locking*): Bloqueia os elementos selecionados para evitar modificações indesejadas.

Mover (*Move*): Permite que os elementos selecionados sejam movidos, arrastados, espelhados, rodados ou elevados.

Alinhar (*Align*): Alinha os objetos selecionados se acordo com o eixo escolhido.

Distribuir (*Distribute*): Distribui os elementos selecionados de maneira uniforme de acordo com o critério escolhido.

Dar nova forma (*Reshape*): Permite a edição da forma do elemento selecionado. Você pode cortar, dividir, alongar, etc.

Definições do Elemento (*Element Settings*): Acessa o menu de definições do elemento selecionado, copia as definições de um elemento e aplica em outro.

Visualização (View)

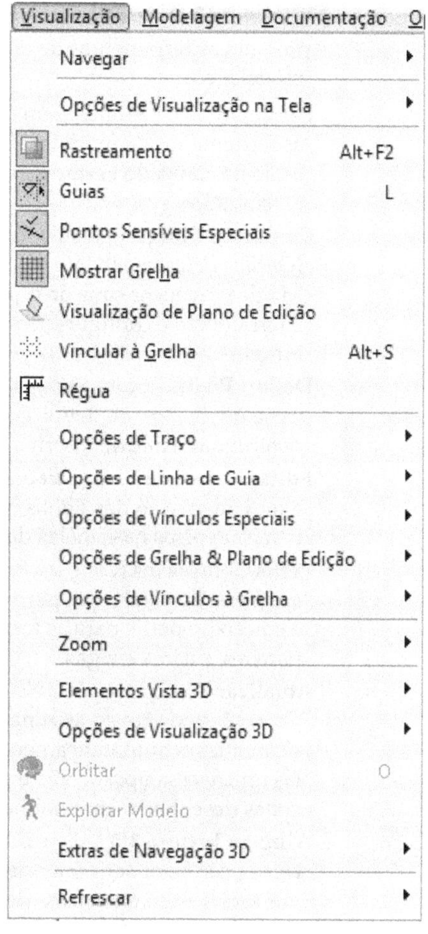

Este menu contém os comandos que configuram as opções de visualização do projeto

Navegar (*Navigate*): Permite a navegação entre as diferentes janelas do projeto.

Opções de Visualização na Tela (*On-Screen View Options*): Abre uma lista de itens que podem ser mostrados ou escondidos na tela, dependendo das suas preferências.

Rastreamento (*Trace*) Alt+F2: Define um elemento como referência visto em todos os pisos.

Guias (*Guide Lines*) Q: Ativa as linhas guias.

Pontos Sensíveis Especiais (*Special Snap Points*): Ativa os snaps.

Mostrar Grelha (*Grid Display*): Ativa a grelha (grid) na área de desenho.

Visualização de Plano de Edição: Ativa ou desativa o plano de edição da Janela 3D.

Vincular à Grelha (*Grid Snap*) Alt+S: Vincula o cursor do mouse aos vértices da grelha.

Régua (*Ruler*): Ativa as réguas na tela.

Opções de Traço (*Trace Options*): Permite configurações de exibição e edição do elemento que está como referência.

Opções de Linha de Guia (*Guide Line Options*): Permite criar uma linha guia e definir preferências.

Opções de Vínculo Especiais (*Special Grid Options*): Permite a configuração dos pontos especiais (snaps).

Opções de Grelha & Plano de Edição (*Grid Options*): Opções de configuração da grelha (grid).

Opções de Vínculos à Grelha (*Grid Snap Options*): Permite escolher entre vincular o cursor à grelha ou não.

Zoom: Permite escolher entre as opções de zoom: **Centralizar na Tela** (*Fit in Window*), todos os elementos serão vistos na tela; **Ver à Escala** (*Actual Size*), adapta a vista à escala escolhida; **Zoom Original** (*Home Zoom*), mostra o zoom definido como anteriormente como principal.

Elementos Vista 3D (*Elements in 3D View*): Permite visualizar a janela ou seleção atual na janela 3D, filtra os elementos a serem exibidos e configura cortes.

Opções de Visualização 3D (*3D View Options*): Dá opções de configurar a visualização do modelo 3D, seu modo de exibição, vistas e projeções.

Orbitar (*Orbit*) O: Na janela 3D, rotaciona o modelo. É possível rotacionar o modelo a partir do seu centro (axonometria) ou a partir de seu ponto de fuga (perspectiva).

Explorar Modelo (*Explore Model*): Na janela 3D ativa o modo de exploração do modelo feito através de comandos do teclado e movimentos do mouse.

Extras de Navegação 3D (*3D Navigation Extras*): Permite configurar vistas do modelo 3D.

Refrescar (*Refresh*): Atualiza as vistas de cortes quando são feitas alterações no projeto caso a atualização automática esteja desativada.

Modelagem (Design)

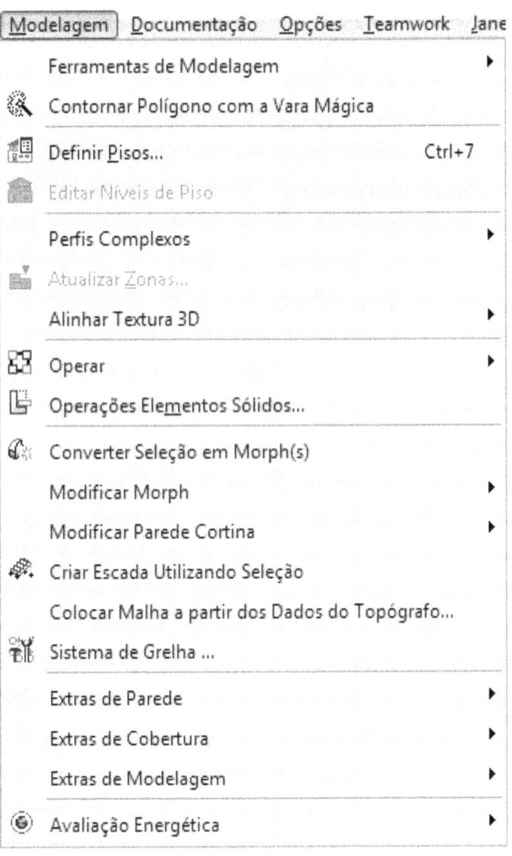

Apresenta as ferramentas de criação e edição da modelagem.

Ferramentas de Modelagem (*Design Tools*): São as ferramentas de modelagem, as mesmas que estão na **Caixa de Ferramentas/Modelagem** (*ToolBox/Design*).

Contornar Polígono com a Vara Mágica (*Outline Polygon with Magic Wand*): A **Vara Mágica** preenche uma área poligonal com a ferramenta e configurações que estiverem ativas.

Definir Pisos... (*Story Settings...*) Ctrl+7: Abre a caixa de diálogo de definição de pisos, permite determinar a altura, inserir e apagar pisos.

Editar Níveis de Piso (*Edit Story Levels*): Permite a movimentação das linhas indicadoras de níveis de pisos nas janelas de cortes e alçados.

Perfis Complexos (*Complex Profiles*): Dá acesso ao gestor de perfis, que permite a criação e edição de perfis para as ferramentas de paredes, pilares e vigas.

Atualizar Zonas... (*Uptade Zones*): Ao fazer alterações no projeto as zonas existentes não se atualizam automaticamente; para atualizá-las utilize essa opção. Não é possível atualizar zonas desenhadas manualmente.

Alinhar Textura 3D (*Align 3D texture*): Utilize esta opção para definir a orientação e a origem das texturas do elementos de construção nas vistas 3D, na janela 3D.

Operar (*Connect*): Reúne operações de corte e união entre elementos do projeto.

Operações Elementos Sólidos (*Solid Element Operations...*): Cria formas complexas por meio de operações booleanas usando subtração, adição e interseção.

Converter Seleção em Morph(s) (*Convert Selection to Morph(s)*): Converte o elemento selecionado em um moph, permitindo mais possibilidades de modificação do elemento.

Modificar Morph: Exibe opções de modificações de morphs.

Modificar Parede Cortina (*Modify Curtain Wall*): Exibe uma lista de modificações que podem ser feitas em uma **Parede Cortina.**

Criar Escada Utilizando Seleção (*Creat Stair Using Selection*): Cria uma escada personalizada a partir de uma forma criada com tramas e linhas.

Colocar Malha a partir dos Dados do Topógrafo... (*Place Mesh From Surveyors Data...*): Permite que você importe um arquivo .xyz com dados topográficos para a modelagem de terrenos.

Sistema de Grelha... (*Grid System...*): Permite a configuração de um sistema de grelha em todas as suas definições para orientação no projeto.

Extras de Parede (*Wall Extras*): Permite a modificação da **Estrutura**, **Linha de Referência** ou **Estrutura de uma parede selecionada**.

Extras de Cobertura (*Roof Extras*): Reúne opções avançadas de edição de uma cobertura.

Extras de Modelagem (*Design Extras*): Reúne duas opções de modelagem avançada para o desenho de coberturas e estruturas: o **RoofMaker** e o **Trussmaker**.

Avaliação Energética (*Energy Evaluation*): Dá acesso às ferramentas de configuração e análise do seu modelo sob os pontos de vistas climático e energético. Esse pacote de ferramentas também é conhecido como Ecodesigner, e é adquirido separadamente da licença comum do ArchiCAD.

Documentação (Document)

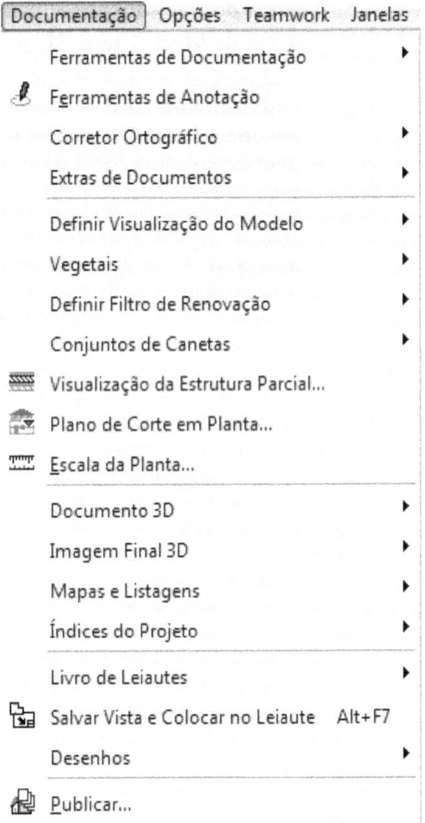

Este menu reúne todas as ferramentas de edição da parte de documentação, leiautes, ferramentas de desenho 2D e render do projeto.

Ferramentas de Documentação (*Documenting Tools*): Reúne as ferramentas do grupo **Documentação** e **Mais** da **Caixa de Ferramentas**.

Ferramentas de Anotação (*Mark-Up Tools*): Permite destacar elementos e partes do projeto para futura correção com uma cor ou adicionar novos elementos, o que facilita a comunicação quando mais de uma pessoa usa o mesmo projeto. É possível ainda dividí-los em grupos definindo o significado de cada um.

Corretor Ortográfico (*Spell Center*): Permite verificar a ortografia do seu projeto. O corretor ortográfico pode verificar blocos de texto, zonas, rótulos, textos pessoais inseridos usados na modificação de valores de cotas e parâmetros de objetos, portas, janelas e lâmpadas. O corretor ortográfico utiliza o mesmo corretor do Microsoft Word, por isso é preciso tê-lo instalado no seu computador.

Extras de Documentos (*Document Extras*): Contém opções de configurações das cotas já inseridas no projeto e cotagens automáticas. Permite também que através de uma seleção 2D, seja criado um fragmento, que faz com que os itens dentro da seleção possam ser salvos e usados nas janelas de detalhes, cortes e alçados.

Definir Visualização do Modelo (*Set Model View*): Permite que a escala de visualização do modelo seja alterada e configura como cada elemento se apresenta de acordo com a escala escolhida.

Vegetais (*Layers*): Acessa as configurações de vegetais e grupos de vegetais.

Definir Filtro de Renovação (*Set Renovation Filter*): Os filtros de renovação possibilitam organizar a visualização das diferentes fases do seu projeto. Este menu dá acesso aos filtros já configurados e às opções de configuração de novos filtros.

Conjunto de Canetas (*Pen Sets*): Os conjuntos de canetas são um item de organização no projeto, que permitem que sejam configuradas a cor e espessura das linhas para todos os elementos. Este menu dá acesso aos conjuntos de canetas já definidos e permite a configuração de novos conjuntos.

Visualização da Estrutura Parcial... (*Partial Structure Display*): Permite a visualização da estrutura dos elementos construtivos de diferentes maneiras, dependendo de como foram definidos os componentes de cada elemento.

Plano de Corte em Planta... (*Floor Plan Cut Plane...*): Os elementos de construção 3D são vistos em planta cortados horizontalmente por um plano teórico que o ArchiCAD chama de **Plano de Corte em Planta...**; este menu permite que se altere a altura desse corte.

Escala da Planta... (*Floor Plan Scale*): Configura a escala de visualização do projeto.

Documento 3D (*3D Document*): Permite utilizar a vista 3D do modelo como a base para a criação de um documento, que pode ser cotado, pode-se inserir rótulos e elementos adicionais de desenho 2D. Esta opção dá acesso a criação de um novo documento e a configurações dos documentos 3D.

Imagem Final 3D (*Creative Imaging*): Traz opções de configuração de renders e animações.

Mapas e Listagens (*Schedules and Lists*): Dá acesso aos mapas, listagens e suas configurações e modos de exibição.

Índices de Projeto (*Project Indexes*): Os índices de projeto são tabelas de conteúdo que dividem as vistas do projeto por categorias pré-configuradas. Este menu dá acesso aos índices de projeto já existentes e permite a configuração de novos índices.

Livro de Leiautes (*Layout Book*): Permite a configuração de novos leiautes e leiautes mestres.

Guardar Vista e Colocar no Leiaute (*Save View and Place on Layout*) Alt+F7: Salva a vista atual e cola na folha de leiaute habilitada.

Desenhos (*Drawings*): Trata de configurações dos desenhos inseridos em um leiaute.

Publicar... (*Publish...*): Abre o organizador de documentação do ArchiCAD.

Opções (Options)

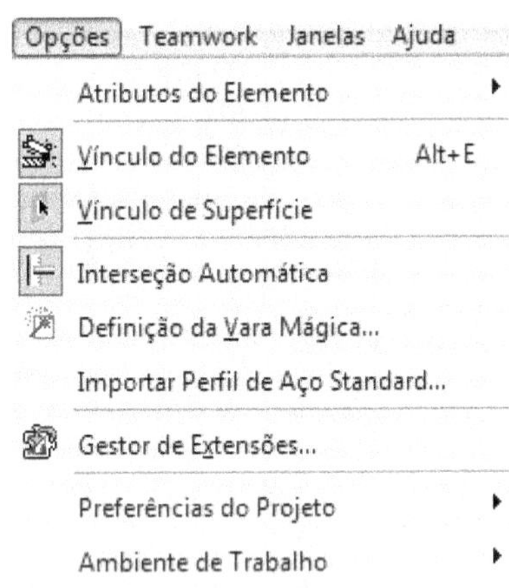

Este menu reúne opções de configuração de todos os elementos e preferências do projeto, além da personalização do ambiente de trabalho no ArchiCAD.

Atributos do Elemento (*Element Attributes*): Trata da configuração de todos os atributos de um elemento como tramas, linhas, vegetais, etc. Permite a configuração de todos os atributos do projeto como um todo.

Vínculo do Elemento (*Element Snap*) Alt+E: Ativa ou desativa o comando de vincular um elemento a outro. Essa função facilita o encaixe de elementos uns nos outros quando movimentados. Ela ativa os pontos sensíveis dos elementos de maneira que não seja preciso que você clique no vértice de um elemento para encaixá-lo no vértice de outro elemento. O vínculo permite que você mova o elemento de qualquer ponto e assim que se aproximar de um ponto sensível de outro elemento é indicada a intersecção.

Intercepção Automática (*Auto Intersection*): Intercepta automaticamente paredes com linhas de referência diferentes.

Definição da Vara Mágica... (*Magic Wand Settings...*): Abre uma caixa de diálogo com definições da ferramenta **Vara Mágica**.

Importar Perfil de Aço Standard... (*Import Standard Steel Profile...*): Permite a importação de elementos estruturais como Standards IFC, o que facilita a interação com outros softwares de estruturas, fazendo com que eles reconheçam todas as características do elemento, sem erros.

Gestor de Extensões... (*Add-On Manager...*): Abre uma caixa de diálogo que permite carregar extensões a partir de qualquer local, remover extensões definitivamente, definir as extensões que devem carregar automaticamente quando o ArchiCAD é iniciado, mostrar informações sobre as extensões carregadas. As extensões são pequenas aplicações que aumentam as funcionalidades do ArchiCAD.

Preferências do Projeto (*Project Preferences*): Este menu permite que você configure suas preferências de normas e métodos de trabalho que se adaptem melhor ao seu projeto.

Ambiente de Trabalho (*Work Environment*): Permite que você configure componentes do programa, organize as várias janelas, barras de ferramentas e menus de acordo com suas preferências.

Teamwork

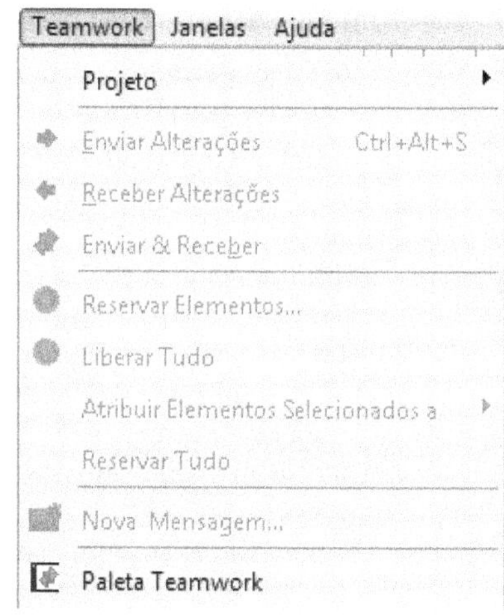

Trata do uso de um projeto em Teamwork, sistema de trabalho em que os projetos em ArchiCAD ficam em um servidor BIM para que possam ser compartilhados e utilizados simultaneamente por várias pessoas.

Projeto (*Project*): Compartilha, importa, abre e fecha projetos em Teamwork.

Enviar Alterações (*Send Changes*) Ctrl+Alt+S: Envia alterações no projeto para o servidor BIM.

Receber Alterações (*Receive Changes*): Recebe alterações no projeto do servidor BIM.

Enviar & Receber (*Send & Receive*): Envia e recebe alterações no projeto simultâneamente para e a partir do servidor BIM.

Reservar Elementos... (*Reserve Elements*): Permite que um usuário do projeto reserve um elemento, é um bloqueio para que nenhum outro usuário possa modificá-lo até ser liberado novamente.

Libertar Tudo (*Release All*): Tira todos os elementos reservados da reserva.

Atribuir Elementos Seleccionados a (*Assign Selected Elements to*): Atribui os elementos selecionados a outro usuário além de você.

Reservar Tudo (*Reserve All*): Reserva todos os elementos.

Nova Mensagem... (*New Message...*): Permite que uma mensagem seja enviada a outro usuário do projeto Teamwork.

Paleta Teamwork (*Teamwork Pallete*): Reúne todas as opções do menu Teamwork em uma paleta sempre visível.

Janelas (Window)

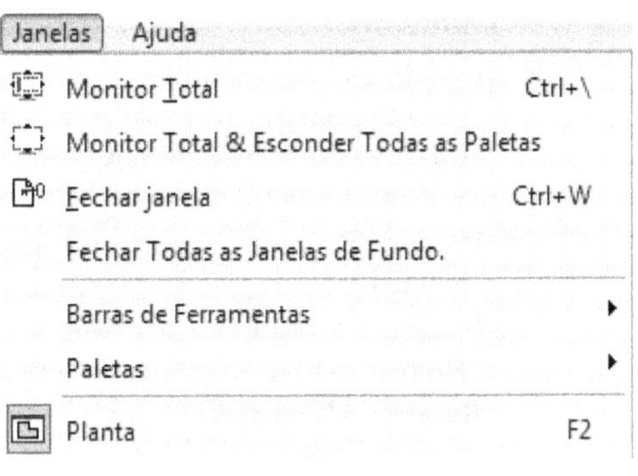

Este menu permite a edição dos itens a serem exibidos nas janelas do ArchiCAD.

Monitor Total (*Full Screen*) Ctrl+\: Maximiza a área de trabalho do ArchiCAD preenchendo todo o monitor.

Monitor Total & Esconder Todas as Paletas (*Full Screen & Hide All Palettes*): Maximiza a área de trabalho e esconde todas as paletas.

Fechar janela (*Close Window*): No caso de mais de uma janela ArchiCAD aberta este comando fecha a janela ativa. Para apenas uma janela fecha o projeto todo.

Fechar Todas as Janelas de Fundo (*Close All Background Windows*): Deixa apenas a janela ativa aberta, fecha todas as outras.

Barra de Ferramentas (*Toolbars*): Permite que você escolha quais itens estarão visíveis na **Barra de Ferramentas**.

Paletas (*Palettes*): Exibe a lista das paletas do ArchiCAD.

Planta (*Floor Plan*): Retorna à vista em planta se você estiver em outra janela do ArchiCAD, como cortes, elevações ou 3D.

13.2 Paletas Principais

Caixa de Ferramentas - Grupo Modelagem (Design Group)

1. **Seta** (*Arrow*): É usada para selecionar elementos, movê-los e editá-los.
2. **Retângulo de Seleção** (*Marquee*): Seleciona partes do projeto.
3. **Parede** (*Wall*): Cria e configura paredes.
4. **Porta** (*Door*): Cria e configura portas.
5. **Janela** (*Window*): Cria e configura janelas.
6. **Pilar** (*Column*): Cria a configura pilares.
7. **Viga** (*Beam*): Cria e configura vigas.
8. **Laje** (*Slab*): Cria e configura lajes.
9. **Escada** (*Stair*): Cria e configura escadas.
10. **Cobertura** (*Roof*): Cria e configura telhados e coberturas.
11. **Membrana** (*Shell*): Cria e configura membranas, tenso-estruturas.
12. **Clarabóia** (*Skylight*): Cria e configura clarabóias.
13. **Parede Cortina** (*Curtain Wall*): Cria e configura paredes-cortina.
14. **Morph**: Cria e configura morphs.
15. **Objeto** (*Object*): Cria e configura objetos.
16. **Zona** (*Zone*): Cria e configura zonas.
17. **Malha** (*Mesh*): Cria e configura malhas.

Caixa de Ferramentas – Grupo Documentação (Documentation Group)

▾ Documentação
Cota — 18
Cota de Nível — 19
Texto — 20
Rótulo — 21
Trama — 22
Linha — 23
Arco/Círculo — 24
Polilinha — 25
Desenho — 26
Corte — 27
Elevação — 28
Elevação Interior — 29
Folha de Trabalho — 30
Detalhe — 31

18. **Cota** (*Dimension*): Cota linearmente, dando a medida de elementos retos e curvos. O valor de uma cota será atualizado automaticamente se o(s) elemento(s) a que estiver associado for modificado.
19. **Cota de Nível** (*Level Dimension*): Mede a cota vertical de um elemento ao longo do eixo Z.
20. **Texto** (*Text*): Insere linhas ou blocos de textos.
21. **Rótulo** (*Label*): Permitem identificar elementos ou partes do trabalho.
22. **Trama** (*Fill*): As tramas são padrões geométricos 2D que servem para diferenciar elementos do projeto.
23. **Linha** (*Line*): Cria segmentos simples ou contínuos de linhas 2D.
24. **Arco/Círculo** (*Arc/Circle*): Cria arcos, círculos ou elipses 2D a partir das dimensões dadas.
25. **Polilinha** (*Polyline*): Cria linhas agrupadas ou arcos 2D.
26. **Desenho** (*Drawing*): Insere um arquivo de imagem externa no projeto e configura suas definições.
27. **Corte** (*Section*): Insere um marcador de corte em planta e cria uma vista do corte.
28. **Elevação** (*Elevation*): Insere um marcador em planta e cria um ponto de vista frontal a partir do ponto em que o marcador foi colocado.
29. **Elevação Interior** (*Interior Elevation*): Insere marcadores em planta delimitando as vistas criadas a partir destes.
30. **Folha de Trabalho** (*Worksheet*): Cria um ambiente exclusivo para desenhos 2D independente do modelo 3D; é útil para a parte de documentação do projeto.
31. **Detalhe** (*Detail*): Gera um ponto de vista a partir de um ponto determinado em planta e cria um ambiente exclusivo para detalhamento 2D.

Caixa de Ferramentas – Grupo Mais (More Group)

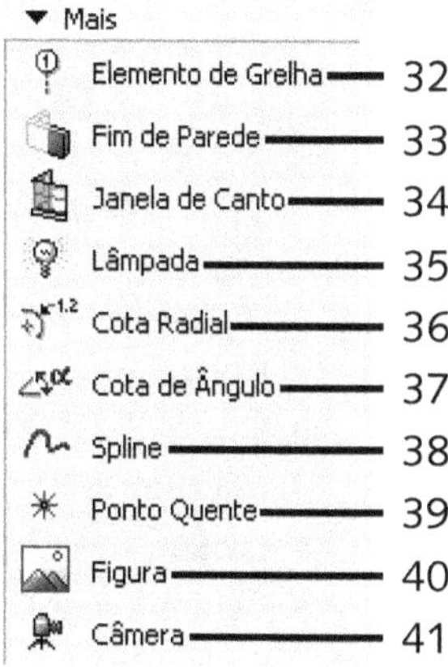

32. **Elemento de Grelha** (*Grid Element*): Insere na planta grelhas individuais ou em sistema formando uma estrutura editável que facilita a identificação, localização e organização de elementos no projeto.
33. **Fim de Parede** (*Wall End*): Insere elementos para acabamento nos limites das paredes.
34. **Janela de Canto** (*Corner-Window*): Insere janelas em cantos de paredes retas.
35. **Lâmpada** (*Lamp*): Insere um ponto de luz.
36. **Cota Radial** (*Radial Dimension*): Cota raios de arcos e círculos.
37. **Cota de Ângulo** (*Angle Dimension*): Cota ângulos interiores e exteriores de arcos e intersecções de elementos.
38. **Spline** (*Spline*): Desenha linhas 2D a partir de ângulos ou curvas Bézier.
39. **Ponto Quente** (*Hotspot*): Os pontos quentes são pontos indicados por uma pequena cruz que são usados para ajudar a posicionar elementos nas vistas 2D. Os pontos quentes não aparecem nas impressões.
40. **Figura** (*Figure*): Importa e inclui imagens em qualquer janela 2D do projeto. Também serve para inserir uma figura como plano de fundo para o modelo 3D.
41. **Câmera** (*Camera*): Insere uma câmera para a criação de vistas e animações.

Barra Standard

1. **Novo...** (*New...*) Ctrl+N: Abre um novo projeto.
2. **Abrir** (*Open*) Ctrl+O: Abre um projeto já existente.
3. **Salvar** (*Save*) Ctrl+S: Salva o projeto em uso.
4. **Imprimir...** (*Print...*) Ctrl+P: Abre a caixa de diálogo da impressora.
5. **Cortar** (*Cut*) Ctrl+X: Corta um elemento para ser inserido em outro piso ou janela.
6. **Copiar** (*Copy*) Ctrl+C: Copia um elemento para ser colado em outro piso ou janela.
7. **Colar** (*Paste*) Ctrl+V: Cola um elemento cortado ou copiado no piso ou janela atual.
8. **Desfazer** (*Undo*) Ctrl+Z: Desfaz a última ação.
9. **Refazer** (*Redo*) Ctrl+Shift+Z: Refaz a última ação.
10. **Pesquisar & Selecionar...** (*Find & Select...*) Ctrl+F: Pesquisa e seleciona elementos de acordo com as características dadas.
11. **Captar Parâmetros** (*Pick Up Parameters*) Alt+C: Copia todas as definições e parâmetros de um elementos selecionado.
12. **Aplicar Parâmetros** (*Inject Parameters*) Ctrl+Alt+C: Aplica as definições e parâmetros copiados de um elemento.
13. **Guias** (*Guide Lines*) G: Configura, ativa ou desativa as linhas guias.
14. **Pontos Sensíveis Especiais** (*Special Snap Points*): Configura, ativa ou desativa os pontos especiais.
15. **Mostrar/Esconder Orientador** (*Show/Hide Tracker*): Mostra ou esconde o orientador flutuante que acompanha o cursor quando se insere um elemento em planta.

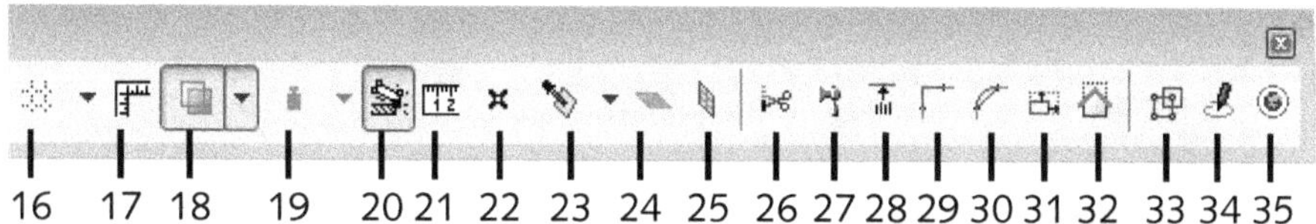

16. **Vincular à Grelha** (*Grid Snap*) Alt+S: Vincula o cursor aos vértices da grelha.
17. **Régua** (*Ruler*): Mostra ou oculta a régua na área de trabalho.
18. **Traço** (*Trace*) Alt+F2: Ativa ou desativa o elemento selecionado como traço-referência. Também exibe configurações da referência.
19. **Gravidade** (*Gravity*) Alt+V: Ao inserir um elemento em planta, habilitar a função de gravidade permite que você posicione-o diretamente sobre uma laje, cobertura, malha ou cobertura já existente.
20. **Vínculo ao Elemento** (*Element Snap*) Alt+E: Ativa ou desativa a função de vincular um elemento a outro.
21. **Medir** (*Measure*) M: Mede a distância entre dois pontos determinados.
22. **Definir Origem do Utilizador** (*Set User Origin*): Permite o reposicionamento da origem do projeto.
23. **Escolher Plano**: Na Janela 3D, permite que você rotacione ou afaste o plano de edição.
24. **Horizontal**: Caso o plano de edição esteja na posição vertical esse comando rotaciona para que fique na posição horizontal.
25. **Vertical**: Caso o plano de edição esteja na posição horizontal esse comando rotaciona para que fique na posição vertical.
26. **Cortar** (*Trim*): Corta parte de um elemento até a intersecção com outro.
27. **Dividir** (*Split*): Divide o elemento selecionado.
28. **Ajustar** (*Adjust*) Ctrl+-: Ajusta o comprimento de paredes, vigas, arcos e linhas até a intersecção com outro elemento definido.
29. **Interceptar** (*Intersect*): Intersecciona dois elementos selecionados, fazendo com que se encontrem no ponto mais próximo das suas extremidades desde que estejam no mesmo piso e sejam editáveis.
30. **Bolear/Chanfrar...** (*Fillet/Chamfer*): A opção chanfrar une com uma reta os dois pontos finais de dois segmentos selecionados. A opção bolear une com um arco os pontos finais de dois segmentos selecionados.
31. **Novo Tamanho...** (*Resize*) Ctrl+K: Redimensiona o elemento selecionado.
32. **Cortar Elementos pela Cobertura/Membrana** (*Trim Elements to Roof/Shell*) Ctrl+0: Corta os elementos selecionados na intersecção com coberturas ou membranas.
33. **Suspender Grupos** (*Suspend Groups*) Alt+G: Desagrupa elementos agrupados.
34. **Ferramentas de Anotação** (*Mark-Up Tools*): Abre a paleta que contém as entradas que marcam elementos do seu projeto com uma cor realçada para corrigir erros ou deixar sugestões para futuras alterações.
35. **Revisão do Modelo Energético**: Exibe o menu de configurações para a obtenção de relatórios de desempenho energético do projeto.

índice remissivo

D

E

F

G

H

I

J

L

M

Saiba mais sobre o ArchiCAD no blog Dicas de ArchiCAD!

O site Dicas de ArchiCAD reúne dicas e sugestões de como aproveitar o melhor das ferramentas do ArchiCAD.

O blog é escrito pelos profissionais que participaram da produção deste livro, e que também produzem os conteúdos do curso de ArchiCAD disponível nos centros de treinamento integrantes da Rede AEC Pro. Acesse através do link http://www.dicasdearchicad.getpro.com.br.

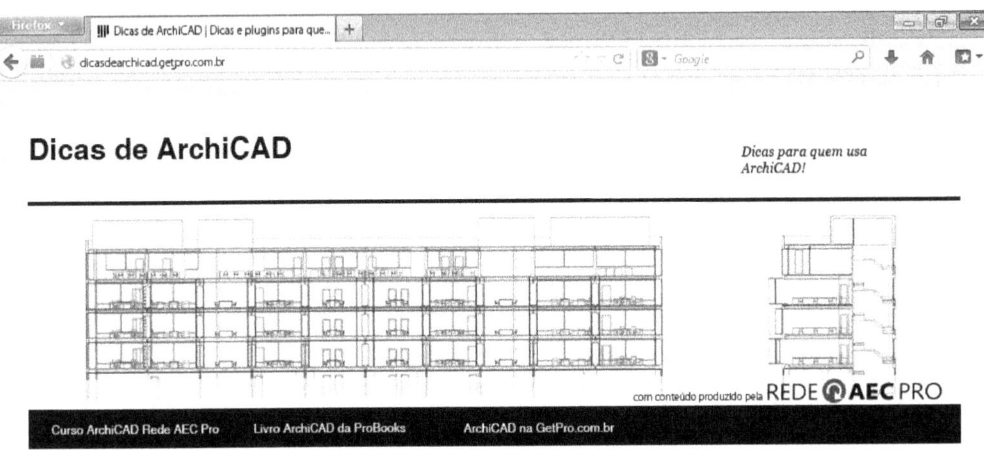

Conheça o livro ArchiCAD passo a passo!

Posted on April 3, 2014 by argioaogaspar

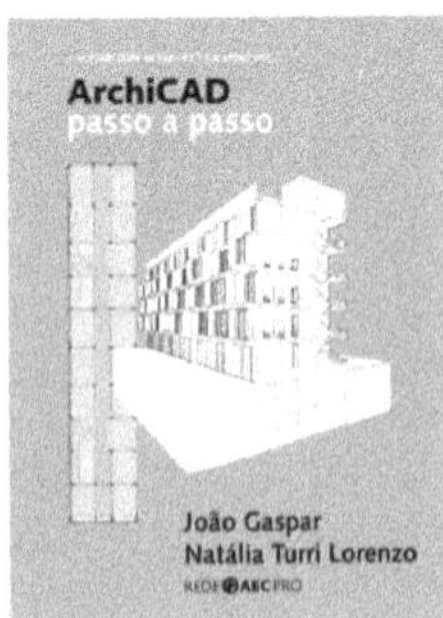

ArchiCAD é um software CAD/BIM completo, que atende perfeitamente às demandas de projeto de estudantes, profissionais e escritórios de arquitetura de todos os tamanhos.

O programa, desenvolvido pela Graphisoft, é pioneiro no conceito de Virtual Building, em que toda a documentação de projeto (plantas, elevações, perspectivas, tabelas) tem origem no modelo 3D, também chamado de edifício virtual. Com o livro ArchiCAD passo a passo você vai aprender a modelar e documentar um edifício inteiro, passando por todas as etapas: desde como configurar um documento, como desenhar pisos, paredes, vigas e pilares com medidas exatas, gerar cortes e elevações automaticamente, criar detalhes, tabelas de quantificação de objetos, visualizar um projeto em 3D e criar pranchas de documentação do projeto. Ou seja, ao fim do livro você terá aprendido tudo o que é necessário para o desenvolvimento de um projeto completo no ArchiCAD.

Conheça a Biblioteca do Designer Tiago Crisostomo!

São mais de 830 objetos do designer brasileiro que mais colabora com o Armazém 3D do Google! Acompanha catálogo impresso em cores com 28 páginas.

Conheça o novo Guia de Referência ArchiCAD

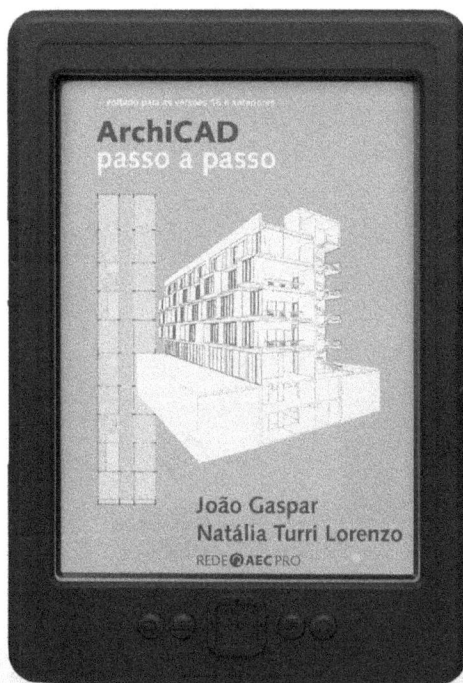

www.ingramcontent.com/pod-product-compliance
Lightning Source LLC
Chambersburg PA
CBHW061338210326
41598CB00035B/5814